今注本二十四史

晉書

四

志〔二〕

唐 房玄齡等 撰

梁滿倉 主持校注

中國社会科学出版社

晋書　卷一四

志第四

地理上

總叙　司州[1]　兖州[2]　豫州[3]　冀州[4]　幽州[5]　平州[6]　并州[7]　雍州[8]　凉州[9]　秦州[10]　梁州[11]　益州[12]　寧州[13]

[1]司州：治所在洛陽縣（今河南省洛陽市東北）。十六國時洛陽陷前趙，東晋在徐州僑置司州，州下僑置弘農、河東等郡。穆帝時桓温北伐，入洛陽，復立河南郡。

清洪亮吉《東晋疆域志》："司州，《文選注》稱《太康地記》司州，司隸校尉治。《晋書・地理志》永嘉之後，司州淪没劉聰。元帝渡江亦僑置司州於徐，非本土地。永和五年桓温入洛，復置河南郡，屬司州。《沈志》太和、隆安，司州還復湮陷。牧司之任，示舉大綱而已。縣邑户口，不可具知。武帝北平關洛，河南底平，置司州刺史，治虎牢，領河南、滎陽、弘農，實土三郡。其他如汲郡、河内等曾入版圖者亦附焉。又河内、東京兆二僑郡别見。凡統舊郡四，附見郡四，縣二十八。州治，《晋書》李矩爲司州刺，治滎陽。自毛穆之以後皆鎮洛陽。《元和郡縣志》宋武帝北平關洛，置司州刺史，治虎牢。”

關於司州僑置郡縣，同書考證：“《宋書·索虜傳》：毛德祖督司州之河東、平陽、河北。《劉遵考傳》督并州、司州之北河東、北平陽。案《劉義真傳》以義真行都督雍凉秦三州之河東平陽河北三郡諸軍事。今考河東、平陽二郡，《晋志》本屬司州，河北縣又本屬河東。姚秦時始升作郡。錢大昕《考異》云三州下當有‘司州’二字，是也。又案東晋初亦曾遥立此二郡，故《晋書·李矩傳》荀藩表元帝，令矩領河東、平陽太守是也。是時二郡屬石勒，亦不過使矩假其名耳。《魏浚傳》浚亦爲平陽太守，以亂不之官。《魏該傳》元帝假該爲河東太守，護河東、河南、平陽三郡。凡領郡可考者三。

“河東郡，《宋書·朱超石傳》大軍進克蒲坂，以超石爲河東太守戍守之。《自序》沈林子爲河東太守。蒲坂，《通鑑》義熙十三年姚璞等以蒲坂降。十四年裕以劉遵考爲并州刺史，領河東太守，鎮蒲坂。又以毛德祖代遵考守蒲坂。

“平陽郡，《通鑑》義熙十三年，裕以薛辯爲平陽太守，捍鎮北道。縣無考。

“河北郡，縣無考。”

同書又考證東晋司州僑州郡縣説：“司州，《晋志》元帝僑置司州於徐。《安帝紀》元興二年，司州刺史温詳。凡統僑郡五，實郡有僑縣一，共僑縣二十一。

“弘農郡，《晋志》東晋以弘農人流寓尋陽者僑立爲弘農郡，領縣可考者一，又附録一縣。弘農，漢縣名。《太平寰宇記》故縣在靈寶縣西南，西晋屬弘農。《沈志》尋陽又有弘農流寓。文帝元嘉十八年省併松滋。曲陽，漢縣名。《沈志》前漢屬東海，後漢屬下邳。《太康地志》無。案此縣從《沈志》。弘農實土中析出下邳舊縣，而立在弘農。其爲僑縣無疑。然僑立之處當在弘農實郡界内，與寓居尋陽者又不一地，故云附録。

“河東郡，《沈志》晋成帝咸康三年，征西將軍庾亮以司州僑户立河東郡，統安邑、聞喜、永安、臨汾、弘農、譙、松滋、大戚八縣並寄居焉。《烈王無忌傳》轉河東郡太守。《桓石虔傳》領河東太守。《太平寰宇記》東晋孝武時，荆州刺史桓冲以苻堅强盛，自襄陽退屯司州。安邑，漢縣名。《元和郡縣志》故城在夏州東北十五里，西晋屬河東，東晋僑立，下同。聞喜，漢縣名。《太平寰宇記》故城在今聞喜縣西南八里，西晋屬河東。永安，漢縣名。《水經注》彘水又西流逕永安縣故城南。西晋屬平陽。臨汾，漢縣名。《太平寰宇記》故城在正平縣東北二十五里，西晋屬平陽。弘農，漢郡名。《沈志》江左立僑郡，後併省爲縣。案《晋志》弘農郡僑列尋陽，而此弘農縣則寄居上明地者，今故兩立。譙，漢縣名。《沈志》譙民流寓立。松滋，漢縣名。《太平寰宇記》故城在今霍丘縣東十五里。《沈志》晋屬安豐，疑是有流民寓荆土，故立。《太平寰宇記》咸康三年以松滋流户在荆土者立松滋縣，以隸河東郡。《圖經》晋僑置松滋縣，屬南郡。咸康四年屬河東僑郡。廣戚，漢縣名。《後漢書》注，故城在今徐州沛縣東。《沈志》稱《太康地志》屬彭城，江左流寓立。

“河南郡，《沈志》僑立始治襄陽。《晋志》孝武於襄陽僑置河南郡。《圖經》河南廢郡在今襄陽縣北。又穀城縣東有洛陽城，當亦江左時僑縣。以《沈志》云當是《何志》後立，故不録。河南，漢縣名。《洛陽圖經》故城在今洛陽縣西北，西晋屬河南郡，東晋僑立，下同。新城，漢縣名。《後漢書》注故縣即今洛州伊闕縣。河陰，漢縣名。《後漢書》注故城在今洛陽縣東北。陽城，漢縣名。《水經注》潁水逕陽城故城南。《沈志》下二縣，《永初郡國》有。緱氏，漢縣名。《太平寰宇記》故城在今緱氏縣西北六里。

“河内郡，《沈志》武帝北平關洛，置司州刺史。又有河内、東京兆二郡。河内寄治河南，領温、野王、軹、河陽、沁水、山陽、懷、平皋、朝歌凡十縣。案數止有九。温，漢縣名。《太平寰宇記》故城在今縣西南二十里，西晋屬河内，東晋與郡僑立，下同。野王，漢縣名。《後漢書》注故城在今懷州。軹，漢縣名。《後漢書》注故城在今洛州濟源縣東南。河陽，漢縣名。《後漢書》注故城在今衛州共城縣東。沁水，漢縣名。《水經注》沁水又逕沁水故城北。山陽，漢縣名。《後漢書》注故城在今懷州修武縣西北。懷，漢縣名。《元和郡縣志》故懷城在武涉縣西十一里。平泉，漢縣名。《後漢書》注故城在今懷州武德縣西。《通典》及《太平寰宇記》亦同。《括地志》作武德縣東二十里，俟再考。朝歌，漢縣名。《後漢書》注故城在衛州衛縣西，西晋屬汲郡，東晋僑立，屬此。

"東京兆郡，《沈志》寄治滎陽，領長安、萬年、新豐、藍田、蒲坂凡六縣，案止有五縣。長安，漢縣名。《元和郡縣志》故城在今長安縣西北十三里，西晋屬京兆，東晋僑立，下同。萬年，漢縣名。《太平寰宇記》故城在今櫟陽縣東北三十五里。新豐，漢縣名。《長安志》稱《郡國縣道記》今縣東十二里故新豐縣，西南四里新豐故城，即漢高帝所立。藍田，漢縣名。劉昭稱《晋書地道記》有虎候山。蒲坂，漢縣名。《沈志》稱《晋太康地志》屬河東，東晋僑立，移屬此。

"廣平郡，《沈志》咸康四年江左僑立，治襄陽。晋成帝省，後又立，寄治丹徒，領廣平、易陽、曲周三縣。《圖經》廣平廢郡在今光化縣北。今增邯鄲縣，凡領縣四。廣平，漢縣名。《通典》故城在永年縣北。《沈志》稱《太康地志》屬廣平。下二縣同。又云徐度以朝陽縣境立。易陽，漢縣名。《漢書音義》在易水之陽。曲周，漢縣名。《通典》古城在今曲周縣西南，西晋無，東晋僑立。邯鄲，漢舊縣。《郡國志》有叢臺，西晋屬廣平。案《沈志》云孝武大明元年始省，則晋末有此縣也。"

清洪亮吉《十六國疆域志》考後趙司州："司州，魏置。《晋書·地理志》司州淪没劉聰，聰以洛陽爲荆州。及石勒復以爲司州。石虎復分司州爲洛州。今考石趙司州，凡領舊郡八、新置郡二，共郡十。

“襄國郡，漢縣名。《元和郡縣志》永嘉六年，勒僭號，遂定都焉。石虎徙都鄴，以此爲襄國郡。石氏既滅，罷之。領縣四。《晋書載記》石祗、劉顯均僭帝號於此。襄國，漢舊縣。《太平寰宇記》稱《晋地道記》樂平東南有夷儀嶺道通襄國。《太平御覽》稱崔鴻《十六國春秋·後趙録》前趙嘉平二年，張賓説勒云：邯鄲襄國，趙之舊都，依山憑險，形勢之固，可擇此二邑而都。勒於是進據襄國。《晋書·五行志》先是勒爲郭敬客，時襄國有謡曰：古在左，月在右，讓去言，或入口。古在左月在右，胡字也。讓去言爲襄也，或入口爲國也。至是勒始都之。《後趙録》石祗鎮襄國，永和六年祗聞石鑒死，僭號於襄國。永興二年，閔攻圍襄國。《穆帝紀》永和七年，石祗大敗冉閔於襄國。四月，劉顯殺石祗僭帝號於襄國。《載記》永和八年冉閔追劉顯至襄國，顯將曹伏駒開門納閔，閔殺顯及公卿已下百餘人，焚襄國宫室，遷其民於鄴。有大城、永豐小城、建德殿、徽文殿、崇訓宫、澧水宫、單于庭、正陽門、永豐門、永昌門、東堂、西閣、明堂、辟雍、靈臺、宣文宣教崇儒崇訓諸學、觀雀臺、挈壺署、永豐倉、桑梓苑、崇仁里、石門山、土山、石井岡、常盧澤、石勒母王夫人冢、石勒冢。南和，漢舊縣。魏晋屬廣平郡。《元和郡縣志》石趙屬襄國。《晋書》勒南和令趙領。有張賓墓、任城村。任，漢舊縣。魏晋屬廣平郡。案後趙分任縣置苑鄉。樂史云屬襄國郡，疑此縣亦同屬。有渚陽城。苑鄉，《元和郡縣志》後趙石氏分任縣置，石氏滅，廢。《太平寰宇記》石虎又改苑鄉爲清苑縣，襄國郡。《晋書》永嘉六年，廣平游綸、張豺擁衆數萬，受王浚節制，保據苑鄉。勒使夔安等攻破其外壘。建興元年勒襲苑鄉，執游綸以爲主簿。建平元年，甘露降苑鄉。石冲討石遵，衆十餘萬次於苑鄉。

“魏郡，《元和郡縣志》石虎自襄國徙都此，改太守爲魏尹。《晋書》永嘉二年，石勒寇鄴，魏郡太守王粹戰，敗，死之。魏郡太守劉矩以郡降勒。建興元年，勒魏郡太守桃豹，尋又以石虎代豹，鎮鄴三臺，領縣八。鄴，《元和郡縣志》晋以懷帝諱改業爲臨障縣，石虎徙都之，復改爲鄴。《晋書》汲桑進軍攻鄴，以勒爲前鋒都督，大敗魏郡太守馮嵩，因長驅入鄴。又勒并軍寇鄴，鄴潰，和郁奔於衛國。石虎攻鄴三臺，鄴潰，謝胥等以三臺流人降勒，勒自苑鄉如鄴，命世子弘鎮之。建平三年黑龍見鄴井中。勒朝群臣於此。石虎自襄國遷都於鄴。石祗使劉顯攻冉閔於鄴。劉顯復率衆伐鄴，閔擊敗之。石琨等率衆伐鄴，石閔拒之城北，琨等大敗。慕容儁遣慕容評率衆圍鄴，馬愿等開門降評。有石虎故城、鄴宫、東西宫、臨漳宫、九華宫、永安宫、明光宫、赤橋宫、東宫、大武殿、顯陽殿、暉華殿、琨華殿、金華殿、宣光殿、文昌故殿、鳳陽門、閶闔門、東掖門、建春門、中陽門、顯陽門、金明門、西中華門、聖壽堂、東堂、凌霄觀、御龍觀、宣武觀、如意觀、東明觀、中臺、南臺、三臺、閲馬臺、西臺、靈臺、西閣、南郊、大社、齊斗樓、逍遥樓、披雲樓、玳瑁樓、桑梓苑、華林苑、芳林園、千金堤、玄武池、紫陌、長墻、合口橋、天樂寺、混橋、西谷、胡天、西門豹祠、平樂市、滏口、石瀆、西山、漳水、梁湛、石虎冢、粟窖、鹽窖。長樂，《水經注》稱《晋書·地理志》魏郡有長樂縣。《元和郡縣志》晋於内黄縣地置長樂縣。郭璞《山海經注》洹水出汲郡林慮縣，至魏郡長樂入清水。《晋書》永嘉三年石勒陷長樂，安北將軍王斌遇害。建武元年虎自鄴入長樂。有昌城。魏。斥丘。安陽，《晋書》石遵北至安陽亭，張豺懼而出迎。《水經注》稱徐廣《晋記》曰石遵自李城北入，斬張豺於安陽，即此。蕩陰，《晋書》石遵討張豺，次於蕩陰。黎陽，《晋書》永嘉三年勒屠黎陽。又勒至黎陽，裴憲棄其軍奔淮南。冉閔之亂，段勤據黎陽。有逯明壘、枉人山。内黄。

“廣平郡，魏置。《元和郡縣志》永嘉末，石勒據有其地。今考後趙又分廣平置襄國郡。廣平郡凡領縣十二。廣平，漢舊縣。《沈志》稱《晋太康地志》屬廣平。邯鄲，漢舊縣。《晋書》石祗遣石琨等率衆十萬伐鄴，進據邯鄲。冉閔大敗琨於邯鄲。有石子岡。易陽，漢舊縣。《沈志》稱《晋太康地志》屬廣平。武安，漢舊縣。有洺水。涉，漢舊縣。曲梁，漢舊縣。有魏昌城、廉頗臺。列人，漢舊縣。肥鄉，《水經注》稱《晋書地道記》太康中立，以隸廣平。案樂史云魏黄初三年分邯鄲、蒲、列人三縣立。蒲字當係涉字之誤。《晋書》建平四年，隕石於肥鄉。又肥鄉令韓强。臨水，魏舊縣。《太平御覽》稱《後趙録》臨水長張樓。《載記》勒傭於武安臨水，爲游軍所囚。廣平，漢舊縣。斥漳，漢舊縣。平恩，漢舊縣。

"陽平郡，魏置。《晋書》冉閔破劉顯軍，追奔至陽平，斬首三萬餘級。又姚襄南攻陽平、元城、發干，皆破之，屯於碻磝津。凡領縣七。館陶，漢舊縣。《元和郡縣志》石趙移陽平郡理此。《藝文類聚》稱《趙書》石勒參軍周雅爲館陶令。元城，漢舊縣。青淵，漢舊縣。有赤橋。發干，漢舊縣。東武陽，漢舊縣。《晋書》永嘉初，兖州刺史苟稀破盜汲桑於東武陽，桑退保清淵。建興四年，勒將支雄、逯明擊寧黑於東武陽，陷之，黑赴河而死。陽平，漢舊縣。《太平寰宇記》永嘉後，并樂平，有趙簡子陵。樂平，魏舊縣。《太平寰宇記》稱《晋書地道記》樂平東南有夷儀道通襄國。夷儀山在城北故塞。

"河内郡，《晋書》永嘉四年，河内人樂仰執裴整叛降於勒。建興四年，趙固與郭默攻勒河内汲郡。石生攻劉曜河内太守尹平於新安，斬之。克壁壘十餘。石遵聞虎死，率衆屯河内。姚弋仲等平秦洛班師還，遇遵於李城，説遵討張豺，遵從之。洛州刺史劉國等亦率洛陽之衆至李城。後趙凡領縣十，改太守曰内史。野王，《石勒載記》野王太守張進降於劉曜。案此則野王曾作郡。又永和七年石虎故將高昌屯野王，降晋。州。懷。平皋，有李城。河陽。沁水。軹，有軹關。山陽。武德，《晋書》永嘉四年，勒攻冠軍將軍梁巨於武德，懷帝遣征虜將軍宋抽救巨，勒留諸將守武德，逆擊巨於長陵。巨請降，勿許，逾城遁。勒馳入武德，阬降卒萬餘，數梁巨罪殺之。案武德縣疑此後方省。温。

"汲郡，《晋書》劉淵封勒汲郡公，勒固讓不受。永嘉四年勒寇汲郡，執汲郡太守胡寵，劉聰復拜勒汲郡公。趙王六年，勒汲郡内史石聰。凡領縣六。汲，有衛關。朝歌，《晋書》石虎爲曜所敗，奔朝歌。有枋頭。共。隆慮。獲嘉。修武。

"上洛郡，晋泰始二年置。後趙領縣五。《水經注》稱《地道記》郡在洛上。故以爲名。上洛，漢舊縣。《御覽》稱《漢趙記》上洛男子張盧死二十七日，人有盗發其冢，盧得蘇，豫州牧呼延謨以聞。《水經注·渭水》下稱《晋地道記》嶢關在上洛縣西北。拒陽，《太平寰宇記》晋泰始三年，分上洛地於今縣東北八十里置拒陽縣，屬上洛郡。尋省。案此及豐陽縣，樂史雖并云尋省，然《宋書·州郡志》皆有之，故從録入。商，漢舊縣。豐陽，《太平寰宇記》晋泰始三年分商縣之地置豐陽。盧氏，漢舊縣。有石勒城。

"平陽郡，《晋書》大興元年，石虎率幽、冀州兵會勒攻平陽，勒焚平陽宫室，劉曜徙都長安。平陽以東地盡入石勒。凡領縣十二。平陽，有小城。楊。端氏。永安。蒲子，案《元和郡縣志》劉淵於蒲子縣置大昌郡，以縣屬焉。今考郡蓋暫時所立，後趙時或已省。故不録。狐讘。襄陵，有北原。絳邑。濩澤。臨汾。北屈。皮氏。

"頓丘郡。《晋書》建興二年，劉演遣將韓弘等襲頓丘，斬勒所署太守邵攀。凡領縣四。頓丘。繁陽，《晋書》石虎封繁陽侯。石祗將劉國據陽城，永初七年祗鎮南劉國會石琨伐鄴，爲冉閔所敗，國還屯繁陽。陰安，《晋書》冉閔敗張賀度等，追斬靳豚於陰安鄉。衛，《晋書》建武元年，虎自鄴如衛國。永和七年石虎故將李歷屯衛，因降晋。有黄城。"

前燕改司州爲中州。清洪亮吉《十六國疆域志》考中州："中州，《前燕録》元璽元年，儁以慕容評爲司州刺史，鎮鄴，改司州爲中州，置司隸校尉。今考凡得漢舊郡二、魏郡三、晋郡一、新置郡二，共八郡。

"魏郡，漢置。《晋書》暐魏尹慕容德。暐時凡郡百五十七、縣一千五百七十九、户二百四十五萬八千九百六十九、口九百九十八萬七千九百三十五。凡領縣七。鄴，《元和郡縣志》慕容儁平冉閔，又自薊徙都之，仍置司隸校尉。又云，慕容暐都鄴，其魏郡并理於鄴中也。《前燕録》元璽元年，慕容恪進攻鄴，儁又遣慕容評等帥騎一萬討冉智，鄴北郡縣悉降。儁光壽元年三月入鄴宫。建熙九年十二月，有神降於鄴，自稱相女，有聲與人相接。十一年十月，苻堅率衆會王猛攻拔鄴城。《晋書》徐蔚等夜開城門納堅軍，暐與評等數十騎奔昌黎。儁命慕容評鎮鄴。有正陽殿、應福殿、東堂、銅雀臺、顯賢里、蒲池、漳水、慕容儁墓。長樂。魏。斥丘。安陽。蕩陰。内黄，《晋書》暐將慕容桓以衆萬餘屯於沙亭，爲慕容評後繼。聞評敗，引屯内黄。

“貴鄉郡，《太平寰宇記》自漢至魏晋，魏郡皆理鄴。前燕慕容暐都鄴，於今魏州理立貴鄉郡。尋省。今考領縣可考者一。有州城。元城，魏晋屬陽平郡。有沙亭。

“黎陽郡，漢黎陽縣。《晋書》苻生黎陽太守韓高以郡歸儁。凡領縣一。案郡蓋分魏郡置。《地形志》孝昌中分汲郡置，蓋此郡立後，後又省并汲郡。至孝昌中，又分汲郡置也。《圖經》東晋時燕嘗置黎陽郡，尋省。黎陽。

“汲郡，前燕領縣六。汲。朝歌，有枋頭。共。林慮。獲嘉，有新樂城。修武。

“廣平郡，《元和郡縣志》石氏滅，又屬慕容儁，至子暐滅。凡領縣十五。廣平。邯鄲。易陽。武安。涉。襄國，案石趙升作郡，石氏滅罷。南和。任。曲梁。列人。肥鄉。臨水，有石虎墓。廣年。斥漳。平恩。

“陽平郡，前燕領縣六。館陶。清泉。發干。東武陽，《晋書》升平二年，泰山太守諸葛攸攻燕東郡，入武陽。太和四年，桓温伐燕，軍於東武陽。陽平。樂平。

“河内郡，《晋書》苻生河内太守王會以郡歸儁，儁以吕護爲河内太守。凡領縣十。野王，《晋書》慕容恪遣悦綰追吕護，及於野王。吕護走野王，遣弟奉表謝於儁。吕護據野王，謀引王師襲鄴，慕容恪討之，至八月，野王潰，護南奔晋。晋將段崇北渡屯野王。有沙城。州。懷。平皋。河陽，太和四年，垂欲奔秦，至河陽，爲津吏所禁，斬之而濟。有河橋。沁水。軹。山陽。武德。温。

“平陽郡，《通鑑》平陽人舉郡降燕，燕以段剛爲太守，遣督護韓苞將兵共守平陽。張平襲燕平陽，殺段剛、韓苞。又攻雁門，殺太守單男。凡領縣十一。平陽。楊。端氏。永安。狐讘。襄陵。絳邑。濩澤。臨汾。北屈。皮氏。”

孔祥軍《晋書地理志校注》（新世界出版社 2012 年版）：“據《通典》卷一百七十一《州郡一》：‘晋太康元年平吴，分爲十九州部：置司州，治洛陽。’又《通典》卷一百七十七《州郡七》：‘後漢爲司隸，理洛陽……晋分置司州，領縣十一，理洛陽。’則西晋時司州當治洛陽，在今河南洛陽市東北。曹魏黄初元年，領河南、河東、河内、弘農、魏郡五郡。黄初二年，分魏郡置陽平郡、廣平郡。黄初中，置朝歌郡，旋廢。正始三年，增置滎陽郡，嘉平初廢，領縣復屬河南郡。正始八年，增置平陽郡。甘露年間，弘農郡劃屬豫州，後附屬司隸。晋武帝泰始元年分河南置滎陽郡，二年分和内置汲郡，分陽平置頓丘，又分雍州京兆郡置上洛郡，共十二郡，與《晋志》司州領郡數合。”

［2］兖州：古九州之一。西漢武帝十三部刺史之一。三國魏治廩丘縣（今山東省鄆城縣西北）。惠帝末，兖州闔境淪没於石勒。東晋元帝僑置兖州，治京口（今江蘇省鎮江市）。以後陸續治廣陵、盱眙、山陽。下僑置濮陽、濟陰、高平、太山、陳留等郡。安帝時分廣陵郡之建陵、臨江、如皋、寧海、蒲濤五縣置山陽郡，屬南兖州。

清洪亮吉《東晋疆域志》：“兖州，《晋書》明帝太寧二年，石虎寇兖州。三年石勒將石良又寇兖州。刺史檀贇力戰死之，是年石勒盡陷司、兖、豫三州之地。今考南渡初，兖州全境淪没。太和中東燕等郡暫復仍失。至義熙末劉裕平慕容超後兖州始有實土，如泰山、濟北等郡是也，並詳見郡下。凡領舊郡八，增置郡一（僑郡別見），縣可考者二十三。州治，《沈志》魏晋治廩丘，武帝平河南治滑臺。《元和郡縣志》魏治廩丘，晋不改。”

關於東晋兖州僑置郡縣，洪亮吉同書考證説：“兖州。《沈志》中原亂，北州流民多南渡。晋成帝立南兖州，寄治京口。《晋志》明帝以郗鑒爲刺史，寄居廣陵，置濮陽、濟陰、高平、太山等郡，後改爲南兖州，或還江南，或居盱眙，或居山陽，後始割地爲境，常居廣陵，南與京口對岸。《通典》晋末以廣陵控接三齊，故青、兖二州刺史皆鎮於此。《元和郡縣志》晋建武初，兖州寄理嶧山上。洛陽傾覆，郗鑒獲歸，州鄉人士並宗附之，遂共推鑒爲主，與千餘家避難於嶧山。中宗假鑒龍驤將軍、兖州刺史，鎮鄒山。後爲石勒所侵逼，鑒率文武自嶧山奔下邳。凡統僑郡七，僑縣可考者十。

“陳留郡，《晋志》成帝咸康四年於北譙界立陳留郡。《沈志》陳留太守，中原亂廢。晋成帝咸和四年復立。《太平寰宇記》陳留廢郡在安豐縣東北五里，浚儀廢縣在縣東北二百五十步，芍陂塘下，雍丘廢縣在縣南六十里，小黄廢縣在縣西北三十里，以上一郡三縣晋義熙十二年劉義慶奏置。《一統志》陳留廢郡在壽州南，領縣可考者八。案東晋時堂邑亦僑立陳留郡，後郡廢，所領縣又併入秦郡。《宋書》檀韶、向彌等傳所謂北陳留也，與此自别。浚儀，漢縣名。酸棗，漢縣名。《後漢書》注，故城在今滑州，西晋屬陳留。《沈志》《永初郡國》無浚儀、封丘，而有酸棗。小黄，漢縣名。西晋屬陳留。《後漢書》注，故城在今汴州陳留縣東北。《通典》同。東晋與郡僑立。雍丘，漢縣名。白馬，漢縣名。《沈志》稱《太康地志》屬濮陽。《後漢書》注，故城在今白馬縣東，東晋僑立。襄邑，漢縣名。《水經注》渙水又東逕襄邑縣故城南，西晋屬陳留，東晋僑立。尉氏，漢縣名。《沈志》《永初郡國》陳留郡，領酸棗、小黄、雍丘、白馬、襄邑、尉氏六縣。長垣，漢縣名。《太平寰宇記》故城在開封縣北二十里。漢陳留太守治，西晋屬陳留。《一統志》廢縣在亳州東，東晋析譙縣僑置。案《沈志》垣令下云《何志》故屬陳留，則縣移屬譙郡在永初以後可知。

“濮陽郡，《晋志》明帝僑置。《沈志》《永初郡國》濮陽郡領濮陽、廩丘二縣，今又附鄄城一縣，共僑縣三。濮陽，漢縣名。《水經注》故城在濮陽津南與衛縣分水。西晋屬濮陽，東晋僑立。廩丘，漢縣名。《太平寰宇記》故城在雷澤縣北，西晋屬濮陽，東晋僑立。鄄城，漢縣名，西晋屬濮陽。《晋書》孝武太元九年，前鋒都督謝玄攻苻堅兗州刺史張崇於鄄城，克之。二十一年，劉該爲徐州刺史，鎮鄄城。又王騰寇鄄城，胡三省云，此非故鄄城，蓋僑縣也。

“高平郡，《晋志》明帝僑置。案《宋書・武帝紀》晋義熙十二年，以兗州之高平、魯、泰山諸郡封宋國，即此。《沈志》領縣六，今增任城一縣，共領縣七。案《沈志》南徐州下又有南高平郡，容永初後所立，今不録。任城，漢縣名。《郡國志》任城本任國，西晋屬任城國。《沈志》江左省郡爲縣。《永初郡國》及徐並有。高平，漢縣名。《後漢書》注，故城在鄒縣西南，西晋屬高平，東晋僑立。方與，漢縣名。《元和郡縣志》故城即今魚臺縣理，西晋屬高平，東晋僑立。金鄉，漢縣名。劉昭稱《晋書地道記》縣多山，所治名金山，西晋屬高平。鉅野，漢縣名，《郡國志》縣有大野澤，西晋屬高平。平陽，《沈志》漢舊縣曰南平陽。《通典》故城今兗州鄒縣，西晋屬高平，東晋僑立。亢父，漢縣名。《後漢書》注，故城在兗州任城縣南五十一里，西晋屬任城，東晋僑立。

“泰山郡，《晋志》明帝僑置。《沈志》《永初郡國》又有山茌、萊蕪、太原三縣，而無鉅平，今據列入。共領縣十。山茌，漢縣名。《晋志》茌山在東北，此下九縣西晋並屬泰山。奉高，漢縣名。《後漢書》注，此及嬴博、梁父共四縣，故城並在今兗州博城縣界。嬴，漢縣名。牟，漢縣名。《水經注》汶水出牟縣故城西南，西晋作東牟。南城，漢縣名。《郡國志》故屬東海，有東陽城，西晋作南武城。武陽，漢縣名。《後漢書》注故城在今沂州費縣西。西晋作南武陽。梁父，漢縣名。博，漢縣名。萊蕪，漢縣名。《後漢書》

注故城在今潘川縣東南。太原，漢郡名，屬并州。《沈志》本郡僑立此縣，晋安帝義熙中土斷立，屬泰山。案《地形志》司馬德宗置。又云劉義隆置太原郡，是晋時有太原縣無太原郡也。《圖經》僑城在今長清縣東北，名東太原城，亦曰升城，晋義熙中僑置太原郡於此。

“魯郡，《晋志》明帝立南魯郡。《沈志》江左屬兖州，領縣六，今除平陽等三縣增入樊縣，共領縣四。鄒，漢縣名。《括地志》故城在兖州泗水縣東南六十里。以下三縣西晋並屬魯郡，東晋僑立，下並同。汶陽，漢縣名。《後漢書》注故城在今兖州泗水縣西。魯，漢縣名。《晋志》魯曲阜之地。案《圖經》盱眙縣南有魯縣故城，當即僑縣。《晋志》南兖州下本云或還江南，或居盱眙也。樊，漢縣名。《沈志》、後漢、《晋太康地志》屬任城。《太平寰宇記》故城在今瑕丘縣西南。

“東燕郡，《沈志》江左分濮陽所立，領燕縣、白馬、平昌、考城凡四縣。燕，漢南燕縣。《沈志》稱《太康地志》屬濮陽。《後漢書》注故城在今滑州胙城縣，東晋僑立，下同。白馬，漢縣名。平昌，漢縣名。《太平寰宇記》故城在安丘縣南六十里，西晋屬城陽。考城，漢縣名，杜預《左傳》注在外黄東南，西晋無。《圖經》僑縣在懷遠縣東南四十五里，今爲考城鋪。

“樂陵郡，《沈志》晋江左立樂陵郡及諸縣。新樂，魏縣名，案此縣從《沈志》列入，餘無考。”

前趙置北兖州。後趙置兖州。清洪亮吉《十六國疆域志》考後趙兖州：“兖州，《晋書・地理志》惠帝之末，兖州闔境淪没。《石勒載記》晋兖州刺史郗鑒爲虎所逼，懼，自鄒山退屯下邳。太寧三年，勒趙王六年，石勒將石虎寇兖州，刺史劉遐自彭城退保泗口。三年，石瞻攻陷晋兖州刺史檀斌於鄒山，斌死之。將軍李矩等并衆潰而歸。石勒盡陷司、兖、豫三州之地。石虎徙遼西、北平、漁陽萬餘户於兖、豫、雍、洛四州之地。永和七年，冉閔兖州刺史魏統以城歸順晋。凡領郡國六。

“濟陰郡，漢置。案《晋志》誤作濟陽，辯已見前。《晋書載記》建平元年，濟陰木連理。凡領縣九。城陽，漢舊縣。《太平寰宇記》晋氏南遷之後，濟陰郡移理於此。定陶，漢舊縣。乘氏，漢舊縣。有泗水。《水經注》稱《晋太康地記》泗水出磬石，《書》所謂泗濱浮磬者也。句陽，漢舊縣。離狐，漢舊縣。《沈志》稱《晋太康地志》屬濟陰。冤句，漢舊縣。已氏，漢舊縣。成武，漢舊縣。《沈志》稱《晋太康地志》屬濟陰。單父，漢舊縣。

“高平郡，《沈志》漢山陽國。晋武帝泰始元年更名。案《晋書·地理志》故屬梁國，晋初分東郡置。今考漢景帝時已分梁置山陽，非晋初也。晋初亦無山陽國，則云分置誤。當以《沈志》爲是。凡領縣七。郭璞《山海經注》晋太興三年，高平郡界有山崩，其中出數千斛雄黄。昌邑，漢舊縣。鉅野，漢舊縣。方與，漢舊縣。金鄉，漢舊縣。《太平御覽》稱王隱《晋書》金鄉縣北鑿石爲冢，云得白蛇、白兔及得金，故曰金鄉。湖陸，漢舊縣。郭璞《山海經注》泗水西南至高平湖陸縣。高平，漢舊縣。郭璞《山海經注》鉅鹿，今在高平。南平陽，漢舊縣。

“任城國，漢置。後趙領縣三，案近得晋任城太守夫人孫氏碑，在新泰縣宫山之陽，知任城國西晋亦嘗爲郡，故沈約《宋書·州郡志》任城縣本屬任城，江左省郡爲縣，是任城國爲郡之證也。任城，漢舊縣。亢父，漢舊縣。樊，漢舊縣。《沈志》稱《晋太康地志》屬任城。

“東平國，《晋書》劉淵遣曹嶷寇東平、琅邪，石勒遣將張敬救徐龕，至東平。凡領縣七。有剛山。須昌，《沈志》稱《晋太康地志》屬東平。壽張。范，有倉亭。無鹽。富城。東平陸。剛父。

“濟北國，漢置。後趙領縣五。《元和郡縣志》理碻磝城，其城西臨黄河，晋末爲河水所毁，移理河北博州界。盧，漢舊縣。《沈志》稱《晋太康地志》屬濟北郡。臨邑，漢舊縣。《沈志》屬濟北郡。東阿，漢舊縣。《史記索隱》稱《太康地理志》阿即東阿也。郭璞《山海經注》今陽城縣西東阿縣次鄉中。赭陽縣湘亭南皆有堯冢。《太平寰宇記》又云晋太康後省。穀城，漢舊縣。郭璞《山海經注》穀城山在濟北穀城縣西。《沈志》稱晋《太康地志》屬濟北。有穀城山。蛇丘，漢舊縣。《沈志》稱《太康地志》屬濟北。

"泰山郡，漢置。《晋書》晋太興元年，泰山太守徐龕叛降於勒。晋徐州刺史蔡豹敗徐龕於檀丘，龕率衆叛勒，復降於晋。永昌元年，勒趙王四年，勒將石虎攻陷泰山，執守將徐龕。凡領縣十。奉高，漢舊縣。郭璞《山海經注》泰山今在泰山郡奉高縣西北。《藝文類聚》稱《太康地記》曰奉高者，以事東岳帝王禪代之處也，故明堂在縣南四里，漢武立太垣於東山以登天，下示增高。《史記正義》稱《太康地志》云爲壇於泰山以祭天，示增高也；爲墠於梁父以祭地，示增廣也。祭尚玄酒而俎魚，墠皆廣長十二丈，壇高三尺，階三等，而樹石泰山之上，高二丈一尺，廣三尺。秦之刻石云。《晋書》石虎建武八年，石然於泰山，八日而滅。有泰山、金輿谷。博，漢舊縣。嬴，漢舊縣。南武城，漢舊縣。梁父，漢舊縣。山茌，漢舊縣。南武陽，漢舊縣。萊蕪，漢舊縣。東牟，漢舊縣。鉅平，漢舊縣。《蔡豹傳》石虎屯鉅平，將攻豹。"

同書考前燕兖州："兖州，《晋書》太和元年暐遣慕容厲攻晋太山太守諸葛攸，攸奔淮南。厲陷兖州諸郡，置守宰而還。案《通鑑》故趙將擁兵據州郡者各遣使降燕。燕王儁以王擢爲益州刺史，夔逸爲秦州刺史，張平爲并州刺史，李歷爲兖州刺史。案益、秦二州未嘗屬燕，儁蓋以王擢等新降使領虛號耳。下又云以朱禿爲青州刺史，孫元爲兖州刺史，當亦然。凡得舊郡四。

"高平國，《晋書》晋大司馬桓温等率衆伐暐，前兖州刺史孫元起兵應之。暐高平太守徐翻以郡歸順。凡領縣七。昌邑。鉅野，有鉅野澤。方與。金鄉，（建熙十年）桓温伐暐，進次金鄉。有桓元子河。胡陸，《晋書》太和四年，桓温部將檀玄攻胡陸，拔之，執暐將慕容忠。高平。南平陽。

"任城國，儁以賈堅子活爲任城太守。領縣三。任城，有桓公溝。亢父。樊。

“泰山郡，《晋書》儁太山太守賈堅屯山荏，爲晋將荀羡所殺。凡領縣十。奉高。博。嬴。南武城。梁父，《晋書·庾希傳》慕容勵圍梁父，斷潤水。太山太守諸葛攸奔鄒山，魯、高平等數郡皆没。山荏，《晋書》晋將荀羡攻山荏，拔之。儁青州刺史慕容塵遣司馬悦明救之，羡敗，復陷山荏。南武陽，桓温伐暐進屯武陽。是年，兖州刺史孫桓據武陽拒暐，暐遣孟高討擒之。萊蕪。東牟。鉅平。

“濟北國，《晋書》晋濟北太守高柱以郡叛歸儁，儁封子泓爲濟北王。凡領縣五。盧。臨邑。東阿，《晋書》儁遣慕容評等拒諸葛攸，戰於東阿，王師敗績。穀城。蛇丘。”

同書考前秦兖州：“兖州，《晋書·地理志》苻堅時兖州刺史鎮倉垣。《圖經》苻秦兖州刺史鎮鄄城。《載記》堅兖州刺史梁成、彭超。姚萇太元八年，晋劉牢之伐兖州，堅刺史張崇棄鄄城奔慕容垂。領漢郡四。

“陳留郡，前秦領縣十。小黄。浚儀。封丘。酸棗。濟陽。長垣。雍丘。尉氏。襄邑，《北史·寇讚傳》酇除襄邑令。外黄。

“東燕郡，前秦領縣四。燕。白馬，有滑臺。平昌。考城。

“濟陽郡，前秦領縣九。城陽。定陶。乘氏。句陽。離狐。宛句。己氏。成武。單父。

“濮陽國，前秦領縣三。濮陽。廩邱。鄄城，《晋書》堅兖州刺史張崇棄鄄城奔慕容垂。劉牢之遂進據鄄城。

“南兖州，《晋書》苻堅以苻暉都督豫、洛、荆、南兖、東豫、揚六州諸軍事。又以毛盛爲兖州刺史，鎮湖陸。《通鑑》注秦南兖州鎮湖陸。領漢郡二、晋郡一。

“高平國，前秦領縣七。昌邑。鉅野。方與。金鄉。湖陸。高平。南平陽。

“東平國，《晋書》苻堅東平太守楊光。領縣七。須昌。壽張。范。無鹽。富城。東平陸。剛父。

“濟北郡，《晉書》苻堅濟北太守申紹。領縣五。盧，有碻磝津、朗公谷。臨邑。東阿。穀城。蛇丘。”

同書考後秦兗州：“兗州，《晉書·地理志》興以兗州刺史鎮倉垣。《載記》興兗州刺史司馬國璠。統郡可考者一。

“陳留郡，後秦領縣十。倉垣，《晉書載記》晋將沈林子自汴入河攻倉垣，克之。泓兗州刺史韋華降。小黄，案後秦兗州不應止倉垣一縣，今以陳留一郡屬邑附後。浚儀。封丘。酸棗。濟陽。雍丘。尉氏。襄邑，義熙十二年，劉裕北伐。襄邑人董神虎聚衆千餘人來降。外黄，《晉書載記》姚襄進攻外黄。又案《載記》云，王仲德逼滑臺。魏兗州刺史尉建棄城北渡河，仲德入滑臺。今考滑臺屬白馬，爲東燕郡屬邑，後秦時東燕不見載記，故不敢列入，而附記於此。”

同書考後燕兗州：“兗州，《晉書載記》垂遣慕容農濟河與安南將軍尹國略地青、兗，農攻廩丘，國攻陽城，皆拔之。東平太守韋簡戰死，高平、泰山、琅邪諸郡皆委城奔潰。農進軍臨海，遍置守宰。《後燕録》建興二年，垂以慕容楷爲兗州刺史，鎮東阿。凡統郡可考者五。

“濟北郡，後燕領縣五。盧。臨邑。東阿，慕容農東引乞特歸於東阿。建興元年，垂遣慕容德等攻温、詳於東阿。穀城。蛇丘。

“東燕郡，後燕領縣四。燕。白馬，有滑臺。平昌。考城。

“濮陽郡，後燕領縣可考者三。《北史·酈範傳》祖紹，慕容寶濮陽太守，以郡降魏。廩丘，《晉書載記》慕容農攻廩丘，克之。鄄城，《方輿紀要》後燕徐州刺史又移治鄄城。聊城，建興元年，垂進屯聊城之逢關陂。

“太山郡，《晉書載記》慕容農略地河内，太山、琅邪諸郡皆委城奔潰。農進師臨海，置守宰而還。領縣十一。奉高。博。嬴。南武城。梁父。山茌。新泰。南武陽。萊蕪。東牟。鉅平。

“高平國，《後燕録》高平人翟暢執太守徐含，以郡降翟遼。建興九年，晋高平太守徐含告急，劉牢之不能救，於是高平、太山、琅邪諸郡皆委城奔潰。領縣七。昌邑。鉅野。方與。金鄉。湖陸。高平。南平陽。”

同書考南燕兗州：“兗州，《晋書·地理志》德以兗州刺史鎮梁父。《載記》德以慕容法爲兗州刺史，鎮梁父。超嗣位，以法都督徐、兗、揚、南兗四州諸軍事。案揚、南兗二州，《載記》及《南燕録》等并無可考，疑亦遥領也。太上二年，超遣王凝等攻法於兗州，法出奔魏。凡統郡三。

“泰山郡，南燕領縣九。奉高，有泰山、社首山。博。嬴。南武城。梁父，《南燕録》太上二年，超遣慕容凝、韓範攻梁父，凝謀殺韓範，將襲廣固。範知而攻之，凝奔梁父，範并其衆，攻梁父，克之。慕容凝自梁父奔於姚興。山茌。南武陽。萊蕪，有萊蕪谷。鉅平。

“濟北郡，南燕領縣五。有標榆谷。盧。臨邑。東阿。穀城，有虎窟山。蛇丘。

“東燕郡，南燕領縣四。東燕，漢南燕縣。《元和郡縣志》慕容德都之，復號東燕縣。白馬，有滑臺、胙城、太極殿、端門、天橋津。”

同書考後秦兗州：“兗州，《晋書·地理志》興以兗州刺史鎮倉垣。《載記》興兗州刺史司馬國璠。統郡可考者一。

“陳留郡，後秦領縣十。倉垣，《晋書載記》晋將沈林子自汴入河攻倉垣，克之。泓兗州刺史韋華降。小黄，案後秦兗州不應止倉垣一縣，今以陳留一郡屬邑附後。浚儀。封丘。酸棗。濟陽。雍丘。尉氏。襄邑，義熙十二年，劉裕北伐。襄邑人董神虎聚衆千餘人來降。外黄，《晋書載記》姚襄進攻外黄。又案《載記》云，王仲德逼滑臺。魏兗州刺史尉建棄城北渡河，仲德入滑臺。今考滑臺屬白馬，爲東燕郡屬邑，後秦時東燕不見載記，故不敢列入，而附記於此。”

孔祥軍《晋書地理志校注》：“據《宋志》：‘兗州刺史，後漢治山陽昌邑，魏、晋治廩丘。’又《通典》卷一百七十一《州郡一》：

‘晋太康元年平吴，分爲十九部……兖治廩丘。’則西晋時兖州治廩丘，在今山東鄆城縣西北。《續漢志》：兖州領郡八，自漢末歷魏未有變化。《晋志》：領郡八，其中濮陽、高平乃是承襲魏末之東郡、山陽而來。”

［3］豫州：古九州之一。西漢武帝十三部刺史之一。三國魏治安城縣（今河南省正陽縣東北南汝河西南岸），西晋移治陳縣（今河南省周口市淮陽區）。東晋咸和中僑置兖州，治所先後在蕪湖、牛渚、姑孰、壽春等地。下僑置襄城、淮南、晋熙等郡。

清洪亮吉《東晋疆域志》：“豫州，《太平御覽》稱《晋太康地記》豫州之分，其人得中和之氣，性安舒，其俗阜，其人和，今俗多寬慢。《晋志》永嘉之亂，豫州淪没石氏，成帝乃僑立豫州於江淮之間。又并淮南、廬江、安豐并屬豫州。《沈志》武帝欲開拓河南，綏定南豫。義熙九年割揚州大江以西大靁以北悉屬豫州，豫基因此而立。今考晋南渡初，豫州所得唯存譙城，及祖約退還壽春，譙城亦陷，後又并壽春失之，至石氏喪亡復收淮南之地。及苻堅敗而豫境漸復。義熙經略中原，奄有豫之故土。今參用晋、宋兩志及散見於紀傳者一一采入。凡統舊郡十，增置郡五，改實郡爲僑郡一（僑郡別見），縣三十六。州治，《沈志》元帝永昌元年，刺史祖約始自譙城退還壽春。成帝咸和四年，僑立豫州。庾亮爲刺史，治蕪湖。咸康四年，毛寶爲刺史，治邾城。六年，荆州刺史庾翼鎮武昌，領豫州。八年，庾懌爲刺史，又鎮蕪湖。穆帝永和元年，刺史趙胤鎮牛渚。二年，刺史謝尚鎮蕪湖。四年進壽春。九年，尚又鎮歷陽。十一年進馬頭。升平元年，刺史謝奕戍譙。哀帝隆和元年，刺史袁真自譙退守壽春。簡文咸安元年，刺史桓冲戍姑孰。孝武太元十年，刺史朱序戍馬頭。十二年刺史桓石虔戍歷陽。《習逵傳》逵爲豫州刺史，亦鎮歷陽。安帝義熙二年，刺史劉毅戍姑孰。十三年刺史劉義慶鎮壽陽。”

同書又考豫州僑州郡縣説：“豫州，《沈志》江左胡寇强盛，豫郡殲覆。成帝咸和四年僑立豫州。《晋志》僑立豫州於江淮之間，居蕪湖。樂史稱《金陵記》姑孰之南淮曲之陽置豫州。《圖經》南豫州城在蕪湖縣東二里，今之五面場是也。又案《沈志》晋孝武太元十年，立北河南郡，後省。故不録。凡統僑郡六，實郡有僑縣者三，共僑縣十七：

“歷陽郡。龍亢，漢縣名。《太平寰宇記》漢故城在蘄縣南八十里，西晋屬譙郡。《沈志》江左流寓立。《太平寰宇記》晋太興二年元帝置龍亢縣。今含山縣南有龍亢村。

“南譙郡，《水經注》江水又東逕南譙郡城南。《一統志》譙郡城在巢縣東南二十里，今爲南譙鄉。領縣可考者四。山桑，漢縣名。《太平寰宇記》故城在蒙城縣北三十七里。蘄，漢縣名。《水經注》涣水又東南逕蘄縣故城南。《一統志》晋僑置南譙郡，治山桑縣。又置縣屬焉。酇，漢縣名。西晋屬譙郡。《沈志》流寓立，今廢。縣在全椒縣西南酇湖濱。案《沈志》文帝元嘉八年始自南譙度屬歷陽。扶陽，漢縣名。《元和郡縣志》故城在城父縣東北三十六里。《圖經》晋末僑置，屬南譙郡。《通志》廢縣在今無爲州西北，接巢縣界。

“襄城郡，《晋志》元帝渡江，以丹陽春穀縣置襄城郡。《司馬休之傳》休之爲襄城太守，則郡又嘗僑治歷陽也。繁昌，魏縣名。《沈志》晋亂，襄城郡没，以此縣屬淮南，割于湖爲境。《晋志》元帝渡江僑立襄城郡及繁昌縣。《圖經》故城在今繁昌縣東北。

“馬頭郡，領僑縣二。虞，漢縣名。西晋屬梁郡，《後漢書》注，故城在今宋州虞城縣西。《沈志》流寓因配。濟陽，漢郡名，屬兖州。《沈志》流寓因配。

“潁川郡，《沈志》别見。《水經注・江水》下後塘上有潁川僑郡故城。案此則江左時潁川僑郡亦在今和州界可知。又案劉裕進封宋王，所益十郡内有北潁川，故知此僑立之潁川與北潁川本屬二郡。至宋受禪後，凡有僑郡又普加南字也。《沈志》南豫州下有南潁是矣。惟南南頓郡無考。縣無考。

“南汝陰郡，《沈志》江左立。汝陰，漢縣名。《後漢書》注，故城即今潁川郡汝陰縣也，西晋屬汝陰郡，東晋同郡僑立。《沈志》所治即二漢、晋合肥縣。後省。

“晋熙郡。陰安，漢縣名。《沈志》《晋太康地志》屬頓丘。《晋志》同。案此縣江左僑立，當與郡同在皖縣地。

“汝南郡，《通典》東晋於江夏僑立汝南郡。汝南，漢郡名，屬豫州。《通典》東晋僑置汝南郡於江夏，此爲汝南縣。《太平寰宇記》東晋汝南郡流人寓於夏口，因僑立汝南郡。又爲汝南縣焉。晋末遂改爲江夏縣。《荆湘記》曰金水北岸有汝南舊城是也。《水經注》塗水北流逕汝南僑郡故城，晋咸和中置。寇難南逼，户口南渡，因置斯郡，治于塗口。案《元和郡縣志》又云東晋僑立汝南郡，後改爲汝南縣，似非。

“西陽郡。西陽，漢縣名。《晋志》故弦子國，西晋屬弋陽郡，東晋僑立。《太平寰宇記》永嘉亂後并移置故邾城上流五里。

“秦郡。《沈志》晋武帝分扶風爲秦國。中原亂，其民南流，寄居堂邑。安帝改堂邑爲秦郡。《永初郡國》屬豫州。元嘉八年度南兖。案此則東晋當屬豫州也。秦，《沈志》本屬秦國，流寓立。平丘，漢縣名，屬陳留。《沈志》稱《晋太康地志》無，江左僑立。外黄，漢縣名。《太平寰宇記》故城在今汴州雍丘縣東，西晋屬陳留，東晋僑立。沛，漢縣名。西晋屬沛國，東晋僑立。雍丘，漢縣名。《元和郡縣志》故城今阿城是也。西晋屬陳留，東晋僑立。今故城在和州南。浚儀，漢縣名。《陳留風俗傳》曰縣北有浚水，儀而象之，故曰浚儀。西晋屬陳留，東晋僑立。頓丘，漢縣名。《後漢書》注故城在今魏州頓丘縣北陰安城是也。西晋屬頓丘郡。《沈志》江左流寓立。《一統志》東晋初僑置頓丘縣及郡，後郡廢，以縣屬秦郡。今頓丘城在來安縣横風村。《通典》滁州清流本漢全椒縣地，舊曰頓丘。案此即仍僑縣舊名。尉氏，漢縣名。西晋屬陳留，東晋僑立。《通志》江浦縣，東晋爲尉氏縣地。

“南新蔡郡，《晋志》孝武於漢九江王黥布舊城置南新蔡郡，屬南豫州。案晋時無南豫州之名，《晋志》蓋誤。苞信，漢縣名，屬汝南。《史記正義》故城在豫州郾城縣南五里。西晋屬汝南郡，東晋僑立。慎，漢縣名。《後漢書》注，故城在今潁州潁上縣西北，西晋屬汝南，東晋僑立。宋，漢縣名，本名新郪。《後漢書》注，故城在今潁州汝陰縣西郪丘城是也，西晋屬汝陰郡，東晋僑立。案《晋書》荆州刺史庾翼奏移西陽、新蔡二郡荒民就陂田於尋陽，故東晋之世除江州刺史者必兼督豫州之西陽、新蔡。此以實州理僑郡，非即屬江州也。至《沈志》則南新蔡已屬江州，或宋初所移屬邪？今從《晋志》，仍附豫州下。"

清洪亮吉《十六國疆域志》考前趙豫州："豫州，《前趙録》嘉平二年聰豫州刺史王桑。"

同書考後趙豫州："豫州，《晋書·地理志》永嘉之亂，豫州淪没石氏。《載記》永嘉五年，勒引兵攻掠豫州諸郡。趙王五年，勒遣將軍王陽屯於豫州。太和元年，勒遣豫州刺史桃豹統見衆會滎陽。永和七年，冉閔豫州刺史冉遇以城歸順晋。凡領舊郡十、新復郡一。

"潁川郡，秦置。《晋書》王彌出師轘轅，流民之在潁川、襄城、汝南、南陽、河南者數萬家，悉爲居民所苦，皆燒城邑，殺二千石長吏以應彌。趙王六年，勒使石生自延壽關出寇許潁，勒汲郡内史石聰攻潁川太守郭默。凡領縣九。《水經注》稱《晋地道記》曰，潁川故城，楚靈王築。許昌，漢許縣。《晋書》永嘉五年，石勒陷許昌，害平東將軍王康。劉曜出轘轅，屯許昌。趙王六年，晋都尉魯潜叛，以許昌降勒。永和七年，冉閔豫州牧張遇以許昌降晋。石虎故將樂立亦屯許昌，以衆降晋。八年，鎮西將軍張遇反於許昌。苻健、苻雄等援虎豫州刺史張遇於許昌，敗晋將謝尚於潁水之上。有誠橋。長社，漢舊縣。有洧倉。潁陰，漢舊縣。臨潁，漢舊縣。《晋書》劉聰將趙固襲衛將軍華薈於臨潁，殺之。郾，漢舊縣。《史記正義》稱《晋太康地志》蓼國先在南陽故縣，今豫州郾縣界故胡城是。邵陵，《沈志》《晋太康地志》屬潁川。鄢陵，郭璞《山海經注》鄢，今鄢陵縣，屬潁川。新汲，漢舊縣。《晋書》

乞活帥李惲等追擊王彌，戰於新汲，彌師敗績。

“汝南郡，漢置。《晋書》永嘉五年石勒攻汝南，汝南王祐奔建康。咸和元年，趙王八年，石勒遣將石生寇汝南，汝南人執内史祖濟以叛。《庾翼傳》石虎汝南太守戴開，詣翼降。凡領縣十四。新息，漢舊縣。南安陽，漢舊縣。安成，漢舊縣。慎陽，漢舊縣。北宜春，漢舊縣。朗陵，漢舊縣。上蔡，漢舊縣。平輿，漢舊縣。有葛陂。定潁，漢舊縣。灈陽，漢舊縣。南頓，漢舊縣。《晋書》永嘉五年，勒北寇新蔡，殺新蔡王確於南頓。朗陵公何襲等率衆降。汝陽，漢舊縣。吴房，漢舊縣。西平，漢舊縣。《晋書》太興元年四月，西平地震如雷。《水經注》稱《晋太康地記》西平縣有龍泉水，可以砥礪刀劍，特堅利，故有堅白之論矣。

“襄城郡，魏置。《晋書》王彌攻寇襄城諸郡縣。永嘉四年，石勒陷襄城，太守崔曠遇害。凡領縣七。襄城，漢舊縣。《水經注》稱《晋書地道記》城楚靈王築。《晋書》永嘉四年，雍州流人王如等率衆一萬屯此以拒石勒，勒擊敗之，盡俘其衆。趙王五年，勒司馬石生攻陽翟不克，進寇襄城。《通鑑》永昌元年，後趙屢寇河南，拔襄城城父。繁昌，魏舊縣。《晋書》攻襄城太守崔曠於繁昌，害之。郟，漢舊縣。定陵，漢舊縣。《晋書》建興元年，勒使孔萇擊定陵，害兖州刺史田徽。父城，漢舊縣。昆陽，漢舊縣。舞陽，漢舊縣。《晋書》平陽人李洪有衆數千，壘於舞陽。

“汝陰郡，魏置。後趙領縣五。汝陰，漢舊縣。有胡亭。慎，漢舊縣。《沈志》稱《晋太康地志》慎縣屬汝陰。原鹿，漢舊縣。固始，漢舊縣。鮦陽，漢舊縣。

“新蔡國，《晋書·新蔡武哀王騰傳》永嘉初，以迎駕勛封新蔡王。又祖逖牙門童建斬新蔡内史周密，降於勒。案此則新蔡入勒後，疑亦别作國。領縣三。姑據《沈志》所載東晋時者録入。新蔡，漢舊縣。《晋書》勒北寇新蔡。宋，漢舊縣。褒信，漢舊縣。郭璞《山海經注》汝水至汝陰褒信縣入淮。《沈志》稱《晋太康地志》屬汝陰。

“梁國，漢置。《晋書》劉聰遣劉粲等帥衆四萬出轘轅，掠梁陳汝潁間，陷壁壘百餘。建興四年，勒使虎襲乞活王平於梁城，敗績而歸。建武元年，虎濟自長壽津，寇梁國，害内史荀闓。祖逖攻陳川於蓬關，石虎救川，逖退屯梁國。凡領縣六。《太平寰宇記》稱《晋太康志》梁國有隱縣，《晋書·地理志》無。睢陽，漢舊縣。《晋書·地理志》春秋時宋都。又云宋王偃之時，諸侯皆曰桀宋。桀宋言其似桀也。又云《史記索隱》稱《晋太康地記》睢陽城方十三里，梁孝王築，以鼓唱節杵，而後下和之者稱睢陽曲。今踵以爲故，所以樂家有睢陽曲，蓋采其遺音也。蒙，漢舊縣。《晋書》荀晞立皇太子，自領尚書令，保梁國之蒙縣。勒襲破苟晞於蒙城，執晞。虞，漢舊縣。下邑，漢舊縣。《太平寰宇記》晋并碭縣入下邑，有故譙城。寧陵，漢舊縣。《沈志》稱《晋太康地志》屬梁。穀熟，漢舊縣。

“陳郡，漢置。《沈志》晋初并。梁王肜薨，還爲陳。又稱《太康地記》陳屬梁國。《晋地道志》惠帝永康中復立。《水經注》稱王隱云，陳城南道東有宛丘，漸欲平。又云城北有故沙，名之爲死沙。又云犖北有谷水。《晋書》永嘉四年，勒濟河攻豫州刺史馮嵩於陳郡，不克。凡領縣七。有寧平故縣。陳，漢舊縣。《晋書》祖逖使督護陳超襲勒將桃豹，超敗，没於陳。樂史稱《晋書地道記》陳城西南角有淮陽城，漢淮陽國城也。項，漢舊縣。《沈志》稱《晋太康地志》屬陳郡。《晋書》王彌東屯項城。有項關。長平，漢舊縣。《沈志》稱《晋太康地志》屬潁川。《晋書·地理志》屬梁國。陽夏，漢舊縣。《沈志》稱《晋太康地志》無。《晋地道記》惠帝永康中復立。《晋書》勒進寇穀陽，害冠軍將軍王兹，破王讚於陽夏。苟晞、王讚潛謀叛勒，勒馳還陽夏，滅王讚。武平，漢舊縣。父陽，漢苦縣。《沈志》稱《晋太康地志》屬梁，成帝咸康三年更名。西華，漢舊縣。《沈志》晋初省，惠帝永康元年復立。屬潁川，江左度此。

“沛國，漢置。《晋書》太寧元年，晋褚裒使部將王龕來伐，拔其沛郡，獲僞相支重。凡領縣九。有穀陽故縣。相，漢舊縣。沛，漢舊縣。豐，漢舊縣。竹邑，漢舊縣。符離，漢舊縣。抒秋，漢舊縣。洨，漢舊縣。虹，漢舊縣。蕭，漢舊縣。

“譙郡，魏置。《晋書》勒譙郡太守彭彪。凡領縣七。譙，漢舊縣。《沈志》稱《晋太康地志》屬譙。《晋書》建武元年，勒遣石虎圍祖逖於譙城，爲逖所敗。永昌元年，石勒攻襄城城父，遂圍譙。趙王二年，石虎攻蔡豹於譙城，豹夜遁。四年，石勒遣别將寇河南，騎兵至譙城東。石堪奔譙城。咸和八年，勒將石聰以譙降晋。城父，漢舊縣。《沈志》稱《晋太康地志》屬譙。《晋書》趙王四年，勒别將掠城父，陷之。石虎將郭太獲石堪於城父。酇，漢舊縣。《沈志》稱《晋太康地志》屬譙。《晋書》趙王五年，勒將石他敗王師於酇西，執將軍衛榮而歸。山桑，漢舊縣。《沈志》稱《晋太康地志》屬譙。龍亢，漢舊縣。《沈志》稱《晋太康地志》屬譙。蘄，漢舊縣。銍，漢舊縣。《沈志》稱《晋太康地志》屬譙。

“魯郡，漢置。後趙領縣七。魯，漢舊縣。《水經注》稱《晋地道記》孔子葬於魯城北泗水上。汶陽，漢舊縣。卞，漢舊縣。郭璞《山海經注》今泗水出魯國卞縣。有檀丘。鄒，漢舊縣。有鄒山、邾城。番，漢舊縣。薛，漢舊縣。《水經注》稱《晋太康地記》奚仲遷於邳，後仲虺居之，以爲湯左相，當周爵稱侯。後見侵削，霸者所絀爲伯，任姓也。《水經注》又稱《晋地道記》仲虺城在薛城西三十里。《郡國志》稱《晋地道記》奚仲冢在城南二十里，山上百姓爲之神靈也。公丘，漢舊縣。

“弋陽郡，魏置。後趙領縣七。西陽，漢舊縣。軑，漢舊縣。蘄春，漢舊縣。邾，漢舊縣。《晋書》石虎建武四年，虎將張賀度攻陷邾城，敗晋將毛寶於邾西。西陵，漢舊縣。期思，漢舊縣。郭璞《山海經注》：期思縣屬弋陽。弋陽，漢舊縣。《晋書》李回爲弋陽子，邑三百户。

“安豐郡，魏置。後趙領縣五。安風，漢舊縣。雩婁，漢舊縣。《沈志》稱《晋太康地志》屬安豐。《水經注》稱《晋書地道記》

雩婁在安豐縣之西南。安豐，漢舊縣。蓼，漢舊縣。松滋，漢舊縣。"

同書考前燕豫州："豫州，《晋書》興寧初，暐豫州刺史孫興。豫州刺史李邽，率州兵斷桓温餽運。今考凡得舊郡國七。

"潁川郡，《晋書》慕容恪進寇河南，汝、潁、譙、沛皆陷，置守宰而還。苻堅遣將苟池救暐，師次潁川。凡領縣九。許昌，《晋書》暐遣慕容評寇許昌，及懸瓠陳城，并陷之。慕容塵屯許昌。有懸瓠城。長社，有林渚。潁陰。臨潁。郾。邵陵。隅陵。新汲。長平，《晋書》興寧元年，慕容暐將慕容塵攻陳留太守袁披於長平。

"汝南郡，《晋書》興寧初，慕容評攻陷許昌等縣，遂掠汝南諸郡。太守朱斌遁於壽陽。凡領縣十五。新息。南安陽。安成。慎陽。北宜春。朗陵。陽安。上蔡。平輿。定潁。灈陽。南頓。汝陽。吴房。西平。

"沛國，前燕領縣九。相。沛。豐。竹邑。符離。杼秋。洨。虹。蕭。

"譙郡，《晋書》秦將苟池聞桓温班師，邀擊於譙郡，温又敗。凡領縣七。譙。城父。酇。山桑。龍亢。蘄。銍。

"魯郡，《晋書》太和元年，暐將慕容厲陷魯郡高平。凡領縣七。魯。汶陽。卞，《通鑑》儁將慕容蘭屯汴城，晋荀羡擊斬之。鄒。番。薛。公丘。

"梁國，漢置。《晋書》姚襄以梁國降於儁。暐以慕容垂爲河南大都督、兖州牧、荆州刺史，鎮梁國。凡領縣六。睢陽，有蠡臺。蒙。虞。下邑。寧陵。穀熟。

"陳郡，《晋書》（建熙五年）二月，慕容評進圍陳郡，太守朱輔固守。桓温遣江下相劉岵擊退評。夏四月，朱輔退保彭城。領縣七。陳，《晋書》興寧初，慕容評攻陷此。項。長平。陽夏。武平。父陽。西華。"

同書考前秦豫州："豫州，《晋書·地理志》健以豫州刺史鎮許昌，及堅時移鎮洛陽。《前秦録》皇始二年，健豫州牧張遇。《載記》苻生時苻庾、苻謏爲豫州牧，鎮陜城。堅以王鑒爲豫州刺史，鎮洛陽。堅以毛當戍洛陽。堅豫州刺史苻重鎮洛陽，謀反，長史吕光執之送長安。堅以苻暉爲豫州牧、都督豫洛荆南兖東豫揚六州諸軍事，鎮洛陽。《太平寰宇記》堅使王猛克洛陽，改司州爲豫州。後秦不改。領漢郡一、魏郡一。

“河南郡，《晋書》翟斌反河南。苻丕遣慕容垂及苻飛龍討之，垂殺飛龍。豫州牧苻暉遣毛當擊斌，爲斌所敗，死之。領縣十三。洛陽，《晋書》慕容暐遣慕容恪攻拔洛陽，掠地至於崤澠。堅以苻融鎮洛陽。堅如洛陽。苻重鎮洛陽，謀反。晋遣河南太守高茂北戍洛陽。晋太元八年，前句町王翟遼背苻堅，舉兵於河南，慕容垂自鄴與遼合，遂攻堅子暉於洛陽。《太平御覽》稱《前秦録》苻堅末年洛陽地陷。有金墉城、陵雲臺、孟津、伊闕、麻田。河南。鞏，有凉馬臺。河陰。新安，堅徙丁零翟斌於新安。成皋。緱氏。陽城。新城。陸渾。梁。陽翟。東垣，《晋太康地志》稱《晋書載記》苻丕敗奔東垣，謀襲洛陽。案東垣即河東郡垣縣，或西晋末改屬并加‘東’字也。至劉裕入洛又置西垣縣。

“滎陽郡，《晋書》姚弋仲破梁犢於滎陽。太初四年，堅將梁成等大破慕容臧於滎陽。堅以故扶餘王餘蔚爲滎陽太守。滎陽人鄭燮以郡降晋。領縣八。滎陽，有石門。京。密。卷。陽武。苑陵。中牟。開封，有乞活堡。

“東豫州，《晋書·地理志》苻健以豫州刺史鎮許昌。及苻堅時豫州移洛陽，以許昌置東豫州。《後秦録》建元十六年秦置東豫州，以毛當爲刺史，鎮許昌。凡領漢郡六、魏晋郡五。

“潁川郡，前秦領縣九。建元九年，堅遣荀池等救燕，出自洛陽趨潁川。許昌，漢許縣。《晋書》苻雄虜石虎將張遇，歸長安。健以遇爲豫州刺史，鎮許昌。長社。潁陰。臨潁。郾。邵陵。隅陵。新汲。長平。

“汝南郡，前秦領縣十五。新息。南安陽。安城。慎陽。北宜春。朗陵。陽安。上蔡。平興。安潁。瀙陽。南頓。汝陽。吴房。

西平。

“襄城郡，前秦領縣七。襄城。繁昌。郟。定陵。父城。昆陽。無陽。

“汝陰郡，前秦領縣八。汝陰。慎，《晋書》堅將王鑒、張蚝救壽春，爲桓伊等敗，退屯慎縣。原鹿。固始。鮦陽。新蔡。宋。褒信。

“梁國，前秦領縣六。睢陽。蒙。虞。下邑，有碭山。寧陵。穀熟。

“陳郡，前秦領縣七。陳。項，《晋書》太元八年，苻堅伐晋，至項。慕容垂攻陷項，害晋將王太丘等。有秦丘。長平。陽夏。武平。父陽。西華。

“沛國，前秦領縣九。相。沛。豐。竺邑。符離。杼秋。洨。虹。蕭。

“譙郡，前秦領縣七。建元五年，苟池等邀擊桓温於譙，大破之。譙。城父。酇。山桑。龍亢。蘄。銍。

“魯郡，前秦領縣七。魯。汶陽。卞。鄒。番。薛。公丘。

“弋陽郡，《晋書》堅弋陽太守王咏。領縣七。西陽。軑。蘄春。邾。西陵。期思。弋陽。

“安豐郡，前秦領縣五。安風。雩婁。安豐。蓼。松滋。”

同書考後秦豫州：“豫州，《晋書·地理志》興以豫州牧鎮洛陽。《載記》豫州牧姚洸。凡統郡可考者四。

“河南郡，《晋書載記》河南太守慕容築。案《秦書·康絢傳》絢祖穆，爲姚萇河南尹，則後秦亦嘗置河南尹也。領縣十三。洛陽，《後秦録》襄自許昌，遂攻洛陽，逾月不克。晋征西將軍桓温自江陵伐襄，至伊水。襄進圍之，爲温所敗，奔還洛陽。皇初四年二月，興遣齊公崇伐洛陽。弘始元年十月，克洛陽，以東平紹爲都督山東諸軍事、豫州牧，鎮洛陽。《晋書載記》興使廣陵公欽權鎮洛陽。興疾篤，姚洸起兵於洛陽，將赴太子泓之難。聞興疾瘳而止。姚洸鎮洛陽。又慕容築爲河南太守，泓聞晋師至，遣姚益男將步騎一萬助守洛陽。檀道濟至洛陽，洸降。有石闕、北山。河南，有金墉城。鞏，泓永和元年，姚洸遣石無諱東戍鞏城以距王師。河陰。新安，《晉書載記》閻生救洛陽，至新安，聞洛陽陷，留新安不進。成皋，泓永和元年，晉師至成皋。有虎牢。緱氏，有鈎鏁壘、柏穀塢。陽城，《晉書載記》陽城、成皋、滎陽、武牢諸城皆降晉。新城。陸渾。梁。陽翟。東垣。

“滎陽郡，後秦領縣可考者二。滎陽，有碻磝、麻田。陽武。

“潁川郡，《晉書載記》潁川太守姚平都、姚垣。案前秦潁川等郡分屬東豫州，後秦無東豫州，當并屬豫州也。領縣九。許昌，《後秦録》襄自稱大將軍、大單于，據許昌。《晉書載記》姚平都自許昌朝。興徙貳原氏仇常部人五百餘户於許昌。檀道濟進克許昌，獲潁川太守姚垣。長社。潁陰。臨潁。郾。邵陵。鄢陵。新汲。長平。

“新蔡郡，《晉書載記》新蔡太守董遵固守不降。晉檀道濟攻破之，遵不屈死。領縣五。新蔡。鮦陽。固始。苞信。蘄陽。”

同書考後燕豫州：“豫州，後燕統郡可考者五。

“河南郡，後燕領縣十三。洛陽，《後燕録》垂濟河焚橋，衆三萬至洛陽，苻暉閉關門拒守，不與交通。河南。鞏。河陰。成皋。緱氏。陽城，《晉書載記》慕容農略地河内，攻廪邱、陽城，皆克之。新城。陸渾。新安，有慕容屯。梁。陽翟。東垣。

“滎陽郡，《後燕録》建興四年，翟遼寇滎陽，執太守張卓。領縣八。滎陽，《晉書載記》垂引兵至滎陽。有碻磝山、石門、清陽宫。京。密。卷。陽武。苑陵。中牟。開封，有乞活壘。

“襄城郡，後燕領縣可考者一。定陵，《晉書載記》清河太守賀耕聚衆定陵以叛，慕容農討斬之，毁定陵城。

“梁國，後燕領縣可考者一。下邑，《晉書載記》垂遣慕容楷追翟真，戰於下邑，爲真所敗。

“頓丘郡，後燕領縣可考者一。頓丘，《晉書載記》慕容農遣蘭汗攻頓丘，克之。”

同書考大夏豫州："豫州，《晋書·地理志》勃勃以豫州牧鎮李閏。統縣可考者一、城二。

"鄜城，《通鑑》夏主定自鄜城還安定。

"李閏城。

"甘泉城，《太平寰宇記》亦謂之夏王城。俗傳赫連勃勃所築。

"右一縣二城舊屬馮翊郡，後一城又屬馮翊下邽。"

孔祥軍《晋書地理志校注》："豫州治所乏考。《續漢書·百官志第五》引《獻帝起居注》：'豫州本領潁川、陳國、汝南、沛國、梁國、魯國。'建安時又置譙郡，入三國前，豫州當領七郡，後又分置諸郡得汝陰、弋陽兩郡，共領九郡，景元元年後汝陰郡見廢，領八郡，咸熙元年增置襄城郡，領九郡。甘露年間，弘農來屬，後還屬司隸，統郡九。汝陰郡西晋泰始二年由汝南郡分出，咸寧元年前增置安豐郡，太康二年陳國見廢，統郡十。"

[4]冀州：古九州之一。西漢武帝十三部刺史之一。三國魏治信都縣（今河北省衡水市冀州區），西晋移治房子縣（今河北省高邑縣西南）。

清畢沅《晋書地理志新補正》："沅按《通典》晋冀州理房子。"

清洪亮吉《東晋疆域志》考證東晋冀州僑置郡縣説："冀州，《沈志》江左立南冀州，後省，義熙中更立。治青州，又省。《晋書》安帝元興元年，冀州刺史劉軌叛降於慕容德。二年，冀州刺史孫無終良爲桓玄所害。義熙中劉敬宣爲青、冀二州刺史。凡統僑郡六，僑縣十。

"廣川郡，《沈志》稱《何志》江左所立。《宋書》孟龍符、劉鍾等義熙中並領廣川太守。凡僑縣可考者五。廣川，漢縣名。《太平寰宇記》故城在棗强縣東北，西晋屬勃海。《沈志》稱《何志》晋還清河，未知何據。又云晋僑立廣川，領廣川一縣。《寰宇記》僑郡在淄州長山縣，宋武帝所立，蓋武帝在義熙中立也。下武强縣亦同。蓨，漢縣名。《後漢書》注，蓨今德州縣，故城在縣南，西晋屬勃海。《沈志》稱《何志》廣川郡又有蓚縣。武强，漢縣名。《沈志》稱《何志》江左立。樂史稱《郡國縣道記》故縣在今縣西南二十五里，漢爲侯國，今縣即西晋於其城置武强縣，因古城以名之。案《元和郡縣志》晋置武强縣，屬武强郡。今考武强郡誤。當從《地形志》作武邑郡也。蓋晋武置武邑郡，又置武强縣以屬之，至東晋又僑立耳。《太平寰宇記》宋武帝又於廣川郡理僑置武强縣。索盧，《沈志》稱《何志》江左立。《地形志》索盧縣，晋屬廣川郡。案此縣疑西晋所置，東晋僑立。章武，漢縣名。《沈志》稱《晋太康地志》屬章武國。《後漢書》注，故城在今滄州魯縣。江左立，屬廣川。

“河間國，《沈志》江左屢省置。《晋書》安帝義熙六年，廣川太守劉鍾、河間内史蒯恩帥衆追盧循，是東晋有河間國，亦當屬冀州也。領縣可考者一。中水，漢縣名。《沈志》稱《晋太康地志》屬河間。《後漢書》注故城在今瀛州樂壽縣西北。案《沈志》又云孝武大明七年，自河間割度廣川。據此則晋末當屬河間也。

“魏郡，《沈志》江左屢省置。《晋志》成帝咸康四年僑置魏郡、廣川、高陽、堂邑等郡，并所統縣，並寄居京邑。《會稽王道子傳》以嬖人趙牙爲魏郡太守。《王導傳》子恬爲魏郡太守。《一統志》廢魏郡，在上元縣界。領縣二。肥鄉，漢縣名。《圖經》故城在今廣平府肥鄉縣西，西晋屬廣平。樂史稱《輿地志》晋僑立魏郡，領肥鄉、元城二縣，後省元城。元城，漢縣名。《圖經》故城在今大名府元城縣，西晋屬陽平。

“頓丘郡，《沈志》江左屢省置。案今從《沈志》列冀州下，領縣可考者一。陽平，漢縣名。《後漢書》注，故城在今魏州莘縣，西晋屬陽平郡。《地形志》永嘉後併樂平。又云晋屬頓丘，當是僑縣。

“高陽郡，《沈志》晋武帝又分范陽爲高陽，江左屢省置。《宋史·向靖傳》遷高陽内史在義熙中。又義熙十二年以高陽内史劉鍾領石頭戍事。樂史稱《輿地志》高陽郡領北新城、博陸二縣。案東晋時江北之堂邑雖在版圖，亦曾僑立於江南。義熙元年劉裕以弟道憐領堂邑太守，戍石頭是也。樂史稱《輿地志》堂邑郡領堂邑一縣，後省併高陽。又《圖經》稱咸康中嘗僑置廣陵郡於陵陽縣，《晋志》亦不載。北新城，漢縣名。《史記正義》故城在易州遂城縣西南二十里。《沈志》稱《晋太康地志》屬高陽，東晋僑立。博陸，魏縣名。《晋志》高陽國治博陸，東晋僑立。

"勃海郡，《沈志》江左屢省置。領縣可考者二。長樂，西晋郡名。《沈志》疑是江左省爲縣。重合，漢縣名。《後漢書》注，城在今滄州樂陵縣東，西晋屬勃海，東晋僑立。

"鉅鹿郡，《宋書·劉道憐傳》義熙元年索虜寇徐州，攻相縣，執鉅鹿太守賀申。據此則東晋僑置鉅鹿郡當在相縣也。故附此。領縣可考者一。鉅鹿，漢縣名。《水經注》衡水又北逕鉅鹿縣故城東。西晋屬鉅鹿，東晋僑立。"

清洪亮吉《十六國疆域志》考前趙冀州："冀州，《前趙録》淵以劉雲爲冀州刺史，屯廣宗。""《水經注》(劉）聰以詹事魯繇爲冀州，治猗氏。"

同書考後趙冀州："冀州，《晋書·地理志》惠帝之後，冀州淪没於石勒。《載記》勒分命諸將攻冀州諸郡縣，壁壘率多降附。建興四年，勒攻下冀州諸縣，以程遐監冀州七郡諸軍事。太興元年八月，冀、徐、青三州大蝗，勒準《禹貢》魏武復冀州之境，南至盟津，西達龍門，東至於河，北至於塞垣。延熙元年，虎以次子宣爲冀州刺史。石琨避冉閔亂，奔據冀州。慕容儁已克幽薊，略地至於冀州。凡領舊郡十四、新置郡二。案《石虎載記》言冀州八郡，蓋不數鉅鹿等國，否則或雨雹止及八郡也。

"趙郡，漢置。《晋書》永嘉二年九月，勒寇趙郡。十月，勒進寇趙郡，殺冀州西部都尉馮仲。冉閔趙郡太守李邽以趙郡降燕。凡領縣十。有亭頭。房子，漢舊縣。元氏，漢舊縣。《晋書》冉閔等獲石冲於元氏。有飛龍山。平棘，漢舊縣。石遵將石閔等與石冲戰於平棘，冲師大敗。高邑，漢舊縣。柏人，漢舊縣。《晋書》建興二年，石勒襲王浚至柏人，殺主簿游綸。劉顯殺石祇。石寧奔柏人。南䜌，漢舊縣，魏省。《太平寰宇記》石虎建武六年，又分趙郡柏人置。平鄉，漢舊縣。下曲陽，漢舊縣。鄡，漢舊縣。案《地形志》二漢、晋屬鉅鹿，今考鄡縣，《晋書·地理志》已移屬趙郡，《地形志》蓋誤。有黄丘。

"中丘郡，漢縣名。《元和郡縣志》晋於中丘縣立中丘郡。《晋書》勒攻乞活赦亭田禋於中丘，皆殺之。領縣一。趙安，漢中丘縣。《太平寰宇記》稱《十六國春秋》石虎改爲趙安縣。

"鉅鹿郡，《晋書》永嘉三年，勒進軍攻鉅鹿常山，殺二郡守將，陷冀州郡縣堡壁百餘。凡領縣四。廮陶。停駕，《太平寰宇記》石虎分廮陶縣柳鄉立。鉅鹿。廣阿，漢舊縣，後漢省。《晋書》勒建平三年，廣阿蝗。石虎密遣其子邃率騎三千游於蝗所。案此則後趙有廣阿縣，未知何時復立也。

"長樂國，《水經注》建興四年，石勒使長樂太守程遐屯於昌亭。又《裴憲傳》勒出憲爲長樂太守。凡領縣四。信都，漢舊縣。《太平寰宇記》稱《晋陽秋》司、冀、青、幽蝗食苗草，石勒與蝗競取民禾，河北百姓謂之胡蝗。《晋書》永嘉三年，勒寇信都，害冀州刺史王斌。六年十二月，勒遣衆寇信都，殺冀州刺史王象。王浚復以邵舉行冀州刺史，保信都。石虎建武元年，以讖文天子當從東北來，於是備法駕行自信都而還。《太平寰宇記》冀州治信都。西晋末石趙自信都移理襄國。有渚陽。下博，漢舊縣。扶柳，漢舊縣。經，漢舊縣。

"武邑郡，漢武邑縣。《晋書》太康五年割武邑、武遂、觀津爲武邑國。《魏書·地形志》晋武帝置武邑郡。《邵續傳》續兄子武邑内史存，後續陷於勒，帝復假存揚武將軍、武邑太守。案《晋書載記》趙國二十四郡，内有武邑，則石趙因晋舊不改。凡領縣四。武邑，漢舊縣。《水經注》晋武帝後分武邑、武遂、觀津爲武邑郡，治此。武遂，漢舊縣。《晋書》建興四年，勒署武遂令李回爲易北都護。建武六年，慕容皝進破武遂津，入高陽。武强，《元和郡縣志》漢武隧縣地，晋於此置武强縣。《太平寰宇記》西晋置縣，因漢古城以爲名。觀津，漢舊縣。

"建興郡，《水經注》稱田融曰，趙武帝十二年，立建興郡，治廣宗，置建始、興德五縣隸焉。案《五代志》燕太傅長史田融著《趙書》。《晋書》石宣殺石韜，建興人史科知其謀，告之。案《通鑑》晋建興太守高甗以郡降燕。今考東晋無建興郡，當屬石趙地，此時因冉閔之篡，乃以郡歸燕耳。廣宗，漢舊縣。《水經注・淇水》下稱田融言，趙立建興郡於廣宗城内。《晋書》永嘉四年，石勒渡河攻廣宗，清河、平原、陽平諸縣降勒者九萬餘口。六年，王浚遣大水將軍祁弘討勒，及於廣宗，爲勒所殺。趙王元年，勒徙陳川部衆五千餘人於廣宗。李農避張豺，奔於廣宗。有上白。臨清，《水經注》稱田融言，置臨清縣於清河水東，自趙石始也。建始，《水經注》石趙立。興德，《水經注》石趙立。建德，《地形志》廣宗縣有建始城、建德城。疑建德亦石趙時所立縣也。水東，《水經注・淇水》信成縣故城下云趙置水東縣於此城，故亦曰水東城。案此則趙又有水東縣，故除廣宗外所隸又有五縣也。

"平原國，漢置。後趙領縣九。《邵續傳》邵續遣兄子存與文鴦率匹磾衆就食平原，爲石虎所破。平原，漢舊縣。高唐，漢舊縣。茌平，漢舊縣。《沈志》稱《晋太康地志》屬平原。《水經注》昔石勒之隸師懽，屯耕於茌平，聞鼓角鞞鐸之聲於是縣也。《晋書》建興二年，勒將逯明攻寧黑於茌平，降之。茌平令師懽獲黑兔獻之於勒。有博固城、碻磝城。博平，漢舊縣，本屬東郡。《太平寰宇記》晋移屬平原郡。聊城，漢舊縣，本屬東郡。《太平寰宇記》晋移屬平原郡。安德，漢舊縣。西平昌，漢平昌縣。《沈志》稱《晋太康地志》曰西平昌。般，漢舊縣。鬲，漢舊縣。

"樂陵國，漢置。《晋書》永嘉元年，勒攻幽州刺史石尠於樂陵，尠與戰敗死。乞活田禋率衆救尠，勒逆敗禋，與苟晞等相持於平原、陽平間。并州人田蘭、薄盛等起兵爲東瀛公騰報仇，斬汲桑於樂陵。案《勒載記》云，斬桑於平原。考厭次本屬平原，《載記》蓋從其始言之也。建興四年，勒襲邵續於樂陵，續逆戰，大敗而還。凡領縣五。厭次，漢舊縣。《沈志》稱《晉太康地志》屬樂陵。《晉書》太興四年，石勒攻厭次，陷之。趙王三年，石虎攻段匹磾於厭次，孔萇討匹磾部内諸城，皆陷之。有馬嶺城、邵城。陽信，漢舊縣。《沈志》稱《晉太康地志》屬樂陵。《太平寰宇記》東海王越斬汲桑於此。有富平故城。漯沃，漢舊縣。《沈志》稱《太康地志》屬樂陵。《輿地廣記》後漢省，晉復置。新樂，漢舊縣。《水經注》稱《晉書地道志》《太康地記》樂陵國有新樂縣。樂陵，漢舊縣。

“勃海郡，漢置。《晉書》建興四年，勒以臨深爲勃海太守。邵續使兄子濟攻勒勃海，虜三千餘人而還。勃海人逢約因趙亂擁衆數千家附於閔，閔以約爲勃海太守。閔又以故太守劉準爲幽州刺史，與約中分勃海。凡領縣十。南皮，漢舊縣。東光，漢舊縣。浮陽，漢舊縣。饒安，漢舊縣。《晉書》太寧元年，饒安、東光、安陵三縣灾，燒七千餘家，死者萬五千人。高城，漢舊縣，有鹽山、角飛城、漂渝津。重合，漢舊縣。東安陵，漢舊縣。《晉書》邵續與文鴦追勒至安陵不及，虜勒所署官，并驅三千餘家。蓨，漢舊縣。《水經注》晉蓨縣治邸閣城内。《元和郡縣志》本漢條縣，晉改條爲蓨。廣川，漢舊縣。有灄頭，有姚弋仲壘。阜城，漢舊縣。

“章武國，晉泰始元年置。《晉書》趙王五年勒以樊坦爲章武内史。永和六年冉閔章武太守賈堅。凡領縣四。有蝌蚪壘。東平舒，漢舊縣。有鳳凰臺。文安，漢舊縣。有三角城。章武，漢舊縣。《沈志》稱《晉太康地志》屬章武。《水經注》太始中立章武郡治此。今從《晉書·地理志》。東州，漢舊縣。

“河間國，漢置。《晉書》建興四年，勒以張夷爲河間太守。凡領縣六。樂城，漢舊縣。郭璞《山海經注》滹沱水經河間樂城東北注勃海也。有房淵。武垣，漢舊縣。《沈志》稱《晉太康地志》屬河間，有乞活城。鄚，漢舊縣。易城，漢舊縣。有易京。中水，漢舊縣。《沈志》稱《晉太康地志》屬河間。《史記索隱》引《晉書地道記》亦同。成平，漢舊縣。《沈志》稱《晋太康地志》屬河間。

“高陽國，晋泰始元年置。《晋書》建興四年，勒以武遂令李回爲易北都護兼高陽太守。凡領縣四。博陸，漢舊縣。高陽，漢舊縣。北新城，漢舊縣。蠡吾，漢舊縣。《沈志》稱《晋太康地志》屬高陽。有清梁。

“博陵郡，漢置，後趙領縣五。安平，漢舊縣。《沈志》稱《晋太康地志》屬博陵。《太平寰宇記》自晋及高齊博陵郡并理此。饒陽，漢舊縣。有魯口鎮。堂陽，漢舊縣。《晋書》堂陽人陳豬妻一産三男。建平中大雨霖，中山西北暴水流漂巨木白餘萬根集於堂陽。有長盧。南深澤，漢舊縣。安國，漢舊縣。

“清河國，漢置。後趙領縣七。清河，漢舊縣。《沈志》稱《晋太康地志》清河國有清河縣。《太平寰宇記》漢甘陵縣，晋省，於漢厝城西南七里置清河縣。有末坯城、平晋城。武城，漢舊縣。《太平寰宇記》漢東武城縣，晋太康中去‘東’字。繹幕，漢舊縣。永興二年，閔擊敗段勤，勤徙於繹幕。貝丘，漢舊縣。《晋書》貝丘人李弘謀反，事發誅之。靈，漢舊縣。鄃，漢舊縣。棗强，漢舊縣。《晋書》劉顯大司馬劉寧以棗强降閔。有外城、棘津。

“中山國，漢置。《晋書》永嘉三年，勒分遣諸郡攻中山、博陵、高陽諸縣，降者數萬人。建興三年，劉琨遣將王旦攻中山，逐勒太守秦固。四年，中山、常山大蝗。中山丁零翟鼠叛勒，攻中山、常山，勒討之，獲其母妻而還。鼠保於胥關，遂奔代郡。慕容彪攻陷中山，閔太守徐龕逾城出降。《太平御覽》稱《後趙録》中山太守魏豹。凡領縣八。盧奴，漢舊縣。有小城。魏昌，漢舊縣，名漢昌。《晋書》冉閔帥騎拒慕容儁，與儁子恪遇於魏昌。有廉臺。新市，漢舊縣。安喜，漢舊縣。《晋書》石閔軍於安喜。蒲陰，漢舊縣。《水經注》稱《晋書地道記》蒲陰縣有陽安關，陽安都尉治也。俗名斯川爲陽安壙。望都，漢舊縣。有望都關。唐，漢舊縣。北平，漢舊縣。

“常山郡，漢置。《晋書》永嘉二年，勒寇常山。三年，進軍常山。建興二年，劉琨遣焦球攻勒常山，斬其太守邢泰。趙王元年，大雨霖，中山、常山尤甚。常山崩陷千餘家。石冲討石遵，至常山，衆十餘萬。劉顯率衆伐常山，太守蘇亥告難於冉閔，閔親率師救之。永和七年，蘇亥棄常山奔於新興。凡領縣八。真定，漢舊縣。《元和郡縣志》晋常山郡，理真定。石邑，漢舊縣。有飛龍山。井陘，漢舊縣。有井陘道。上曲陽，漢舊縣。《太平御覽》稱《後趙録》曲陽令王謨。又稱《晋太康地記》常山曲陽。有常山坂，號飛狐口。《郡國志》注稱《地道記》自縣北行四百二十五里恒多山坂，號飛狐口。《史記正義》又稱《地道記》曰，恒山在上曲陽縣西北一百四十里。有飛狐口、常山。蒲吾，漢舊縣。有石勒城。南行唐，漢舊縣。《太平寰宇記》稱《晋太康地志》故行唐縣西北有仙人巖。又云行唐縣北二十里有夫人城，即王神女所築。靈壽，漢舊縣。九門，漢舊縣。”

同書考前燕冀州：“冀州，《晋書·地理志》石勒僭號於襄國，稱趙。後爲慕容儁所滅。《太平寰宇記》慕容儁平冉閔，冀州又徙理信都。《後燕録》儁以慕容霸爲北冀州刺史，鎮常山，後徙治信都。燕征東參軍劉拔刺殺冀州刺史慕容友於信都，攻陷冀州諸郡。今考凡得舊郡十三。

“趙郡，漢置。《晋書》閔趙郡太守李邽舉郡降燕。領縣九。房子。元氏。平棘。高邑。柏人。南䜌。平鄉。下曲陽。鄗。

“長樂國，漢安平國。晋太康五年改。《晋書》儁長樂太守傅顔討李黑，斬之。凡領縣八。信都，《晋書》苻堅遣將鄧羌攻信都。慕容垂鎮信都。下博。武邑。武遂。觀津。扶柳。廣宗。經。

“樂陵國，前燕領縣五。《晋書》永和六年，儁以賈堅爲樂陵太守，治高城。案《通鑑》言慕容計徇勃海，遣使招賈堅，不降。此云以堅爲樂陵太守，治高城。蓋燕雖破冀州尚未得勃海郡，僅得高城一縣，以併入樂陵，故此言堅治高城也。《通鑑》又言，燕樂陵太守慕容鉤與青州刺史朱禿共治厭次，當屬得樂陵全郡之後，或樂陵移屬青州，未可知。厭次。陽信。漯沃。新樂，《晋書》慕容臧爲王猛將梁成所敗，城新樂而還。樂陵。

“勃海郡，《晋書》永和七年，儁使高開討劉準、封放。開至勃海，準、放迎降。儁以放爲勃海太守。逄鈞亡歸勃海，招集舊衆以叛燕。樂陵太守賈堅使人告諭鄉人，示以成敗，鈞部衆稍散，遂奔晋。凡領縣十。南皮。東光。浮陽。饒安。高城，《載記》慕容評與冉閔章武太守賈堅戰於高城，擒堅於陣。重合。東安陵。蓨，漢條縣。《太平寰宇記》又云，晋改蓨爲條。今案當從《元和郡縣志》。廣川，有歷林口。阜城。

“河間國，《晋書》無。燕二年，儁南徇冀州，取章武、河間，以封裕爲河間太守。凡領縣六。樂城。武垣。鄚。易城。中水。成平。

“章武國，《晋書》冉閔章武太守賈堅率郡兵邀擊評，戰於高城，擒堅於陣。儁以慕容評爲章武太守。暐出李績爲章武太守。凡領縣四。東平舒。文安。章武。東州。

“高陽國，前燕領縣四。博陸。高陽，《晋書》暐欲奔昌黎，苻堅遣郭慶追擊於高陽，堅將巨武執暐送於堅。北新城。蠡吾。

“鉅鹿郡，領縣二。廮陶。鉅鹿，有大陸。

“博陵郡，前燕領縣四。安平，《晋書》慕容恪屯安平。饒陽，有魯口。南深澤。安國，《晋書》冉閔敗後，王午鎮安國。王午將秦興殺午。吕護殺興，復自稱安國王。

“清河郡，前燕領縣七。清河。武城。繹幕，《晋書》永和六年，燕二年，慕容垂討段勤於繹幕。元璽元年，慕容霸軍至繹幕，段勤與弟思聰舉城降。貝丘。靈。鄃。棗强，《晋書》河間李黑聚衆攻掠州郡，殺棗强令衛顔。

“中山國，《晋書》永和六年，儁遣慕容恪略地中山，冉閔將白同、中山太守侯龕固守不下。恪留將慕容彪攻之，進討常山。慕容評次南安。王午遣將鄭生拒評，評逆擊斬之。侯龕逾城出降。恪進克中山，斬白同。儁以北平太守孫興爲中山太守。案後一年，

《晉書》言冉閔游食常山、中山諸郡，又云閔軍於安喜，則燕此時尚未得中山全郡可知。及閔見擒後，中山方全屬燕也。儁如中山，爲二軍聲勢，閔懼奔常山，恪追及於泒水敗之，擒閔。儁命恪鎮中山，儁封子沖爲中山王。凡領縣八。有無極故縣。盧奴。魏昌，有廉頗臺。新市。安喜，《晉書》永和六年，燕二年，儁遣慕容恪等攻冉閔於安喜。元璽元年，又遣慕容評討之。蒲陰，有清梁。望都。唐，《晉書》慕容恪略中山，師次唐城。有灌城。北平。

"常山郡，《前燕録》儁光壽二年三月，常山寺大樹自拔根出，得璧二十七、圭七十三。《晉書》慕容恪進據常山，段勤懼，請降。常山人李犢聚衆數千反於普壁壘。儁遣慕容恪討降之。暐常山太守申紹。凡領縣八。真定，有安樂壘。石邑。井陘。上曲陽。蒲吾。南行唐。靈壽。九門，《晉書》慕容恪南徇常山，軍於九門。"

同書考前秦冀州："冀州，《前秦録》皇始元年，健以張平爲冀州牧。建元六年，堅入鄴宫，以王猛爲冀州牧，鎮鄴。《太平寰宇記》苻堅平慕容暐，冀州又徙理於鄴。《晉書》王猛平慕容暐，留鎮冀州。以苻融代猛爲冀州牧。又以苻丕代之，尋以苻定爲冀州刺史，鎮信都。苻丕以定爲冀州牧。苻紹督冀州諸軍事。苻登冀州刺史楊楷。凡領舊郡十七、增置郡四。

"魏郡，《晉書》堅以韋鐘爲魏郡太守，領縣七。鄴，《藝文類聚》稱車頻《秦書》王猛攻鄴，慕容評拒猛，而恒賣水與軍人，衆思爲亂，猛因得破之。《太平御覽》稱車頻《秦書》慕容垂圍鄴，百姓不得復田，民以桑椹爲糧，相啖殆盡。《晉書》王猛敗慕容評，進師圍鄴，堅親攻鄴陷之。諸郡牧守及六夷渠帥盡降於堅。堅以王猛鎮鄴，苻融、苻丕相繼鎮鄴。堅遣石越戍鄴。慕容垂引丁零烏桓衆攻鄴，丁零叛慕容垂，垂引去。垂復圍鄴城，苻丕求救於晉，晉遣劉牢之救鄴城。牢之至枋頭不進。牢之入鄴，慕容垂北如新城。丕率鄴城之衆就穀於枋頭。牢之進屯鄴城。堅死，丕復入鄴城。太元九年，慕容垂自洛陽與翟遼攻堅子丕於鄴，丕西奔潞川。有西山、漳水、永貴里、混橋、西門豹祠。長樂。魏。斥丘。安陽，晋復立。《前秦録》建元六年，堅止於安陽故宅，引諸耆老，語及祖父舊事，泫然流涕，乃停信宿。王猛潛詣安陽迎堅。有湯池。蕩陰。内黄。

“黎陽郡，漢黎陽縣。《晋書》苻生黎陽太守韓高以郡降燕。領縣可攷者一。黎陽，太元八年，丕遣將軍桑據屯黎陽拒晋，晋劉襲等進攻黎陽，克之。

“廣平郡，《元和郡縣志》慕容暐滅又屬苻堅。領縣十二。有曲周故縣，有董塘坡。廣平。邯鄲。易陽。武安。涉。曲梁。列人，《晋書》慕容垂子農亡奔列人，苻丕遣石越擊之，爲所敗，死之。肥鄉。臨水。廣年。斥章。平恩。

“陽平郡，《晋書》苻堅時陽平太守彭豹、邵興。苻丕封王騰爲陽平郡公。領縣七。館陶。元城。清淵。登干。東武陽。陽平，《載記》弋仲卒，姚襄秘不發喪。南攻陽平、元城、發干，皆破之。樂平。

“襄國郡，前秦領縣四。襄國，《晋書》慕容垂殺苻堅陽平太守邵興於襄國縣南。南和。任。苑鄉。

“趙郡，前秦領縣十。房子。元氏。平棘。高邑，《晋書》苻亮分封高邑侯。柏人。南縣。平鄉。下曲陽。鄡。

“中丘郡，前秦領縣一。趙安。

“鉅鹿郡，前秦領縣四。《北史·賈彝傳》父爲苻堅鉅鹿太守。有柏鄉故縣。廮陶。停駕。鉅鹿。廣阿，有廣阿澤。

“長樂國，前秦領縣四。信都，《晋書》苻堅末冀州移治信都。苻定、苻紹據信都，後與謨、亮並降垂。下博。扶柳。經。

“武邑郡，前秦領縣四。武邑。武遂。武强。觀津。

“建興郡，前秦領縣五。廣宗。臨清。建始。興德。建德。

“平原國，前秦領縣九。平原。高唐。茌平。博平。聊城。安德。西平昌。般。鬲。

“樂陵國，前秦領縣五。厭次。陽信。漯沃。新樂。樂陵。

“勃海郡，前秦領縣十。南皮。東光。浮陽。饒安。高城，《晋書》苻紹封高城侯。重合，《晋書》苻謨封重合侯。東安陵。蓚。廣川，有歷口、羌壘。阜城，《晋書》苻定封阜城侯。有苻融壘。

“章武國，前秦領縣四。東平舒。文安。章武。束州。

“河間國，前秦領縣六。樂城。武垣。鄚。易城。中水。成平。

“高陽國，前秦領縣四。博陸。高陽。北新城。蠡吾。

“博陵郡，《太平寰宇記》自石、苻秦、後魏並爲博陵郡，理於饒陽縣虜口鎮。《晋書》丕平州刺史王兖固守博陵，與慕容垂相持。慕容驎攻兖，郡人張猗應之。城陷，兖及苻鑒並爲驎所殺。領縣五。安平。饒陽。堂陽。南深澤。安國。

“清河國，《太平寰宇記》苻堅封長子爲清河王，移居武城。《晋書》堅以郝略爲清河相。王猛封清河郡侯。苻丕封王永爲清河郡公。領縣七。清河。武城，《太平寰宇記》苻秦移清河郡理武城。《載記》虎建武初，姚弋仲遷於清河。案《北史・姚萇傳》云遷於清河灄頭。繹幕。貝丘。靈。鄃。棗强。

“中山國，《晋書》太元五年苻重率兵會苻洛於中山，堅遣竇衝等與洛戰於中山，大敗之，執洛。堅中山太守王兖。領縣八。盧奴。魏昌。新市。安喜。蒲陰。望都。唐。北平。

“常山郡，《晋書》苻謨、苻亮據常山。領縣八。真定。石邑。井陘。上曲陽。蒲吾。南行唐，《晋書》苻洛封行唐公。靈壽。九門。”

同書考後秦并州、冀州：“并州、冀州，《晋書・地理志》苻堅、姚興、赫連勃勃并州並徙置河東。又姚興以河東爲并、冀二州。又云興以并冀二州牧鎮蒲坂。《載記》并州牧姚懿。并州刺史尹昭。《後秦録》并州刺史尹昭以蒲坂降。二州共統舊郡四、新置郡一。

“河東郡，《晋書載記》慕容永河東太守柳恭降興。姚緒鎮河東。興如河東。魏平陽太守貳塵入侵河東。興遣姚平等伐魏，軍次河東。魏遣王洛生屯於河東爲泓聲援。泓太守唐小方。領縣八。有乾城、新坂、汾水。蒲坂，《晋書載記》姚緒討柳恭，入蒲坂，恭降。興徙新平、安定新户六千於蒲坂。興自長安赴姚平，軍至蒲坂不進。魏軍乘勝至蒲坂，姚緒固守不戰，魏乃引還。姚懿自蒲坂討曹弘。懿舉兵僭號於蒲坂。姚紹入蒲坂，執懿囚之。檀道濟攻蒲坂。泓遣姚驢救之，道濟棄蒲坂向潼關。姚璞等擊敗晋將徐猗之於蒲坂，猗之死之。朱超石棄衆奔潼關。有河曲。垣。安邑。聞喜。汾陰。大陽。猗氏。解。

"河北郡，《圖經》秦分河東立河北郡。《晋書載記》泓河北太守薛帛。《北史・薛辯傳》仕姚興，歷河北太守。領縣一。河北，有九原、襄邑堡。

"弘農郡，《晋書載記》晋弘農太守陶仲山降興。姚讚以尹雅爲太守，守潼關。領縣五。弘農。湖城，《晋書載記》興率衆寇湖。姚益男至湖城，聞洛陽陷，留屯不進。有曹公壘、閿鄉。陝，《晋書載記》興如陝城。有陝津。宜陽，《晋書載記》王鎮惡伐泓，至宜陽。有蠡吾城。黽池，《晋書載記》王鎮惡進屯黽池。

"華山郡，《晋書載記》晋華山太守董邁降興。華山郡地涌沸，廣袤百餘步，燒生物皆熟，歷五月止。案郡蓋東晋時分立。領縣四。華陰，《地形志》後漢、晋屬弘農，後屬。《晋書載記》興自長安如華陰，以太子泓監國。有潼關、定城、姚鸞屯。鄭，《地形志》二漢、晋屬京兆，後屬。《晋書載記》姚弼徙遼東侯彌姐亭地部二千餘户於鄭。姚讚自關西退屯鄭。劉裕進據鄭。有西石橋。夏陽，《地形志》二漢、晋屬馮翊，後屬。有龍門、楊氏壁、姚武壁。敷西，見前秦。案後秦并州既移鎮蒲坂，其太原、上黨等郡則屬後燕，今故不録。惟《晋書載記》云泫氏男姚買得。泫氏屬上黨郡，疑買得亦遥封也。

"平陽郡，《晋書載記》平陽太守姚成都。并州定陽二城胡數萬落叛泓入於平陽，推匈奴曹弘爲大單于。姚懿討弘，戰於平陽，大破之。執弘送長安。領縣十二。平陽，有匈奴堡。楊。端氏。永安。蒲子。狐讘。襄陵，《晋書》襄進據襄陵。絳邑，有蒙阬、新坂。濩澤。臨汾，有賈山、汾水、子奇壘、柴壁、乾壁、天渡。北屈，《晉書載記》襄屯據陽鄉，尋徙北屈。有姚襄城。皮氏。”

同書考後燕冀州：“冀州，《後燕録》燕二年，垂以慕容精爲冀州刺史。建興元年，垂遣慕容楷等攻苻堅，冀州牧苻定等降。垂冀州刺史韋温、平喜，冀州牧慕容楷。永康元年，寶以慕容鳳爲冀州刺史。寶遣使持節受司空范陽王德丞相、冀州牧，承制南夏，封公侯牧守。樂史《太平寰宇記》垂都中山，復移冀州牧於信都。凡統舊郡十九、新置郡四。

“中山尹，漢舊國。《後燕録》燕元年，垂北如中山。十二月，遂定都中山。《元和郡縣志》後燕慕容垂建都中山，仍置中山尹。《晉書載記》慕容麟進圍中山，克之。垂遣慕容温屯中山，温營中山宫室。垂中山尹封衡。垂留太子寶守中山，自率衆攻段遼。井陘人賈鮑引北山丁零、翟遥等夜襲中山，陷其外郭。慕容宙等大破之。垂自黎陽還中山。魏攻中山不克。寶以慕容詳守中山。慕容會奔中山，逾圍入，爲詳所殺。詳遂潛號於中山。慕容麟率丁零之衆入中山斬詳，復僭稱尊號。魏師入中山，麟奔鄴。領縣八。弗違，漢盧奴縣。《元和郡縣志》後燕慕容垂都中山，改盧奴爲弗違縣。有小城、承德觀、東堂、芳林園、承營、柏肆、慕容垂墓。魏昌，魏將長孫肥自魏昌迎擊麟。新市，《晉書載記》中山飢甚，麟出據新市。有義臺、派水。安喜，《晉書載記》寶遣慕容農出屯安喜備魏。蒲陰，《晉書載記》慕容麟與寶遇於阱城，麟奔蒲陰。有陽城。望都，《晉書載記》慕容麟自蒲陰出屯望都，慕容詳擊敗之，麟敗走入山中。唐，燕元年，劉庫仁將孫希長驅據唐城，遂與慕容麟相持。北平。

“魏郡，《後燕録》垂魏郡太守齊涉。案前燕改司州置中州，領魏廣平、陽平諸郡。苻秦時三魏又並屬冀州。今考慕容寶以冀州牧鎮鄴，則三魏仍屬冀州可知。領縣七。鄴，《後燕録》垂濟自石門，長驅攻鄴。燕元年，攻拔鄴郛，苻丕固守中城，垂漸進圍之，開其西奔之路。二年三月，丕棄鄴奔并州，以魯陽王和爲南中郎將鎮鄴。永康三年，寶自薊而南，四月寶至鄴，鄴中遺民固請留之，寶不從。《晋書載記》晋劉牢之救苻丕至鄴，垂逆戰敗績，退屯新城。翟釗攻逼鄴，慕容農擊走之。垂以慕容農都督兖豫荆徐雍五州諸軍事，鎮鄴。垂自長子如鄴。寶以慕容德都督冀兖青徐荆豫六州諸軍事，冀州牧，鎮鄴。魏將拓拔章攻鄴，德遣慕容青擊敗之。魏又遣賀賴盧與章共圍鄴，不克而退，德遣將追破之。魏攻拔鄴。有中城、鳳陽門、臨漳鎮、西山、漳水、華林園、沙亭、蒲池。長樂。魏。斥丘。安陽，有湯池。蕩陰。内黄，《晋書載記》寶遣段儀、段温收部曲於内黄。

"河内郡，後燕領縣可考者二。有沙城。野王，燕元年，可足渾譚攻拔野王。沁水，《晋書·朱序傳》序自河陰北濟，與慕容永將王次等戰於沁水，次敗走。

"貴鄉郡，《北史·列女傳》慕容垂貴鄉太守常山房湛。領縣一。當與前燕同。元城。

"汲郡，後燕領縣可考者一。朝歌，燕元年，慕容德擊枋頭取之，置戍而歸。

"黎陽郡，《晋書載記》劉牢之攻燕黎陽太守劉撫於孫就柵。領縣一。黎陽，《晋書·孝武帝紀》太元十一年，劉牢之及慕容垂戰於黎陽，王師敗績。十七年，垂襲翟釗於黎陽，敗之，釗奔於慕容永。《晋書載記》翟真子遼奔黎陽，垂攻段遼至黎陽，遼降。垂徙徐州流人七千餘户於黎陽，以慕容脱爲徐州刺史，鎮黎陽。《後燕録》寶自鄴南至黎陽城西，聞范陽王德稱制，懼而退。有黎陽津、西津、孫就柵。

"廣平郡，《元和郡縣志》慕容垂得山東，其地復屬焉。領縣十二。廣平，《後燕録》建興二年，張申攻廣平。邯鄲，《晋書載記》垂誅翟斌，斌兄子真北走邯鄲。易陽。武安。涉。曲梁。列人，《晋書載記》慕容農等自鄴城奔列人。肥鄉，《晋書載記》慕容垂圍鄴，分處老弱於肥鄉。有新興城、五橋澤、五丈橋、董唐淵。臨水。廣年。斥章，有黄塘坡。平恩，有康臺。

"陽平郡，《後燕録》建興九年，垂東巡陽平、平原。領縣七。

館陶，《晋書載記》東胡王晏據館陶爲鄴中聲援。慕容農自將攻破館陶。有蘇康壘。元城。清淵。發干。東武陽。陽平。樂平。

“襄國郡，後燕領縣四。襄國，《晋書載記》垂以慕容柔鎮襄國。《後秦録》燕元年，慕容隆與邵興戰於襄國，大破之。南和。任。苑鄉。

“鉅鹿郡，《晋書載記》寶遣慕容騰招集散兵於鉅鹿。領縣四。有藁城故縣、楊氏故城。廮陶。停駕。鉅鹿。廣阿，《晋書載記》太元九年，垂以慕容紹行冀州刺史，屯廣阿。

“趙郡，《北史·鄧彦海傳》彦海仕慕容垂，卒於趙郡内史。《杜銓傳》父嶷，慕容垂祕書監，仍僑居趙郡。領縣九。房子。元氏。平棘。高邑。柏人。南䜌。平鄉。下曲陽。鄗。

“長樂國，《晋書載記》垂自平原狩於廣川、勃海、長樂而歸。領縣四。信都，《後燕録》垂遣慕容温督諸軍攻信都不克。《晋書載記》垂遣慕容麟屯信都。《通鑑》拓跋珪遣將王建等攻信都不下，珪自將攻之。信都降魏。有辟陽亭。下博。扶柳。經。

“武邑郡，後燕領縣四。武邑，《晋書載記》建節將軍徐巖叛於武邑。武遂。武强。觀津。

“平原郡，《晋書載記》垂自帥慕容德等南略地，使慕容隆東徇平原。《北史·祖瑩傳》曾祖敏，仕慕容垂爲平原太守。領縣九。平原。高唐，《晋書載記》平規收合餘衆據高唐。寶遣慕容隆討之，規棄高唐走，追斬之於濟北。茌平。博平。聊城，有蓬關坡。安德。西平昌。般。鬲。

“勃海郡，《後燕録》燕二年，慕容麟等徇勃海，執勃海太守封懿，因屯歷口。領縣十。南皮，《通鑑》隆安二年，張驋子超收合三千餘家據南皮，自號烏桓王，抄掠諸郡。東光。浮陽，有合口。饒安。高城，《晋書載記》勃海人張申據高城叛。重合。東安陵。蓚。阜城。

“河間郡，後燕領縣六。建興七年，垂自魯口如河間、勃海、平原。《北史·鄧彦海傳》垂用爲河間太守。《吕羅漢傳》祖顯，慕容垂以爲河間太守。樂城。武垣。鄚。易城。中水。成平。

“章武郡，《晋書載記》章武人王祖殺太守白欽叛。領縣四。東平舒。文安。章武。束州。

“高陽國，《後燕録》燕二年，慕容農至高昌，假從事中郎眭邃爲高陽太守。《北史·許彦傳》祖茂，仕慕容氏高陽太守。《通鑑》拓跋珪軍魯口，高陽太守崔宏奔海渚。領縣四。博陸，《北史·屈遵傳》慕容垂以爲博陸令。高陽。北新城。蠡吾。

“博陵郡，《晋書載記》《後燕録》建興中，慕容麟攻王兖於博陵，拔之。十一年，垂將平規，以博陵、武邑、長樂三郡兵反於魯口。永康元年，魏攻中山不克，進據博陵魯口。博陵太守申永奔河南。二年，寶遣將慕輿騰攻博陵，殺魏所置守宰。領縣六。博陵，《晋書載記》博陵令屈遵降魏。《北史》作博陸。案博陵令，苻秦以前皆無。疑作博陸爲是。《地形志》饒陽縣有博陵城，當即晋博陵國故城。有魯口。安平。饒陽。堂陽。南深澤，《晋書載記》寶聞拓跋珪攻信都，出屯深澤。《魏書》寶趨博陵之深澤。有滹沱水。安國。

“清河郡，《晋書載記》清河太守賀耕聚衆定陵以叛，南應段遼，慕容農討斬之。《後燕録》燕市人吴深據清河殺太守丁國反，垂攻之不克。垂又進攻深壘，拔之。深單馬走。建興二年，翟遼復叛，寇掠清河、平原。四年，清河太守賀耕聚衆定陵以叛，南應翟遼，慕容農討斬之。領縣七。武城。平晋。清河。繹幕，《晋書載記》燕二年，繹幕人蔡匡據城以叛，慕容麟等共攻之，匡降，垂殺之，且屠其壘。建興二年，垂將平幼等討吴深，破之。深走保繹幕。清河民孔金斬深，送首中山。貝丘。靈。鄃。

“廣川郡，《太平寰宇記》稱《縣道記》慕容垂於清河郡棗强縣置廣川郡，領縣三。棗强，《地形志》晋復，屬廣川。索盧，《地形志》晋屬廣川。廣川，《地形志》晋屬廣川。建興十年，垂自平原狩於廣川、勃海、長樂而歸。有歷口。

“常山郡，《晋書載記》慕容麟引兵攻常山拔之。拓跋珪攻常山拔之，獲太守苟延，諸郡縣皆附於魏。惟中山、鄴、信都三城爲燕守。領縣八。真定，《元和郡縣志》後燕慕容垂都之，後徙理盧奴。有滹沱水。石邑。井陘，《晉書載記》垂伐慕容永，遣龍驤將軍張崇等出井陘。永康元年，魏自井陘趨中山。上曲陽，永康二年，燕盡衆拒魏師，次於鉅鹿之曲陽。有郊壇、後燕故苑、西山、柏津。蒲吾。南行唐，《晉書載記》翟成長史鮮于得斬成而降，垂入行唐，悉坑其衆。有派水。靈壽，慕容詳督租於常山之靈壽。九門，永康二年，魏自魯口進軍常山之九門。"

同書考北燕幽州、冀州："幽州、冀州，《通鑑》馮萬泥爲幽冀二州牧，鎮肥如。統郡二。

"遼西郡，《北史》弘世子崇母弟廣平公朗、樂陵公邈出奔遼西。《太平御覽》稱《北燕録》遼西太守高讚謀反伏誅。樂史《太平寰宇記》稱《北燕録》馮弘太興元年省遼西郡。領縣六。陽樂。肥如，《北史》弘黜世子崇，令鎮肥如。太興二年，崇以肥如降魏。海陽。令支。宿軍，《北燕録》太平十四年，宿軍地燃，一旬乃滅。建安。臨渝，《晉書載記》河間人褚匡説跋出遼西臨渝迎長樂宗族。

"建德郡，北燕領縣二。《後魏書》延和五年，建德太守王融降魏。建德，《地形志》真君八年，併白狼。建德，望平屬焉。《北史·高道悦傳》祖育，馮弘建德令。案此郡有建德縣，疑即北燕時所立也。今以白狼縣歸右北平。望平則仍屬玄菟郡。廣都。"

孔祥軍《晉書地理志校注》："畢氏《新補正》據《通典》以爲西晋冀州治房子縣，今據《後魏志》：'曹操爲冀州，治鄴，魏、晋治信都。'魏收北魏人，遠早于中晚唐之杜佑，故當從《後魏志》，則畢氏誤，冀州晋治信都，在今河北冀州市。《續漢志》冀州領郡九：魏郡、巨鹿、常山國、中山國、安平國、河間國、清河國、趙國、勃海。《續漢書·百官志》注引《獻帝起居注》冀州領郡三十二：'建安十八年三月庚寅，省州并郡，復《禹貢》之九州，冀州得魏郡、安平、巨鹿、河間、清河、博陵、常山、趙國、勃海、甘陵、平原、太原、上黨、西河、定襄、雁門、雲中、五原、朔方、河東、涿郡、漁陽、廣陽、右北平、上谷、代郡、遼東、遼東屬國、遼西、玄菟、樂浪，凡三十二郡。’前後郡數懸殊殊甚，其中包含《續漢志》幽州刺史部、并州刺史部所領諸郡，據《魏志》卷二十四《崔林傳》：‘文帝踐阼，拜（崔林）尚書，幽州刺史。’又據《元和志》卷十三河東道太原府條：‘後漢末，省并州入冀州，魏文帝黄初元年，復置并州。’則《獻帝起居注》中冀州所領三十三郡當囊括冀州、并州、幽州屬郡，黄初元年後冀、并、幽三分，郡數自然减少。又《晉志》冀州領郡國十三：趙國、鉅鹿、安平、平原、樂陵國、勃海、章武國、河間國、高陽國、博陵、清河國、中山國、常山，與《獻帝起居注》冀州領郡國同者凡十郡。《晉志》所領樂陵國建安十八年增置。章武國漢末置，後廢，晉初復置。據《晉志》高陽國泰始元年置。故冀州魏時領郡可考者凡十二郡。晉時又有中丘郡。太康十年置武邑國，惠帝時見廢。《晉志》載：‘冀州……歷後漢至晉不改。’顯誤。”

［5］幽州：古九州之一。西漢武帝十三部刺史之一。治所在薊縣（今北京市西南）。東晉時僑置幽州，治所在三阿城（今江蘇省金湖縣東南平阿村）。不久廢。

孔祥軍《晉書地理志校注》：“幽州治薊縣，在今北京市。《續漢志》幽州領涿郡、廣陽、代郡、上谷、漁陽、右北平、遼西、遼東、玄菟、樂浪、遼東屬國共十一郡國，據《續漢書·百官志》注引《獻帝起居注》冀州領郡三十二：‘建安十八年二月庚寅，省州并郡，復《禹貢》之九州，冀州得魏郡、安平、巨鹿、河間、清河、博陵、常山、趙國、勃海、甘陵、平原、太原、上黨、西河、定襄、雁門、雲中、五原、朔方、河東、涿郡、漁陽、廣陽、右北平、上谷、代郡、遼東、遼東屬國、遼西、玄菟、樂浪，凡三十二郡。’則建安十八年幽州已廢所領諸都并入冀州，今檢《魏志》卷二十四《崔林傳》：‘文帝踐阼，拜（崔林）尚書，幽州刺史。’則黄初元年幽州已復置，其時屬郡乏考，然除去冀州、并州所領諸郡，詳二州考證，當有涿郡、漁陽、廣陽、右北平、上谷、代郡、遼東、遼東屬國，遼西、玄菟、樂浪，凡十一郡，其中遼東屬國漢末已廢，其時公孫氏又盤踞海東。今檢《魏志》卷八《公孫度傳》：‘（景初二年）傳（公孫）淵首洛陽，遼東、帶方、樂浪、玄菟悉平。’公孫氏所領似爲此四郡，則幽州復置時當領涿郡、漁陽、廣陽、右北平、上谷、代郡，遼西凡七郡。又《晋志》：‘後漢末，公孫度自號平州牧……魏置東夷校尉，居襄平，而分遼東、昌黎、玄菟、帶方、樂浪五郡爲平州，後還合爲幽州’（其中昌黎郡即復置後的遼東屬國），則最初二年後此四郡當來屬，并合昌黎郡置平州以統之，後廢，平州所領諸郡移屬幽州。魏末領郡十二，泰始十年分昌黎、遼東、玄菟、帶方、樂浪五郡置平州，又據《晋書》卷二十八《司馬京傳》：‘咸寧初，徵（司馬機）爲步兵校尉，以漁陽郡益其國。’則咸寧後漁陽郡見廢。太康三年前增置廣寧郡，領郡七。”

清洪亮吉《東晋疆域志》考證東晋幽州僑置郡縣説：“幽州，《沈志》晋江左又僑立幽、冀、青、并四州。又云徐州備有徐、兖、幽、冀、青、并、揚七州郡邑。案此則諸僑郡皆在江北淮南地可知。《輿地紀勝》高郵州北阿鎮，東晋時嘗僑置幽州，太元四年，苻秦將俱難、彭超圍幽州刺史田洛於三阿，去廣陵百里，即此。凡僑郡可考者二，僑縣四。

“遼西郡，《沈志》晋末遼西僑郡，省并廣陵，領縣四。肥如，漢縣名。《後漢書》注，故城在今平州西，晋屬遼西，東晋與郡僑立。《圖經》僑縣在今天長縣界。路，漢縣名。《水經注》鮑丘水南逕路縣故城西，西晋屬燕國。真定，漢縣名，西晋屬常山郡，東晋僑立。新市，漢縣名。《通典》故城在真定縣東北，西晋屬中山，東晋僑立。《沈志》稱《永初郡國》云四縣本屬遼西。案此則東晋時置遼西僑郡，并領此四縣也。

“燕國，《晋書·謝安傳》以安都督揚豫徐兖青五州幽州之燕國諸軍事。《謝玄傳》都督徐兖青三州揚州之晋陵幽州之燕國諸軍事。《宋書·虞丘進傳》義熙中除燕國内史。錢詹事《考異》云，燕國與晉陵連文，疑即僑立於晉陵界内。縣無考。”

清洪亮吉《十六國疆域志》考前趙幽州：“幽州，《晉書·地理志》鎮離石。《太平御覽》稱崔鴻《十六國春秋·前趙録》嘉平元年聰以石勒爲幽州牧。麟嘉三年以勒領幽冀二州牧。《前趙録》聰以石勒爲幽州牧。《晉書·地理志》曜以幽州刺史鎮北地。”

同書考後趙幽州：“幽州，《太平寰宇記》稱《晉地道記》舜以冀州南北廣大，分燕地北爲幽州。夏殷省幽併冀。又爲冀州之域。周復置幽州。幽州因幽都以爲名。《山海經》有幽都之山，今列於北荒矣。《晉書·地理志》惠帝之後幽州没於石勒。《載記》劉聰以石勒爲幽州牧，聰又以勒領幽冀二州牧。建興二年，勒破王浚，以晉尚書劉翰行幽州刺史，戍薊，置守宰而還。段匹磾自幽州將奔邵續，勒將石越邀之於鹽山，大破之，匹磾奔還幽州。趙王元年，孔萇討平幽州諸郡，匹磾奔邵續。趙王三年，段匹磾降，於是冀、并、幽州，遼西、巴西諸屯結皆陷於勒。建武四年，段遼襲幽州，刺史李孟退奔易京。虎遣桃豹、王華統州師十萬出漂渝津，支雄、姚弋仲統步騎十萬以伐段遼。遼漁陽太守馬豹、代相張牧、北平相陽裕、上谷相侯龕等四十餘城並降於虎。遼懼，棄令支奔於密雲。遼長史劉群等封府庫請降。虎遣將郭太等追遼及之，戰於密雲，獲其母妻。遼單馬竄險，遣子乞特真送表請降。虎納之。建武五年，慕容皝襲幽冀，略三萬餘家而去。幽州刺史石光坐軟弱徵還。九年，幽州牧石斌以淫酒荒獵，免官歸。石虎自幽州東至白狼、大興屯田。永和六年，石虎幽州刺史王午棄城走。七年，冉閔幽州刺史劉準降於慕容儁。凡領舊郡四，復舊郡一。

“范陽郡，漢涿郡，《晉書·地理志》魏文帝更名。武帝置國。《水經注》晉泰始元年改爲范陽郡。《載記》王浚司馬游統鎮范陽，叛浚，陰馳使降勒。勒斬其使送於浚。范陽李産仕石氏爲本郡太守。凡領縣八。涿，漢舊縣。良鄉，漢舊縣。方城，漢舊縣。長鄉，漢舊縣。《水經注》稱《晉太康地記》涿有長鄉。《太平寰宇記》陽鄉縣，後漢省，晉復置爲長鄉。遒，漢舊縣。故安，漢固安縣，晋改今名。《太平寰宇記》稱《晋地道記》屬范陽國。《晋書》劉琨、段匹磾等會於固安，謀討勒。有易水、易京、黄金臺。范陽，漢舊縣。容城，漢舊縣。

“燕郡，漢置。《晋書》段遼燕郡太守楊裕，以郡降虎。《太平寰宇記》石勒於薊置幽州，於州置燕郡。凡領縣五。薊，漢舊縣。《晋書》建興二年，勒晨至薊，停薊二日。孫緯率衆遮擊，勒僅而得免。勒署劉翰行幽州刺史，戍薊。翰不欲從勒，乃奔段匹磾。石勒趙王三年，段匹磾與弟文鴦攻薊。石虎建武四年，虎將支雄前驅入薊。石冲鎮薊，起兵討石遵，留寧北沐堅戍幽州。有征北府小城、君子城、清泉水。安次，漢舊縣。《沈志》稱《晋太康地志》屬燕國。《晋書》虎建武四年，支雄攻安次，斬段遼將那樓奇。《文選》注稱《晋中興書》石勒攻樂平，劉琨自飛狐口奔安次。《水經注》安次縣故城，西晋司空劉琨所守，以拒石勒也。昌平，漢舊縣。軍都，漢舊縣。《太平寰宇記》稱《晋太康地志》屬燕國。廣陽，漢舊縣。有大釁山。

“漁陽郡，秦置。魏省郡置燕國。案《晋書載記》趙國二十四郡内有漁陽。又建武四年，段遼漁陽太守馬鮑降虎，虎徙遼西、北平、漁陽萬餘户於兖、豫、雍、洛四州之地，是後趙有漁陽郡也。今考凡領縣六。舊平谷縣臨泃城。漁陽，漢舊縣，相近有赤城。潞，漢舊縣。《晋書》勒將逯明要敗劉琨司馬温嶠於潞。安樂，漢舊縣。《水經注》稱《晋書地道記》晋封劉禪爲公國。石虎建武五年，虎將討慕容皝，先運穀豆於安樂城。泉州，漢舊縣。雍奴，漢舊縣。狐奴，漢舊縣。案以上六縣《郡國志》本屬漁陽。

“上谷郡，秦置。《水經注》稱《晋地道記》郡在谷之頭，故因以上谷名焉。建武四年，段遼上谷相侯龕率衆降虎。凡領縣二。沮陽，漢舊縣。居庸，漢舊縣。案《晋書・地理志》幽州有廣寧郡，時已爲拓跋猗盧所據，不屬石趙，故不録。廣寧潘縣有地裂溝云云。涿鹿縣有涿鹿城云云。

“代郡，案此係漢魏代郡。《通鑑》孔萇攻箕澹於代郡。《載記》作桑乾。胡三省云：此後魏之代郡也。凡領縣四。代，漢舊縣。廣昌，漢舊縣。《御覽》稱《後趙録》申録爲廣昌令。案凉州晋興郡亦有廣昌，非後趙所屬。平舒，漢舊漢。富城，漢舊縣。”

同書考前燕幽州：“幽州，《晋書·地理志》穆帝永和五年，慕容儁僭號於薊，是爲前燕。《載記》永和六年，石虎幽州刺史王午棄城走，儁幽州刺史慕容德乙逸。今考凡得漢舊郡四、復漢舊郡一、晋郡一，共六郡。

“燕國，前燕領縣十五。薊，《晋書》咸康中㑺率騎二萬出蠮螉塞，長驅至薊。王午留將王他守薊，儁攻陷之，斬他，因徙都於薊。元璽元年儁自和龍徙薊城。《前燕録》儁光壽元年十一月，自薊還鄴。有正陽殿。銅馬門。安次。昌平。軍都。廣陽。潞。安樂，《前燕録》慕容霸軍至三陘，後趙將鄧恒棄安樂遁去。泉州，有臨泃。雍奴。狐奴。興集，《晋書》永和三年㑺以勃海流人立。寧集，《晋書》永和三年㑺以河間流人立。興平，《晋書》永和三年㑺以廣平魏郡流人立。育黎，《晋書》永和三年㑺以東萊、北海流人立。吴，《晋書》永和三年㑺以吴中流人立。

“漁陽郡，《北史·循吏·竇瑗傳》曾祖堪，慕容氏漁陽太守。縣無考。案漁陽郡，魏武已省，此容前燕時復立，但屬縣無可考耳。

“范陽國，《晋書》燕兵至范陽，太守李產率八城令長出降。儁復以産爲太守。儁使范陽燕郡構㑺廟。凡領縣八。涿。良鄉。方城。長鄉。遒。故安。范陽，太和四年，評遣西平公强追垂，及於范陽。容城。

“北平郡，前燕領縣四。《晋書》儁北平太守孫興。《隋書·高祖本紀》震八代孫鉉仕燕爲北平太守。平剛故縣有密雲山、三藏口。徐無，《晋書》儁徙廣寧上谷人於徐無，代郡人於凡城而還。土垠。俊靡。無終，《晋書》永和六年，儁南伐，師次此。

“代郡，《晋書》永和六年，儁以弟宜爲代郡城郎，代郡人趙榼帥三百餘家叛燕歸趙。《通鑑》注，此秦漢以來之代郡，非後魏之代郡。此代郡治代，領縣四。代。廣昌。平舒，《通鑑》匈奴單于賀賴頭帥部著三萬五千口降燕，燕人處之代郡平舒城。富城。

"廣寧郡，《晋書》儁以孫泳爲廣寧太守。儁徙廣寧、上谷民於徐無。領縣三。下洛。潘。涿鹿，《水經注》城東一里有阪泉。《晋太康地志》阪泉亦地名也。"

同書考前秦幽州："幽州，《晋書·地理志》苻堅幽州刺史鎮薊城。《載記》慕容儁將慕輿長卿等率衆七千入自軹關，攻幽州刺史張哲於裴氏堡。生遣鄧羌拒之，戰於堡南，大敗長卿，獲之。堅滅慕容暐，以郭慶爲幽州刺史，鎮薊。梁讜亦爲幽州刺史，鎮薊。堅以苻重鎮薊。堅遣幽州刺史苻洛率幽州兵十萬討代王涉翼犍。又遣後將軍俱難等東出和龍西北上郡，與洛會於涉翼犍庭。犍戰，遁於弱水。洛逐之，又退還陰山。洛率衆十萬發和龍，將圖長安。堅遣吕光討之，使石越自東萊出石逕襲和龍，苻重亦盡薊城之衆會洛兵於中山，衝等與洛戰於中山，大敗之。執洛，吕光追斬苻重於幽州。石越克和龍，斬平顔。堅以梁讜爲幽州刺史，鎮薊城。又堅幽州刺史王永、平州刺史苻冲頻爲慕容垂所敗，遣昌黎太守宋敞焚和龍、薊城宫室。苻丕以苻謨爲幽州牧，苻亮督幽平二州諸軍事。領漢郡四、晋郡一。

"燕國，前秦領縣十。薊，《晋書》堅幽州刺史鎮薊。《北史·劉庫仁傳》慕容垂又遣平規攻堅幽州刺史王永於薊。安次。昌平。軍都。廣陽。潞。安樂。泉州，《晋書》堅封慕容垂泉州侯。雍奴。狐奴，案前燕又有興集等五縣，蓋暫時所立以處流人，今不録。

"范陽郡，《晋書》堅出慕容評爲范陽太守。領縣八。涿。良鄉。方城。長鄉。遒。故安。范陽。容城。

"北平郡，《晋書》堅北平太守皇甫傑。領縣四。徐無。土垠。俊靡。無終。

"廣寧郡，前秦領縣三。下洛。潘。涿鹿。

"代郡，《晋書》苻堅使將苻洛攻代，執代王涉翼犍。堅以韓允領護赤沙中郎將，移烏桓府於代郡之平城。領縣四。代。廣昌。

平舒。富城。”

同書考後燕幽州：“幽州，《晋書載記》慕容楷等攻苻堅幽州牧苻謨，謨降。垂以慕容農爲幽州牧，都督幽平二州北狄諸軍事，鎮龍城。《後燕録》燕二年，垂幽州刺史平規，是年慕容會爲幽平二州牧。垂以慕容隆爲幽州牧，都督幽平二州諸軍事。盛幽州刺史慕容豪謀叛，盛誅之。魏襲幽州，執刺史盧溥而去。光始二年，熙幽州刺史宇文拔。熙以慕容懿爲刺史，鎮令支。高雲以馮萬泥爲幽冀二州刺史，鎮肥如，統舊郡五。

“燕郡，《晋書載記》高句驪寇燕郡，盛燕郡太守高湖降魏。熙光始四年，高句驪寇燕郡，殺掠百餘人。領縣十。薊，《晋書載記》燕帶方王佐與寧朔將軍平規，其攻薊克之。佐等入薊，平規爲徐巖所敗，巖乘勝入薊，掠千餘户而去。垂以慕容盛鎮薊城。垂置行臺於薊，加盛録行臺尚書事。垂遣蘭汗代盛鎮薊。《後燕録》寶與太子策等萬騎就清河王，會於薊。蘭汗奉太子策承制，大赦。遣迎寶還於薊。《晋書》隆安元年，慕容寶敗魏師於薊。安次，《晋書載記》安次人齊涉聚衆八千餘家據新栅降垂，垂以爲魏郡太守。後復叛，新栅人冬鸞執涉送垂，誅之。昌平。軍都，永康元年，魏别遣將軍封真等三軍從東道出軍都，襲幽州，圍薊。廣陽。安樂。泉州。雍奴，有夏澤。狐奴。

“漁陽郡，已見《前燕録》，故亦附入。縣無考。

“范陽郡，後燕領縣八。《北史·崔適傳》爲慕容垂范陽、昌黎二郡太守。又《盧玄傳》父邈，爲范陽太守。涿。良鄉。方城。長鄉。遒。故安，有金臺陂。范陽，《後燕録》評遣慕容强追垂及於范陽。建興六年，垂如范陽。永康二年，魏將長孫肥等追寶至范陽，不及。有漢故城。容城。

“廣寧郡，《晋書載記》拓跋珪遣將王建等擊寶廣寧太守劉亢泥，斬之。領縣三。下洛。潘。涿鹿。

“代郡，《晋書載記》代郡人許謙逐太守賈閏，以郡附劉顯。慕容隆擊謙，破之，謙奔西燕，遂廢代郡，悉徙其民於龍城。領縣五。案《北史·賈彝傳》寶大敗於參合，執彝及其從兄代郡太守潤等。'潤'當即'閏'。蓋隆破謙之後閏復本位，後又見執於魏也。代。廣昌，有青嶺、天門。平舒。富城。參合，《後燕録》建興十年五月，寶率衆八萬伐魏，臨河不敢濟，引師還次於參合。俄而魏軍大至，三軍奔潰。十一年三月，垂大衆出參合，太子寶出天門。垂至參合，見積骸如山，設祭吊之，死者父兄各皆號哭，三軍哀慟。垂慚憤嘔血，因而寢疾。《地形志》參合，前漢屬代，後漢、晋罷後復屬。有參合口陘、參合陂、蟠羊山、黍谷。

"上谷郡，《晋書載記》太元十二年，上谷人王敏殺太守封戢，以郡附劉顯，慕容麟討斬之。寶上谷太守慕容詳。《宋書·王玄謨傳》祖牢，仕慕容氏爲上谷太守。領縣二。有赤城。沮陽，《後燕録》建興十一年夏四月，垂薨於上谷之沮陽。居庸。"

同書考南燕幽州："幽州，《晋書·地理志》德以幽州刺史鎮發干。案德蓋仍晋幽州舊名置。又發干屬琅邪，陰平城屬東海，故以二郡分隸二州。案此發干即元帝所置發干戍。《晋志》陽平郡有發干縣，諸地志以爲德幽州治所。今考德雖分置五州，實皆不出青徐二州境。且晋本於徐土置幽州，德蓋又仍晋之舊，無容遠至陽平所屬之發干也。統郡可考者一。

"琅邪國，《晋書載記》德進據琅邪。領縣九。有發干戍。開陽。臨沂。陽都。繒。即丘。華。費。東安。蒙陰。

"徐州，《晋書·地理志》德以徐州刺史鎮莒城。《南燕録》燕二年，德以潘聰爲徐州刺史。太上元年，超以段宏爲徐州刺史。超遣慕容昱等攻宏於莒城，拔之。宏奔魏。《太平寰宇記》稱《南燕録》慕容德以尚書潘聰爲徐州刺史，鎮莒城。又以桓遵爲徐州刺史，亦理莒城。後舉城降劉裕。統郡可致者二。

"東莞郡，《晋書載記》晋師伐超次東莞。領縣七。莒城，漢莒縣。案城字蓋惠帝時所增。《晋書載記》德進據莒城，晋守將任安委城遁。德遣劉綱追斬辟閭渾於莒城。慕容昱等攻莒城，拔之，段宏奔魏。東莞，有團城、大峴山、川源。朱虚。營陵，《太平御覽》稱《南燕録》逢陵長尹鸞。俟更考。安丘，有劉山。臨朐，《晋書載記》超遣其左軍段暉、輔國賀賴盧等六將步騎五萬進據臨朐，超自率步騎四萬就暉等。劉裕遣諮議參軍檀詔率鋭卒攻破臨朐，超大懼，單騎奔段暉於城南。暉衆又戰敗，裕軍人斬暉。有巨蔑水。劇，《北史·高聰傳》曾祖軌，隨慕容德徙青州，因居北海之劇縣。

“宿豫郡，南燕領縣一。宿豫，《晋書載記》超遣斛穀提等寇陷宿豫，執晋陽平太守劉千載、濟陰太守徐阮，大掠而還。”

同書考大夏幽州：“幽州，《晋書·地理志》赫連勃勃僭號於統萬，是爲夏。置幽州牧於大城。崔鴻《十六國春秋·夏録》河西鮮卑杜崙獻馬八千匹於秦，濟河至大城，勃勃留之。《晋書載記》勃勃攻姚興將金洛生於黄石固、彌姐豪地於我羅城，皆拔之，徙七千餘家於大城，以其丞相右地代領幽州牧以鎮之。勃勃又攻興將姚壽都於清水城，壽都奔上邽，徙其人萬六千家於大城。酈道元《水經注》赫連龍昇七年，改築大城，名曰統萬城。案此則統萬城即大城。勃勃既以幽州牧鎮大城，則改築統萬後亦屬幽州可知。《晋地志》先言僭號於統萬，後言置幽州牧於大城，二語微誤。考自統萬建後，《夏録》及《載記》不更言及大城，是大城爲統萬城之一證。道元所言真可據矣。凡統都城一、餘城十。

“統萬城，《夏録》勃勃發嶺北民夷十萬，於朔方黑渠之南營起京城，大赦，改龍昇七年爲鳳翔元年。樂史《太平寰宇記》稱《夏録》以一統天下臨萬國爲意，故立此名。《水經注》赫連龍升七年，於奢延水之北黑水之南，遣匠作大將梁公叱干阿黎改築大城，名曰統萬城。蒸土加功，雉堞雖久，崇墉若新。其城南門曰朝宋，北門曰平朔，東門曰招魏，西門曰服凉。其子城在羅城東，門曰鳳陽。本有三門，夷人多上東，故東向門。《夏録》昌武元年十一月，勃勃自長安還統萬，宫殿大成，大赦，改昌武二年爲真興元年，刻石都南，頌紀功德。二年五月，雨魚於統萬。六年，太原公昌率騎一萬襲殺太子璝，率衆八萬五千歸於統萬。勃勃大悦，立昌爲太子。承光三年魏入統萬。案宋李燾《長編》太宗時以夏州深在沙漠，本奸雄竊據之地，欲隳其城，遷民於銀綏，問宰相吕蒙正，對曰：‘自赫連築城以來，頗與關右爲患，若遂廢毁，萬世之力利也。’淳化五年四月乙酉，詔隳夏州故城，是統萬城至北宋時始毁。有永安殿、太廟、冲天臺、真珠樓、西宫、拔鄰山、黑水、赫連勃勃墓。

“代來城，《晋書載記》衛辰屯代來城。魏收《魏書》苻堅以衛辰爲西單于，督攝河西雜類，屯代來城。《夏録》魏師乘勝濟河，攻克代來，執辰殺之。

“三交城，《太平寰宇記》稱《夏録》龍升五年秋九月，勃勃率衆來拒秦師。十一月，戰於青石北原，秦師敗績，降其衆四萬，獲戎馬二萬匹，因築此城。附近有百井戍、沃壄鎮、木城、髑髏臺、青石原、陽武下峽、渌漣池。

“契吴城，《元和郡縣志》故白城一名契吴城。在朔方縣北一百二十五里契吴山。赫連昌因山所築。勃勃常所嘆美，故其子昌因立此城，以立勃勃之廟。有契吴山。

“右四城在漢朔方郡朔方縣地。《夏録》勃勃父衛辰，苻堅以爲西單于，督攝河西諸虜，屯於代來城。因秦末兵亂，遂有朔方之地。姚興以勃勃爲持節、安北將軍、五原公，配以三交五部鮮卑及雜虜二萬餘落，鎮朔方。案朔方、雲中、上郡、五原等郡，自漢末至東晋久已荒廢，赫連氏雖據有其地，然細校諸書，自勃勃至昌定世，類皆不置郡縣，惟以城爲主。戰勝克敵則徙其降虜，築城以處之。故今志夏國疆域惟以州統城，而未著其所在郡縣以别之，與志他國異焉。

“太后城，《元和郡縣志》爲夏太后城在洛交縣西三十六里。赫連勃勃聞劉裕滅姚泓、命其子義真等守長安，大悦，自將兵入長安，留太后於此築城以居。

“黑城，《太平寰宇記》赫連勃勃置其城緣山坡，崎嶇不正，遂名黑城，在寧真縣東二十五里庫利東流川交口遂名黑城。

“右二城在漢上郡雕陰縣地。

“吴兒城，《元和郡縣志》在龍泉縣北四十里，初赫連勃勃破劉裕子義真於長安，遂虜其人築此城以居之，號吴兒城。

“右一城在漢上郡膚施縣地。案五原、雲中二郡，《元和郡縣志》晋末皆没赫連勃勃，《夏録》姚興封勃勃五原公。

“赫連城，沈括《夢溪筆談》延州故豐林縣城，赫連勃勃所築，至今謂之赫連城。案隋豐林縣在漢高奴縣地，疑括所指即此也。又今霍州東四十里亦有赫連城，一名夏王城。《元和郡縣志》延州在漢爲上郡高奴縣地。魏省上郡，至晋陷爲戎狄，其後屬赫連勃勃，後魏滅赫連昌，以屬統萬鎮。

“右一城在漢上郡高奴縣地。

“薄骨律鎮，《水經注》城在河渚上，赫連氏果城也。故老耆舊云，赫連之世，有駿馬死此，取馬色以爲邑號。《元和郡縣志》後魏太武帝平赫連昌，置薄骨律鎮。案後魏蓋仍赫連氏舊名。有果園、果洲。

“白馬騮城，《太平寰宇記》稱《十六國春秋》赫連勃勃時有駿馬死，即取毛爲號，故名其城爲白馬騮。案此疑即薄骨律鎮城之訛，但樂史已兩列，今故仍之。

“飲汗城，《元和郡縣志》在靈州東北隔河一百二十里，本名飲汗城，赫連勃勃以此爲麗子園。附近有白鹽池、木根山。

“右三城在漢北地郡富平縣地。”

[6]平州：三國曹魏置，治所在襄平縣（今遼寧省遼陽市）。西晋治昌黎縣（今遼寧省義縣）。

清方愷《新校晋書地理志》：“平州，本書《武帝紀》太康三年八月罷平州、寧州。本志但紀寧州不紀平州。又後篇云平州初置，慕容廆爲刺史。考之《武帝紀》及《慕容氏載紀》，咸寧二年立州之後，至太康三年州罷，其時廆方寇掠昌黎、肥如。至太康十年始降。是平州復立必在十年以後，紀志不相謀合，當有缺誤也。”

清洪亮吉《十六國疆域志》考前燕平州：“平州，《晋書·地理志》咸寧二年十月，分昌黎、遼東、玄菟、帶方、樂浪等郡國五置平州。平州初置，以慕容廆爲刺史。遂屬。永嘉之亂，廆爲衆所推，及其孫儁移都於薊。《太平御覽》稱崔鴻《十六國春秋》《前燕録》大興四年，晋遣謁者拜廆平州牧。咸和九年，晋遣謁者拜皝平州刺史。儁元年，晋遣謁者陳沈拜儁幽冀并平四州牧。儁光壽元年，以慕容垂爲平州刺史，鎮遼東。《晋書》苻堅平州刺史劉特率户五千降儁。慕容桓攻遼東太守韓稠於平州。苻堅將郭慶遣朱嶷擊桓，執送於堅。陽騖、皇甫真爲平州别駕。凡領舊郡六、新置郡五。《魏書·地形志》晋置平州，治肥如城。

"昌黎郡，魏置。《晋書》皝徙昌黎郡，築好城於乙連東，使蘭勃戍之，以逼乙連。又城曲水以爲勃援。段遼遣從弟屈雲襲皝子遵於興國城。儁昌黎大守高開。今考凡領縣五。龍城，漢柳城縣。屬遼西。後漢省。案《魏書·地形志》昌黎郡龍城下云，真君八年併柳城、昌黎棘城屬焉。據此則縣疑前燕時復立並移屬也。《太平御覽》稱《燕書》皝使陽裕、唐柱等築龍城，搆宮廟，改柳城爲龍城縣。咸康七年皝遷都龍城。《太平寰宇記》稱《十六國春秋·慕容皝傳》柳城之北、龍山之南，所謂福德之地也。可營别規模，築龍城，搆宮廟，改柳城爲龍城。九年，遂遷都龍城縣，入新宫。《晋書》段蘭與慕容翰寇柳城，皝都尉石琮擊敗之。旬餘，蘭翰復圍柳城，皝遣慕容汗等救之。汗爲蘭所敗。蘭復進攻城，石琮擊敗之，蘭遁歸。蘭復擁衆屯曲水亭，將攻柳城。建留臺於龍都。苻堅伐暐，慕容桓率鮮卑五千自内黄退保和龍。苻堅將郭慶追桓等於柳城。桓殺鎮東慕容亮，併其衆。有龍城、和龍宫、承乾殿、景雲殿、交黎城、沙城、東庠、龍翔寺、鮮卑山、龍山、馬兜山、遏陘山、牛尾谷、回水。昌黎，漢舊縣。《晋書》太康二年，廆寇昌黎。三年，嚴詢敗廆於昌黎。咸和中，皝討慕容仁，自昌黎踐海冰而進。建元二年，皝及鮮卑帥宇文歸戰於昌黎，歸衆大敗，奔漠北。有九城山。棘城，案《地形志》棘城，前燕時嘗作縣。《太平御覽》稱《燕書》秋七月丁卯，營新殿。昌黎大棘城縣河岸崩，出鐵築頭一千一百七十四枚。永樂民郭陵見之，詣闕言狀，以是日到。詔曰：'經始崇殿而築具出，神人允協之應也。' 又稱《前燕録》元康四年定都大棘城，所謂紫蒙之邑也。《晋書》慕容莫護跋於魏時，始建國於棘城北。至晋元康四年，復移居於棘城。太安初，宇文莫圭將大素延率衆十萬攻棘城，爲廆所敗。咸康三年，石虎擊段遼，怒皝不會師，進軍至棘城，四面進攻，郡縣諸部叛應虎者三十六城。相持旬餘，皝使子恪等出擊之，石虎軍驚擾遂遁。恪追斬之萬餘級。築成凡城而還。有文德殿、文昌殿、朝陽門、黑石谷、廣安。賓徒，漢舊縣。徒河，漢舊縣。《晋書》段遼寇徒河，皝將張萌逆擊敗之。燕二年，儁使慕容霸將兵二萬，自東道出徒河。案《地形志》昌黎郡廣興注，真君八年，併徒河、永樂、燕昌屬焉。永樂、燕昌，疑亦燕所立也。青山、魯口。

"遼東國，秦置。《晋書》廆率騎討鮮卑、素連木津，大敗斬之，二部悉降。廆立遼東郡而歸。廆封遼東郡公裴嶷爲遼東相。慕容翰鎮遼東。襄平令王冰等以遼東叛皝。東夷校尉封抽、又遼東相韓矯、玄菟太守高詡等棄城奔還。於是慕容仁盡有遼左之地。皝征遼東，殺仁所置守宰，分徙遼東大姓於棘城，以杜群爲遼東相。皝使慕容恪鎮遼東，皇甫真爲遼東太守。暐遼東太守韓稠降秦，慕容桓攻遼東殺稠。凡領縣十三。郭璞《山海經注》遼陽縣屬遼東郡。案《郡國志》及《晋書・地理志》遼東均無遼陽縣，疑郭沿前漢舊名也。襄平，漢舊縣。《晋書》皝自征遼東，克襄平。有梁水淡淵。汶，漢舊縣。《晋書》皝遣高詡等討慕容仁，與戰於汶城北。居就，漢舊縣。《晋書》慕容仁所署令劉程以城降皝。《後趙録》居就令游泓。樂就，漢舊縣。安市，漢舊縣。案今本作'安平'，誤。西安平，漢舊縣。《後趙録》石虎遣王華自海道襲燕安平，破之。新昌，漢舊縣。《晋書》縣人張衡執縣宰降皝。韓恒爲新昌令，慕容仁遣兵襲新昌，督護王寓擊走之，遂徙新昌入襄平。力城，漢舊縣。平郭，漢舊縣。後漢省。案未知何時所復。《晋書》廆遣少子仁自平郭縣入伯林爲左翼，攻宇文乞得龜，克之，乘勝拔其國城。慕容仁殺皝使，東歸於平郭。皝討仁，去平郭七里，候騎乃告，仁狼狽出戰，爲皝所擒，斬仁而還。皝以慕容恪爲渡遼將軍，鎮平郭。《太平御覽》稱《前燕録》海出大龜，枯死於平郭。遼東送之侍郎王宏，以爲宇文乞得龜滅亡之徵也。有南山。險瀆，漢舊縣。後漢省。案未知何時所復。《晋書》皝遣使。案弟仁，遇仁於險瀆。有黄水。和陽，以下三縣，《晋書》皆皝征遼東所置。武次。西樂。

"樂浪郡，漢置。《晋書》遼東張統歸廆，廆爲之置樂浪郡，以統爲太守。裴嶷自遼東相轉樂浪太守。咸康四年，樂浪太守鞠彭以境内皆叛，選鄉里壯士二百餘，共還棘城。凡領縣六。朝鮮，漢縣名。燕别置。《晋書》太寧末，皝進封朝鮮公。咸康四年，朝鮮令孫泳帥衆拒趙。屯有，漢舊縣。渾彌，漢舊縣。遂城，漢舊縣。《史記索隱》稱《晋太康地記》樂浪遂城縣。有碣石山，長城所起。鏤方，漢舊縣，有于河城。駟望，漢舊縣。

"玄菟郡，漢置。前燕領縣三。《晋書》咸康四年，玄菟太守劉佩出兵擊趙，斬獲而還。僞玄菟太守乙逸。高句麗，漢舊縣。郭璞《山海經注》玄菟高句麗縣。有潦山，小潦水所出，西流注太潦。望平，漢舊縣。《晋書》皝默始封望平侯。高顯，漢舊縣。

"帶方郡，公孫度置。前燕領縣七。帶方，漢舊縣。列口，漢舊縣。南新，漢舊縣。長岑，漢舊縣。提奚，漢舊縣。含資，漢舊縣。海冥，漢舊縣。

"遼西郡，案《地形志》平州晋置，治肥如城，則郡蓋自前燕時移屬平州，後魏仍之。《晋書》太康二年，廆寇遼西，平州刺史鮮于嬰討破之。咸康五年，皝將慕容評敗石虎將石城等於遼西。凡領縣四。郭璞《山海經注》碣石山，今在遼西臨渝縣南水中。或曰在右北平驪城縣海邊山。陽樂，《晋書》廆遣慕容翰攻段氏，取徒河新城，至陽樂。肥如，《晋書》武帝遣幽州諸軍討廆，戰於肥如。有盧龍塞。海陽，有碣石、秦長城、三陘、樂安城。令支，《圖經》僞取令支，置遼西郡，則令支是僞所置也。《晋書》廆遣子皝襲段末波，入令支。咸康三年，皝率諸軍攻段遼令支以北諸城，掠五千餘户歸。石虎會皝討段遼，進入令支。有武興城。

“冀陽郡，《晋書》廆置以統冀州流人，因名。以下四郡皆晋建武初立。咸康四年冀陽流寓之士共殺太守宋燭以降於趙。永和三年，皝罷四郡。《通鑑》注，案魏收《地形志》冀陽郡當置於漢北平平剛縣界。平剛。柳城，案二縣，《地形志》有，疑與郡同立。

“成周郡，《晋書》廆置以統豫州流人。《後趙録》燕成周内史崔燾。縣無考。

“唐國郡，《晋書》廆置以統并州流人。《晋書》唐國内史陽裕。縣無考。

“營丘郡，《晋書》廆置以統青州流人。《太平寰宇記》稱《十六國春秋》慕容皝東遷徒河置營丘郡，北鎮韓恒。皇甫真爲營丘太守。咸康四年，營丘内史鮮于屈遣使降趙。《通鑑》注遼西臨渝縣，有渝水，道受白狼水，南流逕營丘城西。廆所置郡也。《北史・盧玄傳》祖偃，仕慕容氏爲營丘太守。《盧誕傳》曾祖宴，仕慕容氏營丘、成周二郡守。領縣二。武寧，《晋書》皝武寧令廣平孫興。《通鑑》注武寧縣亦慕容氏所置。案《通鑑》云營丘内史鮮于屈降趙。興曉諭吏民，收屈殺之。則武寧當屬營丘郡，并爲郡治也。

“武原國，《晋書》廆武原内史常霸。

“附：凡城，《晋書載記》咸康五年，石虎將李農、張舉攻燕凡城。皝遣悦綰以一千兵守之，舉等不能克而退。建元二年，趙將尹農攻燕凡城，不克而還。儁徙代郡民於凡城。《水經注》自盧龍東越青陘至凡城二百餘里，自凡城東北出趨平剛故城，可百八十里。《圖經》凡城在柳城西南。

“好城，《載記》咸康三年，皝於乙連城東築好城，以逼乙連。

“威德城，《載記》皝更命涉夜千所居曰威德城，使弟彪戍之。案夜千所居本名南羅城。慕容令帥謫戍東襲威德城，殺城郎慕容倉，據城部署。

“南蘇城，《載記》永和元年，皝使慕容恪攻高句麗，拔南蘇，置戍而還。胡三省云，城在南陜之東。

“榆陰城、安晋城，《載記》咸安八年，皝築榆陰、安晋二城。宇文歸入寇安晋。胡三省云，榆陰城蓋在大榆河之陰，安晋城在威德城東南。

“興國城，《載記》咸康三年，段遼遣從弟屈雲襲皝子遵於興國城。胡三省云，城蓋慕容氏所築。”

同書考前秦平州：“平州，《晋書·地理志》苻堅滅燕之後，分幽州置平州。《載記》堅分幽州置，以石越爲平州刺史，鎮龍城。平州刺史苻冲。苻丕平州刺史王兖、宋敞。領漢郡四、魏郡二。

“昌黎郡，《晋書》堅昌黎太守王緼、宋敞。故領縣五。柳城，有和龍宫。昌黎。棘城。賓徒。徒河。

“遼東郡，《晋書》咸安元年，苻堅伐慕容桓於遼東，滅之。堅遼東太守趙讚。領縣十三。襄平。汶。居就。樂就。安市。西安平。新昌。力城。平郭。險瀆。和陽。武次。西樂。以上三縣前燕立。

“樂浪郡，前秦領縣六。朝鮮。屯有。渾彌。遂城。鏤方。駟望。

“玄菟郡，前秦領縣三。高句麗。望平。高顯。

“帶方郡，前秦領縣七。帶方。列口。南新。長岑。提奚。含資。海冥。

“遼西郡，《晋書》堅遼西太守王琳。領縣四。陽樂。肥如。海陽。令支。”

同書考後燕平州：“平州，《後燕録》燕二年，垂徙平州刺史、帶方太守王佐鎮平郭。《晋書載記》熙平州刺史慕容歸棄城走。凡統郡五。

“昌黎尹，《晋書載記》垂昌黎太守賈彝。盛昌黎尹張順坐謀反誅。昌黎尹留忠亦謀反誅。昌黎尹馮素弗。領縣五。《後燕録》長樂元年，熙遷僕射、中外都督，領昌黎尹。胡三省云，燕都龍城，以昌黎太守爲昌黎尹。凡領縣五。龍城，《晋書載記》垂遣王佐鎮龍城。垂建留臺於龍城，以慕容隆録留臺尚書事。平翰引兵趨龍城，慕容根擊破之。垂以慕容會鎮龍城。寶率騎馳至龍城，會圍之。寶遣高雲擊敗會。《後燕録》永康三年二月，寶發龍城，以撫軍慕輿騰爲前軍，步騎三萬將南伐，次於乙連。長上段速骨、宋赤眉因民之憚遠役，殺司空樂浪王宙。衆既幸亂，投杖奔走。寶馳還龍城，又與長樂王盛等南奔。四月，蘭汗遣弟難率五百騎迎寶，至龍城，汗引寶入於外邸殺之。有新昌殿、承乾殿、逍遥宫、甘露殿、承光殿、承華殿、東堂、東宫、弘光門、端門、公車門、龍騰苑、南苑、白雀園、景雲山、曲光海、清凉池、天河渠、慕容盛墓、慕容熙墓、熙后苻氏墓、北原、燕臺、索莫汗陘、横溝、乙連、韭町。昌黎。棘城。賓徒。徒河，有青山。

"遼東郡，《晋書載記》高句驪寇遼東，垂將慕容佐遣郝景救之，爲所敗，遼東玄菟遂没。慕容農等進伐高句驪，復遼東、玄菟二郡。農以司馬龐淵爲遼東太守。《太平御覽》稱高閭《燕志》光始五年春，慕容燕與苻后征高驪，至遼東，爲衝車馳道以攻之。領縣十三。襄平，《晋書載記》襄平令段登等謀反，伏誅。汶。居就。樂就。安市。西安平。新昌，有盧龍。力城。平郭。險瀆。和陽。武次。西樂。

"樂浪郡，後燕領縣六。朝鮮。屯有。渾彌。遂城。鏤方。駟望。

"玄菟郡，《晋書載記》慕容農進擊高句驪，復遼東、玄菟二郡。領縣三。長樂二年，盛率衆伐高句驪，襲其新城、南蘇二城，皆克之，開境七百餘里。高句驪。望平。高顯。

"帶方郡，《後燕録》燕二年，帶方太守王佐。光始三年，帶方太守劉瓚。領縣七。帶方。列口。南新。長岑。提奚。含資。海冥。

"凡城，《晋書載記》垂遣慕容隆出蠮螉塞，歷凡城，趣龍城。元興三年，燕以衛駒爲并州刺史，鎮凡城。

"新城，《晋書載記》盛伐高句驪，襲新城、南蘇，皆克之。

《方輿紀要》在今遼東金州衛西南。

“南蘇城，案二城本屬高句驪。《方輿勝覽》即今金州衛治。《圖經》稱《十六國春秋》慕容盛伐高句驪，開境七百里，徙七千餘户而還。”

同書考北燕平州：“平州，北燕統郡六。

“昌黎尹，《晋書載記》太元十二年，跋僭稱天王於昌黎。跋昌黎尹孫伯仁。《馮素弗傳》初爲京尹。領縣五。龍城，《晋書載記》跋潜入龍城，匿於北部司馬孫護之室。《北燕録》太興六年五月乙卯，弘率龍城見户東徙，焚燒宫殿，火一旬不絶。北燕《馮跋傳》太平三年，和龍城有赤氣蔽日，自寅至申。太興六年，《太平御覽》稱《北燕録》馮跋太平十五年，龍城地生白毛，長一尺二寸，月餘乃滅。《北史》和龍城生白毛一尺二寸。有東堂、皇堂、東宫、端門、洪光門、太學、長谷、韭町、臨川、馮跋墓、羌胡固。昌黎。棘城。賓徒。徒河。

“遼東郡，《晋書載記》跋遼東太守務銀提。蹂蠕斛律爲其弟大但所逐，盡室奔跋。跋館之於遼東郡。領縣十三。襄平。汶。居就。樂就。安市。西安市。新昌，《北史・高道悦傳》曾祖策，馮跋時封新昌侯。力城。平郭。險瀆。和陽。武次。西次。

“樂浪郡，北燕領縣六。《北史・游明根傳》祖鱓，慕容熙樂浪太守。案傳又言明根父力，馮跋假廣平太守。今考北燕無廣平郡，蓋遥領耳。朝鮮。屯有。渾廱。遂城。鏤方。駟望。

“帶方郡，《魏書》魏將賀多羅攻弘帶方太守慕容玄，元健攻建德，元丕攻冀陽，皆拔之。領縣七。帶方，有猴固。列口。南新。長岑。提奚。含資。海冥。

“玄菟郡，北燕領縣三。高句麗。望平。高顯。

“冀陽郡，北燕領縣二。平剛。柳城。”

[7]并州：古九州之一。西漢武帝十三部刺史之一。治所在晋陽縣（今山西省太原市西南）。東晋僑置并州，治所在今江蘇省南京市。

清畢沅《晋書地理志新補正》:“沅按《通典》并州理晋陽。”

清洪亮吉《東晋疆域志》:“并州,《宋書·劉遵考傳》長安平定,以督并州、司州之北河東、北平陽、北雍州之新平、安定五郡諸軍事,輔國將軍,并州刺史。案此上祇四郡。錢大昕《考異》云,當脱河北一郡也。又案據姚秦《載記》及遵考等傳,則此時司州、并州蓋并鎮蒲坂。”

同書又考證東晋僑州郡縣説:“并州,《元和郡縣志》晋惠帝時,并州之地盡爲劉元海所有,其後劉曜徙都長安,自平陽以東盡入石勒,至苻堅、姚興、赫連勃勃並於河東郡置并州。後苻丕爲慕容垂所迫,奔於晋陽,稱帝一年爲慕容永所滅。又案《晋書》:穆帝升平元年苻堅將張平以并州降,遂以爲并州刺史。平爲苻堅所逼,奔於平陽,堅追敗之。安帝義熙四年,并州刺史劉道憐。《沈志》晋於江左僑立并州,凡統郡可考者二:

“上黨郡,《晋書·謝琰傳》上黨太守張乾碩。案郡後又省爲縣。《沈志》淮陽郡有上黨縣,云流寓郡,併省來配,則郡當僑置在淮陽也。又淮南有上黨郡,《沈志》上黨民過江者僑郡縣寄治蕪湖,後省上黨郡爲縣。縣無考。

“義昌郡,《宋書·劉道憐傳》代諸葛長民爲并州刺史、義昌太守。弟道規亦爲并州刺史、義昌太守。縣無考。”

孔祥軍《晋書地理志校注》:“據《後魏志》:‘并州,漢、晋治晋陽。’則并州治晋陽,在今山西太原市西南。《續漢志》并州所領上郡、五原、雲中,定襄、朔方五郡,據《魏志》卷一《武帝紀》:‘建安二十年……省雲中、定襄、五原、朔方郡,郡置一縣領其民,合以爲新興郡。’又《晋志》:‘魏武定霸……所省者七,上郡、朔方、五原、雲中、定襄、漁陽、廬江。’則朔方、五原、雲中、定襄建安二十年已省,上郡建安末亦省。魏時復置雁門郡。建安二十年置新興郡。後分太原郡置樂平郡。黄初二年後置西河郡,青龍三年復置朔方郡。魏末并州領郡七,其中朔方郡似廢於晋初,領郡六。”

清洪亮吉《十六國疆域志》考前趙并州："并州，《前趙録》嘉平元年聰以石勒督并幽二州諸軍事，領并州刺史。又《載記》聰以劉豐爲并州刺史，鎮晋陽。"

"《晋書·地理志》曜以并州牧鎮蒲坂。《前趙録》光初四年，并州牧安定王策。九年石虎遂攻王騰於并州，執騰殺之。案前趙僅二十七年，方州所統凡經三易，若以淵父子時爲準，則秦凉尚未隸屬，若以曜時爲斷，又無平陽以東。今祇據《晋書·地理志》《前趙録》等於淵、聰、曜三主下，各列所置之州，而州所治之處，則又各分注於諸郡縣下，庶觀者易尋省焉。

"平陽郡，魏置。《晋書·懷帝紀》永嘉二年七月，劉淵寇平陽，太守宋抽奔京師。十月，淵僭帝號於平陽。曜平陽大尹周置降於石勒。《前趙録》淵河瑞元年遷都平陽。《晋書載記》太史令宣于修之言於淵曰：'蒲子崎嶇，非可久安。平陽，唐堯昔都，願陛下上迎乾象，下協坤祥。'於是遷都平陽。李吉甫《元和郡縣志》劉淵僭號稱漢，建都於平陽。凡領縣十一。平陽，劉淵雍州治，有劉淵城、小城、光極殿、建始殿、温明殿、徽光殿、昭德殿、東宫延明殿、南宫、螽斯則百堂、逍遥園、李中堂、東堂、鷁儀樓、崇明觀、上秋閣、武庫、上林、雲龍門、西明門、西陽門、建春門、太廟、堯廟、西平城、單于臺、西山、天井、汾水、劉淵墓、劉和墓、劉聰墓。楊，漢舊縣。端氏，漢舊縣。永安，漢舊縣。郭璞《山海經注》今平陽永安縣有霍山。狐讘，漢舊縣。襄陵，漢舊縣。絳邑，漢舊縣。《前趙録》郭默攻聰河東，至於絳邑。濩澤，漢舊縣。臨汾，漢舊縣。郭璞《山海經注》臨汾縣屬平陽。北屈，漢舊縣。《前趙録》魏穆帝遣普根屯於北屈。皮氏，漢舊縣。郭璞《山海經注》皮氏縣屬平陽。《水經注》稱《晋太康地記》及《地道記》，皮氏縣有介山，子推所逃隱於是。有赤壁。

"大昌郡，《太平寰宇記》稱《十六國春秋》劉淵僭號稱漢，初理於蒲子，後徙平陽，又於此置大昌郡，以縣屬焉。領縣可考者一。蒲子，漢舊縣。《晋書載記》太康中，南部都尉居蒲子。《水經注》稱徐廣《晋紀》元熙四年，劉淵自離石南移蒲子。《元和郡縣志》劉淵僭號稱漢初理於蒲子。《晋書載記》元熙元年，拓跋猗㐌斬淵將綦母豚，淵南走蒲子。嘉平二年，聰以劉操爲征東將軍，鎮蒲子。

“汲郡，魏朝歌郡。《元和郡縣志》晋武帝改朝歌爲汲郡。《前趙録》元熙四年淵侵汲郡，略有頓丘、河内之地。光初十三年曜分遣諸將攻討汲郡、河内諸郡。凡領縣六。汲，漢舊縣。有衛關、北山。朝歌，漢舊縣。《水經注》稱《晋地道記》朝歌城本沬邑也。有延津。共，漢舊縣。有重門城。隆慮，漢舊縣。郭璞《山海經注》今淇水出汲郡隆慮縣大號山東，洹水亦出縣東北。陳藏器《本草》稱王隱《晋書》庾衮入隆慮山，食木實，餌石蘂，得長年也。《太平御覽》稱王隱《晋書》又云，衮保於大頭山而田其下。案大頭山即大號山，以字近而誤。有大號山。獲嘉，漢舊縣。修武，漢舊縣。周名之曰南陽。《水經注》稱徐廣、王隱並言秦始皇改爲修武。有陽鄉。

“河内郡，漢置。《前趙録》趙固與郭默攻略河内汲郡。《晋書載記》石生攻劉曜河内太守尹平於新安，斬之，克壁壘十餘。凡領縣十。野王，漢舊縣。《元和郡縣志》晋移郡理野王。《前趙録》光初十三年，石勒野王降曜。州，漢舊縣。懷，漢舊縣。劉聰殷州治。《晋書載記》河瑞二年，聰使劉曜等圍河内太守裴整於懷，河内人執整以降。嘉平二年，聰遣劉參攻郭默於懷城。四年，曜復攻默於懷城。平皋，漢舊縣。河陽，漢舊縣。《水經注》稱《晋太康志》《地道記》曰，河陽別縣，非温邑也。《前趙録》聰將劉勛追耿稚至河陽。沁水，漢舊縣。軹，漢舊縣。有軹關。山陽，漢舊縣。魏收《地形志》二漢有，屬河内，後屬汲郡。武德，漢舊縣。温，漢舊縣。有孝敬里。

“頓丘郡，晋泰始二年置。《水經注》郎山内有郎山君碑，事具其文。徐水又逕郎山君中子觸鋒將軍廟南，廟前有碑。晋惠帝永康元年八月十四日壬寅，發詔錫君法祠。劉曜光初七年，前頓丘太守郎宣、北平太守陽平邑振等共修舊碑，刻石樹頌焉。領縣四。頓丘，漢舊縣。繁陽，漢舊縣。陰安，漢舊縣。衛，漢舊縣。

“魏郡，漢置。《晋書載記》王彌與石勒攻魏郡、汲郡、頓丘，陷五十餘壁。《後趙録》聰以石虎爲魏郡太守，鎮鄴三臺，領縣八。鄴，漢舊縣。晋避懷帝諱改鄴爲臨漳縣。《晋書載記》王彌與石勒攻鄴，晋安北將軍和郁棄城走。《藝文類聚》稱王隱《晋書》高堂隆刻鄴宫屋材云，後若干年當有天子居此宫。惠帝止鄴宫，治屋者土剥更泥，始見刻字，計年正合。有梁期城、鳴鵠園、葡萄園、華林園、銅雀臺、織室臺、長壽里、吉陽里、永平里、思忠里、玄武苑。長樂，漢舊縣。郭璞《山海經注》洹水出汲郡隆慮縣，至魏郡長樂入清水。魏，漢舊縣。斥丘，漢舊縣。安陽，漢舊縣。《沈志》稱《晋太康地志》有。蕩陰，漢舊縣。有蕩水。内黄，漢舊縣。《晋書載記》淵遣劉賢等東屯内黄。黎陽，漢舊縣。《晋書・懷帝紀》永嘉三年，劉淵以滅晋大將軍劉景爲大都督，將兵攻黎陽，克之。又敗王堆於延澤。

“太原郡，秦置。《晋書載記》嘉平二年，聰遣靳、冲寇太原，遂圍晋陽。領縣十三。晋陽，漢舊縣。劉聰并州治。《晋書載記》太原太守高喬、并州别駕郝聿以晋陽降粲。曜入晋陽，聰以劉豐爲并州刺史，鎮晋陽。有晋陽城、龍山、牢山、蒙山、汾水、洞過水、藍谷、武灌、風伯雨師祠。陽曲，漢舊縣。郭璞《山海經注》晋陽、陽曲縣皆屬太原。有陽曲護軍。榆次，漢舊縣，有鵝城。于離，漢舊縣。盂，漢舊縣。狼盂，漢舊縣。《晋書載記》猗盧率衆六萬至於狼盂。楊邑，漢舊縣。大陵，漢舊縣。《晋書載記》太康中，中部都尉居大陵。《前趙録》元熙元年，晋東瀛公騰遣將軍聶玄擊淵，戰於大陵，玄軍敗績。祁，漢舊縣。《晋書載記》太康中右部都尉居祁。平陶，漢舊縣。有大干城。京陵，漢舊縣。中都，漢舊縣。《晋書》永興初劉淵遣將寇太原，取中都。鄔，漢舊縣。

“上黨郡，秦置。《晋書載記》拓跋猗㐌等合兵擊淵於西河上黨，大破之。建元元年曜進攻上黨。《劉琨傳》上黨太守龔醇率衆降聰。案《通鑑注》稱《十六國春秋》作劉惇，《晋書帝紀》作龐淳，今從《劉琨傳》。領縣十。潞，漢舊縣。有黄阜山、三垂山。屯留，漢舊縣。《前趙録》聰破屯留、長子。壺關，漢舊縣。《晋書載記》劉聰、王彌共攻上黨，圍壺關，上黨太守以壺關降。有黎亭、封田、西凋。長子，漢舊縣。郭璞《山海經注》發鳩山今在上黨郡長子縣西。泫氏，漢舊縣。《晋書載記》元熙元年，淵遣建武將軍曜寇太原、泫氏、屯留、長子、中都皆陷之。有長平故城、髑髏山。高都，漢舊縣。《水經注》稱《晋書地道記》高都縣有太行關。《晋書·王彌傳》東海王越遣王曠等討彌，與戰於高都長平間，大敗之。有司馬山。銅鞮，漢舊縣。《太平御覽》稱《晋太康地記》銅鞮，故晋大夫羊舌赤邑，時號赤爲銅鞮伯華。漢以爲縣。涅，漢舊縣。郭璞《山海經注》謁戾山在今上黨郡涅縣。襄垣，漢舊縣。《晋書載記》曜敗劉琨之衆於襄垣。有安民城。武鄉，《元和郡縣志》晋分涅縣置。

"西河國，漢置。《元和郡縣志》西河國，晋惠帝時爲劉淵所攻破。郡遂廢。領縣四。離石，漢舊縣。劉淵幽州治。《水經注》稱《前趙記》惠帝以劉淵爲離石都尉，故淵起事於此。《前趙録》元熙元年，淵以劉宏等守離石。嘉平二年，聰以劉悝爲征南將軍，鎮離石。有盧城、汾城、左國城。隰城，漢舊縣。《太平寰宇記》稱《地道記》晋改兹氏爲隰城。《晋書載記》太康中改置都尉左部，居太原。兹氏，有八門城。中陽，漢舊縣。《水經注》稱《太康地記》西河有中陽城，舊縣也。《晋地道記》同。《元和郡縣志》永嘉後省入隰城。介休，漢舊縣。《太平寰宇記》晋省穀遠縣入界休。《太平御覽》稱《晋地道記》穀遠今名孤遠，後代語訛耳。《晋書·賈渾傳》太安中爲介休令。《載記》元熙元年，淵遣將軍喬晞攻西河，取介休。有左部城。

"樂平郡，漢置。前趙領縣五。沾，漢舊縣。郭璞《山海經注》少山今在樂平郡沾縣，故屬上黨。《水經注》稱《晋太康地記》樂平縣本名沾，漢之故縣。上艾，漢舊縣。壽陽，《水經注》

稱《晋太康地記》樂平郡有受陽縣。《元和郡縣志》壽陽本太原郡榆次縣地，西晋分置受陽縣，至永嘉後復省。今從《晋地理志》作壽陽。有壽陽山。轑陽，漢陽阿縣。《太平寰宇記》晋始改今名。樂平，漢舊縣，與郡同立。

"新興郡，魏置。《太平寰宇記》晋末爲劉淵之地。《晋書》太康中，北部都尉居新興。《劉琨傳》邢延以新興附漢。凡領縣五，護軍一。九原，漢舊縣。《史記索隱》稱《晋太康地志》秦塞自五原北九里謂之造陽，東行終利賁山南漢陽西是也。《太平寰宇記》稱《晋太康地記》造陽在五原塞北九里。《晋書》咸寧二年，白龍二見九原井中，有秀容故城、管涔山、五臺山。定襄，漢舊郡。雲中，漢舊郡。《太平御覽》稱《晋太康地志》自北地郡北行九百里，五原塞即此地也。漢光禄徐自爲出五原塞數百里，築城障列亭至廬朐山，即今縣北光禄塞是也。廣牧，漢舊縣。晋昌，《晋書·地理志》惠帝改新興爲晋昌郡。案縣或此時所立。秀容護軍，《水經注》汾水下稱魏《土地記》曰，秀容胡人徙居之，立秀容護軍。治東去汾水六十里。

"鉅鹿郡，漢置。《前趙録》張實仕聰爲鉅鹿太守。領縣二。廮陶，漢舊縣。鉅鹿，漢舊縣。

"長樂國，漢安平國。《水經注》長樂，故信都也，太康五年改從今名。《晋書·安平王孚傳》太康五年改安平爲長樂國。《晋書·蔡豹傳》父宏，爲長樂太守。前趙領縣可考者一。廣宗，漢舊縣。《前趙録》以劉靈爲冀州刺史。屯廣宗。《晋書·懷帝紀》永嘉四年四月，將軍祁宏破劉淵將劉靈曜於廣宗，殺之。

"齊郡，秦置。《晋書載記》建元元年，青州刺史曹嶷攻汶陽關、公丘，陷之，殺齊郡太守徐浮。齊魯之間郡縣壁壘降者四十餘所。領縣六。臨淄，漢舊縣。《前趙録》曹嶷略地西下祝阿、平陰，自鎮臨淄。西安，漢舊縣。東安平，漢舊縣。廣饒，漢舊縣。昌國，漢舊縣。益都，《沈志》魏立，有廣固城。

"濟南郡，漢置。前趙領縣可考者一。祝阿，漢舊縣。《載記》

曹嶷遂略地，西下祝阿、平陰。案平陰此時非縣，當屬盧縣界之平陰城耳。

“東萊國，漢置。《晋書載記》石虎討曹嶷，進圍廣固。東萊太守劉巴、長廣太守吕披皆以郡降。領縣六。掖，漢舊縣。當利，漢舊縣。盧鄉，漢舊縣。曲城，漢舊縣。黄，漢舊縣。㢭，漢舊縣。

“東平國，漢置。《晋書·王彌傳》曹嶷克東平，進攻琅邪。領縣七。寧陽故縣有汶陽關、公丘城。須昌，漢舊縣。《沈志》稱《晋太康地志》須昌縣屬東平國。壽張，漢舊縣。范，漢舊縣。無鹽，漢舊縣。富城，漢舊縣。東平陸，漢舊縣。剛父，漢舊縣。案《地形志》漢剛縣，晋曰剛平，與《晋書·地理志》同。杜預《左傳》注又作東平剛父，未知誰是。

“河南郡，漢志。《晋書·愍帝紀》建興二年九月，劉聰寇河南，河南尹張髦死之。《晋書載記》石勒遣司州刺史石生攻寇河南，太守尹平死之。領縣十二。新鄭故縣有韓王故壘。洛陽，漢舊縣。劉聰荆州治。《晋書·懷帝紀》永嘉二年，淵永鳳元年，王彌寇洛陽，司徒王衍帥衆禦之，彌退走。五年，淵河瑞元年，劉曜、王彌、石勒同寇洛川，王師頻爲賊所敗，死者甚衆，劉曜、王彌入洛陽。光初二年，曜遣將宋始等屯洛陽，後叛降石勒。曜以劉岳鎮洛陽，尋移屯澠池。石勒遣石生馳應始等，岳乃班師鎮陝城，洛陽遂空。《成帝紀》咸和三年八月，劉岳圍石生於洛陽。十二月，石勒敗劉曜於洛陽，獲之。《載記》麟嘉二年，聰將趙固以洛陽歸順。《前趙録》光初九年，曜遣劉岳攻石生於洛陽。有太極殿、南宫、華林園、武庫、宣陽門、西明門、大夏門、上東門、廣陽門、平昌門、東陽門、廣莫門、西陽門、津陽門、建春門、端門、社門、瓶壘、劉曜壘、張方故壘、試弩棚、厘城、陽鄉、洛水、盟津、七里澗、北苑市。河南，漢舊縣。案從此縣下前後序次皆從《晋地理志》與《東晋疆域》，以晋末爲據者不同。他皆可類推。有金墉城、千金堤、石梁、金谷。鞏，漢舊縣。《晋書載記》劉曜圍洛陽，勒趨救之，自成皋詭道出鞏、訾之間。有小平津。河陰，漢舊縣。《晉書·李矩傳》曜遣從弟岳軍於河陰，欲與矩謀石生。新安，漢舊縣。《晉書·明帝紀》太寧三年六月，石勒將石虎攻劉曜將劉岳於新安，陷之。有八特阪。成皋，漢舊縣。《史記正義》稱《晉太康地志》秦建敖倉於成皋。《文選》李善注稱《晉地道記》濟自大伾入河，與河水鬥。大伾在成皋。《晉書載記》建元元年，李矩遣李平師於成皋，曜覆而滅之。有虎牢、黄馬關、成皋關。緱氏，漢舊縣，郭璞《山海經注》緱氏縣屬河南，有轘轅。陽城，漢舊縣。郭璞《山海經注》今潁水出河南陽城縣陽乾山。《太平御覽》稱《晉太康記》曰河南陽城縣是爲土中，夏至之景尺有五寸，所以爲候。有嵩高山、陽城山。新城，漢舊縣。陸渾，漢舊縣。梁，漢舊縣。郭璞《山海經注》汝水東北至河南梁縣。陽翟，漢舊縣。《晉書·王彌傳》彌進屯陽翟。有禹山。

“河東郡，秦置。《晉書載記》永鳳元年，淵進據河東，攻寇蒲坂、平陽，皆陷之。淵遂入都蒲子，河東平陽屬縣壁壘盡降。趙固與河内太守郭默攻聰河東，至絳邑。又石勒遣將石虎率衆二萬出軹關來攻河東，應之者二五十餘縣。領縣八。安邑，漢舊縣。《太平御覽》稱《晉太康地記》曰安邑有鹽都尉，别領兵五千。《太平寰宇記》稱《晉太康地記》曰舜受禪安邑。或云蒲阪。聞喜，漢舊縣。郭璞《山海經注》今河東聞喜東北有乾河口。有高候原。垣，漢舊縣。郭璞《山海經注》王屋山今在河東垣縣。有三渚。大陽，漢舊縣。《水經注》有虞原。《太康地志》所謂北虞也。《晉書》永嘉二年，以劉淵據蒲子，遣將軍曹武屯大陽以備之。《載記》劉粲等攻洛陽，石勒率騎二萬會粲於大陽。河瑞元年呼延翼爲部下所殺，衆自大陽遁歸。光初十三年，曜濟自大陽，攻石生於金鏞。猗氏，漢舊縣，劉聰冀州治。郭璞《山海經注》鹽販澤今在河東猗氏縣。《太平寰宇記》西晋恭帝二年改猗氏爲桑泉縣。解，漢舊縣。蒲坂，漢舊縣。劉曜并州治。嘉平三年劉曜等寇長安，進屯蒲坂。光初十二年，《晉成帝紀》咸和三年，石勒將石虎攻劉曜於蒲坂。《沈志》稱《晋太康地志》蒲阪屬河東。《水經注》稱《晋太康地記》《晋地道記》首山在蒲坂，與胡縣相連。又稱《晋太康地記》曰晋文公臣介之推從文公逃難反國，賞不及，怨而匿此山。文公求之推不出，乃封三百里之地，又號爲界山。案樂史稱杜預注，介山在西河介休縣，言在此非也。有汾陰故城。河北，漢舊縣。

"弘農郡，漢置。《前趙録》弘農太守呼延謨。領縣六。弘農，漢舊縣。湖，漢舊縣。陜，漢舊縣。《晋書載記》劉岳班師鎮陜城。宜陽，漢舊縣。《晋書載記》淵使告宣等招集五部引會宜陽。永嘉三年十月，聰等至宜陽。嘉平元年，聰遣呼延晏自宜陽入洛陽。有一合塢。黽池，漢舊縣。《晋書載記》劉岳等移屯黽池。曜自金谷退屯黽池。華陰，漢舊縣。有潼關、渭汭。

"滎陽郡，泰始二年置。《前趙録》建元元年曜進攻李矩於滎陽。《晋書載記》李矩聞劉岳敗，自滎陽逃歸，矩長使崔宣率衆降於勒。領縣八。滎陽，漢舊縣。有韓王故壘。京，漢舊縣。密，漢舊縣。卷，漢舊縣。陽武，漢舊縣。苑陵，漢舊縣。中牟，漢舊縣。開封，漢舊縣。

"京兆郡，漢置。前趙領縣九。長安，漢舊縣。劉曜雍州治。《前趙録》聰嘉平元年，聰遣趙染攻司馬模於長安。模降，聰以劉曜爲雍州牧，鎮長安。二年，曜爲麴特所敗，退奔平陽。麟嘉元年七月，大司馬曜攻陷長安外城。九月，愍帝奉箋降。以大司馬曜假黄鉞、大都督陜西諸軍事。三年七月，以曜爲丞相，領雍州牧。曜光初二年四月徙都長安。有外城、小城、光世殿、紫光殿、建德殿、故未央殿、晋太極殿、西宫、東堂、東明閣、西華閣、紫闥閣、西明門、南北郊、太學、小學、靈臺、凌霄臺、射雁樓、酆明觀、逍遥園、酆水囿、遮馬橋、阿城、終南山、鎬池、豆田壁、龍尾。杜陵，漢舊縣。霸城，漢霸陵縣。《沈志》稱《太康地記》京兆郡有霸城縣。劉昭注補稱《晋書地道記》枳道亭在霸水西。藍田，漢舊縣。《長安志》稱《晋太康地記》曰藍田出美玉，故名藍田。劉昭注稱《晉書地道記》藍田有虎侯山。《水經注》稱《地道記》又云藍田關當上洛縣西北。有藍田關。高陸，漢高陵縣。《水經注》稱《晉太康地記》謂之高陸也。萬年，漢舊縣。《晉書·地理志》故櫟陽。《史記索隱》稱《晉太康地志》畦時在櫟陽故城内，其時若畦，故曰畦時。有渭橋。新豐，漢舊縣。《晉書載記》嘉平元年，杜人王禿、紀持及麴特等擊劉粲於新豐。四年，趙染進屯新豐。有倒虎山。陰般，漢舊縣。郭璞《山海經注》今温水在京兆陰般縣。鄭，漢舊縣。《水經注》稱《晉書地道記》西鄭，鄭桓公友之始封。有高平亭。

"馮翊郡，漢置。《晉書載記》曜、染復與將軍殷凱率衆數向長安，麴允逆戰於馮翊。建元元年曜進次馮翊，太守梁肅奔萬年。領縣八、護軍一。大荔，漢臨晉縣。《元和郡縣志》晉武帝改臨晉爲大荔。下邽，漢舊縣。《晉書載記》趙染長驅至下邽。重泉，漢舊縣。頻陽，漢舊縣。撫夷護軍，《元和郡縣志》本漢雲陽縣，魏司馬懿撫慰關中，廢縣置撫夷護軍，劉、石、苻、姚因之。有黄丘。粟邑，漢舊縣。《晉書載記》劉曜爲麴允所敗，退入粟邑。建元元年曜進軍屯於粟邑。有劉曜父墓、劉曜母墓、曜妻羊氏墓。蓮勺，漢舊縣。《太平寰宇記》稱《晉書地道記》蓮勺縣屬馮翊。郃陽，漢舊縣。夏陽，漢舊縣。有龍門山。

"扶風郡，漢置。前趙領縣八。有故虢縣。《圖經》稱《太康記》虢叔之國，平王東遷，自此之上陽爲南虢。池陽，漢舊縣。《載記》嘉平元年曜攻陷池陽，略萬餘人歸長安。劉昭注稱《晉書地道記》池陽有巀嶭山，在北有鬼谷先生所居。案《沈志》稱《太康地志》云池陽縣屬京兆郡，與《長安志》稱《太康地記》屬扶風不同。疑《長安志》縮印誤也。有黄白城、渭城、單于臺、六陌、仲橋。郿，漢舊縣。《太平寰宇記》稱《晉書地道記》郁夷省併郿，蓋因王莽之亂，郁夷之人寄理郿界，因併於郡。又云省嫠以併郿，蓋取嫠之南境、渭之南以併郿，非省縣也。有太白山。好時，漢舊縣。後漢省。《長安志》晉元康中復於舊縣東南二里置好時縣。有梁山。雍，漢舊縣。《水經注》稱《晋書地道記》以爲西虢地也。《太康地記》曰虢叔之國矣。《晋書載記》晋閻鼎等奉秦王業爲皇太子，入於雍城。光初二年，曜自率兵攻楊曼，行次雍城。三年，曜遣游子遠屯雍城。汧，漢舊縣。《太平寰宇記》稱《晋太康地志》汧縣有蒲谷鄉弦中谷，乃雍州之弦蒲也。又稱《晋書地道志》汧縣屬秦國。漢故城在今縣南，漢置隴關，西當戎狄。今名大震關，在今縣西。前趙《載記》光初四年，陳安使其將劉烈、趙罕襲汧城，拔之。陳倉，漢舊縣。《沈志》稱《晋太康地志》陳倉縣屬秦國。《史記正義》稱《晋太康地志》秦文公時，陳倉人獵得獸若彘，不知名，牽以獻之。逢二童了曰：此名爲媦，常在地中食死人腦。即欲殺之，拍捶其首。媦亦語曰：二童子名陳寶，得雄者王，得雌者霸。陳倉人乃逐，二童子化爲雌雄，上陳倉北阪爲石。秦祠之。《晋書載記》南陽王保使其將楊曼、王連據陳倉。曜遣劉雅等攻楊曼於陳倉，不克。曜自雍城攻陳倉。美陽，漢舊縣。郭璞《山海經注》岐山今在扶風美陽縣西。盩厔，漢舊縣。《元和郡縣志》後漢省，晋武帝時復立。案《晋書・地理志》扶風無盩厔縣。蓋武帝後又廢。《地形志》盩厔、好畤皆晋罷後復，則廢後又復立也。有興國觀。

"始平郡，晋泰始二年置。前趙領縣五。槐里，漢舊縣。《水經注》晋太康中始平郡治槐里。《晋書載記》焦崧救長安，屯渭北不進，遂還槐里。始平，漢舊縣。《沈志》稱《晋太康地志》始平郡有始平縣。武功，漢舊縣。《沈志》稱《太康地志》屬始平郡。有太白山。鄠，漢舊縣。《沈志》稱《太康地志》屬始平郡。《長安志》稱《晋地道記》司竹都尉治鄠縣，其園周百里以供國。蒯城，《圖經》稱顧野王《輿地志》縣故陳倉之故鄉聚名也。晋武帝咸寧四年分陳倉立縣，屬始平郡。

"新平郡，漢置。《晋書載記》劉粲使劉雅、趙染攻新平，不克。索綝救新平，大小百戰，雅等敗退。領縣二。漆，漢舊縣。劉昭注稱《晋書地道記》漆水在漆縣西。汾邑，漢舊縣。案'汾'

宜作‘郃’。

“安定郡，漢置。《太平寰宇記》稱《晋太康地志》安定郡領臨涇、朝那、烏氏、鶉觚、陰密、西川六縣。《晋書·地理志》又有都盧縣，領縣八。《晋書載記》安定太守賈疋與諸氐羌皆送任子於聰。安定太守焦崧爲曜所滅。光初二年曜進陷安定。三年遊子遠進軍安定。有麥田。臨徑，漢舊縣。高平，漢舊縣，曜朔州治。《地形志》晋罷後復屬。朝那，漢舊縣。郭璞《山海經注》今涇水出安定朝那縣西笄頭山。烏氏，漢舊縣。劉昭注稱《晋書地道記》烏枝有烏水，出薄落谷。都盧，漢舊縣。鶉觚，漢舊縣。陰密，漢舊縣。《晋書載記》光初二年曜進拔陰密。三年游子遠進攻白氐宗黨五千餘家於陰密，滅之。有草壁、松多川。西川，魏舊縣。《太平寰宇記》稱《太康地記》西川屬安定郡。

“北地郡，漢置。劉曜幽州治。《晋書·愍帝紀》建興四年七月，劉曜攻北地，麴允帥步騎三萬救之，王師不戰而潰。《載記》嘉平四年趙染寇北地。建元元年元年曜自粟邑攻北地。麟嘉元年，曜逼長安，復寇北地。北地太守麴昌敗赴長安，北地遂陷。領縣三。有蟠石谷。泥陽，漢舊縣。漢末寄治於祋祤，故《元和郡縣志》華原縣東南十七里有泥陽故縣也。富平漢舊縣。《載記》曜次於富平，爲劉岳聲援。《太平寰宇記》晋又移縣於今富平縣西南懷德城。有靈武。靈州，《宋書·傅弘之傳》晋武帝太康三年復立靈州縣。

“隴西郡，秦置。《載記》光初四年，隴西太守梁勛降曜。前趙領縣四，護軍一。有大夏故縣。《水經注》稱《晋書地道記》有禹廟，禹所出也。案《前趙録》胤自上邽趨長安，隴東、武都等郡皆起兵應胤。則其時又有隴東郡，今詳見後趙。襄武，漢舊縣。首陽，漢舊縣。郭璞《山海經注》鳥鼠同穴，山今在隴西首陽縣西南。《藝文類聚》稱《晋太康地記》曰鳥鼠山在隴西首陽縣西南，鼠尾短，形如家鼠，入山四尺，鼠在内，鳥在外，爲牝牡。劉昭注稱《晋書地道記》首陽有三危山，三苗所處。臨洮，漢舊縣。《前趙録》光初七年，臨洮人翟凱等逐令長以應曜。有洮水。狄道，漢舊縣。《元和郡縣志》晋改爲武始縣。《地形志》晋分隴西郡置武始郡，縣屬焉。《太平寰宇記》隴西郡，晋惠帝時改爲武始郡，以狄道爲降狄道。案此則李吉甫云，改誤。有桑城。枹罕護軍，《元和郡縣志》晋惠帝於漢抱罕故縣立。《前趙録》張春奔枹罕。《晋書載記》咸和二年劉曜使其子胤侵抱罕，遂略河南地。

“南安郡，漢置。《晋書載記》光初四年，曜復討南陽王保部將楊韜於南安，韜懼，與隴西太守梁勛來降。陳安攻曜將劉貢於南安，安留姜充兒等守隴城。姜充兒以隴城降曜。領縣三。有祁山、桑壁、南安峽。豲道，漢舊縣。新興，漢舊縣。《水經注》稱《晋書地道記》新興縣，南安之屬縣也。中陶，漢舊縣。《沈志》稱《晋太康地志》南安郡有中陶縣。

“天水郡，漢置《前趙録》光初九年胤拜大單于，徙封南陽王，以漢陽諸郡十三爲國。領縣六。案《元和郡縣志》又云，武帝泰始元年，又立秦川郡，與秦州同理。今考晋無秦川郡，李吉甫誤。上邽，漢舊縣，劉曜秦涼二州治。《太平寰宇記》稱《晋太康地志》上邽屬天水郡。《太平御覽》稱《晋書地道記》漢陽有大阪，名隴坻。亦曰隴山，郡處其西，故曰隴西。其山摧旁崩，聲聞數百里，揚雄所謂響若坻頽是也。《晋書載記》光初七年，曜别遣兵圍上邽，别將宋亭斬趙募以上邽降曜。十三年，晋咸和四年，曜太子毗與其大司馬劉胤帥百官奔上邽，石虎進屠上邽，盡滅劉氏。有瓜田、張春故壘。冀，漢舊縣。《前趙録》光初七年曜遣將攻韓璞於冀城。始昌，漢舊縣。《水經注》漾水下始昌峡，在天水始昌縣故城西。新陽，漢舊縣。《晋書·張寔傳》寔遣金城太守竇濤救上邽，軍至新陽。顯新，漢舊縣。《沈志》稱《晋太康地記》天水郡有顯新縣。成紀，漢舊縣。

“略陽郡，魏廣魏郡。晋泰始中更名。《沈志》稱《晋太康地志》略陽屬天水郡，前趙領縣六。臨渭，漢舊縣。平襄，漢舊縣。《晋書載記》劉幹攻平襄，克之，隴上諸縣悉降。略陽，漢舊縣。

《沈志》稱《晋太康地志》略陽縣屬略陽郡。清水，漢舊縣。《沈志》稱《晋太康地志》清水縣屬略陽郡。緜諸，漢舊縣。《地形志》後漢、晋罷，後復，屬略陽。《晋書載記》陳安退保緜諸。隴城，漢舊縣。《地形志》晋罷後復，屬略陽。《晋書・明帝紀》太寧元年七月，劉曜攻陳安於隴城，滅之。

"武都郡，漢置。《太平寰宇記》愍帝末，劉曜入長安，氐羌相率降服。其後有氐豪楊茂搜，勇健，爲群氐所推王於五都之地。領縣五。下辯，漢舊縣。《晋書載記》楊難敵號左賢王，屯下辯；堅頭號右賢王，屯河池。河池，漢舊縣。劉昭注稱《晋書地道記》河池，有泉街水。《華陽國志》河池一名仇池。《晋書載記》曜親征楊難敵，難敵退保仇池。曜進攻仇池。光初七年，曜以田崧爲益州刺史，鎮仇池。難敵自漢中還襲仇池，克之，殺田崧。十二年，劉朗襲難敵於仇池，勿克。沮，漢舊縣。郭璞《山海經注》案《水經》漢水出武都沮縣。武都，漢舊縣。故道，漢舊縣。

"上郡，案郡漢末已廢，蓋西晋末復立，並寄治三輔也。《前趙録》建元元年，曜進攻上郡，上郡太守張禹奔於允吾。案允吾縣，漢末省，或亦西晋末立。麟嘉元年曜復寇上郡，上郡太守韋藉率衆奔南鄭。曜又自北地轉寇上郡。光初九年，石勒將石他自雁門出上郡，襲安國將軍北羌王盆句除。縣無考。"

同書考後趙并州："并州，《藝文類聚》稱《太康地記》曰并州不以衛水爲號，又不以恒山爲名，而云并者，蓋以其在兩谷之間乎！韓魏趙謂之三晋，即并冀二州是其地也。《晋書・地理志》劉曜徙都長安，平陽以東地入石勒。自惠懷之間，離石縣荒廢，勒於其處置永石郡，又别置武鄉郡。《載記》劉聰以石勒爲并州刺史。建興四年，劉琨長史李弘以并州降勒。趙王七年，勒西夷中郎將王勝襲殺并州刺史崔琨。上黨内史王昚以并州叛降於曜。石虎攻王勝於并州，殺之。石虎建武元年七月，河朔大蝗，并冀青雍四州尤甚。永和七年，冉閔并州刺史張平遣使降秦。《水經注・沽河下》趙建武中并州刺史王霸。凡領舊郡五、增置郡二。

“太原國，後趙領縣十三。晋陽，永和七年劉寧及弟崇帥胡騎三千奔於晋陽。陽曲，《晋書》建興四年，勒分徙陽曲、樂平户於襄國，置守宰而遺。榆次。于離。盂。狼盂。陽邑。大陵。祁。平陶。京陵。中都。鄔。

“上黨郡，後趙領縣八。潞，有孟門山。屯留。壺關，《載記》劉琨遣護軍黄秀等救壺關，勒敗秀於白田，遂陷壺亂。長子。泫氏，有石勒陵。高都。銅鞮，《史記集解》稱《晋太康地記》云銅鞮，晋大夫羊舌赤之邑。襄垣，有石勒城。

“武鄉郡，《晋書》太興元年，石勒分上黨樂平郡置。石虎建武三年，武鄉長城徒人韓强獲玄玉璽，獻於鄴。八年，武鄉送雄虎變爲雌。凡領縣三。武鄉，《元和郡縣志》晋分涅縣立，先屬樂平郡，石氏移屬於榆杜縣下。又云晋於涅縣西北三十五里置武鄉縣，屬上黨郡。石勒時改屬武鄉郡。今案《晋書》石勒，上黨武鄉人，則武鄉先屬上黨爲是也。又云縣城石勒時築。有北原、漚麻池、石公泉。沾，郭璞《山海經注》少山今在樂平郡沾縣，沾縣故屬上黨。《晋書》建興四年，勒攻樂平太守韓據於沾城，韓據棄城奔劉琨。涅。

“永石郡，《晋書》石勒於離石置永石郡。案《太平御覽》稱《後趙録》太和二年，秦隴悉平，遂置永石郡於西河國。《元和郡縣志》西河國晋惠帝時爲劉元海所攻破，郡遂廢。是後趙有永石郡，無西河國也。凡領縣四。離石，《晋書》趙王二年，勒遣石虎討鮮卑鬱粥於離石。鬱粥奔烏丸，悉降其衆城。隰城。中陽。介休，有介山。

“雁門郡，秦置。《晋書》石勒趙王七年，北羌王盆句除附於劉曜。勒將石他自雁門出上郡襲之。建武五年，石虎使征北張舉自雁門討索頭郁菊，克之。凡領縣七。有鹵城故縣。郭璞《山海經注》今滹沱水出雁門鹵城縣南武夫山。廣武，漢舊縣。《沈志》稱《晋太康地志》屬雁門。有三城、句注陘。崞，漢舊縣。㶟陶，漢舊縣。《太平寰宇記》漢末荒廢，晋初又置。平城，漢舊縣。《元和郡縣志》晋亂，劉琨表猗盧爲代王，都平城。葰人，漢舊縣。繁峙，漢舊縣。《太平寰宇記》漢末荒廢，晋又置。原平，漢舊縣。馬邑，漢舊縣。《太平御覽》稱《晋太康地記》秦時建，此城輒崩不城。有馬周旋馳走反復。父老異之，因依以築城，遂爲馬邑。《元和郡縣志》晋亂，其地爲猗盧所據，劉琨表盧爲大單于，封代公，徙馬邑，晋末又廢。

"新興郡，《晋書》趙國二十四郡内有定襄郡，無新興郡，疑後所改，俟考。九原。定襄，案趙王元年，群臣請以二十四郡爲趙國，内有定襄郡。據此則郡或劉石時所立也。雲中。廣牧，漢舊縣。《晋書》劉琨遣將姬澹討勒，自次於廣牧，爲澹聲援。晋昌。

"樂平郡，《晋書》永嘉元年，勒爲冀州刺史丁紹所敗，奔於樂平。建興四年，勒征樂平，南和令趙領復合廣川、平原、勃海、河間數千户奔於邵續。凡領縣四。上艾。壽陽，《太平寰宇記》稱《後魏風土記》晋末，山戎内侵，徙壽陽之民於大陵城南，置壽陽縣，屬太原郡。轑陽，有五指山。樂平。"

同書考前燕并州："并州，《晋書》張平跨由新興、雁門、西和、太原、上黨、上郡之地，儁遣慕容評等討之。并州壁壘降者百餘所，以悦綰爲并州刺史撫之。平所署征西諸葛驤等率壁壘百三十八降於儁。暐以孫希爲并州刺史。又并州刺史皇甫真。《苻堅載記》王猛克晋陽，執燕并州刺史慕容莊。今考凡得舊郡七，石趙新置郡一。

"太原國，前秦領縣十三。晋陽，《晋書》暐左丞申紹疏請重晋陽之戍。太和五年，苻堅將王猛、楊安攻晋陽，克之。陽曲。榆次。于離。盂。狼孟。陽邑。大陵。祁。平陶。京陵。中都。鄔。

"上黨郡，《晋書》升平二年，慕容恪進據上黨。冠軍將軍馮鴦以衆叛歸慕容儁。儁盡陷河北之地。太和五年，苻堅將王猛伐慕容暐，陷上黨，執太守慕容越。凡領縣八。壺關，《地形志》慕容儁上黨郡治安民城，後遷壺關城。《前燕録》建熙十一年，王猛克壺關。襄垣，有安民城。潞，有潞川、渭源。屯留。長子。泫氏。

高都。銅鞮。

“武鄉郡，前燕領縣三。武鄉。沾。涅。

“西河國，案石趙有永石郡，無西河國。今考《慕容儁載記》，張平跨有新興、雁門、西和、太原、上黨、上郡之地，後皆降於儁。疑永石衹石趙時郡名，後仍復爲西河國也。凡領縣四。離石。隰城。中陽。介休。

“樂平郡，前燕領縣四。上艾。壽陽。轑陽。樂平。

“雁門郡，前燕領縣八。《前燕録》建熙二年，張平叛攻雁門，殺太守單男，領縣八。廣武，有句注山。崞。汪陶。平城。葰人。繁畤。原平。馬邑。

“新興郡，前燕領縣五。九原。安襄。雲中，《晋書》慕容垕以幽州兵戍雲中。什翼犍攻之，垕棄城走。廣牧。晋昌。

“上郡，案張平所據六郡内有上郡。領縣四。陽周，漢舊縣。《地形志》前漢屬上郡，後漢、晋罷後復屬。獨樂，漢舊縣。《地形志》前漢屬上郡，後漢、晋罷後復屬。襄樂，漢舊縣。《地形志》前漢屬上郡，後漢、晋罷後復屬。膚施，漢舊縣。《地形志》漢屬上郡，晋罷後復屬。”

同書考後燕并州：“并州，《後燕録》建興九年，垂以慕容瓚爲并州刺史，鎮晋陽。《晋書載記》魏伐并州，慕容農逆戰，敗績，魏遂取并州。寶以慕容農爲都督并雍益梁秦凉六州諸軍事，并州牧，鎮晋陽。魏取并州。《晋書・地理志》熙以并州刺史鎮凡城。高雲以并州刺史馮乳陳鎮白狼。統郡四。

“太原郡，後燕領縣十三。晋陽，《後燕録》建興八年，垂攻慕容永弟友於晋陽，克之。九年，慕容瓚攻克晋陽。魏軍至陽曲，乘西山臨晋陽。慕容農出戰，大敗，奔還晋陽。有西山。陽曲，永康元年，魏軍進次陽曲。榆次。于離。盂。狼孟。陽邑。大陵。祁。平陶。京陵。中都。鄔。

“西河郡，後燕領縣四。離石，有離石護軍。隰城。中陽。介休，有韓信故道、沁水。

“雁門郡，後燕領縣八。故東部都尉下有蟠羊山。廣武，有句注。崞。滍陶。平城，《通鑑》太元二十一年，慕容龍等襲平城，陷之。有燕昌城、獵嶺。莜人。繁畤。原平。馬邑，《通鑑》太元二十年，魏大舉伐燕，南出馬邑，逾句注。有西山。

“五原郡，《後燕録》建興十年，垂遣太子寶等自五原伐魏。領縣一。有黑城。九原。”

同書考前秦并州：“并州，《晋書·地理志》健以并州刺史鎮蒲坂。《前秦録》皇始四年，并州刺史苻安。壽光中，生以苻柳爲并州牧，鎮蒲坂，堅時移鎮晋陽。《載記》健以尹赤爲并州刺史，鎮蒲坂。晋升平元年，張平據新興、雁門、西河、太原、上黨、上郡之地，欲與燕、秦爲敵國。堅以苻柳都督并、冀諸軍事，加并州牧，鎮蒲坂以禦之。升平二年，堅將張平以并州叛，堅率衆討之，以鄧羌爲前鋒，據汾上。堅至銅壁，平距戰，爲羌所敗。平懼，降於堅。又堅時并州刺史苻柳、徐成、俱難、鄧羌、張蚝。堅又以王騰爲并州刺史，領河、并二州，鎮晋陽。苻登以苻師奴爲并州牧。登并州刺史楊政。領漢郡七、晋郡一、石趙新置郡二、護軍一。

“太原國，前秦領縣十三。晋陽，《晋書》太和五年，堅將楊安攻晋陽，王猛會安攻晋陽，入之，執暐并州刺史慕容莊，猛留毛當戍晋陽。《前秦録》建元二十一年并州刺史王騰迎苻丕入據晋陽，丕即皇帝位於晋陽縣南。丕留王騰守晋陽，自率衆進據平陽。有汾水。陽曲。榆次。于離。盂。狼孟。陽邑。大陵。祁。平陶。京陵。中都。鄔。

“上黨郡，《晋書》苻丕封張蚝上黨郡公。又永和十一年，上黨人馮鴦自稱太守，背苻生，遣使來降。領縣八。潞，《晋書》慕容暐遣慕容評救晋陽，至壺關不敢進，屯潞川。王猛進師與評相持，大敗之於潤原。有潞川、漳水、渭原。屯留。壺關，《前秦録》建元六年，王猛攻克壺關。《晋書》王猛攻壺關，執暐上黨太守慕容越，所經郡縣皆降於猛。猛留苟萇戍壺關。堅幽州刺史率衆屯壺關。堅平州刺史苻冲帥幽、并人衆擊慕容垂，頻爲垂將帶方所敗，乃率衆三萬進屯壺關，使招丕。建元二十一年，丕以楊輔戍壺關。長子。泫氏。高都。銅鞮。襄垣。

“武鄉郡，前秦領縣三。武鄉。沾。涅。

“西河郡，前秦領縣四。離石。隰城。中陽。介休。

“雁門郡，前秦領縣八。廣武。崞。淫陶。平城。葰人。繁畤，《北史·劉庫仁傳》庫仁欲大舉救苻丕，發雁門、上谷、代郡兵，次於繁畤。原平。馬邑。

“五原郡，秦置。漢末省。《晋書》劉衛辰殺秦五原太守而叛。案五原郡自建安二十一年省屬新興，祇存九原一縣，又移置曲陽縣中，非九原舊地。此有五原太守者，疑苻秦權時所立，即領九原縣也。《圖經》苻秦復得漢五原郡舊地，亦置五原郡，後爲赫連所據。九原，漢縣名。《太平寰宇記》漢末於陽曲縣地置九原縣。

“新興郡，前秦領縣四。定襄，有桐過故縣，有君子津。雲中。廣牧。晋昌。

“樂平郡，前秦領縣四。上艾。壽陽。轑陽。樂平。

“上郡，《晋書》苻纂遣師奴攻上郡羌酋金大黑等，大黑等大敗之。領縣四。陽周，漢舊縣。獨樂，漢舊縣。襄樂，漢舊縣。膚施，漢舊縣。

“朔方郡，《晋書》興寧三年，堅如朔方巡撫諸胡。太和二年，堅送衛辰還朔方，遣兵戍之。《通鑑》堅以右僕射梁平老爲使持節、都督北垂諸軍事、鎮北大將軍，戍朔方之西。領縣三。臨戎，漢舊縣。沃野。朔方，有木根山。

“雲中護軍，甘露元年，堅以賈雍爲雲中護軍，戍雲中之南。有盛樂故縣，有青石嶺。”

同書考南燕并州：“并州，《晋書·地理志》德以并州牧鎮陰平。《南燕録》燕二年，德以賀賴盧爲并州刺史。統郡可考者一。

“東海郡，南燕領縣七。厚丘，有陰平城。郯。祝其。朐。襄賁。利城。贛榆。”

同書考北燕并州：“并州，《通鑑》跋以馮乳陳爲并州牧，鎮白狼。統郡可考者二。

“右北平郡，北燕領縣五。白狼，《通鑑》魏娥清、古弼攻燕白狼城，克之。胡三省注，白狼縣屬右北平郡。燕以白狼城爲重鎮，置并州。《晋書載記》馮萬泥奔白狼，阻兵以叛。跋遣馮弘與將軍張興將步騎二萬討之。徐無。土垠。俊靡。無終。

“石城郡，《北燕録》太興二年八月，石城、遼東、營丘、城周四郡並降魏。《通鑑》弘石城太守李崇等。十郡降於魏。注石城縣，前漢屬右北平，燕分置石城郡。案十郡，蓋即徙户之營丘、成周等郡。石城本分右北平所置，故列於此。領縣可放者一。石城，案《地形志》前漢屬右北平，後屬建德。今考蓋自石城郡後始移屬建德。《地形志》略耳。”

同書考大夏并州：“并州，《晋書載記》苻堅、姚興、赫連勃勃并州并徙置河東，勃勃以并州刺史鎮蒲坂。《載記》勃勃以俟提爲并州刺史。統縣可考者三。《北史》赫連定與宋連和，遥分河北，自恒山以東屬宋，恒山以西屬定。

“蒲坂，《晋書載記》勃勃遣將叱奴俟提爲并州刺史，鎮蒲坂。魏將奚斤克蒲坂。

“汾陰，有薛通城。

“右二縣舊屬河東郡。

“永安，有赫連勃勃墓，附近有擒昌城。

“右一縣舊屬平陽郡。”

[8]雍州：古九州之一。曹魏時治長安縣（今陝西省西安市西北）。東晋僑置雍州，治所在襄陽縣（今湖北省襄陽市），僑置京兆、始平、扶風、河南、廣平、義成、北河南等郡。

清畢沅《晋書地理志新補正》：“沅按《通典》晋雍州理京兆。”

孔祥軍《晋書地理志校注》：“雍州治長安，在今陝西西安市西北。《漢志》《續漢志》無雍州，據《後漢書·獻帝紀》：‘(興平元年）夏六月丙子，分凉州河西四郡爲廱州。’章懷注曰：‘謂金城、酒泉、敦煌，張掖。’吴氏《考證》卷四據《魏書·龐淯傳》所引《魏略》以爲雝州四郡當有武威無金城，是。則興平元年置雍州，領郡四。又據《續漢書·百官志》注引《獻帝起居注》：‘建安十八年，省并州郡……省司隸校尉，以司隸部分屬豫州、冀州、雍州。省凉州刺史，以併雍州部，郡得弘農、京兆、左馮翊、右扶風、上郡、安定、隴西、漢陽、北地、武都、武威、金城、西平、西郡、張掖、張掖屬國、酒泉、敦煌、西海、漢興、永陽、東安南，凡二十二郡。’而《獻帝起居注》又漏列新平郡，則建安十八年雍州領郡二十三。又《晋志》：‘魏武定霸……所省者七，上郡、朔方、五原、雲中、定襄、漁陽、廬江。’則上郡後省。又《魏志》卷《武帝紀》：‘（建安十九年）省安東、永陽郡。’錢氏《考異》卷十五：‘雍州領二十二郡，東安南居其一，予初疑爲南安之訛，此紀上文有南安字，似所省安東，亦即南安之訛矣。然《明帝紀》：太和二年，天水、南安、安定三郡吏民叛，則南安仍未省併也……或者南安已省，而復置於魏初乎。’錢氏所疑誠有識見，則永陽郡後省，東安南即南安後省而於魏初又復。洪氏《補志》據《華陽國志》《晋志》以爲建安二十年魏平漢中又置陰平郡，是，則建安末雍州領郡二十二：弘農、京兆、左馮翊、右扶風、陰平、安定、隴西、漢陽、北地、武都、武威、金城、西平、西郡、張掖、張掖屬國、酒泉、敦煌、西海、漢興、新平、南安。弘農後歸屬司隸。《魏志》卷二十五《楊阜傳》：‘太祖以武都孤遠欲移之……徙郡小槐里。’又《華陽國志》卷二：‘陰平郡……魏亦遥置其郡屬雍州。’則魏時武都、陰平二郡均爲遥領。吴氏《考證》卷四以爲黄初後漢興郡已省，是。其後又設廣魏郡，則其時領實郡唯二十。又《魏志》卷十五《張既傳》：‘文帝即王位，初置凉州。’《晋志》：‘獻帝時又置雍州，自三輔距西域皆屬焉。魏文帝即位，分河西爲凉州，分隴右爲秦州，改京兆尹爲太守，馮翊、扶風各除左右，仍以三輔屬司隸。’則延康、黄初之間，雍州又割出河西、隴右數郡，分屬凉、秦二州。又《晋志》：‘（秦州）魏始分隴右爲置焉，刺史領護羌校尉，中間暫廢。及泰始五年，又以雍州隴右五郡及凉州之金城、梁州之陰平，合七郡置秦州。’則秦州亦爲旋置旋廢。今檢《晋志》凉州所領爲西平、西海、西郡、敦煌、武威、酒泉、張掖、金城八郡，而其時張掖屬國無考似廢，據《魏志》卷十六《倉慈傳》裴注引《魏略》：‘京兆皆整頓開明，豐富常爲雍州十郡最。’則上文注中所謂雍州‘十郡’當包括初分後歸之秦州諸郡，如此雍州十郡加上凉州八郡，以及劃出的弘農郡、已廢的張掖屬國恰爲建安末二十郡之目。故魏初雍州當領京兆、馮翊、扶風、安定、隴西、漢陽、北地、新平、南安、廣魏，凡十郡。景元末，蜀漢降魏後武都郡回屬雍州。魏末雍州領郡十一，其中廣魏、天水、南安、隴西、武都五郡泰始五年移屬秦州，泰始二年增置始平郡，太康三年廣魏、天水、南安、隴西、武都、陰平六郡來屬，則領郡十三，《晋志》領郡七，漏列此六郡。或是秦州已列此六郡，故此處删去。元康六年陰平、武都郡移屬梁州，元康七年廣魏、天水、南安、隴西四郡移屬秦州。”

清洪亮吉《東晋疆域志》考證遥立州郡：“北雍州，《晋書》義熙十三年劉裕克長安，執姚泓，以子義真爲都督雍、凉、秦三州諸軍事，雍、東秦二州刺史。以朱齡石爲北雍州刺史。十四年復陷於赫連勃勃。《太平寰宇記》姚萇孫泓爲劉裕所滅，東晋復置雍州及京兆郡。凡領郡可考者七：

“京兆郡，領縣可考者三。長安，有未央殿。藍田，有青泥坂。渭南，有寡婦渡。

“馮翊郡，《宋書·王鎮惡傳》鎮惡以本號領安西司馬、馮翊太守。案《毛德祖傳》爲馮翊太守亦在裕西征時。縣無考。

“扶風郡，《宋書·自序》高祖表言參征虜軍事、扶風太守沈田子。縣無考。

“咸陽郡，《宋書·自序》即授田子咸陽、始平二郡太守。池陽，《宋書·傅弘之傳》大破赫連璝於池陽。

“始平郡，《通鑑》裕以田子領始平太守。《元和郡縣志》沈平子領始平太守。槐里，《宋書·自序》田子轉鬥，達於槐里，克之。

“東安定郡，《宋書·劉義真傳》又進督并東秦二州、司州之東安定新平二郡諸軍事。案《劉遵考傳》又云，督北雍州之新平、安定諸軍事。今考新平、安定二郡，《晉志》本屬雍州，當以《劉遵考傳》爲是。縣無考。

“新平郡。縣無考。”

同書又考證東晉雍州僑州郡縣説：“雍州，《沈志》晉江左立。胡亡氐亂，雍、秦流民多南出樊沔。晉孝武始於襄陽僑立雍州，并立僑郡縣。《太平御覽》稱《南雍州記》永嘉之亂，三輔豪族流於樊沔，僑於漢側立雍州，因人所思，以安百姓也。《晉書》安帝義熙六年，雍州刺史魯宗之。十二年，刺史趙倫之。統僑郡六，共僑縣二十。

“京兆郡，《沈志》初僑立寄治襄陽，朱序没氐。孝武太元十一年復立。哀帝興寧元年以桓豁監雍州之京兆軍事，即此。《一統志》京兆廢郡在襄陽縣西，領縣可考者六。杜，魏縣名。《長安志》故城在今萬年縣東南十五里，西晉名杜城，屬京兆，下並同。藍田，漢縣名。《沈志》《永初郡國》有藍田、鄭、池陽、南霸城、新康五縣。案晉末蓋同。鄭，漢縣名。《元和郡縣志》舊縣在今鄭縣西北三里。池陽，漢縣名。《後漢書》注，故城在今涇陽縣北。《沈志》稱《太康地志》屬京兆，僑立亦屬京兆。案《晉志》池陽屬扶風，云晉惠帝置，蓋太康後縣廢，至惠帝復立，又從京兆移扶風也。南霸城，漢霸陵縣。《史記正義》故城在萬年東北二十五里，霸水之東。《沈志》《晉太康地志》曰霸城。新康，《沈志》稱《永初郡國》有。又云《何志》無新康而有新豐。又云新康疑是晉末所立。

“扶風郡，《沈志》僑立治襄陽郡。《圖經》扶風廢郡在穀城縣東，領縣可考者一。魏昌，《沈志》魏立，屬中山。又云《永初郡國》及《何志》郡惟有魏昌縣。案當屬東晉橋立時移屬也。

“始平郡，《沈志》晉武帝太始二年分京兆、扶風立。後分京兆、扶風僑立，治襄陽。《元和郡縣志》在武當縣地。領縣可考者四。槐里，漢縣名。郭璞《山海經注》今始平槐里有黄山。《太平寰宇記》故城在興平縣東南十里。《沈志》稱《太康地志》屬始平，僑立亦屬始平。始平，魏縣名。《太平寰宇記》魏黄初元年建，因始平原以名。西晋屬始平，東晋僑立。《沈志》《永初郡國》有始平、平陽、清水三縣。案晋末當同。平陽，魏郡名，屬司州。《沈志》江左平陽民流寓立此。清水，漢縣名。《沈志》稱《太康地志》屬略陽，僑立屬始平。

"南上洛郡，《沈志》《永初郡國》《何志》雍州並有南上洛郡，寄治魏興。又《徐志》云南上洛，晋武帝立，《沈志》云非也。疑當是江左所立，或在北上洛郡之先。《沈志》領縣二，晋末當同。上洛，漢縣名。《後漢書》武關在縣東，西晋屬上洛，東晋僑立，下同。商，漢縣名。《史記索隱》有古商城、於城，所謂商於也。

"北上洛郡，《沈志》稱《徐志》雍州有北上洛、北京兆、義陽三郡。北上洛晋孝武立，領上洛、北商、酆陽、陽亭、北拒陽五縣。上洛。北商。酆陽，《沈志》下三縣並云安帝立。案《太平寰宇記》晋泰始三年分商縣之地置豐陽縣，因豐陽川以爲名，尋廢。是酆陽縣本有實土，故江左僑立也。下拒陽亦同。陽亭。北拒陽，《太平寰宇記》晋泰始三年，分上洛地置拒陽縣，旋省。案此云北拒陽，則東晋僑縣也。

"義陽郡，《沈志》雍州義陽郡云晋安帝立，領平氏、襄鄉二縣。案此與南義陽、東義陽及本郡統未没之縣凡四。義陽，又《案太平寰宇記》廣漢郡什方縣有南陽郡故城。《李膺記》曰，南陽、漢中，李雄亂蜀道，李壽盡摽漢川五千餘家流寓於此。晋太康元年立郡。案雄亂蜀在太康後遠甚，又諸地志益州亦無南陽郡，故不録。平氏，漢縣名。《後漢書》注，故城在今唐州平氏縣西，西晋屬南陽，東晋僑立。襄鄉，漢縣名。《通典》故城在棗陽縣東北，西晋無，東晋僑立。"

清洪亮吉《十六國疆域志》考前趙雍州："雍州，《晋書·地理志》鎮平陽。”“《前趙録》嘉平二年聰雍州刺史趙固。麟嘉三年以曜領雍州牧。”“《晋書載記》聰以曜領雍州牧，鎮長安。《地理志》劉曜徙都長安。”

同書考後趙雍州：“雍州，《藝文類聚》稱《晋太康地志》雍州兼得梁州之地，西北之位，陽所不及。陰氣壅閉，故取名焉。《晋書·地理志》石勒克長安，復置雍州。《載記》石生鎮關中，起兵討石虎，石虎使子鑒鎮關中。建武十年，虎以張離爲雍州刺史。又石鑒徵還，以石苞代鎮關中。虎雍州刺史張茂、蒲洪。《北史·辛昂傳》昂族人仲景高祖欽，後趙雍州刺史。凡得舊郡六、增置郡一。

“京兆郡，《晋書》司馬勛使劉焕攻石遵京兆太守劉季離，斬之（《通鑑》作秀離），三輔豪右多殺其令長，擁三十餘壁，有衆五萬以應勛。凡領縣九。長安，《晋書》劉曜將軍蔣英、辛恕擁衆十餘萬據長安，遣使降勒。勒遣石生率洛陽之衆赴之。劉胤自上邽趨長安，隴東、武都、安定、新平、北地、扶風、始平諸郡夷夏皆起兵應胤軍於仲橋，石生嬰城自守，虎帥兵二萬救之。延熙元年，石虎攻石生於長安。石生去長安，潛於鷄頭山。將軍蔣英固守長安，石虎拔長安，斬蔣英等，分遣諸將屯於汧石。生部下斬生於鷄頭山。建武四年，虎使襄城公陟歸、上庸公日歸率衆戍長安。二歸告鎮西將軍石廣私樹恩澤，潛謀不軌。虎大怒，追廣至鄴殺之。虎大寧元年，梁犢等十萬衆至長安，石苞盡鋭拒之，一戰而敗。有未央宫。杜陵，有南山。霸城。藍田。高陸。萬年。新豐。陰般。鄭。

“馮翊郡，漢置。後趙領縣八、護軍一。大荔。下邽，有六石人原。重泉。頻陽，有馬蘭山。撫夷護軍，《元和郡縣志》本漢雲陽縣，魏司馬懿撫慰關中，廢縣置撫夷護軍。劉、石、苻、姚因之。粟邑。蓮勺。郃陽。夏陽。

“扶風郡，漢置。趙領舊縣八、增置縣一。池陽，有仲橋。石安，《魏書·地形志》石勒置。《長安志》後趙石勒於渭城置石安縣。又云畢原，又名石安。原即石勒置石安縣之所。鄜，《晉書》延熙二年，石虎使石斌攻郭權於鄜，陷之。好畤。雍，《晉書》咸和四年，劉曜將劉胤等帥衆侵石生，次雍，石勒將石虎擊胤斬之。汧，《晉書》石虎拔長安，分遣諸將屯於汧隴。陳倉。美陽。盩厔，有長城戍。

“安定郡，《晉書》雍州刺史石生上言，西鄉行尸。蛇與鼠鬥於安定府間，二日蛇死。安定聽事前有天神降。凡領縣七。臨涇。高平。朝那。烏氏。都盧。陰密。西川。

“趙平郡，《魏書·地形志》涇州趙平郡。《太平寰宇記》石勒改鶉觚縣爲趙平郡。凡領縣一。鶉觚，案《地形志》趙平郡領鶉觚、東槃二縣，東槃蓋後魏所置。疑石趙趙平郡止領一縣也。《晉書》鶉觚白羌婦産一卵，大如盂，剖之有蟲，如巨蟻，二足立行。

北地郡，《晉書》長安陳良夫招誘北羌四角王薄句大等擾北地馮翊，與石斌相持。石韜與斌夾擊敗之，羌奔於馬蘭山。凡領縣三。泥陽。富平。靈州。

“始平郡，《晉書》始平人馬勖，起兵於洛氏葛谷，石苞攻滅之。凡領縣五。槐里。始平。武功。鄠，有鷄頭山、駱谷、長城戍、懸鈎、司竹監、賀城。蒯城。

“新平郡，《晉書》石虎末，新平相崔悦爲郡人所殺。凡領縣二。漆。汾邑。”

同書考前秦雍州：“雍州，《晉書·地理志》苻健以并州刺史鎮蒲坂，及堅時移并州鎮晉陽，以蒲坂爲雍州治。《載記》健并州刺史尹赤生。又苻柳爲并州牧，鎮蒲坂。堅時苻雙、苻武、苻柳、苻丕、苻叡、苻熙並爲雍州刺史，鎮蒲坂。登以楊定爲雍州牧。登雍州刺史徐嵩。雍州牧竇衝。領漢魏舊郡三，新置郡二。

“河東郡，《晉書》苻健遣兄子菁自軹關入河東。姚襄寇掠河東，生遣將張平討之。堅河東太守姚萇。河東王昭起兵應苻丕。《北史·王憲傳》父休，河東太守。案亦當作苻堅時。領縣八。有裴氏堡。安邑。聞喜。汾陰，有后土祠。大陽。猗氏。解。蒲坂，

《晋書》苻柳爲姚襄所敗，引還蒲坂。堅建元三年，苻柳據蒲坂叛堅，堅遣王猛、鄧羌討之。柳出挑戰，猛閉壘不應。柳留世子良守蒲坂，率衆將攻長安，鄧羌率騎夜襲敗之，柳引軍還。猛破蒲坂，斬柳。慕容冲自河東起兵攻蒲坂，堅將竇衝攻冲，大破之。冲奔慕容泓軍。河北。

"平陽郡，《晋書》西域胡劉康詐稱劉曜子，聚衆平陽，健遣苻飛討擒之。姚襄率衆萬餘攻平陽太守苻産於匈奴堡，苻柳救之，爲襄所敗，襄遂攻堡，克之，殺苻産。以慕容冲爲平陽太守。堅平陽太守慕容冲起兵背堅。丕自晋陽進據平陽。領縣十二。平陽。楊。端氏。永安。蒲子。狐讘。襄陵，《前秦録》太安二年，苻丕遣王永等與慕容永戰於襄陵，王永大敗，丕懼，率其衆數千南奔東垣。絳邑。護澤。臨汾。北屈，升平中姚襄徙屯北屈，將圖關中。皮氏。

"河内郡，《晋書》秦河内太守王會以郡降燕。慕容垂濟河焚橋，有衆三萬。留遼東鮮卑可足渾譚集兵於河内之沙城。領縣九。野王。州。懷，健以牛夷爲綏集將軍，戍懷。平皋。河陽。沁水。軹，有軹關。山陽。温，健以趙俱爲河内太守，戍温。

"汲郡，《晋書》苻堅時，姚眺、姚萇皆爲汲郡太守。領縣七。案汲郡、頓丘郡石趙皆屬司州，苻秦無司州，疑亦屬雍州也。汲。朝歌。永昌，《晋書》堅自鄴如枋頭，宴父老，改枋頭曰永昌，復之終世。《元和郡縣志》苻氏克鄴，改枋頭爲昌水縣。《前秦録》苻丕爲慕容垂所逼，自鄴奔於枋頭。太元八年，劉牢之救苻丕至枋頭。建元二十年，丕爲慕容垂所逼，自鄴奔枋頭。有谷口。共。林慮。獲嘉。修武。

"頓丘郡，領縣四。頓丘。繁陽。陰安。衛，有郭口津。"

同書考後秦雍州："雍州，《晋書·地理志》興置雍州刺史，鎮安定。《載記》興以子弼爲雍州刺史，鎮安定。又雍州刺史楊佛嵩。案《晋書載記》姚恢率安定鎮户三萬八千，焚燒宫宇，以車爲方陣，自北雍州趣長安。今考安定距長安僅四百餘里，中爲新平、咸陽諸郡，興既以雍州鎮安定，則雍州部已與司隸部相接，無容更有北雍州。疑京兆等五郡，興雖立爲司隸部，土人尚仍舊名，呼爲雍州，而以興所立安定之雍州爲北雍州耳。觀《晋書載記》文法自見。又案河東等郡，苻氏曾立爲雍州，興時雖改置并、冀二州，土人或尚有雍州之稱。此言北雍州，所以别苻氏之雍州耳。凡領漢郡四、新置郡三、都尉部一。

“安定郡，《後秦録》太元九年，萇略地至安定，嶺北諸城盡降之。建初九年七月，萇如安定。二年，徙秦州三萬户於安定。《晋書載記》萇擊平凉胡金熙、鮮卑没奕于於安定，大破之。萇使姚碩德鎮安定。萇大敗苻登於安定郡東。興以姚緒鎮安定。皇初元年興如安定。弘始十七年，泓命姚恢殺安定太守吕超，是年興徙李閏羌三千家於安定，尋徙新支。泓永和元年，姚恢棄安定，率户五千奔新平。姚紹、姚恢等討勃勃，勃勃自雍縣退保安。郡人胡儼等閉門拒之，據郡降紹。領縣十三。又《北史·恩倖·孫小傳》父瓚，姚泓安定護軍。安定，有馬鞍坂。高平，《晋書載記》姚顯至高平，聞姚弼敗績，兼道趨之。有瓦亭。臨涇，有壽渠川。朝那，《晋書載記》興自平凉入朝那。姚紹追勃勃至朝那，不及而還。有黄石固、敕奇堡、我羅城。烏氏。都盧。鶉觚。陰密，《晋書載記》萇遷安定千餘家於陰密，使弟靖鎮之。萇如陰密攻苻登。興以姚碩德鎮陰密。遼東侯彌姐亭地率其部人南居陰密，劫掠百姓，姚弼擒亭地，殺其衆七百餘人。勃勃攻陷陰密，執秦州刺史姚軍都，不屈死之。是年，泓將彭完都棄陰密，奔還長安。西川。安武。三水。爰得。彭陽。

“北地郡，《晋書載記》萇進屯北地。北地太守段鏗。興自長安入北地。泓北地太守毛雍。領縣三、護軍一。有趙氏塢、劉回堡。泥陽，有泥源、秦王殿。富平。靈州。

“三原護軍，《後秦録》姚襄率衆西引，與苻堅戰於三原，爲堅所殺。《晋書載記》興自長安入三原。

“新平郡，《後秦録》太元九年，萇遣諸將攻新平，克之。萇自故縣如新平，吴忠執堅送之。慕容冲遣車騎大將軍尚書令高蓋來戰於新平，大破之。蓋率麾下數千人來降。建初六年，苻登將金椎以新平降萇。弘始十七年，《晋書載記》興遣子弼至新平謀討勃勃。勃勃將赫連建寇新平，姚弼破之。姚恢自安定奔新平，安定人胡儼等拒之，恢單騎歸長安。《元和郡縣志》姚萇之亂，百姓夷滅，此地郡縣并無理所。領縣二。新平，有齊難城、胡空堡、徐嵩堡。汾邑。

"平凉郡，《晋書載記》興自平凉如朝那。勃勃遣將胡金纂攻平凉，興如貳城以救之，纂衆大潰，生擒之。勃勃遣騎寇平凉，太守姚周都爲赫連建所獲。領縣三。平凉，有馬毛山、五井、密造堡。定陽，《晋書載記》勃勃遣兄子提攻陷定陽，執北中郎將姚廣都。貳，弘始十六年，貳縣氐羌仇常叛興。胡三省云，貳縣在杏城西北、平凉東南，故附此。十七年，勃勃遣將赫連建寇貳縣。

"長城郡，後秦領縣二。長城，案《後秦録》襄遣輔國將軍姚蘭略地鄜城，當即此。洛川，《元和郡縣志》姚萇置，以縣界有洛川水爲名。《太平寰宇記》本漢鄜縣地，後秦姚萇置洛川縣。案洛川未知何屬。《元和郡縣志》長城、洛川皆屬鄜州，故就近附此。有敷陸、楊班祠。

"平原郡，《地形志》不注置立。案《夏録》赫連據平原及魏軍進攻平原云云。又《御覽職官簿》引《十六國春秋》索稜，燉煌人。姚萇甚重之，後爲平原太守。今考郡當非赫連氏所立，赫連氏承後秦，則此郡後秦所置也，今附於此。領縣一。陰槃。

"趙興郡，《晋書載記》後將軍斂成爲羌所敗，甚懼，詣趙興太守姚穆歸罪，穆欲送殺之，成怒，奔赫連勃勃。案趙興郡疑石氏所立，苻、姚仍之。《地形志》幽州有趙興郡，云真君二年置。容石氏立後中廢，北魏時復立也。所領陽周、獨樂二縣並云前漢屬上郡。後漢、晋罷後復屬。今考無上郡，此云後復屬者，疑石氏立趙興郡，復置二縣以屬之，故地志云然耳。姑附記此，俟再考。領縣二。陽周，漢舊縣。獨樂，漢舊縣。

“中部都尉部，《地形志》中部，姚興置。《太平寰宇記》魏晋戎狄所居，後秦姚興於今理南十八里置中部都尉部。領縣一。中部，《元和郡縣志》本漢翟道縣地，後秦姚興於今縣南置中部縣。

“杏城鎮，《元和郡縣志》苻姚置。相傳云，漢將韓胡伐杏木爲栅以抗北翟，因以爲名。《後秦録》襄尋徙北山，將圖關中，進屯杏城。《晋書載記》萇擒蘭犢，遂如杏城。苻登將魏揭飛攻姚當成於杏城。姚詳鎮杏城，爲赫連勃勃所逼，糧盡，委守南奔大蘇。兵散，爲勃勃所執。姚宣屯杏城，興遣使收之。弘始十七年，勃勃攻杏城，拔之，執守將姚逵。

“三堡鎮，《元和郡縣志》苻姚時爲三堡鎮。

“李潤鎮，雷惡地叛萇，攻鎮東姚漢得於李潤。萇寢疾，遣姚碩德鎮李潤。泓時姚宣鎮李潤。李延壽《北史》馮翊東有李潤鎮。《恩倖·王遇傳》：馮翊李潤鎮羌也。

“安定鎮，泓永和元年，姚恢率安定鎮户三萬八千自北雍州趣長安。

“邢望鎮，泓初立時，姚宣鎮李潤。參軍韋宗説宣曰：‘邢望險要，宜徙據之。’宣遂棄李潤南保邢望。《括地志》在李潤南四十里。

“嶺北鎮，弘始十二年，興遣姚顯都督安定、嶺北二縣事。十三年，興以楊佛嵩都督嶺北討虜諸軍事，率嶺北見兵討勃勃。十六年，興遣姚紹等鎮撫嶺北。”

同書考後燕雍州：“雍州，《後燕録》建興九年，垂以慕容鳳爲雍州刺史，鎮長子。統郡二。

“上黨郡，《晋書載記》慕容農西招庫辱官偉於上黨。領縣六。潞，有潞川、滏口、臺壁。屯留。壺關，《晋書載記》垂遣慕容農入壺關。有五龍祠。泫氏。高都，《後燕録》建興九年，垂將平規追慕容永於高都，克之。有太行山、天井關、白水。銅鞮。襄垣。

“建興郡，《地形志》慕容永分上黨置建興郡。領縣可考者二。長子，《晋書載記》段釗敗，單騎奔長子。慕容永敗，奔還長子，垂進圍之，永將賈韜等爲内應，垂進軍入長子，獲永於北門，戮之。釗所統七郡、户三萬八千。永所統新舊八郡户七萬六千八百悉歸垂。《元和郡縣志》慕容永僭號於長子，稱西燕，爲慕容垂所滅。陽阿，漢舊縣。《圖經》晋罷。太元中慕容永復置，兼建興郡。案此則陽阿屬建興郡也。"

同書考大夏雍州："雍州，《夏録》昌武元年冬十月，勃勃以太子璝領大將軍、雍州牧、録南臺尚書事，鎮長安。《晋書·地理志》勃勃以雍州刺史鎮陰密。案《載記》勃勃以子昌爲雍州刺史，鎮陰密，乃未得長安時事。及既建南臺，改刺史爲牧，則雍州不得尚鎮陰密。《晋地志》第據初制而言，蓋誤也。凡統縣可考者二。

"長安，《夏録》鳳翔四年，勃勃遣太子璝率騎二萬南伐長安。昌武元年，勃勃入長安。太子璝、赫連定相繼爲雍州牧，鎮長安。《魏書》勃勃以長安爲南都。承光三年，魏將奚斤據長安。勝光元年，定復取長安。附近有青泥、渭水、劉迴堡、寡婦人渡。

"霸城，《夏録》鳳翔六年正月，群臣勸勃勃稱皇帝，三月築壇於霸上，即皇帝位。

"右二縣舊屬京兆郡。

"咸陽，《夏録》昌武元年八月，勃勃進據咸陽。附近有赫連臺。

"右一縣舊屬咸陽郡。案《晋書·地理志》勃勃州郡之名並不可知。今考雍、秦等五州治所，雖均係舊縣，而郡名則並不可考，是當時不以郡統縣可知。今縣名亦惟據見於諸書者録入，不敢濫及。又考諸州治所，雖見《地志》而餘縣所屬别無明文，今略就州治所近而以舊時郡境區之。雍州既鎮長安，則京兆郡地當屬雍州。以此類推，則馮翊郡地當屬豫州，扶風郡地當屬北秦州，安定郡地當屬梁州，弘農郡地當屬荆州，河東郡地當屬并州，天水郡地當屬秦州也。《地志》闕略非敢臆斷，亦本《晋地志》等書類推耳。"

[9]凉州：西漢武帝十三部刺史之一。曹魏治所在姑臧縣（今甘肅省武威市）。

孔祥軍《晋書地理志校注》:“吴氏《表》卷五據《輿地廣記》以爲凉州治武威，今遍檢《輿地廣記》未見吴氏所據之文，而《輿地廣記》卷十七陜西路化外州中都督府凉州中下姑臧縣條:‘二漢、魏、晋皆爲武威郡治，兼爲凉州刺史治焉。’則凉州治姑臧，在今甘肅武威市南。”

清洪亮吉《十六國疆域志》考前秦凉州:“凉州，《晋書》苻堅以彭越爲凉州刺史，鎮枹罕。又姜宇爲凉州刺史。堅徙凉州治金城。堅將苟萇陷凉州，虜刺史張天錫，盡有其地。堅以梁熙爲凉州刺史，鎮姑臧。領漢郡八、新置郡二、護軍一。案前凉所建置州郡，至苻秦時或已併省。今所録皆據《前秦録》、前秦《載記》所有者，餘不敢列入。下河州等均視此。

“西平郡，《晋書》苻丕封苻冲爲西平王。領縣四。西都。臨羌。長寧。安夷。

“武威郡，《晋書》堅武威太守姚萇、彭濟。濟執凉州刺史梁熙迎吕光，光殺之。《法苑珠林》堅武威太守趙正。領縣九。姑臧，寧康二年，苻秦建元十二年，堅遣苟萇等率騎十三萬伐張天錫於姑臧。萇至姑臧，天錫出降。有閑豫堂。祖厲。宣威，有文車澤。揟次。倉松。顯美。驪靬。番禾。鸇陰，《圖經》稱《十六國春秋》建元二十一年，尉祐據允吾叛，從弟隨據鸇陰，起兵應之。

“張掖郡，《晋書》堅以慕容德爲張掖太守。又張掖太守苻昌。領縣四。永平。臨澤。屋蘭。氐池。

“西郡，《晋書》堅西郡太守索泮爲吕光所殺。領縣五。日勒。删丹。萬歲。蘭池。仙提。

“酒泉郡，漢置。《晋書》梁熙遣子允率衆距吕光於酒泉郡。堅酒泉太守宋皓爲光所殺。領縣九。福禄。會水。安彌，《晋書》梁允及吕光戰於安彌，爲光所敗。騂馬。樂涫。表氏。延壽。玉門。沙門。

“敦煌郡，《晋書》堅徙江漢流人萬餘户於敦煌及中州，不闢田疇民七千餘户。敦煌太守姚静以郡降吕光。十二年，敦煌太守蘇膺。領縣十二。昌蒲。敦煌。龍勒。陽關。效穀。廣至。宜禾，《晋書》吕光自西域還師至宜禾。冥安。淵泉。伊吾，有伊吾關。沙頭。乾齊。

“凉興郡，前秦領縣三。凉興。烏澤。宜禾

“西海郡，《晋書》堅徙苻洛於西海郡。堅凉州刺史梁熙殺洛於西海郡。領縣一。居延，漢舊縣。

“高昌郡，《晋書》堅以楊幹爲高昌太守，幹以郡降吕光。領縣一。田地。

“晋昌郡，前凉置。《晋書》晋昌太守李純以郡降吕光。案《元和郡縣志》：張駿以西胡校尉楊宣爲沙州刺史，後二年，宣讓州復改爲敦煌郡。疑前秦時敦煌郡所屬諸縣已歸敦煌。晋昌郡所屬縣當止惠帝時别立會稽、新鄉二縣也。俟再考。領縣二。會稽。新鄉。

“中田護軍，《宋書・蒙遜傳》蒙遜父法弘，苻氏以爲中田護軍。”

同書考後秦凉州：“凉州，《晋書載記》興凉州刺史王尚。興以禿髪傉檀爲凉州刺史，徵王尚還長安。《後秦録》弘始四年五月，興遣大將軍隴西王碩德率步騎六萬伐吕隆於凉州。九月，隆奉表請降，興以隆爲鎮西將軍、凉州刺史、建康公。凡統郡可考者七。

“西平郡，《後秦録》禿髪傉檀據西平。《晋書載記》禿髪利鹿孤據西平，遣使降興。領縣四。西都，有湟山。臨羌。長寧。安夷。

“武威郡，《晋書載記》姚碩德表姜紀爲武威太守，據晏然。領縣四。姑臧，《晋書載記》興遣姚碩德等至姑臧伐吕隆，大敗之。隆懼，遂降。興遣王松忩率衆助隆守姑臧，松忩至魏安，爲傉檀弟文真所圍，衆潰，執松忩。傉檀送還長安。興將齊難以司馬王尚行凉州刺史，鎮姑臧。禿髪傉檀脅遣前刺史王尚，遂入姑臧。姚弼討傉檀，長驅至姑臧。有東苑、西苑、凉風門。宣威。揟次。鸇陰。

“武興郡，前凉置。後秦縣可考者一。晏然，《後秦録》弘始三年，姚碩德至姑臧，表以姜紀爲武興太守，屯據晏然。

“張掖郡，《晋書載記》沮渠蒙遜據張掖，遣使降興。興拜蒙遜沙州刺史、西海侯。領縣四。永平。臨澤。屋蘭。氐池。

“昌松郡，《晋書載記》興昌松太守閻松。領縣三。昌松，《後秦録》姚碩德直趣廣武，經倉松至吕隆城下。弘始九年，姚弼進拔昌松。顯美。驪靬。

“番禾郡，《晋書載記》興番禾太守郭將。領縣一。番禾。

“敦煌郡，《晋書載記》李嵩據敦煌，遣使降興。領縣六。昌蒲。敦煌。龍勒。陽關。效穀。乾齊。

“高昌郡，《晋書載記》興以李嵩爲高昌侯。領縣一。田地。”

同書考前凉凉州：“凉州，漢置。《晋書·地理志》永寧中，張軌爲凉州刺史，鎮武威。是時中原淪没，元帝徙居江左，軌乃控據河西，稱晋正朔，是爲前凉。張駿分武威、武興、西平、張掖、酒泉、建康、西郡、湟河、晋興、須武合十一郡爲凉州。《元和郡縣志》天錫又分置廣源郡。凡統舊郡五、增置郡六、縣四十二。《晋書》成帝咸康五年，張駿以世子重華行凉州事、海西公。太和二年，苻堅將王猛寇凉州，張天錫距之，猛師敗績。孝武太元二年，苻堅將苟萇陷凉州，虜張天錫，盡有其地。

“武威郡，漢置。《晋志》統縣九。前凉又分置武興郡。凡領縣九。《晋書》軌武威太守張琠、張駿。駿武威太守竇濤。天錫武威太守索泮。姑臧，漢舊縣。《晋書》張茂姑臧令辛巖，咸和初徙隴西南安人二千余家於此。有卧龍城、南宫、永訓宫、永壽宫、謙光殿、正德殿、平章殿、辟雍、明堂、閑豫堂、賓遐觀、天龜觀、神雀觀、飛鸞觀、靈均臺、萬秋閣、講武場、玄武圃、閑豫池、靈泉池、西昌門、東苑、西苑、天梯山、北山、石頭、洪池、曲柳、張軌墓、張駿等四墓。祖厲，漢舊縣。《元和郡縣志》前凉張軌收其縣人於凉州故武威縣側近別置。有萬斛堆。宣威，漢舊縣。揟次，漢舊縣，有嘉泉。倉松，漢舊縣。《晋書》天錫討羌廉岐，自率三萬人，次倉松。有鸞鳥城、金昌城。顯美，漢舊縣。驪靬，漢舊縣。鸇陰，漢舊縣。《地形志》後漢屬武威，晋罷後復屬。番禾，漢舊縣。有恩宿。

“武興郡，《晋志》永寧中，張軌分武威郡又合秦雍二州流人於西北置。《張軌傳》中州民避難來者日月相繼，分武威置武興郡以居之。張茂時分屬定州。領縣八。《晋書》駿武興太守辛巖。武興，《元和郡縣志》本漢鸞鳥縣，張天錫改今名。《晋書·張軌傳》謝艾軍次神鳥，案此縣樂史云：後魏改爲神鳥。疑此傳由後書也。又樂史云：鸞鳥城後亦改爲神鳥城，或係艾次軍之處。大城。焉支。襄武。晏然。新鄣。平狄。司監。

“西平郡，漢置。《晋書》軌封西平郡公、西平王。叔與曹祛餘黨麴儒等劫前福禄令麴恪爲主，執太守趙彝，東應秦州刺史裴苞，張寔討斬之。西平人衛琳據郡叛，張瓘等討敗之。咸康五年，晋詔以陳寓爲西平相。天錫十年七月，大水，地震。西平五十日中地十動，土樓山崩。領縣四。《晋書》軌西平太守曹祛、宗醜。駿西平相陳寓。天錫西平相趙凝。有土樓山、黄阪、邯川戍。西都，魏舊縣。臨羌，漢舊縣。《前凉録》永嘉四年十一月，黄龍出於臨羌河，發水升天，長十餘丈。長寧，《晋志》有《張軌傳》，軌别遣田迴等率騎自姑臧西南出石驢，據長寧討曹祛。安夷，漢舊縣。

“晋興郡，《晋志》永寧中軌又分西平界置。領縣九。《張軌傳》麻秋遣王堪略地晋興、廣武。天錫晋興相常璩、彭知正。晋興太守彭和。晋興，《晋志》與郡俱立。下永固等縣並同。有沙阜。枹罕，漢舊縣，屬隴西郡。《晋書》明帝太寧二年，凉州别駕辛晏阻兵於枹罕，三年，辛晏以枹罕降駿，復收河南之地。成帝咸和二年，晏與金城太守張閬降劉胤，復失河南地。五年，駿因後趙亡復收河南之地，至於狄道。穆帝永和三年，石虎遣將石寧、麻秋等伐凉州，次於曲柳，張重華使將軍牛旋禦之，退守枹罕。簡文帝咸安元年，前秦王猛破天錫於枹罕。《張軌傳》劉曜攻枹罕，護軍辛晏告急，駿使韓璞等救之。石虎將麻秋進攻枹罕。麻秋又自大夏進據枹罕。祚宗人張瓘鎮枹罕，祚惡其强，遣將易揣等襲之。又遣張掖太守索孚代瓘鎮，爲瓘所殺。《太平御覽》稱《前涼録》永嘉五年，枹罕令嚴羌。有内城、外城、赤岸。永固，漢白石縣。《太平寰宇記》前涼張駿八年改爲永固縣。案張軌置晋興郡時已有此縣，樂史以爲駿置，似誤。有治城。臨津。臨漳。廣昌。遂興。罕唐。左南，《張軌傳》張瑁從左南渡河襲麻秋軍後，秋乃退。天錫討羌廉岐，使常璩向左南。《一統志》晋永嘉中張軌置屬晋興郡，《圖經》稱《十三州志》河水逕其南，故曰左南。

“廣源郡，《元和郡縣志》張天錫分興晋、西平二郡置。縣無考。

“張掖郡，漢置。前涼領縣四。《張軌傳》祚張掖太守索孚。有東山。永平，《元和郡縣志》本漢觻得縣，屬張掖郡，晋改名永平。臨澤，漢昭武縣。《晋志》避景帝諱改。屋蘭，漢舊縣。氐池，漢舊縣，有大柳谷。

“酒泉郡，漢置。《張軌傳》酒泉太守張鎮潛引秦州刺史賈龕代軌，不果。駿酒泉太守馬岌。重華酒泉太守謝艾。玄靚酒泉太守馬基。領縣七。福禄，漢舊縣。《張軌傳》福禄令麴恪。又張寔封福禄縣侯。重華封謝艾爲福禄伯，進封縣伯。《太平御覽》稱《前涼録》福禄令氾褘。《太平寰宇記》稱《河西舊事》福禄城因謝艾所築。有南山、石室、赤厓閣。會水，漢舊縣。安彌，漢舊縣。駬馬，《漢志》有。表氏，漢舊縣。延壽，漢舊縣。玉門，漢舊縣。《前涼録》建興十九年，駿畋於建西，逾玉門。《太平御覽》稱《前涼録》云九月改玉門縣爲金澤縣，天錫封祚子廷堅爲金澤侯。案《前涼録》又稱張駿田於建西硷石縣，又改硷石爲金澤。未知誰是，今姑從前一説。至金澤之移屬張掖，當是後涼始也。

“建康郡，案郡蓋張氏置。《圖經》領縣一。張駿置建康郡，屬涼州。樂涫，漢舊縣。胡三省云，本屬酒泉郡，張氏分屬建康郡。

“西郡，漢置。前涼領縣五。《晋書・索泮傳》天錫時爲西郡敦煌太守。《前涼録》吕光東還西郡，太守索泮城守不下，光攻殺之。日勒，漢舊縣。删丹，漢舊縣。蘭池，《張軌傳》寔蘭池長趙奭上軍士張冰所得璽。《太平寰宇記》晋分删丹立蘭池、萬歲、仙提三縣。有青澗水。萬歲。仙提。

“須武郡，案郡蓋張氏置。縣無考。

“湟河郡，《前凉録》咸康元年，張駿分湟河郡，屬凉州。案郡蓋亦張氏所置。《輿地廣記》前凉置湟河郡。縣無考。”

同書考西凉凉州：“凉州，崔鴻《十六國春秋·西凉録》庚子元年十一月，晋昌太守唐瑶移檄六郡，推暠爲大將軍、凉公、秦凉二州牧。暠薨，左長史宋繇等上歆爲大將軍、凉公，領凉州牧。恂入敦煌，朱承、張弘等推恂爲凉州刺史。案暠雖領雍凉二州牧，其實止一凉州。凡統舊郡五、前凉郡三、後凉郡二、增置郡八，縣可考者四十三。

“敦煌郡，《西凉録》神璽二年，敦煌索仙等以暠温毅有惠政，推暠爲敦煌太守。庚子五年四月，敦煌有葛緣木而生，作黄鳥之形。嘉興元年，歆弟驍騎將軍翻等西奔敦煌。翻及敦煌太守恂與諸子等棄敦煌奔於北山。郡人朱承、張弘等以恂在郡有惠政，密信召恂。恂率千騎入於敦煌。《晋書·凉武昭王傳》段業以敦煌太守趙郡孟敏爲沙州刺史。業又以索嗣爲敦煌太守。暠遣子士業等逆戰破之，嗣奔還張掖。建初元年，暠徵宋繇爲右將軍、領敦煌護軍，與其子敦煌太守讓鎮敦煌。暠遂遷居於酒泉。嘉興四年，歆弟敦煌太守恂、沮渠蒙遜。元始八年，恂據郡自稱大將軍。九年，爲蒙遜所殺。領縣六。敦煌，有靖恭堂、謙德堂、嘉納堂、泮宫、敦煌舊塞、子亭。昌蒲。龍勒，有北山、玉門關。陽關，《凉武昭王傳》暠於陽關置屯。效穀，《西凉録》神璽元年，段業拜暠效穀令。《晋書》效穀令張邈。嘉興元年八月，效穀地裂。乾齊。

“凉興郡，《晋書》段業分敦煌之凉興、烏澤，晋昌之宜禾三縣爲凉興郡，進暠持節、都督凉興以西諸軍事。嵩遣宋繇東伐凉興，索嗣子元緒東奔凉興。案凉興郡張氏已有，段業蓋復分置也。《輿地廣記》李暠改晋昌郡爲凉興，亦微誤。領縣三。凉興。烏澤。

宜禾。

“晋昌郡，《西凉録》暠以晋昌太守唐瑶爲征東將軍。領縣七。《北史序傳》讓弟愔位晋昌敦煌太守。伊吾，《西凉録》蒙遜徙翻子寶於姑臧，歲餘，北奔伊吾。《晋書》暠妻尹氏及諸女死於伊吾。冥安，《圖經》作宴安，誤。西凉於此置常樂郡。淵泉。沙頭。會稽。新鄉。

“晋興郡，《晋書》暠以令狐遷爲武衛將軍、晋興太守。領縣八。晋興。枹罕。永固。臨澤。廣昌。遂興。罕唐。左南。

“西都郡，《晋書》氾德瑜爲寧遠將軍、西都太守。案郡蓋段業及李氏所置。領縣可考一。西都，案李氏蓋即西都縣置郡，以縣屬之。

“河湟郡，《晋書》張靖爲折衝將軍、河湟太守。縣無考。

“西平郡，《晋書》索訓爲威遠將郡、西平太守。領縣三。臨羌。長寧。安夷。

“大夏郡，《晋書》趙開爲騂馬護軍、大夏太守。領縣一。大夏。

“廣武郡，《晋書》索慈爲廣武太守。領縣五。廣武。令居。支陽。永登。振武。

“西安郡，《晋書》陰亮爲西安太守。縣無考。

“武威郡，《晋書》令狐赫爲武威太守。暠分南人置會稽廣夏郡，餘萬三千户，分置武威、武興、張掖三郡，築城於敦煌南子亭，以威南虜。案此時張掖屬蒙遜，武威、武興屬傉檀，故暠於敦煌城外築城僑置三郡，非實土也。令狐赫等爲太守，蓋亦遥領。縣無考。

“武興郡，《晋書》索述爲武興太守。縣無考。

“張掖郡，《晋書》歆以索仙爲征虜將軍，張掖太守。縣無考。

“酒泉郡，《晋書》建初元年，暠自敦煌遷於酒泉。郭麐之寇武威，武威、張掖已東人西奔敦煌、晋昌者數千户。及暠東遷，皆徙之於酒泉。暠既遷酒泉，乃敦勸稼穡，群僚以年穀頻登，百姓樂業，請勒銘酒泉。暠從之。朝廷以歆爲持節、都督七郡諸軍事、鎮西大將軍、護羌校尉。嘉興四年，歆酒泉太守李翻、酒泉公蒙遜入於酒泉。《北史·張湛傳》父顯，武昭王時位酒泉太守。案《蒙遜載記》吕隆降興，酒泉、凉寧二郡叛降李暠，是暠得酒泉等郡在吕氏亡後，得酒泉後乃遷都也。領縣六。福禄，有酒泉宫、恭德殿、光德殿、曲水、西凉武昭王陵、馬廟。會水。安彌，《晋書》暠追沮渠蒙遜至安彌，大敗之。騂馬。表氏。延壽。

“凉寧郡。縣無考。

“建康郡，《晋書》暠以張體順爲寧遠將軍、建康太守，鎮樂涫。建初二年，暠親略地至建康。沮渠蒙遜來侵，至於建康，掠三千餘户而歸，暠追敗之，盡收所掠之户。嘉興元年八月，隕星於建康。領縣一。樂涫。

“西海郡，《北史序傳》翻弟豫，位西海太守。領縣一。居延。

“祁連郡，《北史序傳》恂弟翻，祁連、酒泉、晋昌郡太守。領縣二。祁連。漢陽。

“會稽郡，《晋書》初，苻堅建元之末，徙江漢之人萬餘户於敦煌。中州之人有田疇不闢者，亦徙七千餘户。及暠東遷皆徙之於酒泉，分南人五千户置會稽郡。《五代志》會稽郡在漢玉門縣界。縣無考。

“廣夏郡，《晋書》暠分中州人五千户置廣夏郡。歆以宋武爲武衛將軍、廣夏太守。領縣可考一、又附縣一。廣至，《圖經》西凉置廣夏郡於廣至縣。中華，案《北史序傳》豫弟宏，位中華令。疑中華令亦新置。

“新城郡，《晋書載記》歆弟新城太守豫。案郡蓋李氏所置。縣無考。

“騂馬護軍，《西凉録》趙開爲騂馬護軍。

“敦煌護軍，《西凉録》建初二年，宋繇爲敦煌護軍。

“撫夷護軍，《北史·劉延明傳》凉武昭王時遷撫夷護軍。”

同書考北凉凉州：“凉州，崔鴻《十六國春秋·北凉録》永安元年六月，右長史梁中庸等推遜爲大將軍、梁州牧。義和元年十二月，魏遣太常李順拜遜太傅、涼州牧、涼王，加九錫之禮。《晉書》安帝隆安五年五月，沮渠蒙遜殺段業，自號大都督、北涼州牧。案此則前梁州牧當屬‘涼’字之誤。魏收《魏書》亦作涼州。凡統舊郡四、前涼增置郡九、後涼增置郡一、新置郡二，共郡十六，縣可考者四十。

“張掖郡，《北涼録》神璽元年，業以蒙遜爲張掖太守。天璽二年，以馬權代之。永安元年五月，蒙遜至張掖，田昂兄子承愛斬關納蒙遜。是年，蒙遜署從兄伏奴爲鎮軍將軍、張掖太守。玄始七年，蒙遜遣張液太守廣宗詐降以誘李歆。蒙遜張掖太守句呼勒出奔西涼。《魏書》牧犍弟張掖太守宜得。領縣五。有張掖城。永平，有川巖、蓼泉、都瀆澗、均石。臨澤，《晉書》太史張衍言於蒙遜曰：今歲臨澤城西當有破兵。蒙遜乃遣其世子政德屯兵若厚塢。蒙遜斬李歆於臨澤。有若厚塢。金澤。屋蘭。氐池，《北涼録》永安元年，蒙遜伐段業，比至氐池衆逾一萬。禿髮傉檀伐蒙遜，次於氐池，蒙遜嬰城固守。有赤泉、侯塢。

“西安郡，《晉書》永安元年，蒙遜自請爲西安太守，業許焉。玄始十四年，乞伏暮末率兵攻西安，不克。縣無考。

“臨松郡，《晉書》蒙遜伯父臨松太守。孔篤、乞伏熾磐遣太子暮末等出貂袤谷，攻西河白艸嶺、臨松郡，皆破之。又遣叱盧犍等襲沮渠白蹄於臨松，擒之。領縣一。臨松，《晉書》蒙遜斬吕光臨松令井祥以盟。《北史・史寧傳》曾祖豫，仕沮渠氏爲臨松令。有盧水、貂袤谷、白艸嶺。

“金山郡，《晉書》永安十年，蒙遜以從弟成都爲金山太守。案郡蓋蒙遜所置，取金山以爲名。有金山。縣無考。

“湟河郡，《晉書》玄始二年，傉檀湟河太守文支據湟川來降蒙遜。蒙遜以王建爲湟河太守。四年，蒙遜遣其將運糧於湟河，自率衆攻克乞伏熾磐廣武郡，以運糧不繼，自廣武如湟河。蒙遜以弟漢平爲折衝將軍、湟河太守。熾磐率衆三萬襲湟河，漢平力戰固守，遣司馬隗仁夜出擊熾磐，斬級數百。熾磐將引退，漢平長史焦昶、將軍段景密信招熾磐，熾磐復進攻漢平。漢平納昶景之説，面縛出降。案乞伏氏載記又作河湟。縣無考。

“湟川郡，《晋書》玄始二年，蒙遜署成宜侯爲振威將軍、湟川太守。案郡蓋蒙遜分湟河郡所置。縣無考。

“敦煌郡，《晋書》神靈二年，吕光敦煌太守孟敏以郡降段業。《凉武昭王傳》蒙遜以索嗣子元緒行敦煌太守。《北凉録》永和三年五月，西中郎將敦煌太守沮渠唐男上言：十五日，有老父見於郡城東門，投書一紙八字，文曰：凉王三十年若七年。領縣六，有流沙。昌蒲。敦煌。龍勒。陽關。效穀。乾齊。

“晋昌郡，《晋書》神璽二年，吕光晋昌太守王德以郡降段業。玄始十年，蒙遜晋昌太守唐契據郡叛，遣世子政德攻克之。秦州刺史宜得奔晋昌。領縣七。伊吾。冥安。淵泉。廣至。沙頭，《晋書》蒙遜追王德至沙頭，大敗之。會稽。新鄉。

“凉興郡。凉興。烏澤。宜禾。

“西海郡，《晋書》姚興遣使人梁斐張構等拜蒙遜鎮西大將軍、沙州刺史、西海侯。領縣一。居延。

“高昌郡，《晋書》蒙遜以隗仁爲高昌太守。領縣一。田地。

“祁連郡，領縣二。祁連。漢陽。

“金城郡，領縣七。允吾。金城。榆中。允街。白土。浩亹，《晋書》玄始八年，蒙遜伐李歆於酒泉，先攻浩亹。盤夷。

“廣武郡，《晋書》玄始八年，蒙遜署文支鎮東大將軍、廣武太守、振武侯。四年，蒙遜率衆伐乞伏熾磐於廣武郡，克之。領縣五。廣武，有琵琶山、廉川。令居。枝陽。永登。振武。

“樂都郡，《晋書》樂都太守沮渠安周南。牧犍敗，安周南奔吐谷渾。領縣一。苕藋，《晋書》玄始二年，蒙遜西如苕藋，遣冠軍伏恩率騎三萬襲卑和、烏啼二虜，大破之。蒙遜西至苕藋，遣前將軍沮渠成都將騎五千襲卑和虜。

“臨池郡，《晋書》天璽二年，蒙遜爲臨池太守，領縣一。案北凉領三州，除秦州鎮姑臧、沙州領酒泉外，餘郡不知如何分屬。地志缺略，無從參考，今姑以舊郡所分出者各附於本郡下。凉州爲蒙遜建業之地，故所領較多焉。臨池。”

同書考後凉凉州：“凉州，《晋志》張天錫降於苻氏，其地尋爲吕光所據。及吕隆降於姚興。《太平御覽》稱《後凉録》建元二十一年九月，光入姑臧，自領凉州刺史、護羌校尉。太安元年十二月，群僚上光爲侍中、中外都督隴右諸軍事、大將軍、凉州牧、酒泉公。神鼎二年，秦遣鴻臚恒敦拜隆征北大將軍、都督河西諸軍、凉州牧、建康公。案後凉所統郡縣大略兼張氏所析之五州，而凉州外不聞别建州號，則諸郡並統於凉州可知。其前後以舊郡爲主，所分新郡各分附於下。凡統舊郡六、增置郡二十一、又新置郡四、新改郡一、護軍三。

“武威郡，《晋書》太元九年，苻堅武威太守彭濟執梁熙請降。光表杜進爲輔國將軍、武威太守。光太安三年殺進，纂以楊桓爲凉都尹。領縣五。案杜進爲武威太守而《載記》云光既居都尹云云，則後凉以武威太守兼凉都尹也。姑臧，《後凉録》建元二十一年九月，光入姑臧。《晋志》吕光都於姑臧。張大豫進逼姑臧。楊軌率步騎二萬北赴郭䴥，至姑臧壘於城北。咸寧二年，纂略地建康，聞傉檀寇姑臧，乃還。姚碩德率衆至姑臧，吕超出戰，大敗遁還。姑臧穀價踴貴，斗直錢五千文，人相食，餓死者十餘萬口。城門晝閉，樵采路絶。神鼎二年三月，傉檀頻攻姑臧，隆請迎於姚興。興遣其將齊難等步騎四萬迎之。難至姑臧，隆素車白馬，迎於道旁。率户一萬隨難東遷。有龍翔殿、謙光殿、新堂、湛露堂、琨華堂、宣德堂、東宫、紫閣、融明觀、當陽門、朱明門、青陽門、廣夏門、青角門、洪範門、龍興門、天淵池、靈泉池、休屠故城、逍遥園、東西苑、天梯山、楊塢、凉澤、吕光墓、吕纂墓。祖厲，有陽武下峽。宣威。揟次，《晋書》魏安人焦松、齊肅、張濟等起兵數千迎張大豫於揟次。顯美，《晋書》傉檀克顯美執孟禕。驪靬。鸇陰，《晋書》尉祐從弟隨據鸇陰迎祐。

“武興郡，《元和郡縣志》嘉麟縣，本漢宣威縣地。前凉張軌於此置武興郡，後凉吕光改置嘉麟縣。案縣疑即改武興縣所置，以無明文，姑並列入。領縣九。嘉麟。武興。大城。烏支。襄武。晏然。新鄣。平狄。司監。

“西平郡，《後凉録》吕光太安二年，西平太守康寧自稱匈奴王，阻兵不從。《北凉録》光以蒙遜伯父羅仇爲西平太守。領縣四。西都，有龍支堡。臨羌。長寧。安夷。

“昌松郡，《元和郡縣志》後凉置，《太平寰宇記》本漢蒼松縣地，屬武威郡。《後凉録》太安二年，光以郭黁讖言，改昌松郡爲東張掖郡。胡三省《通鑑注》吕光改昌松爲東張掖郡，尋復爲昌松郡。《晋書》魏安人焦松等攻陷昌松郡。光遣其將杜進討之，爲所敗。傉檀攻吕隆昌松太守孟禕於顯美。領縣可考者二。昌松，《圖經》稱《輿地廣記》吕光改蒼松爲昌松。魏安，《晋書》張大豫奔秃髮思復鞬，思復鞬送之魏安。魏安人焦松等起兵迎大豫。郭黁聞兵敗，東走魏安。魏安人焦朗説姚興將姚碩德伐姑臧。案縣當係吕氏初與郡同建。

“番禾郡，《後凉録》番禾太守吕超擅伐鮮卑思盤，思盤訴超於纂。《晋書》纂改封吕弘番禾郡公，案此則後凉時已有番禾郡。《元和郡縣志》北凉沮渠蒙遜立番禾郡，蓋誤。領縣可考者一。番禾，《晋書》楊統至番禾，奔歸郭黁。

“金城郡，《晋書》光擢慰祐爲寧遠將軍、金城太守。麟嘉四年，光遣南中郎將吕方及其弟右將軍吕寶等討乞伏乾歸於金城，方屯河北，寶進師濟河，爲乾歸所敗，寶死之。龍飛二年，光使吕纂等步騎三萬攻金城。乾歸率衆二萬救之，光又遣王寶、徐炅率騎邀之，乾歸懼，不進。吕纂克金城，擒乾歸。金城太守衛鞬。《北史·張湛傳》祖質，仕凉位金城太守。案後凉郡縣不能得其次第，今以《晋地志》舊郡爲次，惟武威郡以光建都所在，故首列焉。領縣六。允吾，《晋書》尉祐次允吾，襲據外城以叛。案允吾縣，漢末省，然《前趙録》建元元年，曜進攻上郡，上郡太守張禹奔允吾，則西晉末年已有此縣，疑愍懷時所立也。又考後涼金城郡蓋尚治允吾，故尉祐爲金城太守襲允吾外城以叛也。有興城。金城，有長最。榆中。允街。浩亹，《後凉録》太元二十一年，五龍見於浩亹，光以爲己瑞，改元龍飛。有三堆、浩亹河。盤夷，《晋書》呂纂等南討彭奚念，戰於盤夷，大敗而歸。案縣當是後凉所立。

“西河郡，《元和郡縣志》後凉呂光改西平爲西河郡。《晋書》光西平太守康寧自稱匈奴王，阻兵叛光。光屢討之，不克。光復徙西海郡人於西河樂都。光西河太守程肇。《郭麐傳》西平太守趙凝。《魏書》光殺西平太守沮渠羅仇。案《藝文類聚》稱《凉記》凉王呂光麟嘉二年，以沮渠羅仇爲西寧太守。‘西寧’疑當作‘西平’。凡領縣四。西都。臨羌，有零海。長寧。安夷。

“樂都郡，《晋書》隆安二年，凉樂都太守田瑶降於秃髮烏孤。《元一統志》東晋末，後凉呂光置樂都郡，蓋因山爲名。領縣可考者一。苕藋。

“晋興郡，後凉領縣九。晋興。枹罕，《晋書》麟嘉四年，光攻克枹罕，彭奚念奔甘松。呂延敗死，延將耿稚等收散卒屯枹罕。白石，案前凉時改漢白石縣爲永固，後凉蓋又復舊。《晋書》郭麐遣軍邀呂纂於白石，纂大敗。臨津。臨漳。廣昌。遂興。罕唐。左南，《晋書》光親討乾歸、奚念，遣呂纂等軍於左南。

“張掖郡，《晋書》太安二年，光將徐炅與張掖太守彭晃謀叛，光遣師討炅，炅奔晃。纂遂西襲張掖，圍之。呂弘鎮張掖。龍飛三年，弘棄張掖東走。段業徙治張掖。咸寧三年，纂進圍張掖，略地建康。領縣五。永平。臨澤。金澤，本玉門縣。《晋書》光至玉門。《梁熙傳》檄責光擅命還師。《後凉録》麟嘉元年正月，麟見金澤縣。《藝文類聚》稱《凉州記》呂光時張掖金澤有麟見，群獸皆從，改年麟嘉。屋蘭。氐池，《晋書》張掖督郵傅曜考核屬縣，丘池令尹興殺之。曜見夢於光，光遣使覆之，如夢，殺興。《圖經》太和三年，纂燒氐池、張掖穀麥而遁。案兩漢張掖有氐池縣。《晋書》武帝泰始三年四月，張掖太守焦勝上言，氐池大柳谷口有玄石一所，白書成文，是晋初有氐池縣，本未嘗省。《地理志》失載也。丘池即氐池之誤。有南亭。

“西安郡，《晋書》光西安太守石元良率步騎五千赴難，與纂共擊郭麐軍，破之。龍飛三年，段業城西安，以其將臧莫孩爲太守。案西安郡當屬後凉所置，胡三省以爲業置西安郡於張掖東境，誤也。縣無考。

“西郡，《晋書》張大豫自西郡詣臨洮。龍飛三年，蒙遜攻臨洮，引水灌城，城潰，執太守吕純以歸。領縣五。日勒。删丹。蘭池。萬歲。仙提。

“酒泉郡，《後凉録》太安元年，苻丕以光爲車騎大將軍、凉州牧、領護西域大都督、酒泉公。三年，白鸞翔於酒泉，衆燕成列而從之。《晋書》凉州刺史梁熙遣子胤等距光於酒泉。王穆襲據酒泉，自稱大將軍、凉州牧。太安二年，光率步騎二萬攻酒泉，克之。光酒泉太守壘澄。領縣六。福禄，《晋書》沮渠男成進攻福禄、建安，寧戎參軍趙策擊敗之。有南山。會水，有合離山。安彌，《晋書》光遣將彭晃等與梁胤戰於安彌，破擒之。騂馬，《晋書》王穆單騎奔騂馬，騂馬令郭文斬首送之。表氏。延壽。

“敦煌郡，《晋書》王穆以其黨索嘏爲敦煌太守，既而忌其威名，率衆攻嘏。太安三年，敦煌太守宋歆。龍飛三年，敦煌太守孟敏以郡降段業。領縣六。昌蒲。敦煌。龍勒，有玉門關。陽關。效穀。乾齊。

“晋昌郡，《晋書》沮渠男成先爲將軍，守晋昌，聞蒙遜起兵，亦叛。龍飛三年，晋昌太守王德以郡降段業。領縣七。伊吾，有伊吾關。冥安。淵泉。廣至。沙頭。會稽。新鄉。

“凉興郡，《晋書》太安二年，光破酒泉，進次凉興。領縣三。凉興。烏澤。宜禾，光自龜兹還至宜禾。

“西海郡，《晋書》光徙西海郡人於諸郡，頃之，遂相扇動，復徙之於河西樂都。《郭麐傳》吕光西海太守王禎。領縣一。居延。

“高昌郡，《晋書》光至高昌，太守楊翰以郡迎降。麟嘉五年，光以子覆爲使持節、鎮西將軍、都督玉門以西諸軍事、西域大都護，鎮高昌。領縣一，有高梧谷。田地。

“建康郡，《晋書》建康太守李隰起兵應張大豫。王穆爲光將彭晃等所敗，奔建康。麟嘉三年，光署段業爲建康太守。沮渠男成進攻建康，推建康太守段業爲大都督、龍驤大將軍、凉州牧、建康公。吕纂略地建康。《後凉録》秦封隆建康公。樂涫，《後凉録》沮渠男成自福禄敗奔樂涫。

“祁連郡，《晋書》祁連都尉嚴純起兵應張大豫。領縣二。祁連。漢陽。

“臨松郡，《晋書》三河太守沮渠麴粥、羅仇弟子蒙遜叛光，殺中田護軍。案《宋書·氐胡傳》作臨松護軍馬邃攻晋臨松郡。領縣一。臨松，《晋書》臨松令井祥爲蒙遜所殺。有合離。

“三河郡，《後凉録》光三河太守沮渠麴粥。案郡蓋吕氏所置。白土，本屬金城郡。《圖經》後凉吕光置三河郡，治白土縣。三河謂金城河、賜支河、湟河也。義熙八年，西秦乞伏熾磐攻南凉三河太守吴陰於白土，克之。《晋書》南羌彭奚念入攻白土，都尉孫峙退奔興城。有白土津、湟河、石隄。

“澆河郡，《圖經》吕光置澆河郡。《後凉録》澆河太守王推。縣無考。

“湟河郡，《後凉録》光西平太守康寧自稱匈奴王，殺湟河太守强禧以叛。《晋書》光湟河太守宋燮。縣無考。

“隴西郡，後凉領縣三。襄武。首陽。臨洮，《晋書》光弟天水公延，以枹罕之衆攻臨洮、武始、河關，皆克之。沮渠蒙遜進屯臨洮，爲段業聲勢。有俱城。

“廣武郡，《晋書》張大豫奔廣武，廣武人執大豫送之，斬於姑臧市。《後凉録》吕方鎮廣武。纂篡後，吕超、吕弘並出奔廣武。咸寧三年，方率廣武民三千餘户奔利鹿孤。領縣五。廣武有街亭、廉川堡。令居。枝陽。永登。振武。

“武始郡，《晋書》光封杜進武始侯。領縣一。狄道。

“臨池郡，《晋書》段業以蒙遜爲臨池太守。案郡蓋吕氏所置。領縣一。臨池，案《蒙遜載記》段業封蒙遜爲臨池侯。疑臨池郡有臨池縣也。

“中田護軍，《晋書》蒙遜殺中田護軍馬邃。胡三省云，蓋吕光置。今考沮渠法弘於苻堅時已爲中田護軍，則軍蓋前秦所立，胡注誤也。

“寧戎護軍，《載記》光寧戎護軍趙策。

“北部護軍，《晋書》吕隆拜北部護軍。案《藝文類聚》稱段龜龍《凉州記》吕光太安三年，白雀巢陽川令蓋敏室。又云吕光躬撲蝗蟲，幸揚川滁水北，大駕所到蟲尋殮盡。揚川所在及屬何郡俟再考。”

同書考南凉凉州：“凉州，崔鴻《十六國春秋·南凉録》弘昌四年六月，秦遣使署傉檀都督河右諸軍事、凉州刺史，鎮姑臧。《晋書》禿髮烏孤八世祖匹孤率其部自塞北遷於河西，其地東至麥田、牽屯，西至濕羅，南至澆河，北至大漠。匹孤曾孫樹機能盡有凉州之地。烏孤太初三年，以弟利鹿孤爲凉州牧，鎮西平。利鹿孤建初二年，以弟傉檀爲凉州牧。案南凉郡縣次第亦無可考，除武威、西平、樂都三郡曾經建都，餘先後亦如後凉之例焉。凡統舊郡十三、增置郡一、護軍一、縣可考者五十。

“武威郡，《南凉録》太初二年，烏孤改稱武威王。領縣六。舊媪圍縣有温圍水。姑臧，《南凉録》弘昌四年八月，傉檀以鎮南大將軍文支鎮姑臧。五年，傉檀遷都於姑臧。《晋書》吕纂西擊段業，傉檀率騎一萬乘虚襲姑臧。纂弟緯守南北城以自固，傉檀虜八千餘户而歸。姚興以傉檀鎮姑臧，傉檀懼東西寇至，徙三百里内百姓入於姑臧，國中駭怨。傉檀遷於樂都，留大司農成公緒守姑臧。焦諶等叛，據姑臧降蒙遜。有南城、北城、謙光殿、高昌殿、宣德堂、清陽門、朱明門、凉風門、西苑、南山、洪池嶺、帶石祠、五澗、胡阬、凉澤。祖厲。宣威，案諸地志並言宣威縣至後魏始廢。今故列入。揖次。顯美，《晋書載記》傉檀攻吕隆昌松太守孟禕於顯美，克之，徙顯美、驪軒二千餘户而歸。有方亭。驪軒。鸇陰。

“西平郡，《南凉録》太初元年正月，烏孤自稱大將軍、大單于、西平王。二年，以田玄明爲西平太守。三年，烏孤以弟傉檀爲車騎大將軍、廣武公，鎮西平。是年又以弟利鹿孤爲凉州牧，鎮西平。追傉檀入録府國事。利鹿孤以晋隆安三年即僞位，徙居於西平。乞伏乾歸遣子乾等質於西平。蒙遜侵西平，徙户掠牛馬而還。樂都城潰，安西樊尼自西平奔告傉檀。《元和郡縣志》南凉秃髮自稱武威王，徙都西平。弟傉檀遷於姑臧，後復徙領西平，爲乞伏熾磐所併。領縣四。西都，有利鹿孤墓、龍支堡。臨羌，有零海。長寧，《晋書載記》利鹿孤二年，龍見於長寧，麒麟游於綏羌。安夷，《晋書載記》烏孤署弟利鹿孤爲驃騎大將軍、西平公，鎮安夷。

“樂都郡，《南凉録》太初二年，後凉樂都太守田瑶以郡降。三年正月，烏孤徙治樂都。建和三年，傉檀襲位，潜號凉王，遷於樂都。《晋書載記》烏孤攻克金城，降吕光樂都、湟河、澆河三郡，西南羌胡數萬落皆附之。弘昌元年，傉檀大城樂都。嘉平三年，傉檀懼爲蒙遜所滅，又慮奇鎮克嶺南，乃遷於樂都。蒙遜圍樂都，三旬不克。傉檀以子安周爲質。蒙遜進圍樂都，傉檀嬰城固守，以子染干爲質，蒙遜乃歸。蒙遜又攻樂都，二旬不克而還。傉檀西襲乙弗，使太子武臺守樂都。熾磐乘虚來襲，一旬而城潰，熾磐入樂都，又傉檀徙焦朗餘衆於樂都。領縣一。有内城外城。苕藋，《晋書載記》傉檀伐蒙遜，至苕藋。

“武興郡，《晋書載記》傉檀僞游澆河，襲徙西平、湟河諸羌三萬餘户於武興、番禾、武威、昌松四郡。領縣九。嘉麟。武興。大城。烏支。襄武。晏然，《晋書載記》屠各成七兒叛傉檀，敗奔晏然，騎將白路等追斬之。新鄣。平狄。司監。

“晋興郡，《晋書載記》乞伏乾歸爲姚興所敗，率騎數百來奔，處之晋興。利鹿孤晋興太守陰暢。領縣九。晋興。枹罕。永固。臨津。臨漳。廣昌。遂興。罕唐。左南，《晋書載記》熾磐以傉檀爲驃騎大將軍，封左南公。

“昌松郡，《晋書載記》嘉平元年，姚興遣將齊難率衆迎吕隆於姑臧。傉檀攝昌松、魏安二戍以避之。姚弼衆至漠口，昌松太守蘇霸嬰城固守。弼喻霸令降，不從，城陷斬霸。《南凉録》昌松太守孟禕。嘉平二年正月，傉檀以子明德歸爲南中郎將，領昌松太守。領縣二。昌松，有漠口、窮泉。魏安，《晋書載記》焦朗據魏安降於秦。胡三省云，魏安縣在武威、昌松界，蓋曹魏所置，後魏又置魏安郡。案胡注非也。番禾郡，《晋書載記》蒙遜因克姑臧來伐，傉檀遣其安北段苟、左將軍雲連乘虚出番禾，以襲其後。徙三千餘家於西平。領縣一。番禾。

“金城郡，《晋書載記》隆安元年，烏孤太初元年，攻克金城郡。領縣七。允吾，有小晋興城、捫天嶺。金城。榆中。允街，《晋書載記》乞伏熾磐自西平奔允街，傉檀歸其妻。浩亹，《南凉録》太初三年，烏孤以從叔吐若流鎮浩亹。《晋書載記》樂都之潰，諸城皆降於熾磐，傉檀將尉賢政固守浩亹不下，既聞傉檀至左南乃降。有三堆。盤夷。

“西郡，《晋書載記》弘昌六年，傉檀率騎二萬，運穀四萬石以給西郡。蒙遜進攻西郡，陷之。西郡太守楊統。領縣五。日勒，《南凉録》弘昌六年，西郡太守以日勒降蒙遜。删丹。蘭池。萬歲，《南凉録》利鹿孤建和二年，遣將襲沮渠蒙遜於張掖，至萬歲臨松。仙提。

“晋昌郡，南凉領縣七。有石驢山、長寧川。伊吾。冥安。淵泉。廣至。沙頭。會稽。新鄉。

“三河郡，《晋書載記》三河太守吴陰。領縣一。白土，《西秦録》義熙八年，乞伏熾磐攻南凉三吴太守吴陰於白土，克之。案三吴即三河，音近而轉。

“湟河郡，《南凉録》太初二年，後凉湟河太守張稠以郡降。三年，以叔父素渥鎮湟河。《晋書載記》傉檀湟河太守文支以湟河降蒙遜，徙五千餘户於姑臧。縣無考。

“澆河郡，《南凉録》太初二年，後凉澆河太守王稗以郡降。

三年，烏孤以叔父若留鎮澆河。《元和郡縣志》獻帝建安中分金城置西平郡。南涼秃髮烏孤又以河南地爲澆河郡。案後魏張猛龍碑：祖興宗，僞涼時饒河、黄河二郡太守。今考‘黄’宜作‘湟’，‘饒’宜作‘澆’，碑字誤也。縣無考。

“廣武郡，《南涼録》吕光封烏孤廣武郡公。弘昌元年，秦遣使拜車騎將軍、廣武公。太初元年，烏孤耀兵廣武。建和二年，秦姚碩德自金城濟河，直趨廣武，利鹿孤攝廣武守軍以避之。《元和郡縣志》漢金城郡地，南涼秃髮烏孤都此。領縣五。廣武，有廉川堡、大山、街亭。令居。支陽，《晋書載記》勃勃擊傉檀，自楊非至支陽三百餘里，殺傷萬餘人，驅掠人口二萬餘，牛馬羊數十萬。有南山。永登。振武。

“邯川護軍，《晋書載記》傉檀邯川護軍孟愷，邯川人衛章等謀殺孟愷，南啓乞伏熾磐，郭越密告之，愷誘章等飲酒，殺四十餘人。”

同書考西秦涼州：“涼州，《晋書載記》乾歸涼州牧乞伏軻殫。涼州刺史出連虔。《西秦録》永康三年，熾磐以謙屯爲涼州刺史，鎮樂都。四年，以連虔代之。又涼州刺史段暉、慕末。涼州牧乞伏千年，鎮湟河。千年奔河西，以乞伏沃陵代之。共領舊郡二、新置郡四。

“武威郡，《晋書載記》乾歸以子没奕于爲武威太守，鎮嵻崀城。領縣五。姑臧，有五澗。宣威，有麥田、無孤山。祖厲。揟次。顯美，《北史·常爽傳》父坦，乞伏世封顯美侯。鶉陰。

“樂都郡，《西秦録》永康五年五月，熾磐聞傉檀西征，率步騎二萬襲樂都，傉檀降，遂并南涼。《通鑑》遜攻樂都，乞伏元基救之，蒙遜師退。領縣可考者一。附近有若厚塢、若涼。莒藋。

“建昌郡，西秦領縣三。案郡縣並據《地形志》列入。榆中。治城。《通鑑》暮末破翟承伯於治城。有譚郊。蒙水。

“晋興郡，《西秦録》太初十三年，秃髮利鹿孤迎乾歸，處之於晋興。永康四年，熾磐以王基爲晋興太守，鎮浩亹。案浩亹屬金城郡，西秦疑以晋興太守寄治浩亹也。《晋志》張駿以晋興郡屬凉州，今故列此。領縣可考者一。晋興，案《晋書·地理志》郡凡統晋興等十縣。今考枹罕當屬隴西，大夏等又别作郡，故所列止此。

“秦興郡，《通鑑》乾歸以子敕勃爲秦興太守，鎮度堅城。注：乾歸置秦興郡於度堅山。有度堅山、度堅城。縣無考。

“興國郡，《通鑑》乾歸以兄子阿柴爲興國太守，鎮疊蘭城。注：漢末，興國氐王阿貴據興國城，在略陽郡界。乞伏因其地名置郡。案秦興、興國二郡未知何屬，姑附於此，俟再考。有疊蘭城。”

同書考大夏凉州：“凉州，《晋書·地理志》勃勃以凉州牧鎮安定。統縣可考者七、城二。

“安定，《魏書·地形志》後漢、晋罷後復。《晋書載記》勃勃率騎三萬攻安定，姚泓將姚恢棄安定奔於長安。安定人胡儼、華韜率户五萬據安定降於勃勃。勃勃留鎮東羊苟兒鎮之，配以鮮卑五千。胡儼等襲殺苟兒以城降姚泓。《通鑑》勃勃聞劉裕伐泓，又進據安定，泓嶺北郡縣悉降，勃勃盡有嶺北之地。勃勃自安定還統萬。《夏録》永光三年，赫連昌留河内公費連烏提守高平，徙諸城以北編户於安定以都之。四年二月，魏軍至安定。三月，城潰，昌奔秦州。

“高平，《地形志》二漢屬安定，晋罷後復。《晋書載記》姚興使勃勃助没奕于鎮高平。《夏録》真興六年，勃勃將廢太子璝立酒泉公倫。璝聞將廢己，率衆七萬北伐倫，倫率騎三萬拒之，戰於高平，爲璝所敗，倫死之。永光三年，赫連昌留河内公費連烏提守高平。有高平川。

“鶉觚，有鶉觚原。

“陰密，《晋書載記》勃勃進攻陰密，殺姚興將姚良子及將士萬餘，以其子昌爲使持節、前將軍、雍州刺史，鎮陰密。

“上四縣舊屬安定郡。

“平凉，《晋書載記》勃勃率騎二萬入高岡，及於五井，掠平凉雜胡七千餘户以配後軍。勃勃遣其尚書金纂率騎二萬攻平凉，姚興求救，纂爲興所敗，死之。又遣赫連建將兵擊秦，執平凉太守姚周都，遂入新平。承光四年，昌自上邽退屯平凉。《魏書》赫連昌敗，定奔於平凉，自稱尊號。世祖襲平凉，定救平凉，方陣自固。世祖四面圍之，斷其水草。定不得水，引衆下原。詔武衛將軍丘眷擊之，衆潰，定被創單騎遁走。收其餘衆乃西保上邽。有高岡五井、馬髦嶺、依力川、涇南、我羅城、敕奇堡、黄石固。

"定陽，《晋書載記》勃勃兄子左將軍羅提率步騎一萬攻興將姚廣都於定陽，克之，坑將士四千餘人，以女弱爲軍賞。

"上二縣舊屬平凉郡。

"陰槃，《夏録》勝光元年十月，定畋於陰槃。有苛藍山。

"貳城，《晋書載記》勃勃進攻姚興將黨智隆於東鄉，降之，署智隆光禄勛，徙其三千餘户於貳城。《夏録》龍升三年，姚興自將擊勃勃至貳城。魏將娥青等攻貳城，拔之。

"右一城舊屬平凉郡。胡三省云即貳縣城也，在杏城西北平凉東南。案今以就近附此。

"侯尼城，《通鑑》赫連定欲復取統萬，東至侯尼城，不敢進而還。

"右一城，胡三省云在平凉東，故亦附此。"

[10]秦州：西晋置，治所在冀縣（今甘肅省甘谷縣東）。

清畢沅《晋書地理志新補正》："沅按《宋志》秦州治天水冀縣。"

孔祥軍《晋書地理志校注》："秦州泰始五年至太康三年治冀，在今陝西甘谷縣東（今注按，應爲甘肅省甘谷縣東），元康七年後治下邽，在今陝西天水市（今注按，應爲甘肅省天水市）。"

清洪亮吉《東晋疆域志》考證僑州實郡："秦州，《晋志》江左分梁爲秦，寄居梁州。又立氐池爲北秦州，《沈志》晋孝武立秦州，寄治襄陽。安帝世在漢中南鄭。案楊氏據仇池，常奉晋正朔，故晋得立北秦州。此志不録入者，亦與凉州張氏同例。又考義熙十三年劉裕置東秦州。《宋書·劉義真傳》領東秦州刺史，是東晋秦州有三，然實郡則止陰平一郡耳。”

清洪亮吉《東晉疆域志》考證遥立州郡：“東秦州，《宋書・劉義真傳》領東秦州刺史。《通鑑》以毛德祖領秦州刺史。胡三省云德祖所領即東秦州。凡領郡可考者二：

“天水郡，《晉書・毛德祖傳》以德祖爲中兵參軍，領天水太守。案是時劉裕未得天水，蓋遥領也。縣無考。

“南安郡，《晉書・毛德祖傳》從劉裕伐姚泓，頻攻滎陽、扶風、南安、馮翊數郡，所在克捷。縣無考。

“陰平郡，《晉志》泰始中置。《懷帝紀》永嘉六年陰平都尉董冲逐太守王鑒，以郡叛降於李雄。《成帝紀》咸和六年雄將李壽侵陰平，武都氐帥楊難敵降之。案董冲叛後郡蓋復歸，故咸和六年又云李壽侵陰平也。郡雖舊屬秦州，而與梁州境接，桓温平李氏後當兼有此郡，故《地理志》云江左分梁爲秦，寄居梁州，蓋專指此郡而言。所領縣當與西晉同。陰平，漢舊縣。平武，《沈志》蜀立曰廣武，晉武帝太康元年更名。《晉書・地理志》作平廣，誤。”

同書又考證東晉秦州僑置郡縣説：“秦州，凡統僑郡四，僑縣十。又案《司馬尚之傳》遣武都太守楊秋屯横江。武都當亦江左僑郡，附記於此。

“西京兆郡，《沈志》晉末三輔流民出漢中僑立。《沈志》領縣三。《永初郡國》無藍田縣，故不録。凡領縣二。杜。鄠，漢縣名。宋敏求《長安志》故城在今鄠縣北二里。《沈志》稱《太康地志》屬始平，西晉同，東晉僑立。

“西扶風郡，《沈志》晉末三輔流民出漢中僑立。領縣二，晉末當同。郿，漢縣名。《元和郡縣志》故城在今郿縣東一十五里，西晉屬扶風，東晉當與郡僑立。武功，漢縣名。《後漢書》注，故城在郿縣東四十五里，西晉屬始平郡，東晉僑立屬此。

“懷寧郡，《沈志》秦、雍流民，晉安帝立。本屬南秦州，寄治成都。《宋書・朱齡石傳》監秦州之安固、懷寧郡諸軍事。領縣三。治平。西平，《沈志》稱《何志》故屬天水，名西縣。案《宋書·孝懿蕭皇后傳》父卓爲洮陽令，時在東晋，則洮陽或亦係僑縣名。萬年，漢縣名。《長安志》漢故城在今櫟陽縣東北二十五里櫟陽故城。是西晋屬京兆，東晋僑立。

“安固郡，《沈志》張氏於涼州立，晋哀帝民流入蜀僑立，本屬南秦州，領僑縣三。案秦州上有南字，當亦宋永初後所加。略陽，漢縣名。《後漢書》注，故城在今秦州隴城縣西北。西晋屬略陽，東晋僑立。桓陵，《沈志》張氏立。臨渭，《沈志》稱《晋太康地志》屬略陽，東晋僑立。”

清洪亮吉《十六國疆域志》考前趙秦州：“秦州，《晋書·地理志》曜以秦、涼二州牧鎮上邽。《前趙録》光初二年，陳安自稱秦州刺史，叛降於曜。《晋書·張駿傳》駿遣張閬等率衆數萬攻掠秦州諸郡。光初十三年，遣河間王述屯秦州。”

同書考後趙秦州：“秦州，《晋書》趙王五年，石他擊羌胡於河西，克之，秦隴悉平。建平元年，秦州休屠王羌叛於勒，刺史臨深討之，爲羌所敗。隴右大擾，氐羌悉叛。勒遣石生進據隴城。郭權以石生敗，據上邽歸順於晋。於是京兆、新平、扶風、馮翊、北地皆應之。上邽豪族害權以降虎。虎建武元年，虎遣子斌帥師併秦、雍二州兵討光薄句大。虎秦州刺史劉群。凡得舊郡四。

“隴東郡，陝西《圖經》咸和四年，石趙取長安，分安定郡置隴東郡，治涇陽故縣。領縣可考者三。涇陽，漢舊縣。祖厲，漢舊縣。《地形志》前漢屬，罷後復，屬武威。晋罷後復屬。撫夷，漢舊縣。《地形志》後漢、晋罷復屬。

“隴西郡，後趙領縣五。襄武。首陽。臨洮。狄道，《晋書》建元元年，石虎將劉寧攻狄道，陷之。有武街。枹罕，《晋書》石虎以麻秋鎮枹罕，張重華枹罕護軍李逵率衆來降。自河以南氐羌始皆來附。

“南安郡，後趙領縣三。豲道。新興。中陶。

“天水郡，後趙領縣六。上邽，《晋書》太和三年，石虎進屠上邽，盡滅劉氏。延熙元年，郭權以石生敗，據上邽歸晋。上邽豪族殺權以降。《前趙録》秦凉州刺史石寧獨據上邽不下，苻雄擊斬之。有西城。冀。始昌，《水經注》稱《晋書地道記》始昌峽，在天水始昌縣故城西也。新陽。顯新。成紀，有隴山。

“武都郡，建武九年，虎遣將劉寧攻武都，陷之。下辯，《晋書》大寧元年，梁犢自稱晋征東大將軍，率衆攻陷下辯。河池，《水經注》一名仇池。沮。武都。故道。”

同書考前秦秦州：“秦州，《晋書·地理志》苻健以秦州刺史鎮上邽。《載記》健秦州刺史苻願、張重華復使王擢伐上邽，秦州郡縣多應之。願戰敗，奔長安。健以啖鐵爲秦州刺史。堅以苻雄爲都督秦、晋、凉、雍諸軍事，秦州牧。又堅時秦州刺史滔、啖鐵、苟池、楊璧、苻雙、王統。苻丕以統爲秦州牧。統以秦州降姚萇。萇遣將王破虜略地秦州。苻登進攻姚碩德於秦州。領漢郡一、晋郡一、又新置郡一。

“隴東郡，《晋書》苻雄攻王擢於隴上，擢奔凉州，雄屯隴東。苻健以苻敞爲隴東太守。堅時隴東太守姚萇。苻登以竇衝督隴東諸軍事。登攻萇將張業生於隴東，萇救之，不克而還。隴東郡領縣可考者三。涇陽，漢縣名，屬安定。《元和郡縣志》苻秦又置涇陽縣。《長安志》苻堅於今涇陽縣東南二十八里置涇陽縣。太初二年，苻纂敗姚碩德於涇陽。有涇水、宜秋。祖居。撫夷。

“天水郡，《前秦録》甘露五年，白虎見天水。《晋書》天水羌延起兵應苻丕。領縣六、護軍一。上邽，《晋書》苻雙據上邽叛堅，堅遣楊成世、毛嵩等討之，爲雙及苻武所敗。堅又遣王鑒、吕光等率中外精鋭討之。苻雄、竇衝繼發。雙、武乘勝至於隃糜，鑒等擊敗之。武棄安定，隨雙奔上邽。鑒等攻上邽，克之，斬雙武。毛興鎮上邽，以苻登爲長史。姚萇遣弟碩德攻興。有胡奴阜。冀，有孤磐。始昌。勇士護軍，《晋書》堅益州刺史王統攻隴西鮮卑乞伏司繁於度堅山。司繁率騎三萬，拒統於苑川。統潛襲度堅山，司繁詣統降。堅以司繁從叔吐雷爲勇士護軍，撫其部衆。有勇士川。新陽。顯新。成紀，《前秦録》甘露四年七月，黄龍見於成紀。

"略陽郡，《晋書》堅平羌將軍高離據略陽叛，鄧羌及秦州刺史啖鐵討平之。堅遣王猛等討羌斂岐於略陽。猛攻破略陽，斂岐奔白馬。猛遣邵羌追之，使王撫守侯和，姜衡守白石。邵羌擒斂岐於白馬。略陽太守王皮降姚萇。凡領縣六。臨渭，《沈志》稱《晋太康地志》屬略陽。平襄。略陽。清水，《晋書》苻登與姚萇將姚崇争麥於清水，累爲崇所敗。有格奴坂。緜諸。隴城。"

同書考前秦南秦州："南秦州，《晋書》咸安二年，苻堅陷仇池，執秦州刺史楊世，即以爲南秦州刺史。寧康元年，堅以王統爲南秦州刺史，並鎮仇池。又堅南秦州刺史楊壁。苻丕以壁爲南秦州牧。苻登以竇衝爲南秦州牧。《通鑑》注秦置秦州於上邽，仇池在其南，故置南秦州。領漢郡二、楊定新置郡一。

"武都郡，《太平寰宇記》稱《十六國春秋》苻健於陳倉縣三交故城置武都郡。《前秦録》堅武都太守姚萇，苻登次朝那，姚萇據武都與登相持。領縣四。下辯，漢舊縣。《晋書》苻宏奔南秦州刺史楊壁於下辯，爲壁所距，乃奔武都氐豪張熙。有方山。沮，有武興戍、沮水。武都，有白馬。故道。

"仇池郡，《太平寰宇記》晋孝武帝時，武都氐豪楊定擁衆仇池，稱藩於晋，求割天水之西縣、武都之上禄縣爲仇池郡。《宋書》仇池地方百頃，因以百頃爲號。《晋書》苻堅遣將苻雅、楊安與益州刺史王統率步騎七萬先取仇池，進圍寧益。雅等次於鷲峽，楊纂率衆五萬拒雅。晋梁州刺史楊亮遣郭寶救之，戰於陝中，爲雅等所敗。纂收衆奔還。雅進攻仇池，楊統率武都之衆降於雅，纂懼出降，送於長安。以楊統爲南秦州刺史，加楊安都督，鎮仇池。晋梁州刺史楊亮遣子廣襲仇池，與堅將楊安戰，廣屢敗績。晋沮水諸戍皆委城奔潰，亮懼，退守磬險。安遂進寇漢川。領縣三。有仇池山、鷲峽。仇池，漢河池縣。案縣名當與郡同改。西，有歷城。上禄，《太平寰宇記》上禄縣，東晋屬仇池郡。

"陰平郡，領縣二。陰平。平武，詳見《後蜀疆域》。"

同書考後秦秦州："秦州，《晋書載記》萇如秦州，與堅刺史王統相持，統降。萇以弟碩德爲秦州刺史，鎮上邽。萇復如秦州，爲苻登所敗。興以碩德爲秦州牧，鎮上邽。魏人襲没奕于，于率部衆與赫連勃勃奔秦州。秦州刺史姚嵩。興使子弼鎮秦州。楊盛攻陷祁山，遂逼秦州，泓遣姚平救之，盛引退。勃勃攻陷陰密，執秦州刺史姚軍都。乞伏曇達擊泓秦州刺史姚艾於上邽，破之。《太平御覽》稱《後秦録》姚泓永和元年，秦州地陷裂，巖嶺崩墜，人舍壞。凡統舊郡二、增置郡二。

"天水郡，《晋書載記》姚萇自安定引會姚碩德攻前秦秦州刺史王統於天水。萇天水太守王松忩。苻登攻萇天水太守張業生於隴東，萇救之，登引去。《北史・趙逸傳》兄温，爲姚泓天水太守。領縣六。《經》萇僑置天水郡於涇陽。上邽，《晋書載記》萇饗將士於上邽，上邽人姜乳據本縣以叛，自稱秦州刺史，姚碩德討降之。强熙及略陽豪族權干城率衆圍上邽，姚碩德擊破之。興使没奕于權鎮上邽。赫連勃勃殺没奕于，收其衆以叛，興遣齊難等討之，難爲勃勃所擒。興復遣姚冲等討之。有竹嶺、胡奴阜。冀，《晋書載記》萇遣邢奴戍冀城。《太平御覽》稱《後秦記》姚泓永和元年，天水冀縣石鼓鳴，聲聞數百里。野雉皆雊。秦州地震者三十二，殷殷有聲者八。有姚弋仲墓。始昌。新陽。顯新，休官權干城據顯親，自稱秦州牧。成紀，《晋書載記》興處越質詰歸於成紀。乞伏乾歸降，興處之於成紀。興遣姚碩德率隴右諸軍伐乞伏乾歸，興潜赴之，乾歸敗走，降其部衆三萬六千，收鎧馬六萬匹。

"略陽郡，《晋書載記》勃勃寇清水，太守姚壽都委守奔秦州。泓略陽太守王焕、姚龍。領縣六。臨渭。平襄，《晋書載記》封乞伏歸仁爲平襄公。略陽，《晋書載記》萇使姚詳戍略陽，詳爲楊定所攻，棄洛陽奔陰密。姚碩德擊權干成於略陽，干成降。有水洛城。清水，《晋書載記》姚嵩及姚秦都王焕追楊盛至清水，爲盛所敗，嵩等皆戰死。有隴口、伯陽堡、格奴坂。緜諸。隴城，《晋書載記》萇使姚常戍隴城，楊定攻隴冀，克之，斬常。

"隴東郡，《晋書載記》武都氐屠飛、啖鐵等殺隴東太守姚迴。

隴東太守郭播。領縣三。涇陽，《晋書載記》興自安定如涇陽，與苻登戰於山南，斬登。有涇水。祖厲。撫夷。

“廣武郡，《後秦録》姚碩德從金城濟河，直趣廣武。《晋書載記》興封秃髮傉檀爲廣武公。領縣五。廣武。令居。枝陽。永登。振武。”

同書考後秦南秦州：“南秦州，後秦統郡三。案後秦南秦州，《晋書載記》及《後秦録》雖無可考，然所統武都、仇池等郡皆見著録。則亦沿苻秦之舊可知。故列此。

“武都郡，後秦領縣四。有方山。下辯，《晋書載記》興將姚斂成等伐楊盛軍從下辯進。沮。武都，《晋書載記》興封楊盛爲武都侯。故道。

“仇池郡，《晋書載記》弘始六年，興遣姚碩德等伐楊盛於仇池，盛遣弟壽距之。壽懼，降。碩德還師。（弘始七年）復使姚碩德、徐洛生等伐仇池，盛懼，請降。領縣四。仇池。西。上禄。宕昌，《晋書載記》興將姚壽都等伐楊盛，入宕昌。盛遣楊斌拒之，都逆擊，擒斌。興復伐仇池，趙琝自宕昌進軍。《水經注》羌水東南流逕宕昌城東。

“陰平郡，後秦領縣二。陰平。平武。”

同書考前凉秦州：“秦州，《前凉録》建興四年，張祚拜秦州刺史。《晋書》永昌初，茂使將軍韓璞率衆取隴西南安之地以置秦州。咸和初，駿遣武威太守竇濤等率衆會韓璞攻討秦州諸郡。駿稱凉王，領秦、凉二州牧。石虎將王擢奔重華，重華以爲秦州刺史。擢伐苻健，大敗奔還。重華復授擢兵攻秦州，克之。祚遣其平東將軍、秦州刺史牛霸等擊王擢，破之，擢奔於苻健。凡統舊郡可考者二、增置郡一、縣十三。

“隴西郡，《張軌傳》寔隴西太守吴紹。駿盡有隴西之地，士馬强盛。秦州刺史王擢鎮隴西。隴西人李儼誅大姓彭姚，自立於隴右，奉中興年號，玄靚遣牛霸討之。領縣三。襄武，漢舊縣。首陽，漢舊縣。臨洮，漢舊縣。《張軌傳》太寧元年，臨洮人翟楷等逐令長，應劉曜。韓璞等擊劉曜，戰於臨洮，爲曜所敗。

“廣武郡，《晋志》張宴分金城之令居、枝陽二縣，又立永登縣，合三縣立廣武郡。《通典》前凉張寔分隴西郡置。案《元和郡縣志》張駿三年分興晋置廣武郡。隋開皇三年，罷郡置廣武縣。今考廣武縣前凉時已有，苻秦、西秦因之，此言隋時始置，疑誤。《晋志》《通典》並言張寔置，此獨云張駿置，疑亦誤也。《晋書》天錫廣武太守辛章。領縣五。廣武，《太平寰宇記》漢枝陽縣地。前凉張駿三年，分晋興於枝陽，置廣武縣。《張軌傳》石虎使王擢、麻秋等侵寇，重華遣將裴恒禦之，恒壁於廣武。有纏縮城、楊非亭、青塞。令居，漢舊縣。《張軌傳》劉胤乘勝追奔濟河，攻陷令居。韓璞等大爲曜軍所敗，追至令居，駿遂失河南之地。枝陽，漢舊縣。《圖經》晋初廢，前凉張氏復置。永登，《晋志》張寔立。振武，《晋書》劉胤敗張駿將韓璞之兵於沃干嶺，追奔濟河，至令居，進據振武。又謝艾引兵出振武擊麻秋。

“天水郡，漢置。前凉領縣六。《前凉録》天錫天水太守史緩。《西凉録》李暠祖父弇，前凉天水郡太守。有綿諸故縣、勇士故縣，有菀川。上邽，漢舊縣。《前凉録》天錫八年奉表於晋，又與桓温書克期大舉，都會上邽。有柔凶塢。冀，漢舊縣。《張軌傳》劉曜遣其將劉咸攻韓璞於冀城。有桑壁。始昌，詳見《三國疆域志》，《水經注》稱《晋書地道記》始昌縣，故西城也。《圖經》晋置始昌縣，而西縣始廢。新陽，魏舊縣。《張軌傳》焦崧、陳安逼上邽，南陽王遣使告急，寔遣金城太守竇濤等赴之，軍次新陽。顯新，漢舊縣。成紀，漢舊縣。案秦州所屬，又有略陽等郡。今考諸書，張氏時蓋未有其地，故不敢録入。

“武街護軍，《張軌傳》咸和五年，駿置武街、石門、侯和、漒川、甘松五屯護軍，與石勒分境。《穆帝紀》永和二年，石虎將王擢襲武街，執張重華謹軍胡宣。《通鑑》王擢等略地晋興、廣武、武街，至於曲柳。案武街本晋惠帝時分狄道所置縣，駿蓋因之立護軍也。

“石門護軍。

“侯和護軍。

“湿川護軍。

“甘松護軍，有甘松山。

“枹罕護軍，案《前凉録》永嘉五年，枹罕令嚴羌。《張軌傳》枹罕護軍辛晏。又永和三年，枹罕護軍李逵。蓋枹罕有令又有護軍也。故兩存之。

“宣威護軍，《通鑑》天賜貶宋皓爲宣威護軍。

“宛戍都尉，《張軌傳》麻秋執大夏太守宋晏，遣晏以書誘宛戍都尉宋矩。案《矩傳》亦同。

“寧戎校尉，《張軌傳》寧戎校尉張璩。

“西城校尉，《太平御覽》稱《前凉録》張植爲西城校尉，與奮威將軍牛霸率騎救張冲。六月至於涉沙，無水，士卒渴甚，植乃剪髮肉袒徒跣升壇，慟泣求雨。俄而雲起西北，雨水成川。”

同書考北凉秦州：“秦州，《晋書》永安十二年，蒙遜以其弟挐爲護羌校尉、秦州刺史，封安平侯，鎮姑臧。旬餘而挐死，又以從祖益子爲鎮京將軍、護羌校尉、秦州刺史，鎮姑臧。《北凉録》正始元年冬十月，蒙遜遷都姑臧，僭即河西王位。案《通鑑》牧犍以弟宜得爲秦州刺史，都督丹嶺以西諸軍，領張掖太守。今考以秦州領張掖蓋牧犍時事，今以蒙遜時爲準。凡統郡四。

“武威郡，《魏書》魏割凉州之武威、張掖、敦煌、酒泉、西海、金城、西平七郡，封蒙遜爲凉王。領縣五。姑臧，《晋書》永安十一年，蒙遜擊敗傉檀，乘勝至姑臧，夷夏降者萬數千户。傉檀懼，請和。許之而歸。及傉檀南奔樂都，魏安人焦朗據姑臧自立。蒙遜率步騎三萬攻朗，克而宥之。玄始元年，蒙遜遷都姑臧。《魏書》世祖至姑臧，遣使諭牧犍令出，牧犍嬰城自守。城拔，牧犍與左右文武面縛請罪，詔釋其縛。徙凉州民三萬餘户於京師。牧犍姑臧太守闞駰。有謙光殿、游林堂、路寢、新樂門、南景門、端門、當陽門、東苑、陸沈館、帶石山、天梯山、百里崖、涌泉、文車澤、五澗、沮渠蒙遜墓。祖厲。宣威。揟次。顯美，《晋書》蒙遜伐秃髪至顯美，徙數千户還。驪靬。鸇陰。

"西平郡，《北凉録》永弘二年，蒙遜拔西平，執太守麴承。領縣四。西都。臨羌。長寧，《太平御覽》稱《北凉録》和寧令張譚，疑即此。安夷，有勒姐嶺。

"昌松郡，北凉領縣二。昌松，有窮泉、街亭城、魏安。

"番禾郡，《晋書》蒙遜襲狄洛磐於番禾，不克。玄始八年，乞伏墓末攻番禾。《元和郡縣志》北凉沮渠蒙遜立爲番禾郡。案辯已見《後凉疆域》。領縣一。番禾。"

同書考西秦秦州："秦州，崔鴻《十六國春秋·西秦録》國仁自稱大都督將軍、大單于，領秦河二州牧，改秦建元二十一年爲建義元年，置武城、苑川等十二郡，築勇士城以都之。《晋書載記》國仁置武城、武陽、安固、武始、漢陽、天水、略陽、漒川、甘松、匡朋、白馬、苑川十二郡。乾歸以乞伏益州爲秦州牧。苻登以乾歸領秦益凉梁沙五州牧。《通鑑》熾磐秦州刺史曇達、王松壽、翟爽。秦州牧姚艾、曇達。曇達爲州牧，鎮南安。案國仁所置十二郡，除漒川爲梁益二州治所，南安郡爲東秦州治所，餘蓋皆屬秦州。廣武一郡，前凉、後秦並屬秦州。故亦録屬焉。凡統前凉郡一、新置郡十一。

"苑川郡，李吉甫《元和郡縣志》漢金城郡地。永嘉末，前凉張軌分立興晋郡。張寔徙金城縣，即今蘭州理是也。西秦乞伏乾歸都苑川，南凉秃髪烏孤都廣武，皆此地。《圖經》稱《十六國春秋》東晋初，鮮卑乞伏述延破别部莫侯於苑川，自牽屯徙居之。《西秦録》述延立遷於苑川。建元七年，秦將王統來伐，司繁率騎三萬拒統於苑川。建義三年，苻登遣使拜國仁大將軍、苑川王。太初十三年，乾歸爲姚興所敗，遁歸苑川。是年乾歸奔長安。十四年，姚興遣乾歸還鎮苑川，盡以部民配之。十九年五月，苑川地震裂。二十一年，乾歸奔還苑川，遂如枹罕，留熾磐鎮之。《晋書載記》乾歸復都苑川，又攻克姚興略陽、南安、隴西諸郡，徙二萬五千户於苑川及枹罕，又攻克興别將姚龍於伯陽堡、王憬於永洛城，徙四千餘户於苑川。《通鑑》乾歸徙都譚郊，留熾磐鎮苑川。熾磐以婁機鎮苑川。赫連勃勃攻苑川。案苑川郡在國仁所置十二郡之末，今以都城所在，故首列焉，餘並從載記次序。苑川有乾歸城、西城、嵻峎山、嵻峎城、南山、勇士川、渴渾川。

“武城郡，乞伏國仁置。案張駿置武城郡，屬河州，當即此。國仁蓋重置也。領縣無考。

“武陽郡，乞伏國仁置。領縣無考。

“安故郡，乞伏國仁置。案前凉分西平金城二郡地置安故郡。國仁所置當即仍張氏之舊也。領縣可考者一。安故。

“武始郡，乞伏國仁置。《地形志》晋分隴西置武始郡，國仁當亦仍晋之舊。領縣一。狄道。

“漢陽郡，乞伏國仁置。領縣二。據魏《地形志》録入。陽廉。階陵，案《地形志》又有黄瓜縣。注云，真君八年置。是以未録入，下並同。西秦地後入魏，又年代相距甚近，故州縣無可考者，兼采《地形志》以補焉。

“天水郡，乞伏國仁置。案天水，漢舊郡。國仁蓋重置也。下略陽等郡同。領縣三。上邽，《晋書載記》天水姜乳襲據上邽，乾歸遣乞伏益州討之。熾磐遣曇達、王松壽等率騎一萬伐姚艾於上邽，曇達進據蒲水，艾距戰，大敗之。艾奔上邽。又遣曇達、元基東討姚艾，降之。遣木奕于等率騎攻上邽。《西秦録》慕末降，送於上邽，及宗族五百餘人悉爲赫連定所誅。有大寒嶺、竹嶺、蒲水、大利、黄石戍、大羌戍、馬頭。顯新，《晋書載記》顯新，休官權小成、吕奴迦等叛保白坑。曇達進攻白坑，斬小成、奴迦，及首級四千七百。隴右休官悉降。平泉。

“略陽郡，乞伏國仁置。《晋書載記》乾歸攻克姚興略陽、南安、隴西諸郡。熾磐以王孟保爲略陽太守，鎮赤水。慕末略陽太守楊顯以郡降夏。領縣六。臨渭。平襄，《晋書載記》國仁討鮮卑越質叱黎於平襄，大破之。越質詰歸據平襄叛乾歸，乾歸擊降之。略陽，《西秦録》太初九年，權千成率衆攻秦上邽，不克，退保略陽。有水洛城、安陽城、鳴蟬堡。清水，《晋書載記》乾歸遣將公府追彭利髮，及於清水斬之。有白陽堡、倿辰谷。緜諸。隴城。

“甘松郡，乞伏國仁置。縣無考。

“匡明郡，乞伏國仁置。縣無考。

“白馬郡，乞伏國仁置。《圖經》本白馬氐羌所居。太元十年，國仁得其地，置白馬郡。縣無考。

“廣武郡，《太平寰宇記》乾歸自苑川徙都焉。《晋書載記》熾磐以趙恢爲廣武太守，鎮廣武。蒙遜攻廣武郡，拔之。領縣四。廣武。令居。支陽，《晋書載記》乾歸遣乞伏益州攻掠支陽、鸇武、允吾三城，克之。《通鑑》注，張寔分支陽屬廣武郡。鸇武當在支陽、允吾二縣之間。鸇武。允吾，《晋書載記》乾歸保允吾，爲姚興所敗。太初十三年，乾歸爲姚興所敗，馳至允吾，乞降於利鹿孤。永登。

“西安郡，《西秦録》永弘二年西安太守莫幼眷據漢川以叛，慕末討之，爲幼眷所敗。

同書考西秦東秦州：“東秦州西安郡，《西秦録》孝武帝太元十一年，國仁建義二年，秘宜與莫侯悌眷帥其衆三萬餘户降於乞伏國仁，國仁拜宜東秦州刺史。十七年，休官權千成據顯親自稱秦州牧。太初六年，權千成爲秦所逼，請降於金城王乾歸，乾歸以爲東秦州刺史、休官大都統、顯親公。案國仁置東秦州，未知所治何所，據《方輿紀要》及陜甘《圖經》，西秦時，東秦州治豲道城，則南安郡屬東秦州也。又乾歸即顯親置東秦州以處權千成，疑顯親等數縣亦當屬東秦州。《地志》闕略，無可依據，姑附記於此，以俟再考。

“南安郡，《晋書載記》南安秘宜及諸羌虜來擊國仁，四面而至。國仁勒衆五千襲其不意，大敗之。秘宜奔還南安，尋與其弟莫侯悌率衆三萬餘户降於國仁。《西秦録》建弘七年，勃勃遣韋代攻南安，拔之，執秦州刺史翟爽、南安太守李亮。李延壽《北史·附庸傳》慕末爲赫連定所拒，遂保南安。《西秦録》永弘四年，赫連定遣其叔北平公韋代率衆一萬攻南安，城内大饑，人相食，慕末乃銜璧出降。《通鑑》慕末南安太守翟承伯、李亮。領縣三。有南安峽、高田谷、罕開谷。獂道。新興。中陶。”

同書考大夏秦州：“秦州，《晋書·地理志》勃勃以秦州刺史鎮杏城。《晋書·安帝紀》義熙十二年，勃勃攻姚泓秦州，陷之。案《夏録》安定城潰，赫連昌奔秦州，而《魏書》及《北史》則并云西奔上邽，明秦州自義熙十二年後已移鎮上邽也。舊統城一。移鎮上邽後統縣可考者一、城一。

“杏城，《晋書·苻堅載記》匈奴左賢王衛辰等侵苻堅杏城。《赫連勃勃載記》勃勃攻姚興將姚達於杏城，二旬克之，執達及其將姚大用等。勃勃自安定引歸杏城。

“右一城在漢上郡雕陰縣舊地。

“上邽，《晋書載記》勃勃攻上邽，二旬克之，殺姚泓秦州刺史姚平都。《魏書》赫連昌軍大潰，奔於上邽。《夏録》勝光三年，魏軍來襲，十月，克安定，進攻平原。十一月，定遂掠民五萬户西奔上邽。四年，魏遣益州刺史没利延、寧州刺史拾虎率騎三萬來伐，遂擒定，送於魏。

“右一縣舊屬天水郡。案《通鑑》宋元嘉六年夏，隴西守將降魏，當即指此。

“清水城，《晋書載記》勃勃攻姚興將姚壽都於清水城，壽都奔上邽。有白崖堡。

“右一城舊屬略陽郡。”

同書考大夏北秦州：“北秦州，《晋書·地理志》勃勃以北秦州刺史鎮武功。統縣可考者三。武功。

“右一縣舊屬始平郡。

“雍城，《晋書載記》勃勃進攻姚泓將姚諶於雍城，諶奔長安。有龍尾堡。

“郿城，《晋書載記》勃勃進掠郿城，泓遣其將姚紹來拒，勃勃退如安定。

“右二縣舊屬扶風郡。”

[11]梁州：古九州之一。三國曹魏治所在沔陽縣（今陝西省勉縣東），西晋移治南鄭縣（今陝西省漢中市東）。

孔祥軍《晋書地理志校注》：“據《宋志》：‘魏元帝景元四年，平蜀，復立梁州，治漢中南鄭，而益州治成都。’則梁州治南鄭，在今陝西漢中市。”

清洪亮吉《東晋疆域志》考證東晋梁州僑置郡縣説：“梁州，《沈志》李氏據梁、益，江左於襄陽僑立梁州。《晋書·周訪傳》訪爲梁州刺史，屯襄陽。凡統僑郡五，實郡有僑縣三，共僑縣十二。

“新巴郡。漢昌，漢縣名。劉昭稱《巴記》曰分宕渠之北置。西晋屬巴西。《元和郡縣志》晋孝武帝自白沙戍移漢昌縣，僑理涪縣下，仍屬新巴郡。

“南新巴郡，案郡所領縣五。《沈志》稱《何志》皆云晋安帝、哀帝立，則郡亦東晋時置可知。《沈志》又稱《起居注》，新巴民流寓。文帝元嘉十二年於劍南立。疑《起居注》有誤也。新巴，《沈志》稱《何志》晋安帝立。下四縣並同。晋城。晋安。漢昌。桓陵。

“巴西郡。西充國，漢縣名。《元和郡縣志》晋孝武於漢涪縣地僑置西充國縣，屬巴西郡。案《太平寰宇記》李雄亂後，其城荒廢，故孝武復僑理於此耳。益昌，《沈志》稱《徐志》不注置立。《元和郡縣志》晋孝武又於涪縣地僑置益昌縣，則益昌實縣必孝武以前置也。

“北陰平郡，《晋志》梁州郡縣没於李特，尋屬楊茂搜。其晋人流寓於梁、益者仍於二州立南北陰平郡。《沈志》稱《徐志》本屬秦州。樂史稱《輿地志》亦同。縣無考。

“南漢中郡，《沈志》稱《晋地記》孝武太元十五年，梁州刺史周瓊表立。《晋志》孝武又别置南漢中郡。案此蓋漢中郡民流寓於此，故立。後郡旋廢，至宋大明三年復立也。《徐志》亦云北漢中民流寓立。《宋書·朱齡石傳》南漢中郡又屬益州，領縣可考者一。南漢，《沈志》稱《何志》晉穆帝立，故屬漢中。

“晉熙郡，《沈志》秦州流民，晉安帝立。領縣二。晉熙，《沈志》晉安帝立。萇陽，《沈志》晉安帝立。

“東江陽郡，領僑縣一。綿水，《沈志》稱《何志》晉孝武立。《元和郡縣志》晉於江陽縣地置緜水縣。樂史同。

“西江陽郡，《圖經》東晉分置西江陽郡。《沈志》中失本土，寄治武陽。《太平寰宇記》晉永和中置西江陽郡。《一統志》晉安帝於漢武陽縣僑置江陽，亦曰西江陽郡。案此則東晉之江陽即西江陽郡，以別於東江陽，故俗又加西字耳，非兩郡也。”

清洪亮吉《十六國疆域志》考前趙東梁州：“東梁州，《圖經》稱《前趙録》嘉平元年聰以彭天護爲梁州刺史。”

同書考前秦梁州：“梁州，《晉書》寧康元年，苻堅遣王統、朱肜率卒二萬爲前鋒寇蜀，毛當、徐成入自劍閣，楊亮率巴獠萬餘拒之，戰於青谷，王師不利，亮奔固西城。朱肜乘勝陷漢中，徐成又攻二劍，克之。楊安陷梓潼及梁益二州，堅以楊安都督益梁諸軍事、梁州刺史。堅克梁益，以毛當爲梁州刺史，鎮漢中。堅梁州刺史韋鐘，圍魏興太守吉挹於西城。堅梁州刺史潘猛。猛棄漢中奔長安。苻丕以竇衝爲梁州牧。太初二年，苻登以楊壁爲梁州牧。領漢郡二、魏郡三、晉郡一。

“漢中郡，前秦領縣八。南鄭。蒲池。褒中。沔陽。城固，建元二十一年，晉楊佺期進據城固，有西樂城。西鄉。黄金。興道，有青谷。

“魏興郡，《晉書》苻堅遣梁州刺史韋鐘寇魏興。晉將毛武生救之，與堅校尉姜宇等戰於南縣，王師敗績。韋鐘攻陷魏興，執太守吉挹。《桓冲傳》冲遣上庸太守郭寶伐堅魏興太守褚垣、上庸太守段方，並降之。領縣六。西城，有大勢城、女媧堡。興晉。安康。錫。鄖鄉。洵陽。

“新城郡，《晋書·桓冲傳》苻堅新城太守麴常遁走。領縣四。房陵。綏陽。昌魏。沶鄉。

“上庸郡，前秦領縣五。上庸。安富。北巫。武陵。廣昌。

“梓潼郡，《晋書》寧康元年，楊安進據梓潼。苻堅以裴元略爲巴西、梓潼二郡太守。壘襲以涪城來降。領縣五。梓潼，有劍閣、大劍山、小劍山、七曲山。涪城，《晋書》太元八年，楊亮拔五城，進攻涪城，堅遣張蚝、姚萇救之。張蚝出斜谷，楊亮引還。武連。萬安。漢德。

“新都郡，前秦領縣五。雒。什方。綿竹，《晋書》寧康元年，晋益州刺史周仲孫勒兵距朱彤於綿竹。是歲，蜀人張育、楊光屯綿竹。鄧羌擊育、光於綿竹，皆害之。陽泉。新都。”

同書考後秦梁州：“梁州。漢中郡，《晋書載記》興遣狄伯支迎流人曹會、牛壽萬餘户於漢中。興遣將斂俱寇漢中，俱徙漢中流人郭陶等三千家於關中。晋梁州督護苻宣入漢中，興梁州别駕吕營等起兵應宣。領縣八。南鄭。蒲池。褒中。沔中。成固，《晋書載記》斂俱寇陷成固。西鄉。黄金。興道。”

同書考後秦南梁州：“南梁州，《晋書載記》晋梁州督護苻宣入漢中，興梁州别駕吕營等應之，求救於楊盛。盛遣軍至濜口，南梁州刺史王敏退守武興。興遣敏救譙縱。統郡一。

“武興郡，前凉置。後秦領縣可考者一。武興。”

同書考成漢梁州：“梁州，《晋書·地理志》梁州郡縣没於李特。永嘉中又分屬楊茂搜，其晋人流寓於梁、益者仍於二州立南北二陰平郡。《載記》梁州刺史許雄遣軍攻特，特陷破之。雄遣李國、李雲率衆二萬寇漢中，梁州刺史張殷奔長安。雄復遣李離寇梁州。雄以李鳳爲梁州刺史，鳳叛，誅之。以李壽爲梁州刺史。《通鑑》成帝咸和三年，雄以李玝爲凉州刺史代壽，屯晋壽。九年，期又以壽爲梁州刺史，屯涪。咸康四年，壽以任調爲梁州刺史。凡統舊郡六、增置郡二、縣四十三。

“漢中郡，《後秦録》建興元年，李離攻漢中，轉寇梁州。《晋書載記》晋建威將軍司馬勛屯漢中，期遣李壽攻而陷之。《通鑑》梁州人張咸以漢嘉、涪陵、漢中之地歸雄。《元和郡縣志》晋末李特據蜀，漢中又爲所有。桓温討平之。領縣八。南鄭，《晋書載記》李國等陷南鄭，盡徙漢中人於蜀。咸康二年，期置漢中守宰，戍南鄭。蒲池。褒中。沔陽。成固，雄晏平二年，關中流民鄧定等二千餘家饑饉，流入漢中，保於成固。西鄉。黄金。興道。

"梓潼郡，《晋書・惠帝紀》永寧元年，李特陷梓潼、巴西。《懷帝紀》永嘉三年，李雄別帥劉羡以梓潼歸順。四年，李雄陷梓潼，流梓潼太守李離。《載記》李離據梓潼，爲部將張金苟等所殺，以梓潼歸於羅尚。雄遣將張寶襲梓潼，陷。以寶爲太守。《蜀録》特稱益州牧，以雄鎮梓潼。領縣八。

"涪城，《晋書載記》梓潼降譙登，登進據涪城，雄自攻之，爲登所敗。李驤以羅尚卒，郡亂，進攻涪城，陷之，執梓潼太守譙登。期使李壽伐李都弟玝於涪城。玝棄城降晋。冬城涪縣。《蜀録》期以壽領梁州刺史，鎮涪城。《晋書載記》勢遣李奕襲弟廣於涪城。有赤祖。梓潼。武連。萬安。漢德，《晋書載記》李蕩追衙博至漢德，博走葭萌。葭萌，《晋書載記》李蕩進攻葭萌，衙博又遠遁，其衆盡降於蕩。李玝勸班以李期爲梁州刺史，鎮葭萌。《通鑑》楊難敵兄弟爲劉曜所破，奔葭萌。《晋書載記》李奕自晋壽舉兵反，蜀人多從奕，衆至數萬。勢夜出成都東門，與昝堅走至晋壽，送降文於温。案漢葭萌縣，蜀先主改爲漢壽，晋武帝又改漢壽爲晋壽。今考李特據蜀後，當又改晋壽爲葭萌，故《蜀録》及《載記》等自特至壽皆言葭萌。至李勢時始改言晋壽，明勢降晋後從晋人所紀録也。書此以補志傳之闕。劍閣，有劍閣。白水，玉衡十三年，雄遣李琀等攻楊難敵，由白水道。勢送降文於桓温，云即日到白水城。

"廣漢郡，《晋書・惠帝紀》永寧元年，太尉河間王顒遣將衙博擊李特於蜀，爲特所敗，遂陷梓潼、巴西，害廣漢太守張徵，自號大將軍。《載記》永康中，特攻辛冉於廣漢，冉衆出戰，特每破之。冉奔江陽，特入據廣漢，以李超爲太守。壽廣漢太守解思明、李乾。領縣八。廣漢，《通鑑》李壽寇寧州，以費黑爲前鋒，出廣漢。雒。什方，有南陽郡故城。綿竹，《蜀録》元康中，特兄弟怨趙廞，引兵歸綿竹。《載記》特結大營於綿竹，以處流人。李流從特安慰流人。破常俊於綿竹。有石亭。郪，《太平御覽》稱《蜀録》雄軍克成都，衆甚餒，乃率衆就穀於郪，挖野芋而食之。新都。陽泉。五城。

"德陽郡，《晋書載記》永寧元年，朝廷以張徵爲廣漢太守，進屯德陽，持攻徵殺之，以騫碩爲德陽太守。二年，惠帝遣荆州刺史宋岱、建平太守孫阜救羅尚。阜已次德陽，特遣蕩督李璜助任臧距阜。孫阜破德陽，獲特所置守將騫碩、太守任臧等。案德陽郡蓋即李特置。領縣可考者一。德陽，案《晋地志》桓温平蜀後於德陽界東南置遂寧郡，則遂寧郡疑即德陽郡舊地。今考遂寧郡領縣五，除廣漢縣當屬本郡外，巴興、小谿，李吉甫、樂史云並穆帝永和十一年置。晋興，樂史云晋孝武置，則所領疑止德陽一縣也。

"涪陵郡，《晋書・成帝紀》咸和元年，李雄將張龍寇涪陵，執太守謝俊。三年，雄將張龍寇涪陵，太守趙弼没於賊。領縣五。漢復，《太平寰宇記》稱《晋太康地記》晋省丹興縣，移理漢復。《元和郡縣志》晋永嘉後，涪陵郡地没於蠻夷，案此則自李氏亂後郡始廢没，今故録入。所領縣亦同。涪陵，《晋書載記》孫阜自德陽退屯涪陵，涪陵民藥紳等起兵應羅尚。漢平，案《宋書・符瑞志》漢平作永平，在晋武太康元年。疑晋受禪後所改。漢葭。萬寧。

"巴西郡，《晋書載記》李蕩進寇巴西，巴西郡丞毛植、五官襄珍以郡降蕩。李國鎮巴西，其帳下文碩又殺國以巴西降羅尚。李驤陷涪，乘勝進軍討文碩，害之。《後蜀録》玉衡八年，梁州刺史李鳳以巴西叛雄，雄自至涪，使李驤討鳳斬之，以李壽督巴西諸軍事。領縣八。閬中，有巴嶺。西充國。蒼谿。岐愜。南充國。漢昌。安漢，有宜福。平州，羅尚遣將張羅屯平州以逼雄。

“宕渠郡，《華陽國志》宕渠郡延熙中置，九年省。晋永興元年李雄復置。《通鑑》譙登進攻宕渠，斬成巴西太守馬脱。領縣三。宕渠。漢興。宣漢。

“陰平郡，《晋書·地理志》晋人流寓梁、益者仍於二州立南北二陰平郡。《晋書·懷帝紀》永嘉六年，陰平都尉董冲逐太守王鑒以郡叛降於李雄。《成帝紀》咸和六年，雄將李壽侵陰平，武都氐帥楊難敵降之。案南北二陰平郡，《沈志》有之。南陰平下云：永嘉流寓來屬，疑即李氏時於益州所立之南陰平郡也。但《蜀録》《載記》等皆無南陰平之名，故不敢列入，而附記於此。《懷帝紀》等所云陰平，當屬《晋地志》之北陰平也。舊領縣二。陰平。平武，案《晋志》作平廣，今考蜀漢陰平郡有廣武縣，《沈志》蜀立。晋武帝太康元年改曰平武。案《晋書·武帝紀》咸寧四年六月，陰平廣武地震。甲子又震。是太康以前尚名廣武。《沈志》之言信也。《元和郡縣志》《太平寰宇記》亦並云陰平郡有平武縣，《晋志》作‘平廣’，蓋因廣武、平武二名相混而誤。”

同書考西秦梁州：“梁州，《西秦録》太初元年，乾歸以從弟軻殫爲梁州牧。《通鑑》熾磐以寧朔將軍出連輔政爲梁州刺史，鎮赤水。楊玄遣將苻白作圍熾磐梁州刺史出連輔政於赤水，民執輔政以降。熾磐又以吴漢爲梁州刺史，鎮南漒。領郡無考，縣一。南漒，《通鑑》熾磐將吉毗，鎮南漒。隴西人辛澹據城逐毗，毗走還枹罕。”

同書考西秦南梁州：“南梁州，《西秦録》建義二年，國仁以悌眷爲南梁州刺史。《西秦録》建弘八年，南梁州刺史出連虔鎮赤水。氐王楊玄遣將苻白作圍之，執輔伯以歸，至駱谷逃回。領郡無考，縣一。赤水，《晋書載記》乾歸討土谷渾支統阿若干於赤水，大破降之。熾磐遣其將曇達、王松壽等討南羌彌姐康薄於赤水，降之。《水經注》赤水城亦曰臨洮東城。案《地形志》臨洮郡有赤水，不注置立，疑西秦時即有此縣，今故附此。”

［12］益州：西漢武帝十三部刺史之一。治所在成都縣（今四

川省成都市)。

清洪亮吉《東晋疆域志》考實州郡縣:“益州,漢置。《晋書·地理志》武帝泰始二年分益州置梁州,以漢中屬焉。七年又分益州置寧州。益州統郡八、縣四十四。今考東晋益州領舊郡五、增置郡五、縣四十三。《通典》又云東晋益州領郡二十九,宋、齊、梁並同。案《沈志》二十九郡内,宋寧、宋興、南宕渠、南晋壽等郡皆宋元嘉中始立,非東晋時所有。《通典》誤。案州舊有陰平郡。《華陽國志》云晋永嘉之末,太守王監以郡降李雄,晋永嘉之後羌虜數叛,遂立爲郡以遏之。晋人因是悉流移於蜀漢。其氐羌並屬楊茂搜以郡。自後不爲正朔所頒。《晋書》永和三年,桓温攻城都,李勢降,益州平。寧康元年,苻堅陷益州。太元十年,蜀郡太守任權斬苻堅益州刺史李平,益州平。義熙九年,朱齡石克成都,斬譙縱,益州平。州治,《通典》晋益州治成都。”

孔祥軍《晋書地理志校注》:“據《宋志》:‘魏元帝景元四年,平蜀,復立梁州,治漢中南鄭,而益州治成都。’又《通典》卷一百七十一《州郡一》:‘晋太康元年平吴,分爲十九州部……益治成都。’則益州治成都,在今四川成都市。”

清洪亮吉《東晋疆域志》考證實州僑郡:“益州,東晋凡統僑郡三,僑縣可考者六。

“始康郡,《沈志》關隴流民寓居,晋安帝立。領縣四。寄治成都。案此郡縣名雖新創,然因流民所在創立,又寄治成都,非有實土,故亦列僑郡中。他皆仿此。始康,《沈志》晋安帝立。新城,《沈志》晋安帝立。談,《沈志》晋安帝立。晋豐,《沈志》晋安帝立。

“南陰平郡,《沈志》永嘉流寓來屬,寄治萇陽。領僑縣二。《太平寰宇記》德陽縣北厚中山西有南陰平鄉,即故橋郡也。陰平,漢縣名。《水經注》白水又東南逕陰平故城南,西晋屬陰平郡,江左僑立。綿竹,漢縣名。《後漢書》注故城在今綿竹縣東,西晋屬新都郡,江左僑立。

“金城郡，《太平御覽》稱《周地圖記》曰，晉義熙末刺史朱齡石率建平人征蜀，仍於東山立金城郡，後魏平蜀改爲金水郡。案此郡未知何屬。今以征蜀所立，故附益州。他皆仿此。縣無考。”

清洪亮吉《十六國疆域志》考前趙益州：“益州，《晉書載記》曜以田崧爲益州刺史，鎮仇池。”

同書考前秦益州：“益州，《前秦録》鄧羌平益州，勒銘岷山而還。《晉書》康寧元年，苻堅以王統爲益州刺史。楊安進兵陷益州，於是西南夷邛作、夜郎等皆歸之。堅以安爲益州牧，鎮成都。蜀人張育、陽光等起兵，與巴獠相應，叛於堅。育自號蜀王，遣使歸順晉，與巴獠酋帥張重、尹萬等進圍成都。堅遣鄧羌與楊安等擊敗之，育退屯綿竹。安又敗張重、尹萬於成都南，重死之。鄧羌復擊張育、楊光於綿竹，皆害之。堅以苻洛都督益寧諸軍事、益州牧，鎮成都，命從伊闕自襄陽溯漢而上。堅益州刺史王廣。廣以蜀人江陽太守李丕爲益州刺史，守城都。廣帥所部奔還隴西。晉蜀郡太守任權攻拔成都，斬丕，復取益州。苻丕以王廣爲益州牧，廣奔其兄秦州刺史王統。苻登以楊定爲益州牧。領漢郡一、蜀郡一。案苻秦時益州當止得屬、江陽二郡，餘俱屬晉也。

“蜀郡，前秦領縣四。成都。郫。繁。牛鞞。

“江陽郡，《晉書》江陽太守李丕。領縣四。江陽。符。漢安。安樂。”

同書考成漢益州：“益州，《晉書·惠帝紀》永寧二年三月，李特攻陷益州，荆州刺史宋岱擊特斬之，傳首京師。夏四月，特子雄復據益州。《地理志》惠帝之後，李特僭號於蜀稱漢，益州郡縣皆没於特。李特又分漢嘉、蜀二郡立沈黎、漢原二郡。崔鴻《十六國春秋·蜀録》建初元年，特既見殺，流自稱大將軍、益州牧。九月，流薨。雄稱大將軍、益州牧，治郫城。樂史《太平寰宇記》稱《崔鴻十六國春秋·蜀録》李雄定成都，嚴檉爲蜀郡太守。雄即王位，遷益州刺史。凡統舊郡五、增置郡二、縣二十七。

“蜀郡，《晉書載記》蜀郡太守徐儉以小城降特。特以李瑾爲蜀郡太守。領縣四。成都，《蜀録》元康元年，特密合兵得七千餘人，進攻成都。趙廞聞兵至，驚懼不知所爲。李苾等夜斬關走，文武盡散，廞獨與妻子乘小船走至廣都。冬十月，特進兵攻羅尚於成都，尚頻爲特所敗。永興元年，雄克成都，改元建興，是年十月，雄即成都王位於南郊。玉恒三年四月，大將軍、漢王壽率步騎一萬自涪向成都，期不虞壽至，不設備，師至克城，屯兵宫門。有大城、小城、前殿、讌殿、太學、端門、東場、管桑、十里陌、南江橋、竹橋、昆橋、市橋、鴛央碕、盎底、赤水、牛鞞水、帛羊頹、李雄墓、李壽墓。廣都，《蜀録》趙廞走至廣都爲其下人朱築所殺。繁，《晋書載記》羅尚遣張龜軍繁城，三道攻特，特躬擊，大破之。特爲羅尚孫阜所敗，引餘卒趨新繁。郫，《晋書載記》雄害汶山太守陳圖，遂入郫城。流死，雄自稱幽州牧，都郫城，殺郫令張昕。

“漢原郡，沈約《宋書·州郡志》李雄分蜀郡爲漢原郡。領縣二。漢原，《元和郡縣志》本漢江原縣，屬蜀郡，李雄時改爲漢原。有青城山。臨邛。

“犍爲郡，《蜀録》羅尚緣水作營，自都安至犍爲七百里，與特相拒。《晋書載記》李驤攻犍爲，斷尚運道。雄以李溥爲犍爲太守。勢遣李福、昝堅等數十人從山陽趣合水拒桓温。昝堅到犍爲方知與温異道。領縣五。武陽，有彭模、沙頭津、合水。南安，《元和郡縣志》李雄時夷獠自牂柯入居焉。僰道，《元和郡縣志》李雄竊據，此地荒廢。資中，《元和郡縣志》李雄竊亂蜀，縣荒廢。牛鞞，《元和郡縣志》李雄據蜀，夷獠内侵，因兹荒廢。有中江水。

“汶山郡，《後秦録》李雄渡江，害晋汶山太守陳圖。《通鑑》期以弟保爲汶山太守。領縣八。汶山，有岷山。升遷。都安，《載記》羅尚緣水作營，自都安至犍爲七百里，與特相拒。廣陽。興樂。平康。蠶陵。廣柔。

“漢嘉郡，《晋書載記》雄南得漢嘉、涪陵，遠人繼至。壽徙李乾爲漢嘉太守。領縣三。漢嘉，有青衣江。徙陽。嚴道，《太平寰宇記》稱李膺《益州記》晋永嘉分崩，李雄竊據，此地蕪廢。

“沈黎郡，《沈志》稱《蜀記》云漢武帝元鼎十年，分蜀西部邛莋爲沈黎郡，十四年罷。案元鼎止六年，云十年非也。《晉書·地理志》李特又分漢嘉郡立沈黎郡。領縣四。晉樂，《沈志》稱《何志》故屬沈黎。案《沈志》《晉太康地志》無沈黎郡，則此縣當即李特時與郡同立也。旄牛，《沈志》屬沈黎。案特分漢嘉郡立沈黎，則縣即自此時移屬可知。

“江陽郡，《晉書載記》辛冉憚特不敢進。冉智力既窘，亡奔江陽。雄軍饑甚，乃率衆就穀於郪。蜀人流散，東下江陽，南入七郡。《蜀録》雄子車騎將軍越自江陽奔喪。領縣三。江陽，《後蜀録》建興元年，羅尚逃至江陽。《晉書·康帝紀》建元元年，幽州刺史周撫、西陽太守曹據伐李壽，敗其將李恒於江陽。符。漢安。”

同書考西秦益州：“益州，《西秦録》永康八年，熾磐益州刺史王松壽鎮漒川。統郡可考者一。

“漒川郡，《西秦録》永康五年，熾磐攻漒川。八年，熾磐遣其左衛匹達、建威梯君等討彭利和於漒川，大破之。利和衆騎奔仇池，獲其妻子，徙羌豪三千户於枹罕。漒川羌三萬餘户皆安堵如故。案漒川郡蓋因前凉漒川護軍置。附縣一，俟考。有沓中。石泉，《晉書載記》沮渠蒙遜率衆攻石泉，以救沓中。”

［13］寧州：西晉置，治所在滇池縣（今雲南省昆明市晉寧區晉城鎮）。

清洪亮吉《十六國疆域志》考成漢寧州：“寧州，《晉書·明帝紀》太寧元年，李驤等寇寧州，刺史王遜遣將姚岳拒戰於堂狼，大破之。《成帝紀》咸和二年，寧州秀才龐遺起義兵攻李雄將任回等。雄遣將羅恒、費黑救之。寧州刺史尹奉遣將姚岳、朱提太守楊術援遺，戰於臺登，岳等敗績，術死之。八年正月，李雄將李壽陷寧州，刺史尹奉及建寧太守霍彪並降之。《通鑑》咸和八年三月，成以大將軍壽領寧州。九年三月，成主雄分寧州置交州，以霍彪爲寧州刺史。咸康四年，漢主壽以從子權爲寧州刺史。五年，廣州刺史鄧岳將兵擊漢寧州，漢建寧太守孟彦執其刺史霍彪舉郡降晉。凡統舊郡一、改置郡一、增置郡三、縣二十九。

“建寧郡，蜀領縣十二。《後蜀録》建寧大姓李叡等逐太守杜俊應特。味。同樂。談稾。牧麻。漏江。同瀨。昆澤。新定。存䣕。同竝。萬安。母單。

“晋寧郡，《晋書·地理志》永嘉二年，改益州郡曰晋寧。蜀領縣七。建伶。連然。滇池。穀昌。秦臧。雙柏。

“平夷郡，《後蜀録》玉衡四年，晋平夷太守朱提雷炤殺南廣太守孟桓，帥二郡三千餘家叛降。《晋書·地理志》永嘉二年，分牂柯立平夷、夜郎二郡。蜀領縣二。平夷。鄨。

“南廣郡，《蜀録》玉衡二十三年，雄復置南廣郡，以興古守李播爲太守。案《沈志》晋懷帝分朱提立。今考《晋地志》，李壽分寧州六郡爲漢州，有朱提無南廣，則南廣仍屬寧州也。領縣三。南廣。晋昌。常遷。

“西平郡，《沈志》晋懷帝五年立。蜀領縣六。西平。温江。都陽。晋綏。義成。西寧。”

同書考前秦寧州：“寧州，《晋書》寧康元年，苻堅以姚萇爲寧州刺史、領西蠻校尉，屯墊江。晋益州刺史竺瑶等率衆攻墊江，姚萇兵退屯五城。堅以姜宇爲寧州刺史，領漢郡三、蜀漢郡一。案苻秦未嘗得寧州地。今考《前秦録》及載記云寧州刺史屯墊江，又云退屯五城，是苻秦以梁州所屬三巴及廣漢郡别置州，遥取寧州之名耳。

“巴郡。前秦領縣四。江州。墊江。《晋書》寧康二年，桓石虔破苻堅將姚萇於墊江，晋益州刺史竺瑶等率衆三萬據墊江。臨江。枳。

“巴西郡。《晋書》苻堅巴西太守康回。領縣九。閬中。西充國。蒼谿。岐愜。南充國。安漢。平州。益昌。晋興。以上二縣，《晋書·地理志》桓温平蜀立。

“巴東郡。前秦領縣四。魚復。朐䏰。南浦。漢豐。

“廣漢郡。前秦領縣一。案《晋書·地理志》廣漢郡領三縣，今考廣漢德陽桓温平蜀後已移屬遂寧郡，則苻秦廣漢郡當僅得五城一縣也。五城，西晋立。《晋書》桓石虔敗姚萇於墊江，萇退據五城。太元八年，晋楊亮伐蜀攻五拔五城。”

總叙[1]

昔者元胎無象，[2]太素流形，[3]對越在天，[4]以爲元首，則《記》所謂冬居營窟，[5]夏居橧巢，[6]飲血茹毛，未有麻絲者也。及燧人鑽火，庖犧出震，風宗下武，[7]炎胤昌基，[8]晝野無聞，其歸一揆。[9]黄帝則東海南江，登空躡岱，至於崑峰振轡，崆山訪道，[10]存諸汗竹，[11]不可厚誣。[12]高陽任地依神，[13]帝嚳順天行義。[14]東逾蟠木，[15]西濟流沙，[16]北至幽陵，[17]南撫交阯，[18]日月所經，舟車所至，莫匪王臣，不逾兹域。帝堯時，禹平水土，以爲九州。[19]虞舜登庸，[20]厥功彌劭，表提類而分區宇，判山河而考疆域，冀北創并部之名，燕齊起幽營之號，[21]則《書》所謂肇十有二州，[22]封十有二山者也。[23]夏功在於唐堯，殷因無所損益。周武克商，自豐徂鎬。[24]至成王時，改作《禹貢》，[25]徐梁入於青雍，冀野析於幽并。職方掌天下之土，以周厥利；保章辯九州之野，[26]皆有分星。[27]東南曰揚州，正南曰荆州，河南曰豫州，正東曰青州，河東曰兖州，正西曰雍州，東北曰幽州，河内曰冀州，正北曰并州。

[1]總叙：原本正文無此標題，據原本卷首目録補。

[2]元胎無象：未有天地時的混沌狀態。

[3]太素流形：天地没有固定形狀。

[4]對越在天：人們頌揚天神。

[5]營窟：挖掘的洞穴。指原始住所。

[6]橧巢：橧樹上所築巢穴。橧，原本作“橹”，宋本作“橹”，殿本作“橧”，據殿本改。

[7]風宗下武：教化以有聖德能繼先王功業者爲宗。下武，謂有聖德能繼先王功業。《詩·大雅·下武》：“下武維周，世有哲王。”鄭玄箋：“下，猶後也。哲，知也。後人能繼先祖者，維有周家最大。”

[8]炎胤昌基：熱烈地繼承延續昌盛的基業。

[9]其歸一揆：歸於同一。

[10]崆山訪道：崆，原本、宋本作“風”，殿本作“崆”，據殿本、中華本校勘記改。黄帝於崆峒山訪道，《莊子·在宥》：“黄帝立爲天子，十九年，令行天下，聞廣成子在於空同之上，故往見之。”

[11]存諸汗竹：載於史册。汗竹，指史册。

[12]厚誣：歪曲，污衊。

[13]高陽：傳説中五帝之一。姬姓，高陽氏，名顓頊。黄帝之孫，昌意之子。

[14]帝嚳：上古帝王。姬姓，高辛氏。相傳爲黄帝後裔。

[15]蟠木：一説爲扶桑。

[16]流沙：西域地區。

[17]幽陵：幽州。

[18]交阯：此泛指五嶺以南。

[19]九州：揚、荆、豫、青、兖、雍、幽、冀、并九州。

[20]登庸：登帝位。

[21]燕齊起幽營之號：營，宋本作“宫”。

[22]《書》所謂肇十有二州：《尚書·舜典》：“肇十有二州。”孔穎達疏：“肇，始也。”十有二州，謂“冀、兖、青、徐、荆、

揚、豫、梁、雍、并、幽、營也”。

[23]封十有二山：《尚書·舜典》：“封十有二山”。孔穎達疏引《周禮·職方氏》，每州皆云“其山鎮曰某山”，揚州會稽，荆州衡山，豫州華山，雍州吴山，冀州霍山，并州恒山，幽州醫無閭，青州沂山，兖州岱山，是周時九州之内最大之山。舜時十有二山，事亦然也。

[24]自豐徂鎬：從豐到鎬。豐，西周國都。故址在今陝西省西安市西南灃水東岸。

[25]《禹貢》：《尚書》中的一篇，詳細地記述了先秦時期中國的地理情况。

[26]保章：周官名。

[27]分星：與地上分野相對應的星次。《周禮·春官·保章氏》：“以星土辨九州之地所封，封域皆有分星，以觀妖祥。”

始皇初并天下，懲戔戰國，[1]削罷列侯，分天下爲三十六郡。三川、[2]河東、[3]南陽、[4]南郡、[5]九江、[6]鄣郡、[7]會稽、[8]潁川、[9]碭郡、[10]泗水、[11]薛郡、[12]東郡、[13]琅邪、[14]齊郡、[15]上谷、[16]漁陽、[17]右北平、[18]遼西、[19]遼東、[20]代郡、[21]鉅鹿、[22]邯鄲、[23]上黨、[24]太原、[25]雲中、[26]九原、[27]雁門、[28]上郡、[29]隴西、[30]北地、[31]漢中、[32]巴郡、[33]蜀郡、[34]黔中、[35]長沙，[36]凡三十五郡，與内史爲三十六郡也。[37]於是興師逾江，平取百越，[38]又置閩中、[39]南海、[40]桂林、[41]象郡，[42]凡四十郡，郡一守焉。[43]其地則西臨洮而北沙漠，[44]東縈西帶，[45]皆臨大海。

[1]戔（yì）：懲治。

[2]三川：郡名，戰國秦莊襄王置，治所在雒陽縣（今河南省洛陽市東北）。一説在滎陽縣（今河南省滎陽市東北）。

［3］河東：郡名，秦置，治所在安邑縣（今山西省夏縣西北禹王城）。

［4］南陽：郡名，戰國秦昭王時置，治所在宛縣（今河南省南陽市）。

［5］南郡：戰國秦昭王時置，治所在郢縣（今湖北省江陵縣西北紀南城）。

［6］九江：郡名，秦置，治所在壽春縣（今安徽省壽縣）。

［7］鄣郡：秦置，治所在鄣縣（今浙江省安吉縣北安城鎮西北）。

［8］會稽：郡名，秦置，治所在吴縣（今江蘇省蘇州市）。

［9］潁川：郡名，秦王嬴政時置，治所在陽翟縣（今河南省禹州市）。

［10］碭郡：秦置，治所在碭縣（今河南省夏邑縣東南）。

［11］泗水：郡名，秦置，治所在沛縣（今江蘇省沛縣）。

［12］薛郡：秦置，治所在魯縣（今山東省曲阜市）。

［13］東郡：秦王嬴政時置，治所在濮陽縣（今河南省濮陽市西南）。

［14］琅邪：郡名，秦置，治所在琅邪縣（今山東省青島市黄島區西南夏河城）。

［15］齊郡：秦置，治所在臨淄縣（今山東省淄博市臨淄區）。

［16］上谷：郡名，戰國燕置，秦時治所在沮陽縣（今河北省懷來縣東南）。

［17］漁陽：郡名，戰國燕置，秦時治所在漁陽縣（今北京市密雲區西南）。

［18］右北平：郡名，戰國燕置，秦時治所在無終縣（今天津市薊州區）。

［19］遼西：郡名，戰國燕置，秦時治所在陽樂縣（今遼寧省義縣西）。

［20］遼東：郡名，戰國燕置，秦時治所在襄平縣（今遼寧省

朝陽市老城區)。

[21]代郡：戰國趙置，秦時治所在代縣（今河北省蔚縣東北)。

[22]鉅鹿：郡名，秦始皇時置，治所在鉅鹿縣（今河北省平鄉縣西南)。

[23]邯鄲：郡名，秦置，治所在邯鄲縣（今河北省邯鄲市西南)。

[24]上黨：郡名，戰國韓置，秦時治所在長子縣（今山西省長子縣西南)。

[25]太原：郡名，戰國秦莊襄王置，治所在晋陽縣（今山西省太原市西南古城營西古城)。

[26]雲中：郡名，戰國趙置，秦時治所在雲中縣（今内蒙古自治區托克托縣東北)。

[27]九原：郡名，秦置，治所在九原縣（今内蒙古自治區包頭市西北)。

[28]雁門：郡名，戰國趙置，治所在善無縣（今山西省右玉縣東南)。

[29]上郡：戰國魏置，秦時治所在膚施縣（今陝西省榆林市東南)。

[30]隴西：郡名，秦置，治所在狄道縣（今甘肅省臨洮縣)。

[31]北地：郡名，秦置，治所在義渠縣（今甘肅省慶陽市西南)。

[32]漢中：郡名，秦置，治所在南鄭縣（今陝西省漢中市)。

[33]巴郡：秦置，治所在江州縣（今重慶市北嘉陵江北岸)。

[34]蜀郡：秦置，治所在成都縣（今四川省成都市)。

[35]黔中：郡名，戰國楚置，秦代治所在臨沅縣（今湖南省常德市)。

[36]長沙：郡名，秦置，治所在臨湘縣（今湖南省長沙市)。

[37]内史：郡名，秦置，治所在咸陽縣（今陝西省咸陽市東

北)。

[38]百越：泛指戰國秦漢時期分佈在長江下游及東南、中南沿海地區的各族。

[39]閩中：郡名，秦置，治所在東冶縣（今福建省福州市）。

[40]南海：郡名，秦始皇時置，治所在番禺縣（今廣東省廣州市）。

[41]桂林：郡名，秦置，治所在布山縣（今廣西壯族自治區桂平市西南古城）。

[42]象郡：秦置，治所在臨塵縣（今廣西壯族自治區崇左市）。

[43]孔祥軍《晋書地理志校注》："秦郡問題至爲複雜，清季以降學者紛紛致力於此，至民國時錢穆、譚其驤均有長文考論，彼此觀點互有不同。今人辛德勇著文認爲秦三十六郡詳目當從裴駰説，參《秦始皇三十六郡新考上》《秦始皇三十六郡新考下》（《文史》2006 年第 1 期、第 2 期）。"

[44]臨洮：縣名，治所在今甘肅省岷縣。

[45]東縈西帶：囊括東西。

漢祖龍興，革秦之弊，分内史爲三部，更置郡國二十有三，桂陽、[1]江夏、[2]豫章、[3]河内、[4]魏郡、[5]東海、[6]楚國、[7]平原、[8]梁國、[9]定襄、[10]泰山、[11]汝南、[12]淮陽、[13]千乘、[14]東萊、[15]燕國、[16]清河、[17]信都、[18]常山、[19]中山、[20]渤海、[21]廣漢、[22]涿郡，[23]合二十三也。三内史者，河上、[24]渭南、[25]中地也。[26]《地理志》曰：高祖增二十六，武帝改河上、渭南、中地以爲京兆、馮翊、扶風，是爲三輔也。[27]文增厥九，廣平、[28]城陽、[29]淄川、[30]濟南、[31]膠西、[32]膠東、[33]河間、[34]廬江、[35]衡山，[36]武帝改衡山曰六安。[37]景加其四。濟北、[38]濟陰、[39]山陽、[40]北海也。[41]宣改濟北曰東平。[42]武帝開越攘胡，初置十七，南海、[43]蒼梧、[44]鬱林、[45]合浦、[46]交阯、[47]九真、[48]日南、[49]珠崖、[50]儋耳九郡，[51]平西南夷置牂柯、[52]越巂、[53]沈黎、[54]汶山、[55]犍爲、[56]益州六郡，[57]西置武都郡，[58]又分立零陵郡，[59]合十七郡。拓土分疆，又增十四。弘農、[60]臨淮、[61]西河、[62]朔方、[63]酒泉、[64]陳留、[65]安定、[66]天水、[67]玄菟、[68]樂浪、[69]廣陵、[70]敦煌、[71]武威、[72]張掖。[73]昭帝少事，又增其一。金城也。[74]至平帝元始二年，凡新置郡國七十有一，與秦四十，合一百一十有一。[75]改雍曰凉，改梁曰益，又置徐州，[76]復夏舊號，南置交阯，北有朔方，凡爲十三部。凉、益、荆、[77]揚、[78]青、[79]豫、兖、徐、幽、并、冀十一州，交阯、朔方二刺史，合十三部。[80]

[1]桂陽：郡名，漢高帝置，治所在郴縣（今湖南省郴州市）。

[2]江夏：郡名，漢高帝置，治所在西陵縣（今湖北省武漢市新洲區西）。

[3]豫章：郡名，漢高帝分九江郡置，治所在南昌縣（今江西省南昌市）。

[4]河内：郡名，漢高帝置，治所在懷縣（今河南省武陟縣西南）。

[5]魏郡：郡名，漢高帝置，治所在鄴縣（今河北省臨漳縣西南鄴鎮）。

[6]東海：郡名，西漢置，治所在郯縣（今山東省郯城縣北）。

[7]楚國：郡國名，西漢初置，治所在彭城縣（今江蘇省徐州市）。

[8]平原：郡名，西漢置，治所在平原縣（今山東省平原縣西南）。

[9]梁國：郡國名，西漢高帝五年改碭郡置，治所在睢陽縣

（今河南省商丘市）。

[10]定襄：郡名，西漢置，治所在盛樂縣（今内蒙古自治區奈曼旗土城子鄉古城）。

[11]泰山：郡名，秦末漢初高祖改博陽郡置，治所在博縣（今山東省泰安市東南）。

[12]汝南：郡名，西漢高帝置，治所在上蔡縣（今河南省上蔡縣西南）。

[13]淮陽：郡國名，西漢高帝置，治所在陳縣（今河南省周口市淮陽區）。

[14]千乘：郡名，西漢置，治所在千乘縣（今山東省高青縣東南高苑城北）。

[15]東萊：郡名，漢高帝置，治所在掖縣（今山東省萊州市）。

[16]燕國：郡國名，漢高帝置，治所在薊縣（今北京市西南）。

[17]清河：郡名，西漢景帝置，治所在清陽縣（今河北省清河縣東南）。

[18]信都：郡國名，漢高帝置，治所在信都縣（今河北省衡水市冀州區）。

[19]常山：郡國名，西漢改恒山郡置，治所在元氏縣（今河北省元氏縣西北）。

[20]中山：郡國名，漢高帝置，治所在盧奴縣（今河北省定州市西）。

[21]渤海：郡名，西漢置，治所在浮陽縣（今河北省滄州市東南舊滄州）。

[22]廣漢：郡名，漢高帝置，治所在乘鄉（今四川省金堂縣東）。

[23]涿郡：漢高帝置，治所在涿縣（今河北省涿州市）。

[24]河上：郡名，即京兆尹，西漢初置，治所在長安縣（今陝

西省西安市西北）。

［25］渭南：郡名，即馮翊郡，治所在臨晋縣（今陝西省渭南市大荔縣）。

［26］中地：郡名，即扶風郡，治所在槐里縣（今陝西省興平市阜寨鎮南佐村）。

［27］三輔：京兆尹、左馮翊、右扶風的合稱，相當於今陝西省關中地區。孔祥軍《晋書地理志校注》："《漢書·百官公卿表》《漢書·地理志》所載三輔形成過程和確立時間大相徑庭，歷來學者意見紛紜、各執一段，實際上存在'官地二重性'的問題，政區意義上的三輔形成過程當據《漢志》，其確立時間當在武帝太初元年，本孔祥軍《漢初三輔稱謂沿革考》（《歷史地理》第21輯）。"

［28］廣平：郡國名，西漢景帝分邯鄲郡置，治所在廣平縣（今河北省鷄澤縣東南）。

［29］城陽：郡國名，西漢文帝改城陽郡置，治所在莒縣（今山東省莒縣）。

［30］淄川：郡國名，西漢置，治所在淄川縣（今山東省淄博市西南淄川鎮）。

［31］濟南：郡國名，西漢初分齊郡置，治所在東平陵縣（今山東省濟南市章丘區西北）。文帝十六年（前164）改爲濟南國，景帝二年（前155）復爲郡。

［32］膠西：郡國名，楚漢之際置，治所在高密縣（今山東省高密市西南）。

［33］膠東：郡國名，秦亡後項羽封田氏爲膠東王，都即墨縣（今山東省平度市東南）。後被齊王田榮所滅，其地屬齊。西漢文帝復改膠東郡爲國。

［34］河間：郡國名，西漢高帝置，文帝二年（前178）改爲國，治所在樂成縣（今河北省獻縣東南）。

［35］廬江：郡國名，秦漢之際分九江郡置，西漢景帝後移轄江北地，治所在舒縣（今安徽省廬江縣西南）。

[36]衡山：郡國名，西漢文帝置，治所在六縣（今安徽省六安市東北）。

[37]以上文帝所增置郡國，清畢沅《晋書地理志新補正》："《太平寰宇記》：漢高帝分置廣平國。《通典》亦云：漢初置廣平國。今考《諸侯王表》，文帝所置有城陽、淄川、濟南、膠西、膠東、衡山、濟北、河間。《地理志》：'文帝置廬江郡'，則文帝所置郡國九，有濟北無廣平。此志誤。又《漢書・地理志》文帝增六，未知何據。"

[38]濟北：郡國名，秦漢之際置，都伯陽縣（今山東省泰安市東南）。

[39]濟陰：郡國名，西漢景帝置，治所在定陶縣（今山東省菏澤市定陶區）。陰，殿本作"南"。

[40]山陽：郡國名，西漢景帝置山陽國，武帝改爲郡，治所在昌邑縣（今山東省金鄉縣西北）。

[41]北海：郡名，西漢景帝置，治所在營陵縣（今山東省昌樂縣東南）。以上景帝所置郡國，清畢沅《晋書地理志新補正》："沅案《諸侯王表》，文帝二年封齊悼惠王子東牟侯興居爲濟北王，二年謀反，誅。至景帝四年，復徙衡山王勃爲濟北王。是濟北國文帝始置。今考《諸侯王表》景帝所置，有濟川、濟東、山陽、濟陰、江都、廣川。濟川國，景帝中平六年置，至武帝建元三年廢。《地理志》：景所置，有北海，凡置郡國七，此言四，誤。《漢書・地理志》云：景帝增六，亦未知何據。"

[42]宣改濟北曰東平：清畢沅《晋書地理志新補正》："沅按《漢書・地理志》東平國下注云：'故梁國景帝中平六年別爲濟東國，武帝元鼎元年爲大河郡，宣帝甘露二年爲東平國。'則宣帝蓋改濟東國爲東平，非濟北也，此誤。"

[43]南海：郡名，西漢初爲南越國，漢武帝滅南越國後復爲郡，治所在番禺縣（今廣東省廣州市）。

[44]蒼梧：郡名，西漢武帝置，治所在廣信縣（今廣西壯族

自治區梧州市）。

［45］鬱林：郡名，西漢武帝置，治所在布山縣（今廣西壯族自治區桂平市西南古城）。

［46］合浦：郡名，西漢武帝置，治所在徐聞縣（今廣東省徐聞縣南）。

［47］交阯：郡名，西漢武帝置，治所在羸縣（今越南社會主義共和國河内市西北）。

［48］九真：郡名，西漢武帝置，治所在胥浦縣（今越南社會主義共和國清化省清化市西北）。

［49］日南：郡名，西漢武帝置，治所在西卷縣（今越南社會主義共和國甘露河與廣治河合流處）。

［50］珠崖：郡名，西漢武帝置，治所在瞫都縣（今海南省海口市瓊山區東南）。珠，原本、宋本作“朱”，殿本作“珠”，據殿本改。

［51］儋耳：郡名，西漢武帝置，治所在儋耳縣（今海南省儋州市）。

［52］牂柯：郡名，西漢武帝置，治所在故且蘭縣（今貴州省黄平縣西南）。

［53］越巂：郡名，西漢武帝置，治所在邛都縣（今四川省西昌市東南）。

［54］沈黎：郡名，西漢武帝置，治所在筰都縣（今四川省漢源縣東北）。清洪亮吉《東晉疆域志》：“沈黎郡，《沈志》稱蜀記云：漢元鼎中置，後罷。又二漢、晋並無此郡。《永初郡國》有。案此疑晋末所立，故附入。領縣三。城陽，《沈志》、徐不注置立。蘭，《沈志》漢舊縣，屬越巂，作闌。《晋太康地志》無。旄牛，漢舊縣。《沈志》稱《晋太康地志》屬漢嘉。”

［55］汶山：郡名，西漢武帝置，治所在汶江縣（今四川省茂縣北）。

［56］犍爲：郡名，西漢武帝置，治所在僰道（今四川省宜賓

市西南）。

［57］益州：郡名，西漢武帝置，治所在滇池縣（今雲南省昆明市晉寧區）。

［58］武都郡：西漢武帝置，治所在武都縣（今甘肅省西和縣南）。

［59］零陵郡：西漢武帝分桂陽郡置，治所在零陵縣（今廣西壯族自治區全州縣西南）。

［60］弘農：郡名，西漢武帝置，治所在弘農縣（今河南省靈寶市故函谷關城）。

［61］臨淮：郡名，西漢武帝置，治所在徐縣（今江蘇省泗洪縣南大徐臺子）。

［62］西河：郡名，西漢武帝置，治所在平定縣（今陝西省府谷縣西北）。

［63］朔方：郡名，西漢武帝置，治所在朔方縣（今内蒙古自治區杭錦旗西北黄河南岸）。

［64］酒泉：郡名，西漢武帝置，治所在福禄縣（今甘肅省酒泉市）。

［65］陳留：郡名，西漢武帝置，治所在陳留縣（今河南省開封市東南陳留城）。

［66］安定：郡名，西漢武帝置，治所在高平縣（今寧夏回族自治區固原市）。

［67］天水：郡名，西漢武帝置，治所在平襄縣（今甘肅省通渭縣西）。

［68］玄菟：郡名，西漢武帝置，治所在沃沮縣（今朝鮮民主主義人民共和國咸鏡南道咸興市）。

［69］樂浪：郡名，西漢武帝置，治所在朝鮮縣（今朝鮮民主主義人民共和國平壤市大同江南岸土城東）。

［70］廣陵：郡國名，西漢武帝以江都國改置，治所在廣陵縣（今江蘇省揚州市西北蜀岡上）。

［71］敦煌：郡名，西漢武帝置，治所在敦煌縣（今甘肅省敦煌市西）。

［72］武威：郡名，西漢武帝置，治所在姑臧縣（今甘肅省武威市）。

［73］張掖：郡名，西漢武帝置，治所在觻得縣（今甘肅省張掖市西北）。以上武帝所置郡，清畢沅《晋書地理志新補正》："沅案《漢書·地理志》：武帝增二十八，蓋因沉黎、汶山二郡旋廢，廣陵本江都國，係景帝時置，故不數耳。當以《漢志》爲正。又案武帝元封三年，開朝鮮，置臨屯、真番，此志不録。"

［74］金城：郡名，西漢昭帝置，治所在允吾縣（今甘肅省永靖縣西北湟水南岸）。

［75］與秦四十，合一百一十有一：清畢沅《晋書地理志新補正》："沅案《漢紀》武帝元封元年，平閩越，虚秦閩中郡地。天漢四年，併沉黎郡於蜀。昭帝始元五年，罷儋耳。宣帝地節三年，併汶山郡於蜀。元帝初元三年，罷珠崖郡，凡省者五郡。又《漢志》，日南即秦象郡，鬱林即秦桂林，此志安得分而爲二，當以《漢書·地理志》訖於孝平凡郡國一百三爲正。於秦去閩中、桂林、象郡，於漢省沉黎、汶山、儋耳、珠崖。又《濟北王勃傳》，武帝時國入泰山郡，共去八郡，正一百三。《通典》謂新置六十三，與秦四十合一百三，誤。《玉海》又謂所除八郡中，有臨屯、真番，亦誤。《晋志》於武帝增置郡國内，本不及臨屯、真番，則所云合一百十一中無此二郡可知。况除去數内，如有二郡，則並閩中、桂林、象郡、沉黎、汶山、儋耳、珠崖爲九郡矣。何能合一百三之數乎！伯厚蓋未深改。"孔祥軍《晋書地理志校注》："此處述西漢郡國沿革頗有謬誤，因不涉魏晋政區問題，爲防止牽涉太廣，故不作詳述，詳周振鶴《西漢政區地理》第7—19頁。"

［76］徐州：古九州之一，西漢十三部刺史之一，東漢治所在郯縣（今山東省郯城縣），三國魏移治彭城縣（今江蘇省徐州市），東晋時改爲北徐州。

[77]荆：荆州，古九州之一，西漢十三部刺史之一，東漢治漢壽縣（今湖南省常德市東北），三國時曹魏治新野縣（今河南省新野縣），孫吴治江陵縣（今湖北省江陵縣），兩晋時定治江陵縣（今湖北省江陵縣）。

[78]揚：揚州，古九州之一，西漢十三部刺史之一，東漢治所在歷陽縣（今安徽省和縣），三國魏定治壽春縣（今安徽省壽縣），孫吴兩晋治所在建鄴縣（後改建康，今江蘇省南京市）。

[79]青：青州，古九州之一，西漢十三部刺史之一，東漢治所在臨淄縣（今山東省淄博市臨淄區）。東晋僑置州，治所在廣陵縣（今江蘇省揚州市西北）。

[80]合十三部：清畢沅《晋書地理志新補正》："沅案顔氏云：武帝初置朔方郡，别令刺史監之，不在十三部之内。《通典》十三部爲司隸、并、荆、兖、揚、河、冀、幽、青、徐、益、交、凉。據此則十三部有司隸，無朔方，此志誤。"孔祥軍《晋書地理志校注》："西漢刺史制度異常複雜，民國時顧頡剛、譚其驤反復討論而未有定説（詳《長水集》所收《討論兩漢州制致顧頡剛先生書》），今人辛德勇《兩漢州制新考》（《文史》2007年第1期）一文以爲直至漢武帝元封五年方確立十三州刺史監察區，分别爲：凉、益、荆、揚、青、豫、兖、徐、幽、并、冀十一州，交阯、朔方二刺史，合十三部。與《晋志》同。"

光武投戈之歲，在彫耗之辰，[1]郡國蕭條，并省者八。城陽、淄川、高密、[2]膠東、六安、真定、[3]泗水、廣陽。[4]建武十一年，省州牧，復爲刺史，員十三人，各掌一州。[5]明帝置一，永昌也。[6]章帝置二，任城、[7]吴郡。[8]和、順改作，其名有九。和置濟北、廣陽，順改淮陽爲陳，改楚爲彭城，濟東爲東平，臨淮爲下邳，千乘爲樂安，[9]信都爲安平，天水爲漢陽。[10]省朔方刺史，合之於司隸，[11]凡十三部，其與西漢不同者，司隸校尉部即治河南，[12]朔方隸於并部。而郡國百有八焉。[13]省前漢八，分置五，[14]改舊名七，[15]因舊九十六，[16]少前漢三也。[17]桓、靈頗增於前，復置六郡。桓，高陽、[18]高凉、[19]博陵；[20]靈，南安、[21]鄱陽、[22]廬陵。[23]

[1]彫耗之辰：凋零損耗之時。

[2]高密：即西漢膠西郡國，西漢宣帝本始元年（前73）改高密國。

[3]真定：郡名，西漢武帝置，治所在真定縣（今河北省石家莊市）。

[4]廣陽：郡名，即西漢所置燕國，昭帝元鳳初改爲廣陽郡。清畢沅《晋書地理志新補正》："沅案《後漢書·光武紀》，建武十三年，省併西京十三國。廣平屬鉅鹿，真定屬常山，河間屬信都，城陽屬琅邪，泗水屬廣陵，淄川屬高密，膠東屬北海，六安屬廬江，廣陽屬上谷。章懷太子注云：'據此唯有九國，云十三誤也。'《續漢書·郡國志》光武省郡國十。《玉海》謂《晋志》'廣陽'當作'廣平'。《郡國志》言十而《晋志》言八，蓋後漢復河間、廣陽。今考《續志·北海國下》言，建武十三年，有菑川、高密、膠東三國，以其縣屬。則高密亦十三年所省。故郡國志言十耳。"

[5]各掌一州：清畢沅《晋書地理志新補正》："沅案光武都洛陽，關中復置雍州，後罷。"

[6]永昌：郡名，東漢明帝永平年間置，治所在不韋縣（今雲南省保山市東北金鷄村）。

[7]任城：郡國名，東漢章帝元和初析東平國置，治所在任城縣（今山東省微山縣西北）。

[8]吴郡：東漢順帝永建年間置，治所在吴縣（今江蘇省蘇州市）。清畢沅《晋書地理志新補正》："沅案《後漢書·順帝紀》永建四年，分會稽郡爲吴郡。《郡國志》：吴郡，順帝分會稽置。《輿

地志》順帝時陽羡人周嘉上書，請分浙江以西爲吴郡，東爲會稽郡。據此，則言章帝時置吴郡非。今考章帝時所置郡國，有任城、西平，及和帝立始併西平入汝南。此所云罷二，當屬任城、西平也。”孔祥軍《晉書地理志校注》：“吴郡非章帝所置，乃順帝永建四年分會稽置，詳王鳴盛《十七史商榷》卷四十六‘章帝置吴郡’條。”

[9]千乘爲樂安：孔祥軍《晉書地理志校注》：“中華本作‘六安’，漢和帝永元七年改千乘國爲樂安國，中華本顯誤。而《晉志》以爲漢順帝所改，亦誤。詳李曉傑《東漢政區地理》第55頁。”

[10]“和置濟北”至“天水爲漢陽”：清畢沅《晉書地理志新補正》：“沅案廣陽郡之復在明帝永平八年，非和帝置。下邳、安平、漢陽皆明帝時改，陳、彭城皆章帝時改，樂安和帝時改。《郡國志》言：和帝置三，疑誤。至濟東之改爲東平，則又前漢宣帝時事也。此志前數行既云宜改濟北爲東平矣。而此又云順帝改，數行之中，矛盾若此。《玉海》第十七卷‘郡國部’引其全文，並升作大字，不稍加考核，疏矣。”

[11]司隸：司隸校尉部，東漢行政區，治所在雒陽縣（今河南省洛陽市東北）。

[12]司隸校尉部即治河南：即，宋本、殿本作“郡”。

[13]郡國百有八焉：清畢沅《晉書地理志新補正》：“沅案《郡國志》言凡郡國百五。今考後漢郡國數，當以《續志》爲是。此誤。”

[14]分置五：清畢沅《晉書地理志新補正》：“沅案舊作分置三，永昌明帝置，任城章帝置，吴郡順帝置。若濟北、廣陽則復前漢時舊國，非置也。志誤。”

[15]改舊名七：清畢沅《晉書地理志新補正》：“沅案順帝以前改舊名凡六。下邳、漢陽明帝時改。陳國、彭城章帝時改。樂安和帝時改。安平明帝名樂成，安帝改今名。若清河之改名。甘陵則在

桓帝時，此似微誤。”

[16]因舊九十六：清畢沅《晉書地理志新補正》：“沅案有濟北、廣陽二國在内。”

[17]少前漢三：清畢沅《晉書地理志新補正》：“沅案安帝命屬國别領比郡者六，廣漢、蜀郡、犍爲、張掖、居延遼東合所置永昌、任城、吴郡，凡郡國百五，比前增二。此云少前漢三，誤。”

[18]高陽：郡名，東漢桓帝置，治所在高陽縣（今河北省高陽縣東）。

[19]高凉：郡名，東漢桓帝置，治所在恩平縣（今廣東省陽江市西）。

[20]博陵：郡名，東漢桓帝置，治所在博陵縣（今河北省蠡縣南）。

[21]南安：郡名，東漢靈帝分漢陽郡置，治所在貆道縣（今甘肅省隴西縣東南）。

[22]鄱陽：郡名，東漢靈帝置，治所在鄱陽縣（今江西省鄱陽縣東北）。

[23]廬陵：郡名，東漢靈帝置，治所在廬陵縣（今江西省吉安市西南）。以上靈帝所置郡，清畢沅《晉書地理志新補正》：“沅案《水經注》稱《秦州記》中平六年分置南安郡。《後漢書·冉駹夷傳》靈帝時復分蜀郡北部爲汶山郡，以汶江、蠶陵、廣柔三縣置。裴松之注稱：‘《獻帝起居注》曰，中平六年，省扶風都尉，置漢安郡，鎮雍、隃麋、杜陽、陳倉、汧五縣。’樂史云：《十道志》靈帝末，揚州刺史劉遵上書，分立廬陵、鄱陽二郡。今考廬陵郡立於孫策，在興平元年。鄱陽郡立於孫權，在建安十五年。皆獻帝時，此蓋因劉遵上書分立二郡在靈帝時，皆屬之靈帝耳。”

魏武定霸，三方鼎立，生靈版蕩，[1]關洛荒蕪，所置者十二，[2]新興、[3]樂平、[4]西平、[5]新平、[6]略陽、[7]陰平、[8]帶方、[9]譙、[10]樂陵、[11]章武、[12]南鄉、[13]襄陽。[14]所省者七，[15]上郡、朔方、五原、[16]雲中、定襄、漁陽、廬江。而文帝置七，朝歌、[17]陽平、[18]弋陽、[19]魏興、[20]新城、[21]義陽、[22]安豐。[23]明及少帝增二，明，上庸也；[24]少，平陽也。[25]得漢郡者五十四焉。[26]

[1]版蕩：《詩·大雅》有《板》《蕩》兩篇，皆刺周厲王暴虐無道，而致天下不寧。版，同“板”。後因以“版蕩”指動亂不安。

[2]所置者十二：清畢沅《晋書地理志新補正》：“沅案《魏志》曰曹公分關中置漢興郡。裴松之注稱《獻帝起居注》曰初平四年十二月，分漢上郡爲永陽。《魏志》：建安十九年，省安東永陽郡。《魏氏春秋》曰初平三年，分琅邪、東海爲城陽、新城、昌廣郡。建安十一年省昌盧併東海。譙周《巴記》曰初平六年，分巴郡、安漢以下爲永寧郡。建安六年，改永寧爲巴東。袁崧書：建安十二年，復置漢寧郡。建安二十一年，復漢寧爲漢中。分漢中之安陽、西城爲西城郡，分錫、上庸爲上庸郡，置都尉。《郡國志》云獻帝分張掖郡置西郡。又張掖、居延屬國，獻帝末立爲西海郡。今考此志西海郡下，獻帝興平二年，武威太守張雅請置，蓋興平中請立，至建安末始立耳。又《元和郡縣志》後漢末以房陵縣爲房陵郡。《漢官儀》荆州八郡有章陵郡。今考《魏志》太祖征荆州，以趙儼領章陵太守。章陵當亦建安中置。《三國志·何夔傳》爲長廣太守。今考長廣蓋亦建安中置。”

[3]新興：郡名，曹魏武帝置，治所在九原縣（今山西省忻州市）。

[4]樂平：郡名，曹魏武帝置，治所在沾縣（今山西省昔陽縣西南）。清畢沅《晋書地理志新補正》：“沅案樂平晋太始中置。《通典》：秦立上黨郡，二漢因之，晋爲樂平郡。此志言魏，誤。”

[5]西平：郡名，曹魏武帝分金城郡置，治所在西都縣（今青海省西寧市）。清畢沅《晋書地理志新補正》："沅案《通典》後漢建安中置西平郡。此志西平郡下亦云漢置。惟《水經注》又言魏黄初中立，未知誰是。"

[6]新平：郡名，東漢置，治所在漆縣（今陝西省彬州市）。清畢沅《晋書地理志新補正》："沅案《通典》：新平，後漢末置。"孔祥軍《晋書地理志校注》："據《續漢志》'右凉州刺史部'注引《袁山松書》'興平元年，分安定之鶉觚、右扶風之漆置新平郡，理漆縣……歷魏晋不改。'則漢獻帝興平元年置新平郡，曹操建安元年方挾天子以令諸侯，魏武定霸更遠在此後，故《晋志》誤。"

[7]略陽：郡名，西晋泰始中以廣魏郡改名，治所在臨渭縣（今甘肅省天水市東北渭河北岸）。清畢沅《晋書地理志新補正》："沅案魏武帝置廣魏郡，晋泰始中始更名略陽。此志云魏武置略陽，亦誤。又此志略陽郡下即云晋泰始中置。"孔祥軍《晋書地理志校注》："據《宋志》：'略陽太守，《晋太康地志》屬天水，《何志》故曰漢陽，魏分立曰廣魏。'有《魏志》卷三《明帝紀》裴注引《魏書》：'（景初二年）九月，雍州刺史郭淮遣廣魏太守王贇、南安太守遊奕將兵討（姜）惇。'則魏時確有廣魏郡。又《晋志》略陽郡條：'本名廣魏，泰始中更名焉。'則略陽郡泰始中方改名，'略陽'當爲'廣魏'。"略，原本、宋本作"洛"，殿本作"略"，據殿本改。

[8]陰平：郡名，三國魏置，治所在陰平縣（今甘肅省文縣西白龍江北岸）。清畢沅《晋書地理志新補正》："沅案劉禪建興二年改廣漢屬國爲陰平郡，則陰平蜀漢始置，蜀平入魏，魏禪後復入晋耳。志於此言魏武所置，於陰平郡下又言泰始中置，恐俱誤。《通典》晋置陰平郡，亦由後言之。"

[9]帶方：郡名，東漢末置，治所在帶方縣（今朝鮮民主主義人民共和國黄海道鳳山郡文石井土城内）。清畢沅《晋書地理志新補正》："沅案帶方郡，公孫度置。"孔祥軍《晋書地理志校注》：

"據《魏志》卷三十《東夷傳》：'建安中公孫康分屯有縣以南荒地爲帶方郡。'則帶方郡乃公孫康置，與曹操無涉。"

［10］譙：郡國名，曹魏置，治所在譙縣（今安徽省亳州市）。

［11］樂陵：郡名，曹魏武帝置，治所在厭次縣（今山東省惠民縣東桑落墅）。清畢沅《晋書地理志新補正》："沅案《元和郡縣志》：棣州，曹魏屬樂陵國。此志樂陵國下云漢置，微混。"

［12］章武：郡國名，治所在東平舒縣（今河北省大城縣）。清畢沅《晋書地理志新補正》："沅案此志章武國下又云泰始元年置。"

［13］南鄉：郡名，曹魏武帝置，治所在南鄉縣（今河南省淅川縣西南舊縣東南原丹江南岸）。清畢沅《晋書地理志新補正》："沅案南鄉，晋改爲順陽。"

［14］襄陽：郡名，東漢建安十三年（208）置，治所在襄陽縣（今湖北省襄陽市），西晋移治宜城縣（今湖北省宜城市南）。清畢沅《晋書地理志新補正》："沅案此志荆州下又云，魏武分枝江以西立臨江郡。《水經注》：建安十三年，魏武分南郡立。"

［15］所省者七：清勞格《晋書校勘記》："《（三）國志·明紀》青龍三年正月己亥，復置朔方郡。是魏後復置朔方郡矣。景初二年六月，省漁陽縣之狐奴縣，復置安樂縣（安樂，《志》屬燕國）。《劉靖碑》云東盡漁陽、潞縣（《水經注》引按潞縣屬燕國）。魏收《地形志》漁陽郡於雍奴、潞二縣，則云晋屬，燕國後屬。於無終、土垠、徐無三縣，則云晋屬，右北平後屬。《張華傳》父平，魏漁陽郡守。又《清惠亭侯京傳》以漁陽郡益其國。是魏後復置漁陽郡，至晋始併入燕國也。又考《地形志》云漁陽晋罷，後復。《石勒載記》趙國二十四郡，其一爲漁陽，則漁陽不久復立爲郡也。《宋書·武帝紀》遠祖某，魏定襄太守，是魏又置定襄郡矣。《志》於并州、幽州篇皆失補載，未免漏略。又案揚州篇云：廬江郡漢置，不云魏省。《宋志》《通典》皆同。考《（三）國志·武紀》亦不云省廬江郡。又考漢末爲廬江太守者，建安四年有太守劉勛，五年有太守李術，十九年有太守朱光。又劉靖於黄初中爲廬江太守，

疑魏武未嘗省廬江郡也，《志》云魏省，恐誤。”

[16]五原：郡名，即西漢九原郡，東漢稱五原郡（今内蒙古包頭市西北）。

[17]朝歌：郡名，曹魏文帝置，治所在朝歌縣（今河南省淇縣）。清畢沅《晋書地理志新補正》：“沅案朝歌，晋武帝改爲汲郡，非晋始立。此志汲郡下言泰始二年置，微誤。”前趙曾在此置衛州。清洪亮吉《十六國疆域志》：“衛州，案聰所置衛州當在朝歌縣。”

[18]陽平：郡名，曹魏文帝置，治所在元城縣（今河北省大名縣東北）。清畢沅《晋書地理志新補正》：“沅案《魏志》黄初二年，以魏郡東部爲陽平郡，西部爲廣平郡。據此則廣平亦文帝所復。此志不言者，或以前漢本有廣平國，非始於文帝故耳。”

[19]弋陽：郡名，曹魏文帝置，治所在弋陽縣（今河南省潢川縣西）。

[20]魏興：郡名，曹魏文帝以西城郡改名，治所在西城縣（今陝西省安康市西北漢江北岸）。清畢沅《晋書地理志新補正》：“沅案《水經注》魏文帝改西城郡爲魏興郡，治故西城縣之故城。《輿地志》魏置魏興郡，領洵陽等六縣。”

[21]新城：郡名，曹魏文帝以房陵郡改置，治所在房陵縣（今湖北省房縣）。清畢沅《晋書地理志新補正》：“沅案《水經注》魏文帝合房陵、上庸、西城立以爲新城郡。”

[22]義陽：中華本校勘記：“據下‘武帝增置’之文及‘義陽郡’下之文，義陽郡又置於晋武帝太康時。”清畢沅《晋書地理志新補正》：“沅案《宋志》魏文帝立，後省。晋武帝又立。故此志荆州下又云，晋武帝平吴，分南陽立義陽郡。《通典》魏分南陽立義陽郡，晋宋並因之。似微誤。”孔祥軍《晋書地理志校注》：“據《宋志》：‘義陽太守，魏文帝立，後省，晋武帝又立。’又《宋書》卷二十九《符瑞下》：‘泰始七年六月甲寅，義陽郡獲銅鼎。’又《水經注》卷三十：‘闞駰言：晋泰始中割南陽東鄙之安昌、平林、平氏、義陽四縣置義陽郡於安昌城。’胡阿祥先生《宋書州郡志彙

釋》卷二援引《寰宇記》以爲泰始元年置義陽郡，是。中華校誤。除此七郡外，魏文帝時還增置：廣平、西河、汝陰三郡。"

[23]安豐：郡名，曹魏文帝分廬江郡置，治所在安豐縣（今河南省固始縣東南）。豐，宋本作"豊"。

[24]上庸：郡名，東漢建安年間置，治所在上庸縣（今湖北省竹山縣西南）。魏初省併，魏明帝時復置。

[25]平陽：郡名，曹魏少帝正始年間置，治所在平陽縣（今山西省臨汾市西南）。以上曹魏明帝增加上庸郡，少帝增加平陽郡，孔祥軍《晋書地理志校注》認爲："《晋志》此處簡陋至甚，魏明帝曹叡太和二年於荆州置上庸、錫二郡；三年蜀漢諸葛亮北征，取魏雍州武都郡；青龍三年於并州復置朔方郡；景初二年司馬懿平公孫氏，遼東、玄菟、樂浪、帶方四郡來屬幽州；五年於幽州復置遼東屬國，後改名昌黎郡。齊王曹芳正始元年廢荆州義陽郡，三年於司隸置滎陽郡，八年又於司隸增置平陽郡；嘉平時廢司隸滎陽郡、冀州章武郡、揚州安豐郡。高貴鄉公曹髦甘露年間弘農郡劃屬豫州，後復屬司隸。元帝曹奂景元時廢豫州汝陰郡、錫郡，景元末，平蜀漢，分蜀漢益州置梁州，廢東廣漢郡、陰平郡，武都郡回屬雍州。"

[26]得漢郡者五十四焉：清畢沅《晋書地理志新補正》："沅案《通典》：有郡國六十八。"

蜀先主於漢建安之間初置郡九，巴東、[1]巴西、[2]梓潼、[3]江陽、[4]汶山、[5]漢嘉、[6]朱提、[7]宕渠、[8]涪陵。[9]後主增二，雲南、[10]興古。[11]得漢郡者十有一焉。

[1]巴東：郡名，治所在永安縣（今重慶市奉節縣東）。

[2]巴西：郡名，治所在閬中縣（今四川省閬中市）。清畢沅《晋書地理志新補正》："沅案沈約稱譙周《巴記》曰：建安六年，劉璋分巴，以永寧爲巴東郡，以墊江爲巴西郡。《魏志》建安二十

年，於是分巴郡，以胡爲巴東太守，濩爲巴西太守。則巴東西之分已久，非先主初置也。《蜀志》章武元年，改巴西郡爲巴郡。”

[3]梓潼：郡名，治所在梓潼縣（今四川省梓潼縣）。清畢沅《晋書地理志新補正》：“沅案《水經注》建安十八年，劉璋立江陽郡。今此志益州下以爲先主章武元年始分犍爲置，誤。”

[4]江陽：郡名，治所在江陽縣（今四川省瀘州市）。

[5]汶山：郡名，東漢建安末劉備分蜀郡北部置，治所在綿虒道（今四川省汶川縣西南綿虒鎮）。清畢沅《晋書地理志新補正》：“沅案汶山郡，靈帝時復置，非始於蜀。”

[6]漢嘉：郡名，蜀漢劉備改蜀郡蜀國都尉置，治所在漢嘉縣（今四川省雅安市名山區北）。

[7]朱提：郡名，劉備改犍爲屬國置，治所在朱提縣（今雲南省昭通市）。

[8]宕渠：郡名，劉備分巴西郡置，治所在宕渠縣（今四川省渠縣東北）。宕，宋本作“石”。

[9]涪陵：郡名，劉備置，治所在涪陵縣（今重慶市彭水苗族土家族自治縣）。

[10]雲南：郡名，後主劉禪置，治所在梇棟縣（今雲南省姚安縣北）。

[11]興古：郡名，後主劉禪置，治所在宛温縣（今雲南省硯山縣維摩彝族鄉附近）。

吴主大皇帝初置郡五，[1]臨賀、[2]武昌、[3]珠崖、新安、[4]廬陵南部。[5]少帝、景帝各四，[6]少，臨川、[7]臨海、[8]衡陽、[9]湘東。[10]景，天門、[11]建安、[12]建平、[13]合浦北部。[14]歸命侯亦置十有二郡，[15]始安、[16]始興、[17]邵陵、[18]安成、[19]新昌、[20]武平、[21]九德、[22]吴興、[23]東陽、[24]桂林、[25]滎陽、[26]宜都。[27]得漢郡者十有八焉。

［1］吴主大皇帝初置郡五：吴主大皇帝即吴主孫權。清畢沅《晋書地理志新補正》："沅案《魏氏春秋》建安二十四年，吴分巫、秭歸爲固陵郡。又此志揚州下云：權分丹陽立新都郡，晋改新都爲新安。"

［2］臨賀：郡名，三國吴置，治所在臨賀縣（今廣西壯族自治區賀州市八步區）。

［3］武昌：郡名，三國吴置，治所在武昌縣（今湖北省鄂城市）。

［4］新安：郡名，治所在始新縣（今浙江省淳安縣西北新安江北岸）。

［5］廬陵南部：郡名，治所在高昌縣（今江西省泰和縣西北）。清畢沅《晋書地理志新補正》："沅案廬陵，孫策時置，不得云權，《志》誤。"孔祥軍《晋書地理志校注》："此段叙述頗爲舛亂，黄武元年陸遜大破劉備，宜都、武陵、零陵、南郡四郡之地悉入屬吴；二年遷都武昌，置武昌郡，旋廢；五年分交州置廣州，旋廢，又於揚州置東安郡，於荆州置臨賀郡，七年廢揚州東安郡；嘉禾三年於揚州置雲陽郡，旋廢，五年於揚州置毗陵典農都尉；赤烏五年，於交州置珠崖郡，赤烏中廢揚州廬江郡。"部，宋本作"命"。

［6］少帝：吴主孫亮，字子明，孫權少子。　景帝：吴主孫休，字子烈，孫權第六子。

［7］臨川：郡名，三國孫吴分豫章郡置，治所在臨汝縣（今江西省撫州市臨川區西）。

［8］臨海：郡名，三國孫吴置，治所在臨海縣（今浙江省臨海市），尋移置章安縣（今浙江省臨海市東南）。

［9］衡陽：郡名，三國孫吴置，治所在湘南縣（今湖南省湘潭市）。

［10］湘東：郡名，三國孫吴置，治所在酃縣（今湖南省衡陽市東）。

［11］天門：郡名，三國孫吴置，治所在溇中縣（今湖南省慈

利縣）。

［12］建安：郡名，三國孫吴置，治所在建安縣（今福建省建甌市南松溪南岸）。

［13］建平：郡名，三國孫吴置，治所在巫縣（今重慶市巫山縣北）。

［14］合浦北部：郡名，三國孫吴改珠官郡爲合浦北部，治所在合浦縣（今廣西壯族自治區合浦縣東北）。

［15］歸命侯：吴主孫皓，字元宗，孫權孫，孫和子，一名彭祖，字皓宗。西晋滅吴後，被封爲歸命侯。

［16］始安：郡名，三國孫吴置，治所在始安縣（今廣西壯族自治區桂林市）。

［17］始興：郡名，三國孫吴置，治所在曲江縣（今廣東省韶關市東南蓮花嶺下）。

［18］邵陵：郡名，三國孫吴置，治所在邵陵縣（今湖南省邵陽市）。

［19］安成：郡名，三國孫吴置，治所在平都縣（今江西省安福縣東南）。

［20］新昌：郡名，即孫吴新興郡，治所在麊泠縣（今越南社會主義共和國永福省）。

［21］武平：郡名，三國孫吴置，治所在武定縣（今越南社會主義共和國永福省）。

［22］九德：郡名，三國孫吴置，治所在九德縣（今越南社會主義共和國義安省榮市）。

［23］吴興：郡名，三國孫吴置，治所在烏程縣（今浙江省湖州市南下菰村）。

［24］東陽：郡名，三國孫吴置，治所在長山縣（今浙江省金華市）。

［25］桂林：郡名，三國孫吴置，治所在武安縣（今廣西壯族自治區柳州市東南）。

[26]滎陽：清畢沅《晋書地理志新補正》："沅案'滎陽'應作'營陽'。《郡縣志》吴分零陵置，以郡在營水之南，故名。"孔祥軍《晋書地理志校注》："滎陽隸屬曹魏司隸部，與吴疆土懸隔殊遠，《晋志》錯誤甚爲明顯。"

[27]宜都：郡名，治所在夷陵縣（今湖北省宜昌市東南長江北岸）。清畢沅《晋書地理志新補正》："沅案蜀分南郡立宜都郡，劉備没後，宜都復屬吴，非皓所置也。《志》誤。張勃《吴録》亦云劉備立。"孔祥軍《晋書地理志校注》："今檢《宋志》：'宜都太守，《太康地志》、王隱《地道》、《何志》並云吴分南郡立。張勃《吴録》云劉備立。按《吴志》，吕蒙平南郡，據江陵，陸遜別取宜都，獲秭歸、枝江、夷道縣。初權與劉備分荆州，而南郡屬備，則是備分南郡立宜都，非吴立也。習鑿齒云，魏武平荆州，分南郡枝江以西爲臨江郡，建安十五年，劉備改爲宜都。'《宋志》所辨宜都郡建置沿革甚詳。又《晋志》下荆州云：'後漢獻帝建安十三年，魏武盡得荆州之地……分枝江以西立臨江郡。'又《吴志》卷二《孫權傳》：'（建安二十四年）陸遜別取宜都。'則建安十三年曹操置臨江郡，劉備據之改曰宜都，建安二十四年吴取宜都，《晋志》誤。"

晋武帝太康元年，既平孫氏，凡增置郡國二十有三，[1]滎陽、[2]上洛、[3]頓丘、[4]臨淮、[5]東莞、[6]襄城、[7]汝陰、[8]長廣、[9]廣寧、[10]昌黎、[11]新野、[12]隨郡、[13]陰平、義陽、[14]毗陵、[15]宣城、[16]南康、[17]晋安、[18]寧浦、[19]始平、[20]略陽、[21]樂平、南平。[22]省司隸置司州，別立梁、[23]秦、[24]寧、[25]平四州，[26]仍吴之廣州，凡十九州，司、冀、兖、豫、荆、徐、揚、青、幽、平、并、雍、凉、秦、梁、益、寧、交、[27]廣州。[28]郡國一百七十三，[29]仍吴所置二十五，[30]仍蜀新置十一，[31]仍魏所置二十一，[32]仍漢舊九十三，[33]置二十三。

以爲冠帶之國，盡有殷周之土。若乃敦龐於天地之始，[34]昭晰於犧農之世，[35]用長黎元，未爭疆埸。而玉環楛矢，[36]夷裘風駕，[37]南暈表貺，[38]東風入律，[39]光乎上德，奚遠弗臻。然則星象麗天，山河紀地，端掖裁其弘敞，[40]崤函判其都邑，仰觀俯察，萬物攸歸。是以洛汭咸陽，[41]宛然秦漢，晋濱河西，同知堯禹，於兹新邑，宅是鎬京，[42]五尺童子皆能口誦者，史官弗之書也。

[1]增置郡國二十有三：清畢沅《晋書地理志新補正》："沅案《通典》增郡國二十有二。"

[2]滎陽：孔祥軍《晋書地理志校注》："據《宋志》：'滎陽，晋武帝泰始元年，分河南立。'則泰始元年晋武帝分河南尹置滎陽郡。而《晋志》滎陽郡條：'泰始二年置。''二年'似爲'元年'之訛。"

[3]上洛：郡名，西晋武帝置，治所在上洛縣（今陝西省商洛市商州區）。孔祥軍《晋書地理志校注》："據《晋志》上洛郡條：'泰始二年，分京兆南部置。'又《寰宇記》卷一百四十一山南西道商州條：'晋初改爲京兆南部，後又立爲上洛郡，即太始三年（當爲二年）分京兆置上洛郡。'則泰始二年晋武帝分京兆郡置上洛郡。"

[4]頓丘：郡名，西晋武帝置，治所在頓丘縣（今河南省浚縣北）。孔祥軍《晋書地理志校注》："據《晋志》頓丘郡條：'泰始二年置。'又《宋志》：'頓丘令，二漢屬東郡，魏屬陽平，晋武帝泰始二年，分淮陽置頓丘郡［查《續漢志》："陳國，高帝置爲淮陽，章和二年改（陳國）。"《晋志》："後漢章帝改淮陽爲陳郡。"則魏無淮陽郡，且《晋志》頓丘郡所領衛國、頓丘二縣魏均屬陽平郡，

故《宋志》所謂“分淮陽置頓丘郡”似爲“分陽平置頓丘郡”之訛]，頓丘縣又屬。’則泰始二年晋武帝置頓丘郡。”丘，殿本作“邱”。

[5]臨淮：郡國名，西晋武帝置，治所在盱眙縣（今江蘇省盱眙縣東北盱眙山下）。清畢沅《晋書地理志新補正》：“沅案臨淮復漢舊郡，故此《志》於郡下注云漢置。”

[6]東莞：郡名，西晋置，治所在莒縣（今山東省莒縣）。清畢沅《晋書地理志新補正》：“沅案東莞，《水經注》又云魏黄初中立。”

[7]襄城：郡名，西晋武帝置，治所在襄城縣（今河南省襄城縣）。孔祥軍《晋書地理志校注》：“據《魏志》卷二十三《裴潜傳》裴注引《魏略》襄城其時又典農中郎將，《魏志》卷四《三少帝紀》：‘（咸熙元年）……是歲，罷屯田官以均政役，諸典農皆爲太守，都尉皆爲令長。’則魏咸熙元年襄城置郡。”

[8]汝陰：郡名，西晋武帝復置，治所在汝陰縣（今安徽省阜陽市）。清畢沅《晋書地理志新補正》：“沅案《通典》魏置汝陰郡。司馬宣王使鄧艾屯田於此。後廢。晋武帝泰始二年復置。”孔祥軍《晋書地理志校注》：“據《宋書》卷二十八《符瑞中》：‘泰始五年正月癸卯，白麞見汝陰樓煩，豫州刺史劉勔以獻。’則泰始五年前已有汝陰郡。又《晋志》汝陰郡條：‘魏置郡，後廢，泰始二年復置。’則武帝泰始二年分汝南郡置汝陰郡。畢沅《新補正》引《通典》以爲汝陰郡泰始二年復置，今遍檢《通典》未見其引文，不知畢氏所據何本。”

[9]長廣：郡名，西晋武帝復置，治所在不其縣（今山東省即墨市西南）。清畢沅《晋書地理志新補正》：“沅案《魏志·何夔傳》‘遷長廣太守’下云‘郡初立’。《晋太康地志》挺縣屬長廣郡。今考《沈志》云晋長廣郡立於咸寧三年。而《太康地志》已云挺縣屬長廣，則知咸寧前本有長廣郡可知。意漢末因黄巾起青徐間，郡縣寥廓難制，故又分東萊、北海爲長廣郡。後郡旋廢。至咸

寧三年復置耳。”清洪亮吉《東晋疆域志》:“長廣郡,《沈志》《晋太康地志》故屬東萊。《起居注》咸寧三年,以齊東部縣爲長廣郡。領縣四。不其,漢舊縣。《沈志》《太康地志》屬長廣,有青山。長廣,漢舊縣。《沈志》《晋太康地志》屬長廣。昌陽,《沈志》晋惠帝元康八年分長廣縣立。挺,漢舊縣。《沈志》《晋太康地志》屬長廣。”孔祥軍《晋書地理志校注》:“據《宋志》:‘《起居注》:咸寧三年,以齊東部縣爲長廣郡。’又《晋志》:‘長廣郡,咸寧三年置。’則咸寧三年增置長廣郡。畢氏《新補正》據《晋太康地志》挺縣屬長廣郡,以爲咸寧三年前已置長廣郡。《晋太康地志》所録地志斷代年限爲太康三年,太康三年晚於咸寧三年,不知以此何以證明長廣郡置於咸寧三年前,畢氏考證邏輯有誤。”

[10]廣寧:郡名,西晋武帝置,治所在下洛縣(今河北省逐鹿縣)。

[11]昌黎:郡名,三國魏改遼東屬國都尉置,治所在昌黎縣(今遼寧省義縣)。清畢沅《晋書地理志新補正》:“沅案此志昌黎下又云魏置。《水經注》亦云魏廣寧郡。”

[12]新野:郡名,西晋武帝時改義陽郡置,治所在新野縣(今河南省新野縣)。孔祥軍《晋書地理志校注》:“據《水經注》卷三十一:‘晋咸寧二年,封大司馬扶風武王少子(司馬)歆爲新野郡公,割南陽五屬:棘陽、蔡陽、穰、鄧、山都。’則咸寧二年割南陽五縣置新野郡。畢氏《新補正》以爲新野郡晋惠帝置,不列所據,顯誤。”

[13]隨郡:西晋太康九年(288),析義陽郡之隨、平林二縣置,治所在隨縣(今湖北省隨縣)。清畢沅《晋書地理志新補正》:“沅案惠帝分義陽立隨郡,分南陽立新野郡,非武帝時,《志》誤。”清洪亮吉《東晋疆域志》:“隨郡,《水經注》晋武帝太康中立爲郡。《元和郡縣志》太康九年分義陽置隨郡。今考《隨穆王整傳》武帝以義陽國一縣追封爲隨縣王,子邁嗣。太康九年以義陽之平林益邁爲隨郡王。是隨郡所領止二縣。東晋同。《沈志》去京都

三千四百十。隨，漢舊縣。《沈志》稱《晋太康地志》屬義陽，後隨國與郡俱改。平林，魏舊縣。"

[14]義陽：即義陽國，治所在新野縣（今河南省新野縣南），東晋末改爲義陽郡，移治平陽縣（今河南省信陽市）。清畢沅《晋書地理志新補正》："沅案義陽郡，魏置，已見前。"孔祥軍《晋書地理志校注》："泰始元年置義陽郡。《晋志》：'及武帝平吴，分南郡爲平南郡，分南陽爲義陽郡。'又《晋志》義陽郡下注曰：'太康中置。'吴氏《考證》卷三以爲《晋志》'太康中置'當爲'太始中置'，微誤。《晋志》文同誤。畢氏《新補正》以爲義陽郡魏時已置，據《宋志》：'義陽太守，魏文帝立，後省，晋武帝又立。'則義陽郡魏時確乎已置，後廢，於晋初復置，畢氏未明沿革明矣。"

[15]毗陵：郡名，西晋武帝時置，治所在丹徒縣（今江蘇省鎮江市東南丹徒鎮）。孔祥軍《晋書地理志校注》："據《宋志》晋陵太守條：'吴時分吴郡無錫以西爲毗陵典農校尉，晋武帝太康二年省校尉，立以爲毗陵郡，治丹徒，後復還毗陵。'又《晋志》毗陵郡條：'吴分會稽（當作吴分吴郡）無錫以西爲屯田，置典農校尉，太康二年省校尉爲毗陵郡。'則太康二年改其爲毗陵郡。"

[16]宣城：郡名，西晋武帝置，治所在宛陵縣（今安徽省宣城市）。

[17]南康：郡名，西晋武帝置，治所在雩都縣（今江西省于都縣北），東晋移治贛縣（今江西省贛州市西南）。孔祥軍《晋書地理志校注》："據《宋志》：'南康公相，晋武帝太康三年，以廬陵南部都尉立。'又《晋志》南康郡條：'太康三年置。'則武帝太康三年分廬陵郡置南康郡。"

[18]晋安：郡名，西晋武帝置，治所在候官縣（今福建省福州市）。孔祥軍《晋書地理志校注》："據《宋志》：'晋安太守，晋武帝太康三年，分建安立。'又《晋志》：'晋安郡，太康三年置。'則晋安郡太康三年置。"

[19]寧浦：郡名，西晋武帝以合浦北部都尉改置，治所在寧浦

縣（今廣西壯族自治區横州市西南鬱江南岸）。孔祥軍《晋書地理志校注》："據《宋志》：'寧浦太守《晋太康地志》：武帝太康七年改合浦屬國都尉立。'則太康七年改合浦屬國都尉爲寧浦郡。"

［20］始平：郡名，西晋武帝置，治所在槐里縣（今陝西省興平市阜寨鎮南佐村）。孔祥軍《晋書地理志校注》："據《宋志》：'始平太守，晋武帝泰始二年，分京兆、扶風立。'又《晋志》始平郡條：'泰始二年置。'則泰始二年置始平郡。"

［21］略陽：郡名，西晋武帝置，治所在臨渭縣（今甘肅省天水市東北渭河北岸）。孔祥軍《晋書地理志校注》："據《晋志》略陽郡條：'本名廣魏，泰始中更名焉。'又據《宋志》：'略陽太守，《晋太康地志》屬天水，《何志》故曰漢陽，魏分立曰廣魏。'則曹魏之廣魏郡泰始中改名略陽郡。"清畢沅《晋書地理志新補正》："沅案略陽本魏所置，廣魏泰始中改名，非增置。《志》誤。"

［22］南平：郡名，西晋武帝置，治所在江安縣（今湖北省公安縣西北）。清畢沅《晋書地理志新補正》："沅案即吴所立南郡改名，不得云增置。《志》誤。又考武帝所置，有滎陽、上洛、頓邱、臨淮、東莞、襄城、汝陰、長廣、廣寧、毗陵、宣城、南康、晋安、寧浦、始平、樂平外，又有兖州之濮陽、高平，冀州之章武、高陽，梁州之新都，凡二十一郡。若略陽、南平係改舊名，非增置。《通典》言晋平吴後增置郡國二十有二，或於略陽、南平二郡内分晰未清耳。又《水經注》謂漢立樂平郡，治沾，亦恐誤。"

［23］梁：清洪亮吉《東晋疆域志》："梁州，《晋書·地理志》泰始三年分益州立梁州於漢中。統郡八、縣三十八。《水經注》稱《晋書地道記》曰，梁州南至桓水，西底黑水，東限扞關。今漢中、巴郡、汶山、蜀郡、漢嘉、江陽、朱提、涪陵、陰平、廣漢、新都、梓潼、犍爲、武都、上庸、魏興、新城皆古梁州之地。《太平寰宇記》又稱王隱《晋書》云，魏末克蜀，分廣漢、巴、涪陵以北七郡爲梁州。《晋書·地理志》惠帝時以魏興、上庸、新城三郡屬梁州。《孝武帝紀》寧康元年，苻堅將楊安陷梓潼及梁、益二州，

刺史周仲孫南遁。東晋凡領舊郡十、增置郡六、縣七十八。州治，《沈志》魏元帝景元四年平蜀，復立梁州，治漢中南鄭，而益州治成都。李氏據梁、益，江左於襄陽僑立梁州，李氏滅復舊。譙縱時又治漢中，刺史治魏興。縱滅，刺史還治漢中之苞中縣，所謂南城也。《太平寰宇記》稱王隱《晋書》云，魏末克蜀，梁州理漢中之沔陽，歷晋太康中，州又移理漢中郡。後李特據蜀，漢中又陷，及桓温平蜀，梁州刺史復理漢中郡。譙縱時又失漢中，刺史寄理魏興郡。縱滅，復理漢中之苞中縣。東晋末又移理城固。”孔祥軍《晋書地理志校注》：“據《晋志》梁州條：‘泰始三年，分益州，立梁州於漢中。’《晋志》益州條：‘武帝泰始二年，分益州置梁州，以漢中屬焉。’則梁州似泰始時置。而檢《魏志》卷四《三少帝紀》：‘（景元四年十一月）是月，蜀主劉禪詣（鄧）艾降，巴蜀皆平……（十二月）壬子，分益州爲梁州。’《宋志》：‘魏元帝景元四年，平蜀，復立梁州，治漢中南鄭，而益州治成都。’則景元四年蜀降魏後，分益州爲梁州。《晋志》‘泰始三年’‘泰始二年’均爲‘景元四年’之訛，故梁州爲魏置。”

［24］秦：孔祥軍《晋書地理志校注》：“據《晋志》：‘太始五年，又以雍州隴右五郡及凉州之金城、梁州之陰平，合七郡置秦州，鎮冀城。太康三年，罷秦州，併雍州。七年，復立，鎮上邽。’而《宋志》：‘秦州刺史，晋武帝泰始五年分隴右五郡及凉州金城、梁州陰平並七郡爲秦州，治天水冀縣。太康三年併雍州，惠帝元康七年復立。’又《南齊志》秦州條：‘太康省，惠帝元康七年復置’。則泰始五年置秦州，太康三年罷；元康七年復置，《晋志》所謂‘七年’當爲‘元康七年’，洪頤煊《諸史考異》卷二以爲‘七年’上脱‘元康’二字，是。”

［25］寧：孔祥軍《晋書地理志校注》：“據《宋志》：‘寧州刺史，晋武帝泰始七年分益州南中之建寧、興古、雲南、永昌四郡立。’又《晋志》：‘泰始七年，武帝以益州地廣，分益州之建寧、興古、雲南，交州之永昌，合四郡爲寧州。’則泰始七年分益州四

郡置寧州。”

［26］平：孔祥軍《晋書地理志校注》：“據《晋志》：‘咸寧二年十月，分昌黎、遼東、玄菟、帶方、樂浪等郡國五置平州。’然《晋書》卷三《武帝紀》：‘（泰始十年）二月，分幽州五郡置平州。’錢氏《考異》卷十九據《晋書·衛瓘傳》以爲分立平州之議出於衛瓘出任幽州刺史時，而衛瓘泰始七年八月被命之鎮，是平州當置於泰始，不當在咸寧，是。《晋志》所謂‘咸寧二年十月’當爲‘泰始十年二月’之訛。以上數州均非太康元年置，《晋志》皆誤。”

［27］交：交州，東漢建安年間置，治所在龍編縣（今越南社會主義共和國北寧省仙游縣東），後移治廣信縣（今廣西壯族自治區梧州市），又移治番禺縣（今廣東省廣州市）。

［28］廣州：三國吴孫休分交州置，治所在番禺縣（今廣東省廣州市）。清畢沅《晋書地理志新補正》：“沅案《通典》太康元年分合浦之北爲廣州，置番禺。”

［29］郡國一百七十三：清畢沅《晋書地理志新補正》：“沅案《通典》凡州百五十有六，縣千一百有九。”

［30］仍吴所置二十五：清畢沅《晋書地理志新補正》：“沅案除皓所置十二郡内滎陽郡，正二十五。”

［31］仍蜀新置十一：清畢沅《晋書地理志新補正》：“沅案尚有建寧郡，亦蜀所置，宜云十二。”

［32］仍魏所置二十一：清畢沅《晋書地理志新補正》：“沅案今考《地理志》仍魏所置，有新興、廣魏（晋泰始中改名略陽）、帶方（公孫度置，後屬魏）、譙、樂陵、南鄉（晋改爲順陽）、襄陽、朝歌（晋改爲汲郡）、陽平、弋陽、魏興、新城、義陽、安豐、上庸、平陽外，又有廣平郡，亦文帝時所復，凡十七郡。餘如西平、新平，則漢所置。樂平、章武，則晋泰始中始立。陰平又屬，蜀置，俱不得云魏。此志言仍魏二十一，殊誤。”

［33］仍漢舊九十三：清畢沅《晋書地理志新補正》：“沅案今考

《地理志》，仍漢舊郡，自河南至鬱林，共九十五。此言九十三，誤。内濟陽本漢濟陰改，范陽本漢涿郡改。又巴郡、巴西郡，雖屬漢置，今亦歸蜀先主所立郡内。”

［34］敦龐：敦厚樸實。

［35］昭晰：光耀。　犧農：伏羲氏和神農氏。伏羲氏，亦作庖犧氏、伏戲、伏犧、包羲、犧皇、宓犧等。即太昊，或稱黄熊氏。神話中的人類始祖，八卦創始人。神農氏，傳説中的遠古帝王。始教民稼穡，故稱神農氏。又傳他曾嘗百草，發現藥材，教人治病。也稱炎帝。

［36］楛矢：以楛木做杆的箭。

［37］夷裘：少數民族衣裘。

［38］南翬：南方的五彩山雉。

［39］東風：春風。

［40］端掖：端門和掖門。指朝廷。

［41］咸陽：縣名，治所在今陝西省咸陽市東北聶家溝一帶。

［42］鎬京：一作鎬邑，西周早期國都，位於今陝西省長安市長安區西北丰鎬村附近。

昔庖犧氏生於成紀，[1]而爲天子，都於陳。[2]神農氏都陳，而别營於曲阜。[3]黄帝生於壽丘，[4]而都於涿鹿。[5]少昊始自窮桑，[6]而遷都曲阜。[7]顓頊始自窮桑，[8]而徙邑商丘。[9]高辛即號，[10]建都於亳。[11]孫卿子曰：[12]“不登高山，不知天之高；不臨深溪，不知地之厚也。”大哉坤象，萬物資生，載崑華而不墜，傾河海而寧泄。考卜惟王，乘飛駐軫，睨崦山而鐫勒，覽曾城以爲玩。[13]時逢稽浸，[14]道接陵夷，平王東遷，[15]星離豆剖；當塗馭宇，[16]瓜分鼎立。世祖武皇帝接千祀之餘，當八堯之禪，先王桑梓，[17]罄宇來歸，斯固可得而言者矣。惠皇不虞，中州盡棄，[18]永嘉南度，綸行建鄴，[19]九分天下而有二焉。

[1]成紀：縣名，治所在今甘肅省靜寧縣西南治平河西岸。

[2]陳：春秋諸侯國名。位於今河南周口市淮陽區及安徽省亳州市一帶。

[3]曲阜：邑名，位於今山東省曲阜市東北古城。

[4]壽丘：地名，在今山東省曲阜市東北，相傳爲黄帝出生地。

[5]涿鹿：地名，在今河北省涿鹿縣，相傳黄帝定都於此，並與蚩尤大戰涿鹿之野。

[6]少昊：亦作少皞，傳説中古代東夷集團首領，名摯，號金天氏。

[7]遷都曲阜：原本、宋本無“曲”字，殿本有，據殿本補。

[8]顓頊：上古帝王。“五帝”之一，號高陽氏。相傳爲黄帝之孫、昌意之子，生於若水，居於帝丘。

[9]商丘：地名，夏后相所都，一説應作帝丘，在今河南省商丘市東南。

[10]高辛：即帝嚳，初受封於辛，後即帝位，號高辛氏。

[11]亳：商湯的都城。一説位於今河南省商丘市東南；一説位於今河南省商丘市北；一説位於今河南省偃師市西。

[12]孫卿子：戰國末趙國人，名况，字卿。漢人避宣帝諱，稱孫卿。思想家，有《荀子》一書傳世。

[13]覽曾城以爲玩：曾，殿本作“域”。

[14]稽浸：稽天之浸，淹到天上的大水，洪水泛濫。

[15]平王東遷：著名的歷史事件。周平王名宜臼，幽王之子。幽王被犬戎攻殺後，因鎬京殘破，即位的平王便東遷雒邑。此事標志着西周結束，東周開始。

［16］當塗馭宇：曹魏統治天下。當塗，當塗高，指曹魏。《後漢書》卷七五《袁術傳》："代漢者當塗高。"李賢注："當塗高者，'魏'也。"

［17］桑梓：指故鄉或鄉親。

［18］中州：指中原地區。

［19］建鄴：六朝古都，即今江蘇省南京市。孫吴稱建業，西晋初稱建鄴，後避司馬鄴之諱改名建康。

昔大禹觀於濁河而受緑字，[1]寰瀛之内可得而言也。[2]天有七星，[3]地有七表；[4]天有四維，地有四瀆。[5]八紘之外，[6]名爲八極。[7]地不足東南，天不足西北。八極之廣，東西二億三萬一千三百里，南北二億三萬一千三百里。自地至天，半八極之數，自下亦如之。昔黄帝令竪亥步自東極，[8]至於西極，五億十萬九千八百八步。史臣案，凡周天積百七萬九百一十三里，徑三十五萬六千九百七十里。所謂南北爲經，東西爲緯。天有十二次，[9]日月之所躔；[10]地有十二辰，[11]王侯之所國也。或因生得姓，因功命土，祁、酉、燕、齊，在乎兹域。

［1］濁河：黄河。　受緑字：《路史》卷二二《後紀·夏後氏》："始禹之治水七年矣，傷功未就，愁然沈思於是。上觀於河，河精授圖。乃北見六子，獲玉匱之書以從事，受黑書於臨洮，得緑字於濁水。"

［2］寰瀛：天下，疆域。

［3］七星：金星、木星、水星、火星、土星、日、月。

［4］七表：地的七個方面。其卦曰坤，其德曰母，其神曰衹，亦曰媪。大而名之曰黄地衹，小而名之曰神州，亦名后土。見《初

學記》卷五《地理上·叙事》引《物理論》。

[5]四瀆：長江、黄河、淮河、濟水的合稱。

[6]八紘：八方極遠之地。《淮南子·墬形訓》："九州之外，乃有八殥，亦方千里"，"八殥之外，而有八紘，亦方千里。"高誘注："紘，維也。維落天地而爲之表，故曰紘也。"

[7]八極：比八紘還遠的地方。

[8]豎亥：神話傳説中的人物。《淮南子·墬形訓》："使豎亥步自北極，至於南極，二億三萬三千五百里七十五步。"高誘注："太章、豎亥，善行人，皆禹臣也。"

[9]十二次：我國古代將黄道帶分成十二部分，各稱之爲次。

[10]躔：居處。

[11]十二辰：一日分爲十二時辰。

昔黄帝旁行天下，[1]方制萬里，得百里之國萬區，則《周易》所謂"首出庶物，萬國咸寧"者也。[2]昔在帝堯，叶和萬邦，制八家爲鄰，三鄰爲朋，三朋爲里，五里爲邑，十邑爲都，十都爲師，州十有二師焉。夏后氏東漸於海，西被於流沙，南浮於江，而朔南暨聲教，窮豎亥所步，莫不率俾，[3]會群臣於塗山，[4]執玉帛者萬國。於是九州之内，作爲五服。天子之國，内五百里甸服，百里賦納緫，二百里納銍，三百里納秸服，四百里粟，五百里米。甸服外五百里侯服，百里采，二百里任，三百里候。侯服外五百里綏服，三百里揆文教，二百里奮武衛。綏服外五百里要服，三百里夷，二百里蔡。要服外五百里荒服，三百里蠻，二百里流。訖於四海，弼成五服，五服至於五千里。夏德中微，遇有窮之亂。[5]少康中興，[6]不失舊物。自孔甲之後，[7]以至於桀，諸侯相兼，其能存者三千餘國，[8]方於塗山，十損其七矣。成湯敗桀於焦，遷鼎於亳，伊摯、仲虺之徒，[9]大明憲典。王者之制爵禄，公侯伯子男凡五等。天子之田方千里，公侯田方百里，伯七十里，子男五十里。不能五十里者，不達於天子，[10]附於諸侯，曰附庸。凡四海之内九州，州方千里。州建百里之國三十，七十里之國六十，五十里之國百有二十，凡二百一十國。名山大澤不以封，其餘以爲附庸間田。八州，州二百一十國。天子之縣内，百里之國九，七十里之國二十有一，五十里之國六十有三，凡九十三國。名山大澤不以班，其餘以禄士，以爲間田。凡九州，千七百七十三國。天子之元士，[11]諸侯之附庸，不與。天子百里之内以供官，千里之内以爲御，千里之外設方伯。五國以爲屬，屬有長；十國以爲連，連有帥；三十國以爲卒，卒有正；[12]二百一十國以爲州，州有伯。八州，八伯，五十六正，百六十八帥，三百三十六長。八伯各以其屬屬於天子之老二人，分天下爲左右，曰二伯。千里之内曰甸，千里之外曰采，曰流。天子使其大夫爲三監，監於方伯之國，國三人。天子之縣，内，諸侯禄也；外，諸侯嗣也。武王歸豐，監於二代，設爵惟五，分土惟三。封同姓五十餘國，周公、康叔建於魯、衛，[13]各數百里。太公封於齊，表東海者也。凡一千八百國，[14]布列於五千里内。而太昊、黄帝之後，[15]唐虞侯伯猶存。[16]

[1]旁行天下：宋本無“行”字。

[2]首出庶物，萬國咸寧：傑出於萬物，天下安寧。語見

《易·乾卦·彖辭》。

[3]莫不率俾：没有不順從的。率俾，順從。

[4]塗山：山名。位於今安徽省懷遠縣東南、淮河東岸，又名當塗山。《左傳·哀公七年》："禹合諸侯於塗山，執玉帛者萬國。"杜預注："塗山在壽春東北。"

[5]有窮之亂：指后羿取代夏政。《左傳·襄公四年》孔穎達疏引《夏書·五子之歌》云："太康尸位以逸豫，政於有洛之表，十旬弗反。有窮后羿因民弗忍，距於河，厥第五人御其母以從，五子咸怨。"后羿號有窮氏。

[6]少康中興：夏太康失位，后羿取代夏政，韓浞又殺后羿。夏相之後緡逃回母家，生少康。後夏臣伯靡聚衆殺韓浞，迎少康復位。史稱少康中興。

[7]孔甲：夏代第十四位王，迷信鬼神，諸侯多叛，四世後而夏亡。

[8]三千餘國：三，原本、宋本作"二"，殿本作"三"，據殿本改。

[9]伊摯：即伊尹，是輔佐商湯及其後代外丙、仲壬、太甲的賢臣。　仲虺：又稱萊朱，商湯臣。夏傑時棄夏投湯，助湯滅夏。

[10]不達於天子：達，原本、宋本作"合"，殿本作"達"，據殿本改。

[11]元士：周代稱天子之士爲元士。

[12]卒有正：正，原本、宋本作"政"，殿本作"正"，據下文、殿本改。

[13]康叔：又稱衛叔、衛侯。周文王之子，武王之弟，被封於舊殷王畿之地，建立衛國。

[14]凡一千八百國：宋本於"國"前有"餘"字。

[15]太昊：即伏羲。

[16]唐虞侯伯猶存：宋本無"存"字。

大司徒以諸公之地封疆方五百里，[1]其食者半；諸侯之地方四百里，其食者三之一；諸伯之地方三百里，其食者三之一；諸子之地方二百里，其食者四之一；諸男之地方百里，其食者四之一。不易之地家百畝，一易之地家二百畝，再易之地家三百畝。五家爲比，使之相保；五比爲閭，使之相受；四閭爲族，使之相葬；五族爲黨，使之相救；五黨爲州，使之相賙；[2]五州爲鄉，使之相賓。[3]

[1]大司徒：周天子三執政官之一。
[2]相賙：互相救濟。
[3]相賓：互相尊敬。

小司徒以五人爲伍，[1]五伍爲兩，四兩爲卒，五卒爲旅，五旅爲師，五師爲軍。以起軍旅，以作田役，以比追胥，以令貢賦。乃經土地而井牧其田野，九夫爲井，四井爲邑，四邑爲丘，四丘爲甸，四甸爲縣，四縣爲都。遺人則十里有廬，廬有飲食。三十里有宿，宿有路室，路室有委。五十里有市，市有候，候有館，館有積。遂人則五家爲鄰，五鄰爲里，四里爲酇，五酇爲鄙，五鄙爲縣，五縣爲遂。

[1]小司徒：大司徒屬員，中大夫爵。

大司馬以九畿之籍，[1]施邦國之政。方千里曰國畿，其外方五百里曰侯畿，又其外方五百里曰甸畿，[2]又其外方五百里曰男畿，又其外方五百里曰采畿，又其外方五百里曰衛畿，又其外方五百里曰蠻畿，又其外方五百里曰夷畿，又其外方五百里曰鎮畿，又其外方五百里曰藩畿。畿，田限也。自王城以外，面五千里爲界，有分限者九也。

[1]大司馬：周天子三執政官之一。
[2]又其外方五百里：其，宋本作“爲”。

于時治致太平，政稱刑措，民口千三百七十一萬四千九百三十三，蓋周之盛者也。其衰也，則禮樂征伐出自諸侯，强吞弱而衆暴寡。春秋之初，尚有千二百國，迄獲麟之末，[1]二百四十二年，弑君三十六，亡國五十二，諸侯奔走不得保其社稷者不可勝數，而見於《春秋》經傳者百有七十國焉。百三十九知其所居，魯、[2]邾、[3]鄭、[4]宋、[5]紀、[6]衛、[7]西虢、[8]莒、[9]齊、[10]陳、[11]杞、[12]蔡、[13]邢、[14]郕、[15]晋、[16]薛、[17]許、[18]鄧、[19]秦、[20]曹、[21]楚、[22]隨、[23]黄、[24]梁、[25]虞、[26]鄖、[27]小邾、[28]徐、[29]燕、[30]鄀、[31]麇、[32]舒、[33]庸、[34]郯、[35]萊、[36]吴、[37]越、[38]有窮、[39]三苗、[40]瓜州、[41]有虞、[42]東虢、[43]共、[44]宿、[45]申、[46]夷、[47]向、[48]南燕、[49]滕、[50]凡、[51]戴、[52]息、[53]郜、[54]芮、[55]魏、[56]淳于、[57]穀、[58]巴、[59]州、[60]蓼、[61]羅、[62]賴、[63]牟、[64]葛、[65]譚、[66]蕭、[67]遂、[68]滑、[69]權、[70]鄣、[71]霍、[72]耿、[73]江、[74]冀、[75]弦、[76]道、[77]柏、[78]微、[79]鄫、[80]厲、[81]項、[82]密、[83]任、[84]須句、[85]顓臾、[86]頓、[87]管、[88]雍、[89]畢、[90]豐、[91]邘、[92]應、[93]蔣、[94]茅、[95]胙、[96]夔、[97]介、[98]焦、[99]沈、[100]六、[101]巢、[102]根牟、[103]唐、[104]黎、[105]郇、瑕、[106]寒、[107]有鬲、[108]斟灌、[109]斟尋、[110]過、[111]有過、戈、[112]偪

陽、[113]郱、[114]鑄、[115]豕韋、[116]唐、[117]杜、[118]楊、[119]𪁺、[120]鄶、[121]觀、[122]扈、[123]邳、[124]胡、[125]黎、[126]大庭、[127]駘、[128]岐、[129]邶、[130]鍾吾、蒲姑、[131]昆吾、[132]房、[133]密須、[134]甲父、[135]鄅、[136]桐、[137]亳、[138]韓、[139]趙。[140]三十一國盡亡其處，[141]祭、[142]極、[143]荀、[144]賈、[145]貳、[146]軫、[147]絞、[148]於餘丘、[149]陽、[150]箕、[151]英氏、[152]毛、[153]聃、[154]莘、[155]偪、封父、[156]仍、[157]有仍、[158]崇、[159]鄟、[160]庸、[161]姺、[162]奄、[163]商奄、褒姒、[164]蓐、[165]有緡、[166]闕鞏、[167]飂、[168]豳夷、[169]窮桑。[170]蠻夷戎狄不在其間。五伯迭興，總其盟會。陵夷至於戰國，遂有七王，韓、[171]魏、[172]趙、[173]燕、[174]齊、[175]秦、[176]楚。[177]又有宋、[178]衛、[179]中山，[180]不斷如綫，如三晋篡奪，[181]亦稱孤也。

[1]獲麟：指春秋魯哀公十四年獵獲麒麟事。相傳孔子作《春秋》至此而輟筆。

[2]魯：周代諸侯國名。故地在今山東省濟寧市兖州區，東南至江蘇省沛縣、安徽省泗縣一帶。

[3]邾：周代諸侯國名。故地在今山東省鄒城市境。

[4]鄭：周代諸侯國名。姬姓。本周西都畿内地，周宣王封弟友於此。故地在今陝西省渭南市華州區西北。

[5]宋：周代諸侯國名。子姓。周武王滅商後，封商王紂子武庚於商舊都（今河南省商丘市）。成王時，武庚叛亂被殺，又以其地封與紂的庶兄微子啓，號宋公，爲宋國。故地在今河南省東部及山東省、江蘇省、安徽省之間。

[6]紀：古國名。西周金文作“己”。姜姓，春秋時爲齊國所滅。故地在今山東省壽光市東南。戰國時爲齊邑，改稱劇。《左傳·隱公元年》：“八月，紀人伐夷。”杜預注：“紀國在東莞劇縣。”

[7]衛：周代諸侯國名。周公封周武王弟康叔於衛。先後建都

於朝歌（今河南省淇縣）、楚丘（今河南省滑縣）、帝丘（今河南省濮陽市）和野王（今河南省沁陽市）等地。公元前209年爲秦所滅。

[8]西虢：周代諸侯國名。周文王弟虢仲（一説虢叔）的封地，故地在今陝西省寶鷄市東。平王東遷，隨徙上陽（今河南省三門峽市陝州區），改稱南虢。公元前655年爲晋所滅。《左傳·隱公元年》："虢叔死焉。"孔穎達疏："虢國有二，而《經》《傳》不言東西者，於時東虢已滅，故西虢不稱西。"

[9]莒：周代諸侯國名。公元前431年爲楚所滅。故地在今山東省莒縣。《左傳·隱公二年》："莒人入向。"杜預注："莒國，今城陽莒縣。"

[10]齊：周代諸侯國名。西周初分封的諸侯國。故地在今山東省東部。

[11]陳：周代諸侯國名。故地在今河南省周口市淮陽區及安徽省亳州市一帶。

[12]杞：古國名。周初重新分封建國。相傳武王伐紂後，封夏禹後代東樓公於杞，稱杞國。公元前445年滅於楚。初在今河南省杞縣，後遷至今山東省安丘市東北。

[13]蔡：周代諸侯國名。周武王弟叔度始封於蔡，後因反叛，被流放而死。周成王復封其子蔡仲於此。建都上蔡（今河南省上蔡縣西南）。春秋時，因故多次遷移。平侯遷新蔡（今屬河南省），昭侯遷州來（今安徽省鳳臺縣），稱爲下蔡。

[14]邢：古國名。故地在今河北省邢臺市境。周公之子封於此，春秋時爲衛所滅。

[15]郕：周代諸侯國名。周武王弟叔武的封國。故地在今山東省寧陽縣北。《左傳·隱公五年》："衛之亂也，郕人侵衛，故衛師入郕。"杜預注："郕，國也。東平剛父縣西南有郕鄉。"

[16]晋：周代諸侯國名。周成王封弟叔虞於堯之故墟唐，南有晋水，至叔虞子燮父改國號晋。故地在今山西省、河北省南部、陝

西省中部及河南省西北部。後晋爲其大夫韓、趙、魏所分。

[17]薛：古國名。周初重新分封建國。故地在今山東省滕州市東南五十里薛城。

[18]許：周代諸侯國名。姜姓。故地在今河南省許昌市東。

[19]鄧：古國名。曼姓。故地在今河南省鄧州市。後滅於楚。《説文·邑部》："鄧，曼姓之國，今屬南陽。"段玉裁注："今河南南陽府鄧州是其地。"

[20]秦：周代諸侯國名。嬴姓，周孝王封伯翳之後非子爲附庸國，與以秦邑。秦襄公始立國，至秦孝公，日益富强，爲戰國七雄之一。春秋時奄有今陜西省地，故習稱陜西爲秦。

[21]曹：古國名。周初重新分封建國。周武王封弟振鐸於曹，稱曹叔振鐸。建都定陶（今山東省菏澤市定陶區），故地在今山東省菏澤市定陶區、曹縣一帶。

[22]楚：古國名。羋姓。始祖鬻熊。西周時立國於荆山一帶，都丹陽（今湖北省秭歸縣東南）。周人稱爲荆蠻。後建都於郢（今湖北江陵縣西北紀王城）。

[23]隨：周代諸侯國名。《左傳·桓公六年》："楚武王侵隨，使薳章求成焉。"楊伯峻注："隨，國名，姬姓。然據《姓纂四支》'隨'下引《風俗通》《路史後記》謂隨爲神農之後，姜姓。《路史後記》又謂隨爲堯後。或傳説不同，或另一隨國。不知始封爲誰，故地在今湖北省隨縣南。"

[24]黄：古國名。《左傳·桓公八年》："楚子合諸侯於沈鹿，黄、隨不會。"杜預注："黄國，今弋陽縣。"楊伯峻注："故城當在今河南省潢川縣西四十里。"

[25]梁：周代諸侯國名。《國語·晋語二》："夷吾逃於梁。"韋昭注："梁，嬴姓之國，伯爵也。"

[26]虞：古國名。夏禹封舜子商均於虞。故地在今河南省虞城縣。

[27]鄖：周代諸侯國名。故地在今湖北省安陸市，一説在湖北

省鄖縣。春秋時爲楚所滅。《左傳·桓公十一年》:“鄖人軍於蒲騷。”楊伯峻注:“據《括地志》及《元和郡縣志》則當在今安陸縣。”

[28]小邾:周代諸侯國名。故地在今山東省鄒城市境。《左傳·隱公元年》:“三月,公及邾儀父盟於蔑。”楊伯峻注:“邾,國名,曹姓。參見王國維《觀堂集林·朱公鐘跋》。初都今曲阜縣東稍南,蓋魯之附庸,後都今鄒縣東南。”

[29]徐:古國名。《左傳·莊公二十六年》:“秋,公會宋人齊人伐徐。”楊伯峻注:“徐,國名。嬴姓。古徐子國在今安徽省泗縣西北五十里。”

[30]燕:周代諸侯國名。又稱北燕。姬姓,周公奭之後。故地在今河北省北部和遼寧省西部,建都薊(今北京市西南)。此外還有一燕,《史記》卷三四《燕召公世家》:“周武王之滅紂,封召公於北燕。”裴駰集解:“《世本》曰:‘居北燕。’宋忠曰:‘有南燕,故云北燕。’”

[31]鄀:古國名。古鄀地有上鄀、下鄀之分。上鄀,故地在今湖北宜城市東南,後滅於楚,春秋後期爲楚都。下鄀,金文亦作“蠚”。故地在今河南省内鄉縣、陝西省商洛市之間。後滅於晋,爲晋邑。

[32]麇:古國名。《太平寰宇記》卷一四三《山南東道·房州》:“房州,房陵郡,今理房陵縣。土地所屬與金州同,此即古麇、庸二國之地。春秋爲房子國。《左氏傳》曰:‘楚子伐麇,成大心敗麇師於防渚,即此是也。’”

[33]舒:周代諸侯國名。故地在今安徽省廬江縣西南。《左傳·僖公三年》:“徐人取舒。”杜預注:“舒國,今廬江舒縣。”

[34]庸:古國名。都上庸(今湖北省竹山縣東南),春秋時爲楚國所滅。

[35]郯:古國名。帝少昊之後,盈姓。戰國初滅於越。故地在今山東省郯城縣一帶。《左傳·宣公四年》:“公及齊侯平莒及郯。”

《漢書》卷二八《地理志上》："郯，故國，少昊後，盈姓。"

[36]萊：古國名。今山東省龍口市東南有萊子城，即古萊國舊址。《左傳・襄公六年》："十一月，齊侯滅萊，萊恃謀也。"

[37]吴：周代諸侯國名。也稱爲勾吴、攻吴。姬姓，始祖爲周太王之子太伯，至十九世孫壽夢稱王，據有今江蘇省、上海市大部和安徽省、浙江省的一部分，建都於吴（今江蘇省蘇州市）。

[38]越：古國名。建都會稽（今浙江省紹興市）。戰國時滅於楚。《左傳・宣公八年》："盟吴越而還。"杜預注："越國，今會稽山陰縣也。"孔穎達疏："越，姒姓。其先夏後少康之庶子也，封於會稽，自號於越。於者，夷言發聲也。"

[39]有窮：古國名。故地在今山東省德州市南。有，詞頭。《尚書・五子之歌》："有窮後羿因民弗忍距於河。"孔安國傳："有窮，國名；羿，諸侯名。"《左傳・襄公四年》"因夏民以代夏政。"杜預注："仲康卒，子相立，羿遂代相，號曰有窮。"

[40]三苗：古國名。《尚書・舜典》："竄三苗於三危。"孔安國傳："三苗，國名，縉雲氏之後，爲諸侯，號饕餮。"《史記》卷一《五帝紀》："三苗在江淮、荆州數爲亂。"張守節正義："以天子在北，故洞庭在西爲左，彭蠡在東爲右。今江州、鄂州、岳州，三苗之地也。"

[41]瓜州：古地名。在今甘肅省敦煌市。《左傳・襄公十四年》："昔秦人迫逐乃祖吾離於瓜州。"一説，在今秦嶺南北兩坡。

[42]有虞：古國名。夏禹封舜子商均於虞。故地在今河南省虞城縣。夏少康自有仍奔虞，即此。

[43]東虢：周代諸侯國名。周武王封其弟虢叔於此，後爲鄭所滅。故地在今河南省滎陽市境。

[44]共：古國名。故地在今河南省輝縣市，西周時爲共伯封國，後爲衛邑。《左傳・隱公元年》："大叔出奔共。"

[45]宿：古國名。風姓。太皞之後。故地在今山東省東平縣東。《左傳・僖公二十一年》："任、宿、須、句、顓臾，風姓也，

實司大皞與有濟之祀。”

[46]申：周代諸侯國名。姜姓。周封伯夷之後於申，春秋時滅於楚。故地在今河南省南陽市。《左傳·隱公元年》：“鄭武公娶於申，曰武姜。”楊伯峻注：“申，國名，伯夷之後，姜姓。”

[47]夷：古國名。故地在今山東省青島市即墨區西。《左傳·隱公元年》：“紀人伐夷。”

[48]向：古國名。姜姓。故地在今山東省莒縣西南，春秋初爲莒所併。《左傳·隱公二年》：“莒子娶於向，向姜不安莒而歸。夏，莒人入向，以姜氏還。”

[49]南燕：周代諸侯國名。故地在今河南省延津縣東。《左傳·隱公五年》“衛人以燕師伐鄭”杜預注：“南燕國。今東郡燕縣。”

[50]滕：周代諸侯國名。故地在今山東省滕州市一帶。《孟子·梁惠王下》：“滕，小國也，間於齊楚。”

[51]凡：周代諸侯國名。姬姓，始封之君爲周公之子。今河南省輝縣市西南。《左傳·隱公七年》：“冬，天王使凡伯來聘。”杜預注：“凡伯，周卿士，凡國伯爵也。”

[52]戴：周代諸侯國名。故地在今河南省民權縣以東。《左傳·隱公十年》：“宋人、蔡人、衛人伐戴，鄭伯伐取之。”杜預注：“戴國，今陳留外黄縣東南有戴城。”

[53]息：周代諸侯國名。一作鄎。姬姓，後滅於楚。故地在今河南省息縣北。《左傳·隱公十一年》：“鄭、息有違言，息侯伐鄭。”杜預注：“息國，汝南新息縣。”

[54]郜：周代諸侯國名。春秋時爲宋所滅。《左傳·桓公二年》：“夏四月，取郜大鼎於宋。”楊伯峻注：“郜，國名，姬姓。據僖公二十四年《傳》，初封者爲文王之子，國境在今山東省成武縣東南。”

[55]芮：古國名。也作“内”。周初重新分封建國，姬姓。故地在今陝西省大荔縣朝邑城。《詩·大雅·綿》：“虞芮質厥成。”孔

穎達疏："虞、芮二國之君，有争訟事，來詣文王，而得成其和平也。"

［56］魏：周代諸侯國名。姬姓。故地在今山西省芮城縣西北。公元前 661 年，被晋獻公攻滅，其地封給畢萬，以畢萬爲魏大夫。

［57］淳于：《左傳·隱公四年》："莒人伐杞，取牟婁。"孔穎達疏引春秋《地理志》云："陳留郡縣，故杞國，武王封禹之後東樓公。"是杞本都陳留雍丘縣也。《志》又云："北海郡淳於縣。"應劭曰："《左傳》州公如曹，《左氏傳》曰：淳于公如曹。"臣瓚案："州，國名，淳于，國之所都。"此淳于縣於漢屬北海郡，晋時屬東莞郡。

［58］穀：古國名。故地在今山東省平陰縣西南。春秋時位於齊國西境，爲當時交通要地。秦代稱爲穀城。《左傳·莊公七年》："冬，夫人姜氏會齊侯於穀。"杜預注："穀，齊地，今濟北穀城縣。"穀，原本作"穀"，宋本、殿本作"穀"，據宋本、殿本改。

［59］巴：古族名；國名。其族主要分佈在今川東、鄂西一帶。傳説周以前居今甘肅省南部，後遷武落鐘離山（今湖北省長陽土家族自治縣西北），以廩君爲首領，稱廩君蠻；因以白虎爲圖騰，又稱白虎夷或虎蠻。周初封爲子國，稱巴子國。

［60］州：古國名。姜姓。春秋初年爲杞所滅。《左傳·桓公五年》："冬，州公如曹。"孔穎達疏："爵稱公者，唯二王之後杞與宋耳。此州公及僖五年晋人執虞公，並是小國而得稱公者。"

［61］蓼：古國名。故地在今河南省唐河縣西南。《左傳·桓公十一年》："鄖人軍於蒲騷，將與隨、絞、州、蓼伐楚師。"

［62］羅：古國名。熊姓。故地在今湖北省宜城市西。春秋時爲楚所滅。

［63］賴：古國名。故地在今湖北省隨州市。《左傳·桓公十三年》："楚子使賴人追之，不及。"杜預注："賴國，在義陽隨縣。"

［64］牟：古國名。故地在今山東省萊蕪市東。《左傳·桓公十五年》："邾人、牟人、葛人來朝。"杜預注："牟國，今泰山牟縣。"

［65］葛：古國名。故地在今河南省睢縣北，一説在今河南省漯河市郾城區北。《尚書・仲虺之誥》："葛伯仇餉，初征自葛。"

［66］譚：周代諸侯國名。故地在今山東省濟南市東龍山鎮附近。公元前684年爲齊桓公所滅。《左傳・莊公十年》："冬，齊師滅譚。"楊伯峻注："考郯與譚爲兩國。""譚處於臨淄至窜之間，爲東西通道之所必經"。

［67］蕭：古國名。春秋時附庸宋，子姓。故地在今安徽省蕭縣西北。

［68］遂：古國名。周初重新分封建國。嬀姓，舜的後裔，春秋時爲齊所滅。故地在今山東省寧陽縣西北。《左傳・莊公十三年》："夏六月，齊人滅遂。"杜預注："遂國在濟北蛇丘縣東北。"

［69］滑：周代諸侯國名。姬姓。《左傳・襄公二十九年》："虞、虢、焦、滑、霍、揚、韓、魏，皆姬姓也。"杜預注："八國皆晋所滅。"

［70］權：古國名。春秋時滅於楚。故都城在今湖北省當陽市東南。《左傳・莊公十八年》："初，楚武王克權，使鬭緡尹之。以叛，圍而殺之，遷權於那處，使閻敖尹之。"楊伯峻注："權，國名，據《唐書・宰相世系表》爲子姓，商武丁之後裔，今湖北省當陽縣東南有權城。"

［71］鄣：古國名。春秋時爲紀國邊邑。《左傳・莊公三十年》："秋七月，齊人降鄣。"楊伯峻注："鄣，當即《昭十九年傳》之紀鄣。紀鄣者，本紀國之鄣邑也。當在今江蘇省贛榆舊城北。"

［72］霍：古國名。始封之君爲周武王之弟叔處，春秋時爲晋所滅。故地約在今山西省霍州市西南。《左傳・襄公二十九年》："虞、虢、焦、滑、霍、揚、韓、魏，皆姬姓也，晋是以大。"杜預注："八國皆晋所滅。"

［73］耿：古國名。公元前661年晋滅之以賜趙夙，至趙獻侯遷中牟。故地在今山西省河津市南汾水南岸。

［74］江：古國名。嬴姓。故地在今河南省正陽縣西南。周襄王

二十三年滅於楚。《左傳・文公三年》："楚師圍江，晋先僕伐楚以救江。"

［75］冀：周代諸侯國名。春秋時併於晋，爲郤氏食邑。故地在今山西省河津市。《左傳・僖公二年》："冀之既病。"杜預注："冀，國名。平陽皮氏縣東北有冀亭。"

［76］弦：周代諸侯國名。故地在今河南省潢川縣西北、息縣南。《左傳・僖公五年》："楚人滅弦，弦子奔黄。"杜預注："弦國在弋陽軑縣東南。"

［77］道：周代諸侯國名。故地在今河南省確山縣附近。《左傳・僖公五年》："於是江、黄、道、柏方睦於齊，皆弦姻也。"杜預注："道國在汝南安陽縣南。"楊伯峻注："道，國名，其故城當在今河南省確山縣北，或云在息縣西南。"

［78］柏：古國名。故地在今河南省西平縣。春秋時爲楚所滅。《左傳・僖公五年》："楚鬥穀於菟滅弦，弦子奔黄。於是江、黄、道、柏方睦於齊，皆弦姻也。"杜預注："柏，國名。"

［79］微：古國名。商周時西南夷之國，曾和周武王會師討紂。故地約在今重慶市巴南區。

［80］鄫：古國名。故地在今山東省臨沂市蘭陵區。《左傳・襄公六年》："莒人滅鄫。"

［81］厲：古國名。《左傳・僖公十五年》："秋七月，齊師、曹師伐厲。"杜預注："厲，楚與國。義陽隨縣北有厲鄉。"楊伯峻注："厲，國名，惠棟《補注》以爲即桓十三年《傳》之賴，在今湖北省隨縣之厲山店，此皆晋宋以來之傳説。"

［82］項：周代諸侯國名。故址在今河南省項城市東北。《左傳・僖公十七年》："夏，滅項。"杜預注："項國，今汝陰項縣。"

［83］密：古國名。即密須，商時姞姓之國，周文王滅之，以封姬姓。後又爲周共王所滅。故地在今甘肅省靈臺縣西。《左傳・昭公十五年》："密須之鼓與其大路，文所以大蒐也。"《國語・周語上》："恭王游於涇上，密康公從，有三女奔之。其母曰：'必致之

於王。夫獸三爲群，人三爲衆，女三爲粲。王田不取群，公行下衆，王御不參一族。夫粲，美之物也。衆以美物歸女，而何德以堪之？王猶不堪，况爾小醜乎？小醜備物，終必亡。'康公不獻。一年，王滅密。"韋昭注："密，今安定陰密縣是也，近涇。"

[84]任：古國名。風姓。故地在今山東省濟寧市。《左傳·僖公二十一年》："任、宿、須句、顓臾，風姓也，實司大皞與有濟之祀，以服事諸夏。"杜預注："任，今任城縣也。"

[85]須句：周代諸侯國名。故地在今山東省東平縣東南。《左傳·僖公二十一年》："任、宿、須句、顓臾，風姓也。"杜預注："須句，在東平須昌縣西北。"

[86]顓臾：古國名。故地在今山東省費縣西北。《左傳·僖公二十一年》："任、宿、須句、顓臾、風姓也，實司大皞與有濟之祀，以服事諸夏。"杜預注："顓臾在泰山南武陽縣東北。"

[87]頓：周代諸侯國名。故地在今河南省商水縣北。後爲陳所迫南遷，在今項城市西南。公元前496年滅於楚。《左傳·僖公二十三年》："（楚成得臣）遂取焦夷，城頓而還。"杜預注："頓國，今汝陰南頓縣。"

[88]管：周代諸侯國名。《左傳·僖公二十四年》："管、蔡、郕、霍、魯、衛、毛、聃、郜、雍、曹、滕、畢、原、酆、郇，文之昭也。"杜預注："十六國皆文王子也。管國在滎陽京縣東北。"楊伯峻注："管在今河南省鄭州市，春秋前已絶封，屬檜，檜滅屬鄭。宣十二年傳之'楚子次管'，即此也。"

[89]雍：古國名。周初重新分封建國。《左傳·僖公二十四年》："管、蔡、郕、霍、魯、衛、毛、聃、郜、雍、曹、滕、畢、原、酆、郇，文之昭也。"楊伯峻注："雍，《通志·氏族略二》爲文王第十三子雍伯受封之國，在今河南省修武縣西，沁陽縣東北。"

[90]畢：周代諸侯國名。姬姓。爲周文王所封，其最早的君主爲文王之子畢公高。《左傳·僖公二十四年》："畢、原、酆、郇，文之昭也。"杜預注："畢國，在長安縣西北。"

［91］豐：古國名。本爲商代崇侯虎邑，周文王滅崇後曾都於此。後爲周武王之弟的封國。故地在今陝西省西安市鄠邑區。《左傳·僖公二十四年》："畢、原、酆、郇，文之昭也。"杜預注："酆國，在始平鄠縣東。"豐，原本、宋本作"豊"，殿本作"豐"，據殿本改。

［92］邘：古國名。周初重新分封建國周武王子邘叔之封地。春秋時爲鄭邑。故地在今河南省沁陽市西北邘臺鎮。《左傳·隱公十一年》："王取鄔、劉、蔿、邘之田於鄭。"楊伯峻注："邘邑，今河南省沁陽縣西北有邘臺鎮，當是古邘城。"邘，原本、宋本作"刑"，殿本作"邘"，據殿本改。

［93］應：古國名。故地在今河南省魯山縣東。《左傳·僖公二十四年》："邘、晋、應、韓，武之穆也。"杜預注："四國皆武王子。應國在襄陽城父縣西。"

［94］蔣：周代諸侯國名。《左傳·僖公二十四年》："凡、蔣、邢、茅、胙、祭，周公之胤也。"楊伯峻注："蔣，據《通志·氏族略二》，爲周公第三子伯齡所封國；據杜注，今河南省固始縣東北有蔣集，當即其地。"

［95］茅：周代諸侯國名，故地在今山東省金鄉縣西南。《左傳·僖公二十四年》："凡、蔣、邢、茅、胙、祭，周公之胤也。"

［96］胙：周代諸侯國名。故地在今河南省延津縣北。《左傳·僖公二十四年》："凡、蔣、邢、茅、胙、祭，周公之胤也。"

［97］夔：周代諸侯國名。《左傳·僖公二十六年》："楚人滅夔。"杜預注："夔，楚同姓國。"楊伯峻注："今湖北省秭歸縣東有夔子城地名夔沱者，古夔國也。"

［98］介：古國名。故地在今山東省膠州市。《左傳·僖公二十九年》："二十有九年春，介葛盧來。"杜預注："介，東夷國也，在城陽黔陬縣。葛盧，介君名也。"

［99］焦：古國名。周初封國，春秋爲晋邑，後屬魏。故地在今河南省三門峽市陝州區南。《左傳·襄公二十九年》："虞、虢、焦、

滑、霍、揚、韓、魏，皆姬姓也。”杜預注：“八國皆晋所滅。焦在陝縣。”

［100］沈：古國名。周初重新分封建國。姬姓。一説姒姓。始封之君爲周文王之子季載。故地在今河南省平輿縣北。公元前506年爲蔡所滅。《左傳·文公三年》：“叔孫得臣會晋人、宋人、陳人、衛人、鄭人伐沈。沈潰。”杜預注：“沈，國名也。汝南平輿縣北有沈亭。”

［101］六：古國名。相傳爲皋陶之後，偃姓。其故地在今安徽省六安市北。《左傳·文公五年》：“秋，楚人滅六。”杜預注：“六國，今廬江六縣。”

［102］巢：古國名。殷周時的諸侯國，偃姓，故地在今安徽省巢縣一帶，春秋時爲吴所滅。《左傳·文公十二年》：“夏，楚人圍巢。”杜預注：“巢，吴楚間小國。廬江六縣東有居巢城。”

［103］根牟：周代諸侯國名。《左傳·宣公九年》：“秋，取根牟。”杜預注：“根牟，東夷國也。”

［104］唐：古國名。周成王封弟叔虞於唐。今山西省翼城縣西有古唐城。

［105］黎：古國名。故地在今山西省長治市境。《尚書·西伯戡黎》：“西伯既戡黎。”孔穎達疏：“黎國，漢之上黨郡壺關所治黎亭是也。”

［106］郇、瑕：《左傳·成公六年》：“晋人謀去故絳，諸大夫皆曰：‘必居郇、瑕氏之地。’”楊伯峻注：“郇在解池西北，瑕在解池南。面積甚大，不可能全部劃爲晋國都城，此云‘居郇、瑕之地’，蓋擇其一部也。”後世並稱，泛指山西臨猗縣一帶晋國故地。

［107］寒：古國名。相傳爲夏代寒浞的封國。故地在今山東省濰坊市一帶。《左傳·襄公四年》：“寒浞，伯明氏之讒子弟也。”杜預注：“寒，國。北海平壽縣東有寒亭。”

［108］有鬲：古國名。有，詞頭。夏代爲鬲國，又稱有鬲氏。故地在今山東省德州市附近。有窮國君后羿滅夏帝相，寒浞又詐取

羿之位。夏臣靡奔有鬲氏，收集遺民，滅浞，立少康，夏室中興。

[109]斟灌：古國名。夏之同姓諸侯國。故地在今山東省壽光市東北。《左傳·哀公元年》："昔有過澆殺斟灌以伐斟鄩，滅夏后相。"孔穎達疏："二斟，夏同姓諸侯。"

[110]斟尋：古國名。夏同姓諸侯國。故地在今山東省濰坊市西南。《左傳·襄公四年》："（寒浞）使澆用師，滅斟灌及斟尋氏。"杜預注："二國，夏同姓諸侯，仲康之子。"

[111]過：古國名。故地在今山東省萊州市西北近海處。《左傳·襄公四年》："處澆於過，處豷於戈。"杜預注："過、戈，皆國名。東萊掖縣北有過鄉。"

[112]戈：古國名。《左傳·襄公四年》："處澆於過，處豷於戈。"杜預注："過、戈，皆國名。東萊掖縣北有過鄉。戈在宋、鄭之間。"

[113]偪陽：古國名。《左傳·襄公十年》："夏五月甲午，遂滅偪陽。"楊伯峻注："偪音福，又音逼。《國語·鄭語》云'妘姓鄔、鄶、路、偪陽'，則偪陽爲妘姓小國。偪陽，今邳縣西北，即山東嶧城（嶧縣廢治）南五十里，東南距相約五十里。"

[114]邿：古國名。妊姓，春秋時爲魯所滅。故地在今山東省濟寧市東南。《左傳·襄公十三年》："夏，邿亂，分爲三。師救邿，遂取之。"杜預注："邿，小國也。"

[115]鑄：古國名。今山東省肥城市南有鑄鄉，即其舊地。《左傳·襄公二十三年》："臧宣叔娶於鑄。"杜預注："鑄國，濟北蛇丘縣所治。"楊伯峻注："鑄在今山東肥城縣南大汶河北岸。"

[116]豕韋：古部落名、國名。彭姓。爲商湯所滅。故地在今河南省滑縣。《左傳·襄公二十四年》："在商爲豕韋氏。"杜預注："豕韋，國名，東郡白馬縣東南有韋城。"

[117]唐：古國名。周初重新分封建國，周成王封弟叔虞於唐。今山西省翼城縣西有古唐城。

[118]杜：周代諸侯國名。故地在今陝西省西安市東南。《竹書

紀年》卷下："冬十月，王師滅唐，遷其民於杜。"

[119]楊：古國名。故地在今山西省洪洞縣東南。《左傳·襄公二十九年》："叔侯曰：'虞、虢、焦、滑、霍、楊、韓、魏，皆姬姓也，晋是以大。'"楊伯峻注："楊國，一云周宣王子尚父，幽王時封爲楊侯；一云唐叔虞之後，至晋武公，遜於齊，生伯僑，歸周天子，封楊侯。"

[120]豳：古國名。周的祖先公劉所立，故地在今陝西省旬邑縣境。《詩·大雅·公劉》："篤公劉，於豳斯館。"《史記》卷四《周本紀》："公劉卒，子慶節立，國於豳。"司馬貞索隱："豳即邠也，古今字異耳。"張守節正義引《括地志》："豳州新平縣即漢漆縣，《詩》豳國，公劉所邑之地也。"

[121]鄶：古國名。妘（yún）姓。相傳爲祝融之後。周初封國，後爲鄭武公所滅。故地在今河南省鄭州市南。《國語·鄭語》："妘姓：鄔、鄶、路、偪陽。"韋昭注："鄶，今新鄭也。"

[122]觀：古國名。《左傳·昭公元年》："夏有觀扈。"杜預注："觀國，今頓丘衛縣。"

[123]扈：古國名。又稱有扈。故地在今陝西省西安市鄠邑區。《左傳·昭公元年》："夏有觀扈。"杜預注："扈在始平鄠縣。"

[124]邳：古國名。故地在今江蘇省邳州市境。《左傳·定公元年》："薛之皇祖奚仲居薛，以爲夏車正。奚仲遷於邳。"杜預注："邳，下邳縣。"楊伯峻注："邳，今江蘇省邳縣東北邳城鎮，即邳縣舊治。"

[125]胡：古國名。姬姓，春秋時爲鄭武公所滅。故地在今河南省漯河市東。《左傳·哀公六年》："使胡姬以安孺子如賴。"楊伯峻注："胡姬，胡國之女，姬姓，景公妾。"

[126]黎：古國名。故地在今山西省長治市境。《尚書·西伯戡黎》："西伯既戡黎。"孔穎達疏："黎國，漢之上黨郡壺關所治黎亭是也。"

[127]大庭：古國名。《左傳·昭公十八年》："宋、衛、陳、鄭

皆火。梓慎登大庭氏之庫以望之。”杜預注：“大庭氏，古國名，在魯城内。魯於其處作庫。”

［128］駘（tāi）：古國名。故地在今陕西省武功縣西南。《左傳·昭公九年》：“王使詹桓伯亂於晋曰：‘我自夏以后稷，魏、駘、芮、岐、畢，吾西土也。’”杜預注：“在夏世，以后稷功，受此五國，爲西土之長。駘在始平武功縣，所治斄城。”

［129］岐：古國名。《左傳·昭公九年》：“我自夏以后稷，魏、駘、芮、岐、畢，吾西土也。”杜預注：“在夏世，以后稷功，受此五國，爲西土之長。駘在始平武功縣，所治斄城，岐在扶風美陽縣西北。”岐，宋本作“歧”。

［130］邶：古國名。周武王克商後，分朝歌以北之地爲邶，南爲鄘，東爲衛。以邶封紂子武庚。武庚叛，周公盡以其地封弟康叔，而遷邶、鄘之民於雒邑。

［131］蒲姑：古國名、部落名。故地在今山東省博興縣東北。《尚書·蔡仲之命》：“成王既踐奄，將遷其君於蒲姑。”孔穎達疏引杜預曰：“樂安博昌縣北有蒲姑城，是蒲姑爲齊地也。”

［132］昆吾：古國名、部落名。己姓。初封於濮陽（今河南省濮陽市）。夏衰，昆吾爲夏伯，遷於舊許（今河南省許昌市），後爲商湯所滅。《詩·商頌·長發》：“韋顧既伐，昆吾夏桀。”毛傳：“有昆吾國者。”

［133］房：古國名。《國語·周語上》：“昔昭王娶於房，曰房後。”韋昭注：“房，國名。”

［134］密須：古國名。商時姞姓之國，周文王滅之，以封姬姓。後又爲周共王所滅。故地在今甘肅省靈臺縣西。

［135］甲父：古國名。《左傳·昭公十六年》：“徐子及郯人、莒人會齊侯，盟於蒲隧，賂以甲父之鼎。”杜預注：“甲父，古國名。高平昌邑縣東南有甲父亭。徐人得甲父鼎以賂齊。”

［136］鄅：古國名。妘姓。故地在今山東省臨沂市北。《左傳·昭公十八年》：“邾人入鄅。”楊伯峻注：“妘姓，子爵，在今山東臨

沂縣北十五里。”

［137］桐：周代諸侯國名。今安徽省桐城市北有古桐城。《左傳·定公二年》：“桐叛楚，吴子使舒鳩氏誘楚人曰：‘以師臨我，我伐桐，爲我使之無忌。’”杜預注：“桐，小國，廬江舒縣西南有桐鄉。”

［138］亳：古國名。故地在今安徽省亳州市。《廣韵·入鐸》：“亳，國名。春秋時陳地。漢爲沛之譙縣。魏爲譙郡。晋爲南兖州。齊爲亳州。”

［139］韓：周代諸侯國名。公元前11世紀周分封的同姓諸侯國。故地在今山西省河津市東北。西周、春秋間爲晋所滅。《詩·大雅·韓奕序》：“《韓奕》，尹吉甫美宣王也。”毛傳：“韓，姬姓之國也。後爲晋所滅，故大夫韓氏以爲邑名焉。”

［140］趙：周代諸侯國名。周穆王封造父於趙，故地在今山西省洪洞縣趙城鎮。

［141］三十一國盡亡其處：清畢沅《晋書地理志新補正》：“沅案錢氏《春秋輿地考》一百八十有四國。夷狄亦與。考其國都，則中國之闕者十六，夷狄之闕者十一。”

［142］祭（zhài）：周代諸侯國名。姬姓。始封之君爲周公之子。原爲畿内之國，後東遷，故地在今河南省鄭州市東北。《國語·周語上》：“祭公謀父諫曰：‘不可。’”韋昭注：“祭，畿内之國，周公之後也。”清畢沅《晋書地理志新補正》：“沅案杜注《釋例》祭城在河南，上有敖倉，周公後所封。《史記正義》稱《括地志》敖倉在鄭州滎陽縣西一十五里。今鄭州東北一十五里有祭城是也。今考鄭别有祭。《左傳·桓十一年》，‘祭封人仲足’，杜預注：祭，鄭地。陳留長垣縣東北有祭城。二祭雖俱在鄭境，相去甚遠。”

［143］極：周代諸侯國名。《左傳·隱公二年》：“無駭帥師入極。”楊伯峻注：“極，魯附庸國，當在今山東省金鄉縣南而稍東三十五里。”清畢沅《晋書地理志新補正》：“沅案《穀梁傳》曰‘極，國也’注：今兖州府魚臺縣西有極亭。唐《十二分野圖》極

國在費西南。"

［144］荀：周代諸侯國名。姬姓。春秋時爲晋所滅。《左傳·桓公九年》："荀侯、賈伯伐曲沃。"楊伯峻注："荀，姬姓國，今山西省新絳縣東北二十五里有臨汾故城，即古荀國。"清畢沅《晋書地理志新補正》："沅案《漢書·地理志》'左扶風有栒邑'注臣瓚曰：汲郡，晋文公滅荀，以賜大夫原氏黯，是爲荀叔。又云文公滅荀，然則尋當在晋之境内，不得在扶風界也。今河東有荀城，古荀國。師古曰，瓚説是也。此栒讀與荀同。"

［145］賈：周代諸侯國名。姬姓。故地在今山西省襄汾縣東。亡於晋。《左傳·莊公二十八年》："晋獻公娶於賈，無子。"杜預注："賈，姬姓國也。"

［146］貳：周代諸侯國名。故地在今湖北省廣水市境。《左傳·桓公十一年》："楚屈瑕將盟貳、軫。"楊伯峻注："貳、軫，兩國名。"清畢沅《晋書地理志新補正》："沅案杜預注：貳，國名。又《國名記》：貳，匽姓，在隨州南，楚滅之。"

［147］軫：古國名。《左傳·桓公十一年》："楚屈瑕將盟貳、軫。"杜預注："貳、軫，二國名。"楊伯峻注："《春秋傳説彙纂》：以爲貳在今湖北省應山縣境，軫在今應城縣西。"清畢沅《晋書地理志新補正》："沅案杜預注：國名。又《國名記》：軫亦匽姓，在楚東南。楚滅之。《考略》：軫在德安府應城縣西。"

［148］絞：古國名。故地在今湖北省十堰市鄖陽區西北。《左傳·桓公十一年》："鄖人軍於蒲騷，將與隨、絞、州、蓼伐楚師。"清畢沅《晋書地理志新補正》："沅案桓十三年伐絞之役，楚師分涉於彭。杜預注彭水在新城魏昌縣。《水經注》沔水又南逕築陽縣東，又南，築水注之，杜預以爲彭水也。築水又南逕築陽縣故城南，縣故楚附庸也。徐文靖《山河兩戒考》楚附庸，臨彭水，疑即絞。又《春秋地圖》絞，在漢水之北。"

［149］於餘丘：《左傳·莊公二年》："公子慶父帥師伐於餘丘。"杜預注："於餘丘，國名也。"楊伯峻注引高士奇《春秋地名

考略》，認爲於餘丘在今山東省臨沂市境内。清畢沅《晋書地理志新補正》："沅案於餘邱，《公羊傳》邾婁之邑也。"

［150］陽：古國名。故地在今山東省沂水縣西南。《左傳·閔公二年》："二年春王正月，齊人遷陽。"杜預注："陽，國名。"清畢沅《晋書地理志新補正》："沅案《漢書·地理志》城陽，陽都縣故陽國。《左傳》杜預注在東海都陽縣。"

［151］箕：古國名。《左傳·僖公三十三年》："晋人敗狄於箕。"杜預注："太原陽邑縣南有箕城。"

［152］英氏：古國名。《左傳·僖公十七年》："春，齊人爲徐伐英氏，以報婁林之役也。"杜預注："英氏，楚與國。"

［153］毛：周代諸侯國名，屬於畿采邑國。姬姓。文王子叔鄭爲始封之君，世稱毛公。西周時其地在今陝西省岐山縣、扶風縣一帶，東遷後在今河南省洛陽市附近的宜陽縣。清畢沅《晋書地理志新補正》："沅案《左傳》狄伐周，獲原伯、毛伯。注：原、毛，皆采邑。毛城在河南也。"

［154］聃：周代諸侯國名。《左傳·僖公二十四年》："故封建親戚以蕃屏周。管、蔡、郕、霍、魯、衛、毛、聃、郜、雍、曹、滕、畢、原、酆、郇，文之昭也。"楊伯峻注："冉即聃。"聃，殿本作"羽"。

［155］莘：古國名。亦稱有辛、有莘、有侁。故地在今山東省曹縣北。古史云商湯娶有莘之女，即其國。另一個古國故地在今陝西省合陽縣東南，姒姓。周文王妃太姒即此國之女。清畢沅《晋書地理志新補正》："沅案《郡國志》郃陽縣有古莘國。散宜生爲文王求有莘氏女以獻紂，即此。《括地志》在同州河西縣南二十里。"

［156］封父：古國名。《禮記·明堂位》："崇鼎、貫鼎、大璜、封父龜，天子之器也。"鄭玄注："崇、貫、封父皆國名。"《左傳·定公四年》："（武王）分魯公以大路、大旂，夏後氏之璜，封父之繁弱。"杜預注："封父，古諸侯也。"今河南省封丘縣有封父亭，即古封父都。清畢沅《晋書地理志新補正》："沅案《通典》陳留郡

封邱注：古封國。《唐書・世系表》汴州封邱縣有封父亭，封父國所都。”

［157］仍：古國名。《左傳・昭公四年》：“夏桀爲仍之會，有緡叛之。”杜預注：“仍、緡皆國名。”清畢沅《晋書地理志新補正》：“沅案毛萇《詩序》云：漢仍叔，美宣王也。仍氏世爲周大夫。古仍任通用，仍叔，《穀梁》作任叔。昭二十二年，王師軍於氾。于解次於任人，當即仍叔之仍也。

［158］有仍：古國名。故地在今山東省濟寧市。夏帝相妃后緡爲有仍氏女，有窮君澆滅帝相，后緡有孕在身，逃歸有仍而生少康。

［159］崇：古國名。又稱有崇氏，相傳爲鯀的封國。故地在今河南省嵩縣。另一个古國名。商的與國。爲周文王所滅。故地在今陝西省西安市澧水西。清畢沅《晋書地理志新補正》：“沅案《帝王世紀》鯀封崇伯國，在豐鎬之間。周有崇國，晋趙穿侵崇。皇甫謐又謂虞夏商周皆有崇國。《通典》崇國在京兆府鄠縣。《氏族略》其地在鄠縣東。《文獻通考》同。”

［160］鄅：古國名。春秋魯的附庸國。故地在今山東省郯城縣東北。《左傳・成公六年》：“（魯）取鄅。”杜預注：“附庸國也。”清畢沅《晋書地理志新補正》：“沅案《左傳・成六年》取鄅杜預注：附庸國。案昭二十六年，盟於鄅陵。或即鄅國。凌氏：鄅，曰在兖州府境。”

［161］庸：清畢沅《晋書地理志新補正》：“沅案庸已見前。此當屬檠或舒庸之誤。韋昭《國語注》：檠，國名。馬融曰：周同姓畿内諸侯，爲卿大夫也。《左傳・昭二十三年》：王崩於檠錡氏。杜預注：河南鞏縣有檠錡澗。舒庸，《文獻通考》：其國在廬江。”

［162］姺（shēn）：古國名。《左傳・昭公元年》：“商有姺、邳。”杜預注：“二國，商諸侯。”清畢沅《晋書地理志新補正》：“沅案《説文》：殷諸侯爲亂，疑姓也。《春秋傳》曰商有姺邳。《吕氏春秋》有侁氏，以伊尹爲媵送女。《漢書》殷之興也，以有

娀及有娎。師古曰，娎，音詵。”

[163]奄：古國名。故地在今山東省曲阜市。《尚書・多士》：“昔朕來自奄。”清畢沅《晉書地理志新補正》：“沅案鄭康成《尚書》注在淮夷之北。《説文》郁國在魯。《括地志》兖州曲阜縣奄里，即奄國之地。《皇覽》奄里，在魯城内。《山河兩戒考》《漢律曆志》成王元年，命伯禽俾侯於魯之畿。《竹書》成王二年，奄人、徐人及淮夷入於邶以叛。四年王師伐淮夷，遂入奄。五年，王在奄，遷其君於蒲姑，封魯在五年之前，則奄不得在魯城之内明矣。孔安國曰，周公歸政之明年，淮夷、奄國又叛，成王東伐淮夷，遂滅奄而徙其君。據《竹書》成王七年，周公復政於王，是遷奄已在二年之前。《定四年》傳，因商奄之民，命以伯禽。《竹書》成王八年，命魯侯禽父遷庶殷於魯。所謂命以伯禽者指此，非謂先滅奄而因以命魯也。”

[164]褒姒：古國名。故城在今陝西省勉縣東南。《國語・晋語一》：“周幽王伐有褒，褒人以褒姒女焉。”韋昭注：“有褒，姒姓之國。”清畢沅《晉書地理志新補正》：“沅案《元和郡縣志》：褒城，本漢褒中縣，古褒國也。”

[165]蓐：春秋時古國名。故地在汾水流域。《左傳・昭公元年》：“臺駘能業其官，宣汾、洮，障大澤，以處大原。帝用嘉之，封諸汾川，沈、姒、蓐、黄，實守其祀。”

[166]有緡：古國名。有，詞頭。爲桀所滅。故地在今山東省金鄉縣東北，舊名緡城阜。《左傳・昭公四年》：“夏桀爲仍之會，有緡叛之。”清畢沅《晉書地理志新補正》：“沅案杜預注：緡，國名。《古史》太昊元妃生倍伐降處。緡淵爲莀姓，夏以封舜。《山海經》：季釐之國，有緡淵是也。《左傳・僖十三年》：齊侯伐宋圍緡。杜預注：緡，宋邑。《地理志》：山陽郡有東緡縣。或云即有緡國。”

[167]闕鞏：古國名。《左傳・昭公十五年》：“闕鞏之甲，武所以克商也。”杜預注：“闕鞏國所出鎧。”清畢沅《晉書地理志新補

正》："沅案《郡國志》：河南尹有鞏縣。注：鞏，伯國。"

［168］鬷：古國名。故地在今河南省唐河縣南八十里。《左傳·昭公二十九年》："昔有鬷叔安。" 杜預注："鬷，古國也。"

［169］鬷夷：殿本無"夷"字。

［170］窮桑：古地名。傳説中古帝少皞氏所居處。清畢沅《晋書地理志新補正》："沅案杜預注：窮桑，少昊之號也，在魯北。《尸子》少昊，金天氏邑於窮桑。注：窮桑，國名。《拾遺記》窮桑又曰桑邱氏，六國時有桑邱子。" 窮桑，殿本於"桑"下有"鞏"字。

［171］韓：周代諸侯國名。戰國七雄之一。開國君主韓虔侯與魏文侯、趙烈侯本爲晋卿，後瓜分晋國。公元前 403 年初周威烈王承認爲諸侯，建都陽翟（今河南省禹州市）。疆域約當今山西省東南角和河南省中部，介於魏、秦、楚三國之間，是古代兵家必争之地。

［172］魏：周代諸侯國名。戰國七雄之一。開國君主魏文侯（名斯）是畢萬後代，和趙、韓一起瓜分晋國，史稱"三家分晋"。建都安邑（今山西省夏縣西北）。魏惠王遷都大梁（今河南省開封市西北），因而魏也被稱爲梁。

［173］趙：周代諸侯國名。戰國七雄之一。開國君主趙烈侯與魏、韓三家分晋，建立趙國。都城邯鄲（今河北省邯鄲市），疆域有今山西省中部，陝西省東北部及河北省西南部。

［174］燕：周代諸侯國名。又稱北燕。戰國七雄之一。姬姓，周公奭之後，故地在今河北省北部和遼寧省西端，建都薊（今北京市西南）。後爲秦所滅。

［175］齊：周代諸侯國名。姜姓，建都營丘（今山東省淄博市東）。至齊桓公時，任用管仲改革内政，國力强盛，一度成爲霸主。

［176］秦：周代諸侯國名。嬴姓，周孝王封伯翳之後非子爲附庸，與以秦邑。秦襄公始立國，至秦孝公，日益富强，爲戰國七雄之一。春秋時奄有今陝西省地，故習稱陝西爲秦。

[177]楚：周代諸侯國名。芈姓。始祖鬻熊。西周時立國於荆山一帶，都丹陽（今湖北省秭歸縣東南）。周人稱爲荆蠻。後建都於郢（今湖北省江陵縣西北紀王城）。春秋戰國時國勢强盛，疆域擴展到今河南、安徽、江蘇、浙江、江西和四川等省。爲五霸七雄之一。戰國末，漸弱，屢敗於秦，遷都陳（今河南省周口市淮陽區），又遷壽春（今安徽省壽縣）。

[178]宋：周代諸侯國名。子姓。周武王滅商後，封商王紂子武庚於商舊都（今河南省商丘市）。成王時，武庚叛亂，被殺，又以其地封與紂的庶兄微子啓，號宋公，爲宋國。戰國初年曾遷都彭城（今江蘇省徐州市）。公元前286年爲齊所滅。轄地當今河南省東部及山東、江蘇、安徽三省之間。

[179]衛：周代諸侯國名。周公封周武王弟康叔於衛。先後建都於朝歌（今河南省淇縣）、楚丘（今河南省滑縣）、帝丘（今河南省濮陽市）和野王（今河南省沁陽市）等地。

[180]中山：古國名。春秋末白狄的一支鮮虞人所建，也稱鮮虞。都城顧（今河北省定州市）。一度被魏國所滅，後又復國。戰國中被趙國所滅。

[181]三晋篡奪：春秋末期，晋國知氏、范氏、中行氏、韓氏、趙氏、魏氏六家執政。晋出公十七年（前458），范氏、中行氏被滅。二十二年，知氏被滅。晋幽公時，韓、趙、魏漸强，公室成爲附庸。晋烈公十三年（前403），韓、趙、魏三家正式被封爲諸侯，史稱“三家分晋”。

《司馬法》廣陳三代，[1]曰：古者六尺爲步，步百爲畞，畞百爲夫，夫三爲屋，屋三爲井。井方一里，是爲九夫，八家共之。一夫一婦受私田百畞，公田十畞，是爲八百八十畞，餘二十畞爲廬舍，出入相友，守望相助，疾病相救。民受田，上田夫百畞，中田夫二百畞，下田夫三百畝，歲受耕之，爰自其處。[2]其家衆男爲餘夫，亦以口受田如此。士工商家受田，五口乃當農夫一口。有賦有税，税謂公田什一及工商衡虞之入也，[3]賦供車馬甲兵士從之役。民年二十受田，六十歸田。種穀必雜五種，以備灾旱。田中不得有樹，以妨五穀。環廬種桑柘，[4]菜茹有畦，瓜瓠果蓏植於疆場，[5]雞豘狗豕無失其時。閭有序，[6]鄉有庠，[7]序以明教，庠以行禮。司馬之法，官設六軍之衆，因井田而制軍。令地方一里爲井，井十爲通，通十爲成，成方十里。成十爲終，終十爲同，同方百里。同十爲封，封十爲畿，畿方千里。故井四爲邑，邑四爲丘，丘十六井，有戎馬一匹，牛三頭。四丘爲甸，甸六十四井也，有戎馬四匹，兵車一乘，牛十二頭，甲士三人，卒七十二人。是謂乘車之制。一同百里，提封萬井，除山川、坑岸、城池、邑居、園囿、街路三千六百井，定出賦六千四百井，戎馬四百匹，兵車百乘，此卿大夫菜地之大者也，[8]是謂百乘之家。一封三百六十六里，提封十萬井，定出賦六萬四千井，戎馬四千匹，兵車千乘，此謂諸侯之大者也，謂之千乘之國。天子畿内方千里，提封百萬井，定出賦六十四萬井，戎馬四萬匹，兵車萬乘，戎卒七十二萬人，故天子稱萬乘之主焉。

[1]《司馬法》：書名。《史記》卷六四《司馬穰苴傳》："齊威王使大夫追論古者《司馬兵法》而附穰苴於其中，故號曰《司馬穰苴兵法》。"

[2]爰自其處：變换地方。

[3]衡虞：守護山林的官。《國語·周語下》："林麓散亡。"韋昭注："謂無山林衡虞之政也。"　之入也：入，原本、宋本作"人"，殿本作"入"，據殿本改。

[4]桑柘：桑樹和柘樹。

[5]疆埸：田邊，地界。埸，原本、宋本作"場"，殿本作"埸"，據殿本改。

[6]序：古代學校的名稱。《周禮·地官·州長》："春秋以禮會民而射於州序。"鄭玄注："序，州黨之學也。"

[7]庠：古代學校的名稱，特指鄉學。《禮記·學記》："黨有庠。"孔穎達疏："庠，學名也，於黨中立學教閭中所升者也。"

[8]此卿大夫菜地之大者也：菜，殿本作"采"。

秦始皇既得志於天下，訪周之敗，[1]以爲處士橫議，諸侯尋戈，四夷交侵，以弱見奪，於是削去五等焉。

[1]訪周之敗：訪求周朝衰敗的原因。

漢興，創艾亡秦孤立而敗，[1]於是割裂封疆，立爵二等，功臣侯者百有餘邑。於時民罹秦項，[2]户口凋弊，大侯不過萬家，小者五六百户，而尊王子弟，大啓九國。古者有分土而無分民，若乃大者跨州連郡，[3]小則十有餘城，以户口爲差降，略封疆之遠近，所謂分民自漢始也。起雁門以東，盡遼陽，[4]爲燕代。常山以南，太行左轉，渡河濟，漸於海，爲齊趙。穀泗以往，[5]奄有龜蒙，[6]爲梁楚。東帶江湖，薄會稽，爲荊吴。北界淮瀕，略廬衡，[7]爲淮南。波漢之陽，亘九疑，[8]爲長沙。諸侯比境，周匝三垂，外接胡越。天子自有三河、[9]東郡、潁川、南陽，自江陵以西至巴蜀，北至雲中，西至隴西，與京師内史，凡十五郡。文帝采賈生之議分齊趙，[10]景帝用鼂錯之計削吴楚。[11]武帝施主父之册，[12]下推恩之令，[13]使諸侯王得分户邑以封子弟，不行黜陟，而藩國自析。自此以來，齊分爲七，趙分爲六，梁分爲五，淮南分爲三。皇子始立者大國不過十餘城，長沙、燕、代雖有舊名，皆亡南北邊矣。自文景與民休息，至平帝元始二年，民户千二百二十三萬三千六十二，口五千九百五十九萬四千九百七十八，其地東西九千三百二里，南北萬三千三百六十八里。大率十里一亭，亭有長。十亭一鄉，鄉有三老，[14]有秩、嗇夫、游徼各一人。[15]縣大率方百里，民稠則减，稀則曠，鄉亭亦如之。皆秦制也。

[1]創艾：因受懲治而畏懼；戒懼。

[2]民罹秦項：百姓遭受秦末戰亂之苦。

[3]若乃大者跨州連郡：原本、宋本無“大者”二字，殿本有，據殿本補。

[4]遼陽：遼水之南。

[5]穀泗：穀水和泗水。位於今安徽省、江蘇省境内。《史記》卷七《項羽本紀》：“漢軍皆走，相隨入穀泗水。”

[6]奄有：全部占有。　龜蒙：龜山和蒙山。二者均位於山東省境内。二山連續，長約八十餘里，其西北一段名龜山，東南名蒙山。

[7]廬衡：廬山和衡山。

[8]亘九疑：横亘着九嶷山。

[9]三河：河南、河内、河東三郡的合稱，地當今河南省伊河、

洛河流域與黄河以北及山西省南部一帶。

[10]賈生之議分齊趙：賈生，即賈誼，西漢洛陽（今河南省洛陽市東）人，文帝時博士。主張削藩以鞏固中央集權。文帝思賈生之言，乃分齊爲六國，盡立悼惠王子六人爲王；又遷淮南王喜於城陽，分淮南爲三國，盡立厲王三子以王之。事見《漢書》卷四八《賈誼傳》。

[11]晁錯之計削吴楚：晁錯，西漢潁川（今河南省禹州市）人，文帝、景帝時歷任中大夫、内史、御史大夫等職。主張削奪諸侯權力，加强中央集權。景帝采納其議，削弱吴楚等藩國，引起藩國不滿，吴楚等國以“清君側”之名起兵，迫使景帝誅殺晁錯。

[12]主父之册：主父，主父偃，西漢齊國臨淄（今山東省淄博市臨淄區）人。武帝時歷任郎中、謁者、中郎、中大夫等職。他建議行推恩以削弱諸侯王的權力。册，同“策”。

[13]推恩之令：漢武帝爲削弱諸侯王權力，於元朔二年（前127）采納主父偃建議實行此令。規定諸侯王得推恩將其封地分封給繼承王位的嫡長子以外的子弟，並上報朝廷，由皇帝制定列侯封號，諸王無權廢除或更改。所分王子和其國歸郡統轄，不得過問政事，僅收納封地内租税。此後西漢諸侯王的權力大大削弱了。

[14]三老：古代掌教化之官。鄉、縣、郡均曾先後設置。《禮記·禮運》：“故宗祝在廟，三公在朝，三老在學。”

[15]嗇夫：古代官吏名，鄉官。秦制，鄉置嗇夫，職掌聽訟、收取賦税，漢晋及南朝宋因之。　游徼：官名，秦漢時鄉官名，負責巡查盜賊。

光武中興，不逾前制，東海王彊以去就有禮，故優以大封，兼食魯郡二十九縣，其餘稱爲寵錫者，兼一郡而已。至桓帝永壽三年，户千六十七萬七千九百六十，口五千六百四十八萬六千八百五十六，[1]斯亦户口之滋殖者也。

[1]“永壽三年”至“六千八百五十六”：中華本校勘記：“《後漢書·郡國志一》注云：‘永壽二年，户千六百七萬九百六，口五千六萬六千八百五十六人。’”

獻帝建安元年拜曹操爲鎮東將軍，[1]封費亭侯。魏文帝黄初三年，初制封王之庶子爲鄉公，嗣王之庶子爲亭侯，[2]公侯之庶子爲亭伯。劉備章武元年，亦以郡國封建諸王，或遥采嘉名，不由檢土地所出。其户二十萬，男女口九十萬。孫權赤烏五年，亦取中州嘉號封建諸王。其户五十二萬三千，男女口二百四十萬。

[1]鎮東將軍：官名，東漢建安年間置，與鎮西、鎮南、鎮北將軍合稱四鎮將軍，多爲持節都督，出鎮方面。曹魏二品。晋三品，加持節都督者二品。

[2]嗣王之庶子爲亭侯：原本、宋本無“亭”字，殿本有，據殿本、中華本校勘記加。

晋文帝爲晋王，命裴秀等建立五等之制，惟安平郡公孚邑萬户，制度如魏諸王。其餘縣公邑千八百户，地方七十五里；大國侯邑千六百户，地方七十里；次國侯邑千四百户，地方六十五里；大國伯邑千二百户，地方六十里；次國伯邑千户，地方五十五里；大國子邑八百户，地方五十里；次國子邑六百户，地方四十五里；男邑四百户，地方四十里。[1]武帝泰始元年，封諸王以郡爲國。邑二萬户爲大國，置上中下三軍，兵五千人；邑萬户爲次國，置上軍下軍，兵三千人；五千户爲小國，置一軍，兵千五百人。王不之國，官於京師。罷五等之制，公侯邑萬户以上爲大國，五千户以上爲次國，不滿五千户爲小國。太康元年，平吴，大凡户二百四十五萬九千八百四十，口一千六百一十六萬三千八百六十三。而江左諸國並三分食一，[2]元帝渡江，太興元年，始制九分食一。

[1]男邑四百户，地方四十里：中華本校勘記："《校文》：上載侯伯子封地皆有大國次國之分，不應男國無區别。《御覽》一九九引《魏志》咸熙元年晋王奏建五等，男地方三十五里，邑四百户；次國男地方二十五里，邑二百户。則知男國本亦分大次，此志蓋有脱文。"

[2]江左：江東。因自北方視之，江東在左，江西在右，故稱。左，原本、宋本作"右"，殿本作"左"，據殿本改。

司州。案《禹貢》豫州之地。及漢武帝，初置司隸校尉，所部三輔、三河諸郡。其界西得雍州之京兆、馮翊、扶風三郡，北得冀州之河東、河内二郡，[1]東得豫州之弘農、河南二郡，[2]郡凡七。位望隆於牧伯，銀印青綬。及光武都洛陽，[3]司隸所部與前漢不異。魏氏受禪，即都漢宫，司隸所部河南、河東、河内、弘農并冀州之平陽，合五郡，置司州。[4]晋仍居魏都，乃以三輔還屬雍州，分河南立滎陽，分雍州之京兆立上洛，廢東郡立頓丘，遂定名司州，以司隸校尉統之。[5]州統郡一十二，縣一百，户四十七萬五千七百。[6]

[1]河東、河内二郡：二，宋本作“一”。

[2]河南：郡名，治所在洛陽縣（今河南省洛陽市東北）。清洪亮吉《東晋疆域志》：“河南郡，漢置。《地形志》後漢、晋爲尹，後罷，司馬德宗置。《沈志》東晋末領縣十一。《前趙録》建興四年，劉聰將趙固以洛陽歸晋。《晋書·穆帝紀》永和九年，鎮西將軍張遇反於許昌，使其黨上官恩據洛陽。十年，冉閔降將周成反，自宛陵襲洛陽。河南太守戴施奔鮪渚。十二年，桓温使揚武將軍毛穆之及河南太守戴施等鎮洛陽，使車灌、袁真持節如洛陽修復五陵。《哀帝紀》隆和元年，慕容暐將吕護、傅末波攻陷小壘以逼洛陽，吕護復寇洛陽，河南太守戴施奔於宛。遣北中郎將庾希、竟陵太守鄧遐以舟師救洛陽。吕護等退守小平津，鄧遐進屯新城。庾希部將何謙及慕容暐將劉則戰於檀丘，破之。西中郎將袁真進次汝南，運米五萬斛饋洛陽。興寧二年，苻堅别帥侵河南，慕容暐寇洛陽，冠軍將軍陳祐留沈勁守洛陽，帥衆奔新城。三年，慕容恪陷洛陽，寧朔將軍竺瑶奔於襄陽。冠軍長史揚武將軍沈勁死之。《孝武帝紀》太元八年桓石虔遣河南太守高茂北戍洛陽。十三年朱序戍洛陽，翟遼將翟發入寇河南，太守郭給距破之。十六年慕容永寇河南，太守楊儉期擊破之。《安帝紀》隆安三年，姚興陷洛陽，執河南太守辛恭靖。義熙十二年，劉裕伐姚泓，泓將姚光以洛陽城降。裕以毛修之爲河南、河内二郡太守，行司州事，戍洛陽。洛陽，漢舊縣。《太平寰宇記》偃師縣，晋併入洛陽。《元和郡縣志》稱華延儁曰，洛陽城東西七里，南北九里。洛陽城内宫殿臺觀府藏寺舍凡有一萬一千二百一十九門。自劉曜入洛，元帝渡江，官署里閭鞠爲茂草。《太平寰宇記》稱陸機《洛陽記》云洛陽十二門，南北九里，城内宫殿臺觀，有閣闥左右出入城内皆三道。公卿尚書從中道，凡人左右出入不得相逢。夾道中榆柳以蔭行人。又稱《晋書》

曰洛陽御道築墻高丈餘。又云洛陽十二門皆有雙闕、石橋。橋跨陽渠水築。又稱《輿地志》云洛陽城外四面有陽渠水，即周公所置池。上源注函閣，東流注城西北角，仍分流繞城，至建春門外合流，折流東注於池是也。上東門，洛陽東面門也，在寅地，晋改爲建春門，後又改爲東陽門。《晋書》王衍見石勒停嘯於上東門，徐使召之，已去。南面有門曰開陽門，在巳上。次西漢有小苑門，在午上，晋改曰宣陽門。次西漢曰津門，在未上。廣陽門西南有三門，門在申上。《述征記》曰廣陽門西南有劉曜壘，試弩棚，西北有門鷄臺、射雉觀。又稱《河南十二縣境簿》云藹觀在廣陽門。次北漢曰有雍門，在酉上，晋改曰西明門。又次北曰上西門，在戌上，晋改曰閶闔門。夏門北面有二門，其西漢曰夏門，晋改爲大夏門，正在亥上。又稱《宫闕簿》宣武觀在大夏門，有三層樓。漢曰穀門，晋改曰廣莫門，在丑上。有小城、太極殿、式乾殿、章含殿、顯陽殿、徽音殿、含英殿、暉章殿、崇聖殿、明光殿、建始殿、崇正殿、臨章殿、東堂、弘訓宫、崇禮闥、宣化闥、崇陽闥、雲龍門、萬春門、千秋門、神武門、平昌門、杜門、宣光門、承明門、鴻都門、崇賢門、承華門、金花閣、清陽閣、承休閣、朱明閣、安樂閣、白藏閣、顯仁閣、崇仁閣、章德閣、飛雲閣、長安閣、安世閣、臨商觀、凌雲觀、宣曲觀、廣望觀、閬風觀、萬世觀、修齡觀、總章觀、聽訟觀、承風觀、增喜觀、宣揚觀、藹觀、靈臺、鳳凰樓、儀鳳樓、翔鳳樓、慶雲樓、伺星樓、則百堂、螽斯堂、休徵堂、延禄堂、承慶堂、仁壽堂、綏福堂、含芳堂、樂昌堂、椒華堂、芳音堂、永光堂、顯成堂、五福堂、嘉寧堂、堯母堂、承光堂、長壽堂、宣猷堂、修成堂、太學講堂、華林園、春王園、芳蔬園、玄圃園、瓊圃園、靈芝園、石祠園、洪得苑、靈昆苑、平樂苑、洛苑、鞠室、冰室、水碓堂、皇擇果堂、羲和温房、靈芝池、合利池、都亭池、濛汜池、潛靈池、渌池、天淵池、東宫池、玉井、銅井、銅駝街、東宫街、金埒、三市、五穀市、旗亭市、顯昌坊、修城坊、綏福坊、延禄坊、休徵坊、承慶坊、桂芬坊、椒房坊、舒閑坊、藝文坊、年和里、宜壽里、永年里、宜都里、太學里、富儲里、德宫里、大雅里、孝敬里、永安里、安城里、左池里、東臺里、安民里、延壽里、日中里、步廣里、西國里、東半里、穀陽里、北恢里、安武里、孝西里、太始里、光林里、石寺里、葛西里、西河里、宣賜里、延壽里、攸陽里、南孝里、中恢里、宜年里、渭陽里、利名里、西樂里、北溪里、西義里、東統里、宜都里、石羊里、中安里、右池里、宜春里、宜秋里、上商里、建陽里、綏民里、馬道里、夕陽亭、西明亭、華林亭、奉常亭、廣世亭、昌益亭、廣莫亭、定陽亭、遮要亭、暴室亭、廣陽亭、萬歲亭、文陽亭、東明亭、視中亭、東因亭、建奉亭、止奸亭、得宫亭、東陽亭、千秋亭、安衆亭、孝名亭、清明亭、石樓驛、十三里橋、旅人橋、黄橋、車馬橋、河橋、東石橋、七里澗橋、石梁塢、柏谷塢、皇天塢、豆田壁、張方壘、鈎鎖壘、大石山、南山、北邙山、洛水、計素渚、孟津小城、晋宣帝高原陵、景帝峻平陵、文帝崇陽陵、武帝峻陽陵、惠帝大陽陵、張母祠、河平侯祠、白社、都祭堂。河南，漢舊縣。《太平寰宇記》後漢及魏晋皆理於今河南縣苑城東北隅。劉昭《續漢書·郡國志》注稱《晋地道記》蒯在縣西南，有蒯亭。《晋地記》河南有窮谷。《太平寰宇記》兩晋省穀成縣入河南。有金墉城、伊水、清水、石渠、千金渠、皋門橋、金谷、梓澤。鞏，漢舊縣。郭璞《山海經注》今河南鞏縣。《水經注》稱《晋太康地志》《晋書地道記》曰坎埳聚在鞏西。劉昭稱《晋書地道記》訾在縣之東。有亳丘、洛口、鮪渚、九曲瀆、小平津。緱氏，漢舊縣。有轘轅關、九山廟。陽城，漢舊縣。義熙十二秦陽城、滎陽二城皆降晋。有陽城山、鄂嶺坂。新城，漢舊縣。《褚翜傳》率邑人三千，督新城、梁、陽城三郡諸營事。案此則三縣皆曾爲郡。有伊闕、延壽關。梁，漢舊縣。河陰，《沈志》稱《太康地志》有。《地形志》晋置。《御覽》稱《晋朝雜事》太康七年河陰雨赤雪二頃。有硖石。陸渾，漢舊縣，屬弘農。《沈志》稱《晋太康地記》屬河南。陽翟，漢舊縣。

《李矩傳》矩表郭誦爲揚武將軍、陽翟令。有磐脂故亭。東垣，《沈志》、二漢、《晋太康地志》、何：有東垣縣。新安，漢舊縣，屬弘農。《沈志》稱《晋太康地志》屬河東。《元和郡縣志》晋改屬河南。有雍谷。西東垣，《沈志》新立。今考《太平寰宇記》云宋武入洛，更置東垣、西垣二縣。此西東垣，蓋即西垣，宋武初平關洛時所立也。"

清方愷《新校晋書地理志》："案《續漢郡國志》劉昭注引皇甫謐《帝王世紀》曰尸鄉在偃師縣西三十里。《水經注》引《太康地道記》同。郭璞《山海經》穀水注云，今穀水出穀陽谷東北，至穀城縣入洛河。《左氏·隱十一年傳》：吾先君新邑於此，杜預注云，此今河南新鄭。據此知晋時有匽師、穀城、新鄭三縣，皆當從續漢志屬河南郡。《寰宇記》謂偃師晋併入洛陽。又云西晋省穀城縣入河南，蓋援本志望文生義耳。翊寅謹案《郡國志》弘農郡有新安云，澗水出。魏收《地形志》新安，二漢屬弘農，晋屬河南。沈約《州郡志》言，《晋太康地志》屬河東，誤也。《地理志》穀城，禹貢瀍水出、師古曰即今新安。《郡國志》穀城有函谷關。本《志》云，新安函谷關所居，是西晋時穀城省并入新安矣。郭璞注有穀城縣，蓋東晋復置。"

孔祥軍《晋書地理志校注》："河南郡治與司州州治同，在今河南洛陽市東北。《續漢志》河南尹領二十一縣，魏時陸渾、陽翟來屬。《續漢志》有'平'縣，吴氏《表》卷一以地志無考，闕而不載，從之。正始三年，滎陽郡置，割去九縣，嘉平初復屬。領縣二十二。"

[3]洛陽：洛陽城，在今河南省洛陽市東北白馬寺東。

[4]合五郡，置司州：孔祥軍《晋書地理志校注》："據《晋志》：'晋太康元年，既平孫氏，凡增置郡國二十三，司隸置司州。'又《通典》卷一百七十一《州郡一》：'晋太康元年平吴，分爲十九州部：置司州。'則司州太康元年前似當作司隸。吴氏《考證》卷一魏晋司隸統稱爲司州，故可與'司隸'互稱，而至晋太康元年始

定名司州，是。又《宋志》載：‘魏郡太守……二漢屬冀州，魏、晋屬司隸。’則曹魏時魏郡屬司隸部。洪亮吉《補三國疆域志》據此《晋志》文及《元和志》駁之。在未有堅據的情况下不當以唐修《晋書》及唐人李吉甫所撰之《元和志》以疑南朝梁沈約所撰之《宋志》，故此處《晋志》似誤。”

[5]以司隸校尉統之：清畢沅《晋書地理志新補正》：“沅按《十三州志》京師之州，司隸校尉掌焉，故曰司州。《通典》晋分置司州，領郡十一，理洛陽。今考州領郡十二。”

[6]縣一百，户四十七萬五千七百：中華本校勘記：“下所列爲縣九十九，户四十九萬二千四百。兩數不合，各州頗有此類情况，以後不具校。”周家禄《晋書校勘記》：“按篇中所載止九十九，疑有誤。”

河南郡漢置。統縣十二，[1]户一十一萬四千四百。[2]置尹。[3]

洛陽[4]置尉五部、三市。[5]東西七里，南北九里。[6]東有建春、東陽、清明三門，[7]南有開陽、平昌、宣陽、建陽四門，[8]西有廣陽、西明、閶闔三門，[9]北有大夏、廣莫二門。[10]司隸校尉、河南尹及百官列城内也。　河南[11]周東都王城郟鄏也。[12]　鞏[13]周孝王封周桓公孫惠公於鞏，[14]號東周，[15]故戰國時有東、西周號。芒山、首陽其界也。[16]　河陰[17]　新安[18]函谷關所居。[19]　成皋[20]有關，[21]鄭之武牢。[22]　緱氏[23]有劉聚，周大夫劉子邑。有延壽城、仙人祠。　陽城[24]有鄂阪關。[25]此邑是爲地中，夏至景尺五寸。有陽城山、箕山，許由墓在焉。[26]　新城[27]有延壽關。[28]故戎蠻子之國。　陸渾[29]故蠻子國，楚莊王伐陸渾是也。[30]　梁[31]戰國時謂爲南梁，别少梁也。　陽翟[32]

[1]統縣十二：清勞格《晋書校勘記》："《太康地志》云新安縣屬河東郡。又云河南郡有東垣縣。畢氏（畢沅）云：'《晋志》無東垣縣。' 案魏收《地形志》，東源縣，二漢、晋屬河東。考《漢書·地理志》《續漢書·郡國志》，有垣縣，無東垣縣。《晋志》河東郡有垣縣，云王屋山在東北，沇水所出。案張湛《列子注》云，王屋在河東東垣縣（郭璞《山海經》三《北山經》注，王屋之山，今在河東東垣縣北。或以東字爲衍文，誤）。又《郡國志》垣縣有壺丘亭。杜預《左氏襄元年傳注》云，河東東垣縣東南有壺丘，則垣縣即東垣縣。但二漢名垣縣，晋名東垣，《志》屬河東，《太康地志》屬河南，爲稍異耳，非别有東垣縣也。"

孔祥軍《晋書地理志校注》："泰始元年滎陽等八縣割屬滎陽郡。有偃師縣，據《寰宇記》卷五河南道河南府偃師縣條：'偃師……晋併入洛陽。'《晋志》無此縣，則當廢於晋初。又穀城縣，據《寰宇記》卷三河南道河南府條：'穀城……西晋省，併入河南。'《晋志》無此縣，當廢於晋初。方氏《新校志》據《帝王世紀》有偃師縣以爲其西晋時未廢，《寰宇記》乃承《晋志》望文生義。今檢《隋書·經籍志》：'《帝王世紀》十卷，皇甫謐傳，起三皇盡漢魏。' 又《晋書》卷五十七《皇甫謐傳》：'時魏郡召上計掾舉孝廉，景元初相國辟，皆不就……（皇甫）謐所著詩、賦、誄、頌、論、難甚多，又撰《帝王世紀》。' 據此皇甫謐爲魏人，所撰《帝王世紀》乃'起三皇盡漢魏'，不足説明西晋時情况。方氏又據《山海經》郭璞注有穀城縣以爲西晋時有穀城縣，《寰宇記》亦誤。吴翊寅按語據原屬穀城縣之函谷關《晋志》列於新安縣下，以爲穀城縣其時確然已省，且以爲郭璞注所謂穀城縣乃東晋復置，是。方氏於此二縣之推斷均誤。又原武縣，據《後魏志》：'原武，二漢屬河南，晋罷。'《晋志》無此縣，當廢於晋初。陽城縣來屬，泰始元年陸渾縣屬弘農郡，太康元年前來屬，領縣十二。又新鄭縣，今檢《元和志》卷八河南道四鄭州新鄭縣條：'漢以爲新鄭縣，屬河南郡，晋省。' 則晋時似省新鄭縣。而《左傳·隱公十一年》

杜注河南尹有新鄭縣，則太康元年河南尹確有新鄭縣。太康元年後新鄭縣見廢，新安縣來屬，領縣十二。又《寰宇記》卷五河南道密縣條：‘晋太始二年分河南置陽翟郡以密縣屬焉。’則泰始二年似曾分河南置陽翟郡，然《元和志》《輿地廣記》皆言陽翟郡後魏置，則此郡似旋置旋廢。”

［2］户一十一萬四千四百：孔祥軍《晋書地理志校注》：“《漢志》《續漢志》《宋志》《後魏志》皆於郡級政區下詳列户、口，而《晋志》只列口不列户，是否唐初史官所見原始資料即是如此，其原始資料是否與西晋户調制有關，值得深究。”

［3］置尹：清畢沅《晋書地理志新補正》：“沅案二漢河南郡有原武縣，魏收《地形志》云晋罷。”孔祥軍《晋書地理志校注》：“《後魏志》：‘河南郡，秦置三川守，漢改爲河南郡。後漢、晋爲尹，後罷。’”

［4］洛陽：孔祥軍《晋書地理志校注》：“縣名。治所在今河南洛陽市東北。《續漢志》作‘雒陽’，《晋志》作‘洛陽’。《寰宇記》卷三河南道河南府條：‘魏受禪，都洛陽。’又《魏志》卷二《文帝紀》引《魏略》：‘詔以漢火行也，火忌水，故洛去水而加隹。魏於行次爲土，土，水之牡也，水得土而乃流，土得水而柔，故除隹而加水，變雒爲洛。’則魏時作洛陽。又《後魏志》：‘洛陽，二漢、晋屬河南。’”

［5］置尉五部、三市：清畢沅《晋書地理志新補正》：“沅案陸機《洛陽記》大市，名金市，在大城西。南市，在大城南。馬市，在大城東。《太平寰宇記》金市在臨商觀西。兑爲金，故曰金市。馬市在東，舊置丞焉。又酈元注《水經》云馬市即嵇康爲司馬昭所害之處。”孔祥軍《晋書地理志校注》：“中華本標點爲‘置尉。五部、三市。’今檢《文選》卷十六潘安仁《閑居賦》‘其西則有元戎禁營，玄幙緑徽’條李善注引陸機《洛陽記》：‘五營校尉，前後左右將軍府，皆在城中。’則‘置尉五部’乃是‘五營校尉’之意，不當點破，中華本誤。三市，據《閑居賦》‘陪京泝伊，面郊

後市’條李善注引陸機《洛陽記》：‘洛陽凡三市，大市名曰金市，公觀之西城中。馬市在大城之東。洛陽縣市在大城南。’”

［6］東西七里，南北九里：清畢沅《晋書地理志新補正》：“沅案《洛陽記》洛陽城東西七里，南北九里。内宫殿臺觀府藏寺舍，晋魏之代，凡有一萬一千二百一十九門。自永嘉之亂，劉曜入洛，元帝渡江，官署里閭，鞠爲茂草。考此條從《太平寰宇記》録出，疑屬戴延之《洛陽記》。”孔祥軍《晋書地理志校注》：“檢《藝文類聚》卷六十三《櫓》引陸機《洛陽記》：‘洛陽城，周公所制。東西十里，南北十三里。’與此不同，未詳孰是。”

［7］東陽：清畢沅《晋書地理志新補正》：“沅案《晋書》：東面最北曰東上門，後又改爲東陽門。”

［8］開陽：開陽門，清畢沅《晋書地理志新補正》：“沅案《晋宫闕簿》開陽門在巳上。應劭《漢官儀》此門始成未有名，夜有一柱飛來在樓上。後琅邪開陽縣上言南門一柱忽然飛去，莫知所在。光武使視之，即是也，因以名焉。” 宣陽：宣陽門，清畢沅《晋書地理志新補正》：“沅案《晋宫闕簿》西漢有小苑門，在午上。晋改曰宣陽門。一云移門，即宣陽門也。薛綜注《東京賦》曰，謻門，冰室門也。” 建陽：建陽門，孔祥軍《晋書地理志校注》：“‘建陽’當作‘津陽’。今檢《洛陽伽藍記·原序》：‘南面三（當作四，詳范祥雍《洛陽伽藍記校注》第3頁）門……東頭第一……（漢以）開陽爲名，自魏及晋，因而不改……（次西）漢曰津陽，魏晋曰津陽門。’范祥雍《校注》引唐晏《鈎沉》據《水經注》以爲《晋志》‘建陽門’誤，當爲‘津陽門’，是。” “東西七里，南北九里”至“建陽四門”：原本、宋本無“里東有建春東陽清明三門南”十二字，殿本有，據殿本補。

［9］廣陽：廣陽門，清畢沅《晋書地理志新補正》：“沅案《漢宫闕簿》廣陽門西面有三門。三門在申上。《水經注》稱，郭緣生《述征記》，廣陽門西南有劉曜壘，試弩棚，西北有門鷄臺，射雉觀。” 閶闔：閶闔門，清畢沅《晋書地理志新補正》：“沅案《河

南十二縣境簿》：繭觀，在廣陽門次北，漢曰有雍門，在西上，晉改曰西明門。又次北曰上西門，在戌上，晉改曰閶闔門。《漢官儀》上西門所以不純白者，漢家烑於戌，故以丹漆鏤之。"

［10］大夏：大夏門，清畢沅《晉書地理志新補正》："沅案《晉宮闕簿》夏門北面有二門，其西漢曰夏門，晉改爲大夏門。正在亥上。陸機與弟書曰，大夏門有三層，樓高百尺。" 廣莫：廣莫門，清畢沅《晉書地理志新補正》："沅案《晉宮闕簿》：漢穀門，晉改爲廣莫門，正在丑上。陸機《洛陽記》洛城十二門，南北九里。城内宫殿臺觀有閣闥，左右出入。城内皆三道，公卿尚書從中道，凡人左右，出入不得相逢。夾道中榆柳以陰行人。《晉書》洛陽十二門，皆有雙闕、石橋，橋跨陽渠水。"

［11］河南：孔祥軍《晉書地理志校注》："縣名。治所在今河南洛陽市。吴氏《表》卷一據《洛陽志》言河南縣先廢後復。《續漢志》《晉志》河南郡均有河南縣，吴氏所言其他文獻無徵，故不從。《後魏志》：'河南，二漢、晉屬河南。'"

［12］郏鄏：周王城，位於今河南省洛陽市西。郏，宋本作"郊"。

［13］鞏：孔祥軍《晉書地理志校注》："縣名，治所在今河南鞏義市西南。《後魏志》：'鞏，二漢、晉屬河南。'"

［14］周桓公：即周桓王，東周王，名林。周平王之孫。公元前719至前679年在位。孔祥軍《晉書地理志校注》："今檢《史記》卷四《周本紀》：'考王封其弟於河南，是爲桓公，以續周公之官職。桓公卒，子威公代立，威公卒，子惠公代立，乃封其少子於鞏以奉王，號東周惠公。'《正義》引郭緣生《述征記》：《史記》周顯王二年西周惠公封少子班於鞏，以奉王室，爲東周惠公也。則原句當作'周惠公封少子班於鞏'。東周、西周所指本非一貫，變化複雜，西周惠公封子班爲東周惠公，以鞏縣别於河南而爲東周、西周；其後鞏縣入韓，遂以雒陽與河南爲東周、西周；王赧立，東周、西周分理，又徙都西周。本錢穆《史記地名考》卷七《周地

名》。（商務印書館，2001 年版，第三〇六頁）”　惠公：即東周惠王，名閬。周桓王之孫，公元前 676 至前 652 年在位。

［15］號東周：清畢沅《晋書地理志新補正》：“沅案郭緣生《述征記》鞏縣周地，鞏伯邑。《史記》周顯王二年，西周惠公封少子班於鞏，以奉王室。《史記索隱》考王封其弟於河南，爲桓公。卒，子威公立。卒，子惠公立。長子曰西周公，又封少子於鞏，仍襲父號曰東周惠公。據此志孝王應作考王，然封少子班於鞏者，乃西周惠公事，距考王事已久，安得云考王所封邪！又誤以襲父號之惠公爲西周惠公。皆非也。東周惠公，屬桓公之曾孫。”

［16］芒山：位於今河南省永城市東北。　首陽：首陽山，一名首山，位於今河南省偃師市西北。

［17］河陰：縣名，治所在今河南省洛陽市東北。孔祥軍《晋書地理志校注》：“縣名。治所在今河南孟津縣北。《續漢志》作‘平陰’。洪氏《補志》據《水經注》卷四經文‘（河水）又東過平陰縣北’、《晋書》‘嘉平三年帝薨，葬河陰’，以爲魏改‘平陰’爲‘河陰’。謝氏《補注》據《魏志》卷九《夏侯惇傳》裴注引王沈《魏書》‘（韓）浩舅杜陽爲河陰令，（董）卓執之’，以爲‘河陰’乃桓靈後所改，洪氏誤，盧氏《集解》、李曉傑《東漢政區地理》第一章第一節是之。今檢《魏志》卷六《董卓傳》：‘（董）卓遣疑兵若將於平陰度者。’此與王沈《魏書》顯然矛盾，又宋本《寰宇記》卷三河南道河南府洛陽縣條：‘魏文帝改平陰爲河陰。’如此確切的記載樂史必有所據。查《水經注》卷四（凡未注明經文者，皆爲酈道元注文。下同）：‘（平陰）魏文帝改曰河陰。’《寰宇記》所載似本此，又《輿地廣記》卷五西京河南府赤洛陽縣條：‘有漢平陰縣故城，在縣北五十里，魏文帝改爲河陰。’則確是魏文帝改‘平陰’爲‘河陰’。楊守敬《水經注疏》亦引王沈《魏書》以爲東漢時已改河陰，却未見《魏志》的另一條記載，殊欠周密。盧氏《集解》引趙一清云：‘杜陽爲令時不應有河陰之名，蓋史家追改之’（今檢趙氏《注補》，此語乃趙一清轉引於顧祖禹，金氏

《校補》亦引之）似更妥當。《宋志》：‘河陰子相，魏立’當爲‘河陰子相，魏改名’。《後魏志》：‘河陰，晋置。’則河陰縣似後廢，《左傳·昭公二十年》杜注有河陰縣，又《宋志》：‘河陰，《晋太康地志》有。’則西晋太康三年前確有河陰縣。又《晋志》有此縣，則太康四年亦有河陰，其見廢似當在此後。”

［18］新安：縣名，治所在今河南省澠池縣東。孔祥軍《晋書地理志校注》：“《續漢志》屬弘農郡。吴氏《表》卷一據《宋志》所引《太康地志》以爲新安於太康時屬河東，並疑新安於魏時已屬河東郡。楊氏《補正》引《後魏志》認爲新安當屬河南，‘東’爲‘南’之訛，成孺《宋書州郡志校勘記》亦認爲新安當屬河南，中華書局點校本《宋書》據改，是。今檢《元和志》卷五河南道河南府新安縣條：‘新安縣……本漢舊縣，屬弘農郡，晋改屬河南郡。’則‘河東’確爲‘河南’之訛。又《寰宇記》卷九十七江南東道衢州條引《輿地志》：‘後漢獻帝初平三年分太末立新安縣，晋太康元年以弘農有新安改名爲信安。’據此晋太康元年新安縣仍屬弘農郡。又《宋志》：‘新安，二漢屬弘農。《晋太康地志》屬河南。’則太康三年前新安縣已移屬河南郡。則太康元年後，太康三年前新安縣移屬河南尹。畢沅《新補正》引郭緣生《述征記》以爲正始元年廢函谷關。”

［19］函谷關所居：清畢沅《晋書地理志新補正》：“沅按郭緣生《述征記》新安縣，漢之函谷關也。今猶謂之新關。項羽坑秦卒於新安城南，即此地。魏明帝景初元年，河南尹盧延上言成皋函谷二里六十步，宜却函谷關於峭下。弘農太守杜恕議以東徙潼關著郡下，省函谷關，徙崤關盧氏縣下。正始元年，弘農太守孟康上言移函谷關，再號大崤關，又爲金關。《地理志》云，今按此關，正始元年廢也。”

［20］成皋：縣名，治所在今河南省滎陽市汜水鎮。孔祥軍《晋書地理志校注》：“縣名。治所在今河南滎陽市西。魏屬河南郡，《左傳·隱公五年》《左傳·莊公二十一年》《左傳·成公四年》

《左傳·昭公五年》杜注河南尹皆有成皋縣，則太康元年河南尹有成皋縣。方愷《新校志》以爲成皋縣西晋時已屬滎陽郡，後人篡改《昭公五年》杜注，故不可信。據上引《隱公五年》《莊公二十一年》《成公四年》杜注豈皆是後人篡改，且後人篡改一縣屬郡，又有何用意？方氏誤甚。《後魏志》：‘成皋，二漢、晋屬河南。’”

［21］有關：孔祥軍《晋書地理志校注》：“今檢《晋書》卷五十九《趙王倫傳》：‘（趙王倫遣）鎮軍司馬雅、揚威莫原等率八千人自成皋關出。’則其時確有成皋關。”

［22］武牢：即虎牢關，位於今河南省滎陽市汜水鎮。

［23］緱氏：縣名，治所在今河南省偃師市緱氏鎮。孔祥軍《晋書地理志校注》：“緱氏：縣名。治所在今河南偃師市南。檢《左傳·隱公十一年》、《左傳·莊公十六年》經文、《成公十三年》、《左傳·襄公二十一年》杜注河南尹皆有緱氏縣，則太康元年河南尹確有緱氏縣。”

［24］陽城：縣名，治所在今河南省登封市告城鎮。孔祥軍《晋書地理志校注》：“陽城：縣名。治所在今河南登封市東南。《續漢志》屬潁川郡，洪氏《補志》將陽城列入河南郡，謝氏《補注》非之，以爲仍屬潁川郡，吴氏《表》卷一據《宋志》亦以陽城縣魏時屬河南郡，今檢《宋志》未見吴氏所據之文，惟有‘陽城、緱氏，漢舊名，並屬河南’。《晋志》陽城屬河南，《宋志》似指入晋後的情況，而魏時陽城的歸屬情况乏考，故洪氏《補志》欠妥，謝説是。《左傳·宣公十年》《左傳·昭公四年》杜注河南尹有陽城縣，則太康元年河南尹確有陽城縣，陽城縣當於此前移屬河南。”

［25］有鄂阪關：孔祥軍《晋書地理志校注》：“今檢《晋書》卷五十九《趙王倫傳》：‘（趙王倫遣）征虜張泓、左軍蔡璜、前軍間和等率九千人自堮阪關出。’”

［26］許由墓：孔祥軍《晋書地理志校注》：“據《史記》卷六十一《伯夷列傳》：‘太史公曰：余登箕山，其上蓋有許由塚云。’則許由墓在箕山上。”

[27]新城：孔祥軍《晋書地理志校注》："新城：縣名。治所在今河南伊川縣西南。《左傳·文公十七年》《左傳·成公六年》《左傳·昭公十六年》杜注河南尹皆有新城縣，則太康元年河南尹確有新城縣。《後魏志》：'新城，二漢、晋屬河南。'"

[28]有延壽關：孔祥軍《晋書地理志校注》："今檢《晋書》卷五十九《趙王倫傳》：'（趙王倫）遣其中堅孫輔爲上軍將軍，積弩李嚴爲折冲將軍，率兵七千自延壽關出。'"

[29]陸渾：縣名，治所在今河南省嵩縣東北。孔祥軍《晋書地理志校注》："陸渾：縣名。治所在今河南嵩縣東北。《續漢志》屬弘農郡。吴氏《表》卷一據《元和志》卷五河南府陸渾縣條以爲陸渾漢末屬河南郡，是。今檢《宋書》卷二十八《符瑞中》：'泰始元年十二月，白虎見弘農陸渾。'則泰始元年時陸渾縣已移屬弘農郡。又《左傳·昭公四年》杜注河南尹有陸渾縣，則太康元年河南尹確有陸渾縣。又《宋志》：'陸渾，漢舊縣，屬弘農，《晋太康地志》屬河南。'則太康三年河南尹有陸渾縣。故至遲於太康元年，陸渾縣復屬河南尹。"

[30]楚莊王：春秋時楚國國君，名旅。楚穆王之子。春秋五霸之一。公元前613至前591年在位。

[31]梁：縣名，治所在今河南省汝州市南。孔祥軍《晋書地理志校注》："梁：縣名，治所在今河南汝陽縣臨汝鎮西。《左傳·哀公四年》杜注河南尹有梁縣，則太康元年河南尹確有梁縣。"

[32]陽翟：縣名，治所在今河南省禹州市。孔祥軍《晋書地理志校注》："陽翟：縣名。治所在今河南禹州市。《續漢志》屬潁川。今檢《宋志》：'陽翟，魏晋屬河南。'則陽翟魏時確屬河南尹。《左傳·桓公十五年》經文、《左傳·成公十七年》、《左傳·襄公十八年》、《左傳·昭公元年》杜注河南尹有陽翟縣，則太康元年河南尹確有陽翟縣。《後魏志》：'陽翟，二漢厲潁川，晋屬河南尹。'"

滎陽郡[1]泰始二年置。統縣八，户三萬四千。

滎陽地名敖，秦置敖倉者。　京[2]鄭太叔段所居。[3]　密[4]故周畿内。　卷[5]有博浪長沙，張良擊秦始皇處。[6]　陽武[7]　苑陵[8]　中牟[9]六國時，趙獻侯都。[10]　開封[11]宋蓬池在東北，[12]或曰蓬澤。

[1]滎陽郡：清方愷《新校晋書地理志》："案左氏襄十八年傳，'遂涉潁次於旃然'。杜注，旃然水出滎陽成皋縣，東入汴。昭五年傳，子太叔勞諸索氏。杜注又云，河南成皋縣東有大索城，一縣不應兩屬，未詳孰是。又隱元年經'鄭伯克段於鄢'，杜注在滎陽宛縣西南。'苑''宛'古通。（寅按《地形志》苑陵二漢屬河南，晋屬汝陽。有新鄭城鄭莊公廟，據此是新鄭晋時已并入苑陵矣。汝陽當是滎陽之訛。）又案魏收《地形志》注，成皋晋屬河南，後屬滎陽，疑杜預時已改屬此郡。後人誤用本志改竄昭五年注文耳。又案《寰宇記》晋太始二年分河南置陽翟郡，以密縣屬焉，未詳所本。又本書《魏舒傳》遷宜陽、滎陽二郡太守，在文帝時，宜陽郡或至武帝時已廢，滎陽郡則非泰始二年始置，明矣。"

清勞格《晋書校勘記》："《水經·濟水注》魏正始三年歲在甲子，被《癸丑詔書》割河南郡縣，自鞏縣以東創建滎陽郡，并户二五五千，以李勝爲郡守。《魏略·李勝傳》亦云累遷滎陽太守。又《三國志·傅嘏傳》拜滎陽太守。《孫禮傳》遷滎陽郡尉。《晋書·魏舒傳》爲滎陽太守亦在魏世，則是郡非晋置明甚。然《宋書·州郡志》亦云太始元年分河南立，豈魏後廢而晋復立邪！"

清洪亮吉《東晋疆域志》："滎陽郡，魏置。《晋志》泰始二年置。《沈志》東晋末凡領縣九。《晋書》元帝太興元年以滎陽太守李矩爲都督司州諸軍事、司州刺史。穆帝升平三年，平北將軍高昌爲慕容儁所逼，自白馬奔於滎陽。五年，吕護退保滎陽。哀帝興寧元年慕容暐寇滎陽，太守劉遠奔魯陽。孝武帝太元十年，滎陽人鄭燮以郡來降。十四年翟遼寇滎陽，執太守張卓。《習鑿齒傳》爲滎陽太守。《羅含傳》父綏，滎陽太守。有沈菜堰、萬氏臺、新鄭故城、韓王故壘、鄭子産祠。京，漢舊縣。《史記正義》稱《晋太康地志》曰，京，鄭太叔段所居邑。《水經注》稱《晋書地道記》曰：京，有大索、小索亭。《漢書》京索之間也。有管城、大索城。密，漢舊縣。郭璞《山海經注》今滎陽密縣，亦有密山。《太平寰宇記》晋泰始二年，分河南置陽翟郡，以密縣屬焉。興寧元年燕人拔密城。案《晋書・地理志》不言陽翟曾作郡，未知樂史何據。今考劉昭稱《晋書地道記》云陽翟去洛陽二百八十六里，屬河南。樂史稱《晋書地道記》云陽翟鈞臺下有陂，俗謂之鈞臺陂。有禹山、馬頭山。滎陽，漢舊縣。《晋書・穆帝紀》升平五年，慕容恪攻陷野王，守將吕護退保滎陽。有播水、大河渠、殷渠、石門。卷，漢舊縣。郭璞《山海經注》今濟水自滎陽卷縣東經陳留。陽武，漢舊縣。《太平寰宇記》本屬河南，晋移屬後廢。《御覽》稱《地道記》曰，陽武、滎陽有博浪沙，張良爲韓擊秦始皇處。苑陵，漢舊縣。《晋書》穆帝永和十年，周成舉兵反，自苑陵襲洛陽。《太平寰宇記》晋末省。今考劉裕置司州尚有此縣，則云晋末省誤也。有林渚。中牟，漢舊縣。《元和郡縣志》自漢至隋不改。有官渡、有魏任城王臺。開封，漢舊縣。有乞活臺。成皋，漢觿縣。郭璞《山海經注》成皋縣屬河南。《史記正義》稱《太康地記》曰秦建敖倉於成皋。《水經注》稱《晋地道記》云濟自大伾入河，與河水鬥。大伾在成皋。古成皋兼包鞏縣之界，溢出爲滎水。有成皋關、汴口、虎牢城。”

孔祥軍《晋書地理志校注》：“滎陽郡治所乏考。《續漢志》無此郡，據《水經注》卷七：‘魏正始三年，歲在甲子，被《癸丑詔書》，割河南郡自鞏闕以東，創建滎陽郡。’則正始三年，增置滎陽郡。而《宋志》：‘滎陽，晋武帝泰始元年，分河南立。’《晋志》、《寰宇記》卷五皆言滎陽郡置於泰始二年，吴氏《考證》卷一據《魏志》卷二十一以爲正始末仍有滎陽，又據《魏志》卷四《三少帝紀》：‘（少帝時）郡國縣道多所置省，俄或還復，不可勝紀’推論滎陽郡見廢於嘉平初年，楊氏《補正》引《晋書》卷四十一《魏舒傳》‘遷宜陽、滎陽二郡太守’以爲晋文王時仍有滎陽郡，滎陽郡終魏未廢，然其《水經注疏》則謂‘蓋魏建郡旋廢陽而晋復置也’。今檢《元和志》卷五河南府條：‘魏文帝受禪，亦都洛陽，陳留王以司隸校尉所掌，置司州，領河南、河東、河内、弘農、平陽五郡。’則至遲景元後滎陽郡已廢，吴氏推論較爲合理，則滎陽郡乃於正始三年置，嘉平初年廢，晋泰始初復置，金氏《校補》以爲‘魏末又廢，晋初復置’近是，楊氏《補正》所據《晋書》魏舒本傳似誤。《宋志》不誤，《晋志》《寰宇記》所言滎陽郡置於泰始二年當爲泰始元年。吴氏《考證》卷一以滎陽等九縣皆在河南鞏縣之東，知魏立滎陽郡當盡有《晋志》所載八縣和原武一縣，是。滎陽郡所統八縣皆從河南尹割出。”

[2]京：縣名，治所在今河南省滎陽市東南。孔祥軍《晋書地理志校注》：“《左傳·隱公元年》《左傳·僖公二十四年》《左傳·宣公十二年》杜注滎陽郡有京縣，則太康元年滎陽郡確有京縣。《後魏志》：‘京，二漢屬河南，晋屬（滎陽郡）。’”

[3]鄭太叔段：即京城大叔，名段。鄭莊公同母弟。受母姜氏寵愛，受封京城。後陰謀作亂，失敗後死於他國。

[4]密：縣名，治所在今河南省新密市東南。清畢沅《晋書地理志新補正》：“沅案《太平寰宇記》晋泰始二年，分河陽南置陽翟郡，密縣屬焉。”孔祥軍《晋書地理志校注》：“據《寰宇記》卷五河南道密縣條：‘晋太始二年分河南置陽翟郡以密縣屬焉’，則密縣似曾暫屬陽翟郡，而《元和志》《興地廣記》皆謂陽翟郡後魏時置，則西晋所置陽翟郡似旋置旋廢，《左傳·僖公六年》經文、《左傳·僖公二十三年》、《左傳·襄公元年》杜注滎陽郡有密縣，則太康元年滎陽郡確有密縣。據《後魏志》：‘密，二漢屬河南，晋屬（滎陽郡）。’”

[5]卷：縣名，治所在今河南省原陽縣舊原武西北。孔祥軍

《晉書地理志校注》："《左傳·莊公二十三年》經文、《左傳·僖公二十八年》、《左傳·文公七年》經文、《左傳·成公十年》杜注滎陽郡有卷縣，則太康元年滎陽郡確有卷縣。又《後魏志》：'卷，二漢屬河南，晋屬（滎陽郡）。'中華校：'畢沅《晋書地理志新補正》謂遍檢諸地志，皆云博浪沙在陽武，疑此十二字注本在"陽武"下，錯簡入卷縣耳。'"

[6]有博浪長沙，張良擊秦始皇處：中華本校勘記："畢沅《晋書地理志新補正》謂遍檢諸地志，皆云博浪沙在陽武。疑此十二字注本在'陽武'下，錯簡入卷縣耳。"

[7]陽武：縣名，治所在今河南省原陽縣東南。清畢沅《晋書地理志新補正》："沅案《郡國縣道記》：縣晋時廢。"孔祥軍《晋書地理志校注》："《後魏志》：'陽武，二漢屬河南，晋屬滎陽。'"

[8]苑陵：縣名，治所在今河南省新鄭市東北。清畢沅《晋書地理志新補正》："沅案《地形志》云：晋屬汝陽。'汝'字當屬'滎'字之誤。"孔祥軍《晋書地理志校注》："《左傳·隱公元年》經文、《左傳·宣公元年》經文、《左傳·成公十六年》杜注滎陽郡有苑陵縣，則太康元年滎陽郡確有苑陵縣。據《後魏志》：'苑陵，二漢屬河南，晋厲汝陽。'畢沅《新補正》、方氏《新校志》皆以爲'汝陽'當爲'滎陽'之訛，其時無汝陽郡，是。"

[9]中牟：縣名，治所在今河南省中牟縣東。孔祥軍《晋書地理志校注》："《左傳·僖公二十年》《左傳·僖公三十三年》《左傳·宣公元年》杜注滎陽郡有中牟縣，則太康元年滎陽郡確有中牟縣。《後魏志》：'中牟縣，二漢屬河南，晋屬滎陽。'"

[10]趙獻侯：戰國初人，名浣。趙國國君，趙襄子兄伯魯之孫。公元前423至前409年在位。　都：殿本作"郡"。

[11]開封：縣名，治所在今河南省開封市南。孔祥軍《晋書地理志校注》："《左傳·哀公十四年》杜注滎陽郡有開封縣，則太康元年滎陽郡確有開封縣。《後魏志》：'開封，二漢屬河南，晋屬滎陽。'"

[12]蓬池：位於今河南省尉氏縣西北。孔祥軍《晉書地理志校注》："據《元和志》卷七河南道開封縣條：'蓬澤在縣東北十四里，今號蓬池，左氏所謂蓬澤也。'則蓬澤似在開封縣東北十四里處。"

弘農郡[1]漢置。統縣六，[2]户一萬四千。

弘農[3]本函谷關。漢武帝遷於新安縣。　湖[4]故曰胡，漢武更名湖。　陝[5]故虢國，周分陝東西，二相主之。　宜陽[6]　黽池[7]　華陰[8]華山在縣南。

[1]弘農郡：清方愷《新校晉書地理志》："案本書《載記》晉華山太守董邁降姚興。胡三省云：晉分宏農之華陰、京兆之鄭、馮翊之夏陽，置華山郡。考杜氏隱十一年注，謂鄭在京兆。桓九年注謂梁在馮翊夏陽。杜氏《春秋釋例》謂渭水至弘農華陰縣入河。郭璞注《爾雅》《山海經》華山皆言華陰，屬宏農。疑此郡置在東晉中年也。"

清洪亮吉《東晉疆域志》："弘農郡，漢置，晉末領縣五。郭璞《山海經注》：桃林今弘農湖縣，閿鄉南谷中是也。《水經注》稱《晉太康地志》同。又云胡縣，漢武帝改作湖。《通鑑》河南太守楊佺期帥衆軍湖城，擊秦苻登將竇衝，走之。姚興入寇湖城，弘農太守陶仲山、華山太守董邁皆降之，遂至陝城，進寇上洛，拔之。今考《沈志》弘農郡七縣中無湖，蓋晉末縣爲赫連勃勃所據也。弘農，舊漢縣。《元和郡縣志》自漢至後魏不改。《水經注》稱《晉書地道記》曰弘農亭在弘農縣東十三里。樂史稱《地道記》曰漢弘農本函谷，有桃林也。《水經注》稱《晉太康地記》曰桃林在閿鄉南谷中。又稱《晉書地道記》曰曹陽亭在縣東十三里，有曹公壘、閿鄉。陝，漢舊縣。《元和郡縣志》，自漢至宋不改。《晉書·孝武帝紀》太元十一年，荆州刺史桓石民遣晏謙擊弘農，下之。初置湖、陝二戍。有南山、陝津。宜陽，漢舊縣。有女几山、一泉塢、蠡吾城。黽池，漢舊縣。有二崤山、五户灘。盧氏，漢舊縣。《沈志》稱《晋太康地志》屬上洛郡。案此蓋晋末移屬。劉昭稱《晋書地道記》曰伊水東北入洛。有檀山塢、龍驤城。"

清畢沅《晋書地理志新補正》："沅案《通典》：魏避漢獻帝諱，改爲恒農。晋復爲弘農郡。"

孔祥軍《晋書地理志校注》："弘農郡治所爲弘農縣，在今河南靈寶市北。據《晋志》：'魏氏受禪，即都漢宫，司隸所部河南、河東、河内、弘農並冀州之平陽，合五郡，置司州。'則魏代漢後弘農郡當屬司隸，又《水經注》卷四：'（柏谷）水出弘農縣南石隄山，山下有石隄祠銘云：魏甘露四年，散騎常侍、征南將軍、豫州刺史、領弘農太守、南平公之所經建也。'《水經注疏》：'守敬按：《歷代史表》，魏甘露四年，豫州刺史，前爲州太，後爲陳騫。太爲征東將軍，騫爲安東將軍，皆非征南將軍，亦不云領宏農太守，封南平公，疑此有訛文。'《水經注》所録爲石銘記載，楊氏遽疑訛文所據不堅，又據《魏志》卷四《三少帝紀》：'自帝即位至於是歲（嘉平五年），郡國、縣道，多所置省，俄或還復，不可勝紀。'嘉平、甘露相去不遠，弘農郡似有'俄或還復'的可能，趙一清《注補》即據《水經注》所載之銘文以釋所謂'俄或還復'，是。故不從楊説，而弘農郡還屬司隸確年乏考。《通典》卷一百七十七《州郡一》：'魏改爲恒農，避獻帝諱，晋復爲弘農郡。'據上所引銘文則其時當作'弘農'，且《魏志》中多有'弘農'，杜佑誤甚，中華書局標點本《通典》失校。"

[2]統縣六：孔祥軍《晋書地理志校注》："魏末弘農郡領縣八，其中陸渾縣泰始元年來屬，旋又復歸河南尹，盧氏縣泰始二年後移屬上洛郡，新安縣太康元年後移屬河南尹，領縣六。"

[3]弘農：縣名，治所在今河南省靈寶市。

[4]湖：縣名，治所在今河南省靈寶市西北。孔祥軍《晋書地理志校注》："據《漢志》：'故曰胡，武帝建元元年更名湖。'又

《寰宇記》卷六河南道陝州湖城縣條：‘舊曰胡建元元年更爲湖。’則漢武帝建元元年改胡縣爲湖縣。”

[5]陝：縣名，治所在今河南省三門峽市陝州區。孔祥軍《晋書地理志校注》：“《左傳·隱公元年》《左傳·僖公二年》《左傳·襄公二十九年》杜注弘農郡皆有陝縣，則太康元年弘農郡確有陝縣。”

[6]宜陽：縣名，治所在今河南省宜陽縣西福昌村。

[7]黽池：縣名，治所在今河南省澠池縣西。清方愷《新校晋書地理志》：“黽池，杜氏僖三十二年注作‘澠池’（寅案二漢《志》作‘黽’，《魏志》作‘黽’）。”孔祥軍《晋書地理志校注》：“《左傳·僖公三十二年》杜注弘農郡皆有黽池縣，則太康元年弘農郡確有黽池縣。”

[8]華陰：縣名，治所在今陝西省華陰市東南。孔祥軍《晋書地理志校注》：“《左傳·僖公十五年》《左傳·文公十三年》杜注弘農郡皆有華陰縣，則太康元年弘農郡確有華陰縣。《後魏志》：‘華陰，前漢屬京兆，後漢、晋屬恒農。’”清洪亮吉《東晋疆域志》認爲東晋時曾分華陰一部分置華山郡。考證云：“《晋書載記》晋華山太守董邁降姚興。胡三省云晋分弘農之華陰、京兆之鄭、馮翊之夏陽置華山郡。案郡蓋東晋所立，領縣三。華陰，漢舊縣。《地形志》前漢屬京兆，後漢、晋屬恒農，後屬華山郡。有定城、潼關、潼谷。鄭，漢舊縣。《地形志》二漢、晋屬京兆，後屬華山郡。有高平亭。夏陽，漢舊縣。《地形志》二漢、晋屬馮翊，後屬華山郡。”

上洛郡[1]泰始二年，分京兆南部置。統縣三，[2]户萬七千。

上洛[3]嶢關在縣西北。[4]　商[5]秦相衛商鞅邑。[6]　盧氏[7]熊耳山在東，[8]伊水所出。

［1］上洛郡：孔祥軍《晋書地理志校注》："上洛郡治乏考。魏末無此郡，據此處《晋志》及《宋志》：'南上洛太守，《晋太康地志》分京兆立上洛，屬司隸。'則泰始二年晋武帝分京兆郡置上洛郡，且屬司州。其時無司隸，《宋志》所謂'屬司隸'當作'屬司州'。而《寰宇記》卷一百四十一山南西道商州條：'晋初改爲京兆南部，後又立爲上洛郡，即太始三年分京兆置上洛郡。'其所謂'太始三年'，誤。"

［2］泰始二年：二，宋本作"三"。　分京兆南部置：部，殿本作"郡"。　統縣三：孔祥軍《晋書地理志校注》："泰始二年始置，領縣三；泰始三年，增置豐陽、拒陽二縣，領縣五；後二縣見廢，領縣三。"

［3］上洛：清畢沅《晋書地理志新補正》："沅案《太平寰宇記》晋泰始三年，分上洛縣地置拒陽縣，旋省。"孔祥軍《晋書地理志校注》："縣名，治所在今陝西商州市。魏末屬京兆郡。《後魏志》：'上洛，前漢屬恒農，後漢屬京兆，晋屬（上洛郡）。'又據《寰宇記》卷一百四十一山南西道商州洛南縣條：'晋太始三年分上洛地於今縣東北八十里置拒陽縣，屬上洛郡，尋省。'則拒陽縣泰始三年置，當屬上洛郡，《晋志》無此縣，則至遲於太康四年前見廢。"

［4］嶢關：位於今陝西省商洛市商州區西北。

［5］商：縣名，治所在今陝西省商洛市商周區西北。清畢沅《晋書地理志新補正》："沅案《太平寰宇記》晋泰始三年，分商縣之地置豐陽縣，因豐陽川以爲名，尋廢。"孔祥軍《晋書地理志校注》："魏末屬京兆郡。《左傳·文公十年》杜注上洛郡有商縣，則太康元年上洛郡確有商縣。《後魏志》：'商，前漢屬恒農，後漢屬京兆，晋屬上洛。'又據《寰宇記》卷一百四十一山南西道商州豐陽縣條：'晋太始三年分商縣之地置豐陽縣，因豐陽川以爲名，尋廢。'則豐陽縣泰始三年置，當屬上洛郡，《晋志》無此縣，則至遲於太康四年前見廢。"

[6]商鞅：戰國時衛國人，公孫氏，名鞅，亦稱衛鞅、公孫鞅、商君鞅、商君。助秦孝公變法强國。孝公死後被殺。

[7]盧氏：縣名，治所在今河南省盧氏縣。孔祥軍《晋書地理志校注》："魏末屬弘農郡。今檢《宋志》：'盧氏，當是何志後所立，二漢屬弘農，《晋太康地志》屬上洛。'則太康三年上洛郡確有盧氏縣。"

[8]熊耳山在東：原本、宋本作"熊耳在山東"，殿本作"熊耳山在東"，據殿本改。

平陽郡[1]故屬河東，魏分立。統縣十二，[2]户四萬二千。

平陽[3]舊堯都侯國。　楊[4]故楊侯國。[5]　端氏[6]韓、魏、趙既爲諸侯，以端氏封晋君也。　永安[7]故霍伯國。霍山在東。　蒲子[8]　狐讘[9]　襄陵[10]公國相。　絳邑[11]晋武公自曲沃徙此。[12]　濩澤[13]析城山在西南。[14]　臨汾[15]公國相。　北屈[16]壺口山在東南。有南屈，故稱北。　皮氏[17]故耿國。

[1]平陽郡：治所在平陽縣（今山西省臨汾市西南）。清方愷《新校晋書地理志》："左氏僖十五年《傳》，'明年其死於高梁之墟'，杜注在平陽楊氏縣西南。又昭二十八年《傳》，'僚安爲楊氏大夫'注，平陽楊氏縣，疑楊縣當作楊氏。僖九年高梁注，在平陽縣西南，脱縣名矣。又二十四年，高梁注作楊，脱'氏'字。"

孔祥軍《晋書地理志校注》："平陽郡治乏考。《續漢志》無此郡，據《魏志》卷四《三少帝紀》：'（正始）八年春二月朔……分河東之汾北十縣爲平陽郡。'則曹魏正始八年割河東十縣置平陽郡。《後魏志》：'平陽郡，晋分河東置。'今據上引《魏志》及《宋志》'魏世分河東爲平陽郡'，則《後魏志》所謂'晋分河東置'顯誤，當爲'曹魏分河東置'，中華書局標點本《魏書》失校。錢氏《考异》卷十五‘徐邈傳’條據《魏志》卷二十七‘文帝踐阼，歷譙相，平陽、安平太守’以爲魏文帝時已有平陽郡。謝氏《志疑》、盧氏《集解》認爲此處之‘平陽’是‘陽平’之訛，盧氏並引《魏志》卷二《文帝紀》：‘（黄初）二年……以魏郡東部爲陽平郡’以證，此説近是。吴氏據《紀要》以爲平陽郡治平陽，《紀要》不可爲據，故不從吴氏。楊氏《補正》據《水經注》卷六引《魏土地記》：‘平陽郡，治楊縣。’認爲魏時平陽郡治楊縣。今檢《水經注》卷九引《魏土地記》：‘建興郡治陽阿縣。’魏時無建興郡，據《元和志》卷十五河東道澤州條：‘後魏道武帝置建興郡。’則所謂《魏土地記》當是後魏時之《土地記》，楊氏望文生義，誤。”

[2]統縣十二：孔祥軍《晋書地理志校注》：“魏末領縣十，端氏、濩澤二縣移屬，領縣十二。”

[3]平陽：縣名，治所在今山西省臨汾市西。清畢沅《晋書地理志新補正》：“沅案《十六國春秋》：劉元海僭號稱漢，初理於蒲子，後徙平陽，又於此置大昌郡，以蒲子屬焉。”孔祥軍《晋書地理志校注》：“《左傳·昭公二十八年》杜注平陽郡有平陽縣，則太康元年平陽縣確屬平陽郡。《後魏志》：‘平陽，二漢屬河東，晋屬（平陽郡）。’”

[4]楊：縣名，治所在今山西省洪洞縣東南范村東古城址。清畢沅《晋書地理志新補正》：“沅案：杜預昭二十八年《左傳》注作‘楊氏縣’。”孔祥軍《晋書地理志校注》：“《左傳·莊公二十八年》《左傳·襄公二十九年》杜注平陽郡有楊縣，則太康元年楊縣確屬平陽郡。方氏《新校志》引《左傳》僖公十五年、昭公二十八年杜預注以爲‘楊’當作‘楊氏’，今遍檢諸志未及《晋書》未見平陽楊氏縣之名，又《後魏志》：‘楊，二漢屬河東，晋屬平陽。’則前二條杜注所謂‘楊氏縣’當爲‘楊縣’之訛，明矣。”

[5]故楊侯國：孔祥軍《晋書地理志校注》：“《漢志》河東郡楊縣顔注引應劭曰：‘楊侯國。’《水經注》卷六：‘（澗水）西逕楊縣故城北，晋大夫僚安之邑也，應劭曰故楊侯國。’則今本《漢

志》顔注引應劭曰似脱‘故’字。今檢顔師古《漢書叙例》（中華書局點校本《漢書》附，1966年版）：‘《漢書》舊無注解，唯服虔、應劭等各爲音義，自别施行。至典午中朝，爰有晋灼，集爲一部，凡十四卷，又頗以意增益，時辯前人當否，號曰《漢書集注》。屬永嘉喪亂，金行播遷，此書雖存，不及江左。是以爰自東晋迄於梁、陳，南方學者皆弗之見。有臣瓚者，莫知氏族，考其時代，亦在晋初（據唐司馬貞考證“臣瓚”即爲西晋人“傅瓚”，詳見《史記集解序》“《漢書音義》稱臣瓚者，莫知氏姓”條司馬貞《索隱》注），又總集諸家音義，稍以已之所見，續厠其末，舉駁前説，喜引《竹書》，自謂甄明，非無差爽，凡二十四卷，分爲兩帙。今之《集解音義》則是其書，而後人見者不知臣瓚所作，乃謂之應劭等《集解》。王氏《七志》，阮氏《七録》，並題云然，斯不審耳……蔡謨全取臣瓚一部散入《漢書》，自此以來始有注本。’此段述及《漢書》注家源流頗爲重要，故全引之。據此可知服虔、應劭等人曾各著有《漢書音義》並單行於世；其後有晋人晋灼將之總爲《漢書集注》十四卷，又有晋人臣瓚編撰《漢書集解音義》二十四卷，兩部集解皆是單行本；其後又有蔡謨將全部臣瓚《集解音義》散入《漢書》，自從始有夾注本。又據《隋志》服虔《漢書音訓》一卷唐初仍存，而應劭之《漢書音義》已佚，故顔師古注《漢書》時已然不得獲見應劭《漢書音義》，其注中所引應劭曰大抵來自於晋灼《漢書集注》和臣瓚《漢書集解音義》二書所引之應劭注。如此則層層轉引、間有刊落，脱漏甚多實在情理之中。《晋志》此文似本應劭説。”

［6］端氏：縣名，治所在今山西省沁水縣東北。

［7］永安：縣名，治所在今山西省霍州市。孔祥軍《晋書地理志校注》：“《後魏志》：‘永安，二漢屬河東，晋屬平陽。’”

［8］蒲子：縣名，治所在今山西省隰縣。孔祥軍《晋書地理志校注》：“《左傳·莊公二十八年》杜注平陽郡有蒲子縣，則太康元年蒲子縣確屬平陽郡。”

［9］狐讘：縣名，治所在今山西省永和縣西南。

［10］襄陵：縣名，治所在今山西省臨汾市東南古城莊。孔祥軍《晋書地理志校注》："《後魏志》：'襄陵，二漢屬河東，晋屬（平陽郡）。'"

［11］絳邑：縣名，治所在今山西省翼城縣東南。孔祥軍《晋書地理志校注》："《左傳·隱公五年》《左傳·莊公二十六年》《左傳·成公六年》杜注平陽郡有絳邑縣，則太康元年平陽郡有絳邑縣。《後魏志》：'北絳，二漢屬河東，晋屬平陽。二漢、晋曰絳。'又《漢志》河東郡有絳縣。則所謂'二漢、晋曰絳'當爲'前漢爲絳，後漢、晋爲絳邑。'中華書局標點本《魏書》失校。"

［12］晋武公：春秋時晋國國君，名稱，公元前716至前677年在位。　曲沃：古地名，在今山西省聞喜縣東北。

［13］濩澤：縣名，治所在今山西省陽城縣西北澤城。孔祥軍《晋書地理志校注》："《後魏志》：'濩澤，二漢屬河東，晋屬平陽。'"

［14］析城山：析，宋本作"折"。

［15］臨汾：縣名，治所在今山西省新絳縣東北晋城村。孔祥軍《晋書地理志校注》："《後魏志》：'臨汾，二漢屬河東，晋屬（平陽郡）。'"

［16］北屈：縣名，治所在今山西省吉縣東北。孔祥軍《晋書地理志校注》："《左傳·莊公二十八年》《左傳·僖公八年》杜注平陽郡有北屈縣，則太康元年平陽郡有北屈縣。又《後魏志》：'禽昌，二漢屬河東，晋屬（平陽郡）。即漢、晋之北屈也。'又《寰宇記》卷四十八河東道慈州條：'北屈縣……魏晋屬平陽郡。'"

［17］皮氏：縣名，治所在今山西省河津市西。孔祥軍《晋書地理志校注》："《左傳·閔公元年》《左傳·僖公二年》杜注平陽郡有皮氏縣，則太康元年平陽郡有皮氏縣。又《後魏志》：'龍門，故皮氏，二漢屬河東，晋屬平陽郡。'又《輿地廣記》卷十三陝西永興軍路上次府河中府次畿龍門縣條：'（皮氏）二漢屬河東郡，魏

晋屬平陽郡。'《漢志》河東郡：'皮氏，耿鄉故耿國。'《晋志》似本此，然皮氏縣之耿鄉爲故耿國，非皮氏縣，唐史臣漏引。"

河東郡[1]秦置。統縣九，[2]户四萬二千五百。

安邑[3]舊舜都。　聞喜[4]故曲沃。晋武公自晋陽徙此。　垣[5]王屋山在東北，沇水所出。　汾陽[6]公國相。　太陽[7]吴山在西。周武王封西周大伯後於此。　猗氏[8]古猗頓城。　解[9]有鹽池。[10]　蒲坂[11]有歷山，舜所耕也。有雷首山，夷齊居其陽，[12]所謂首陽山。　河北[13]

[1]河東郡：清方愷《新校晋書地理志》："杜注《左氏傳》襄元年，寘諸瓠邱云，河東東垣縣有壺邱，郭注《山海經》王屋山今在河東東垣縣。《州郡志》稱《太康地志》有東垣縣，是此郡垣縣當作東垣也。寅案《州郡志》司州，河南領東垣云二漢《晋太康地志》有東垣縣。今考《漢志》河東郡有垣縣，無東垣，亦不屬河南。疑《沈志》當云屬河東也。又《州郡志》司州刺史下云，新安，《晋太康地志》屬河東，疑《州郡志》傳寫之訛。此河東當作河南。又案郭注《爾雅》瀵大出尾下條，郭注《山海經》跂踵之山條，皆云今河東汾陰縣有瀵水。杜氏文六年《傳》改蒐于董，注亦謂河東汾陰縣有董亭。本志作汾陽疑誤。（寅案汾陽，二縣志皆作汾陰，本志乃傳寫之訛。）"

[2]統縣九：孔祥軍《晋書地理志校注》："河東郡治所爲安邑縣，在今山西夏縣西。《續漢志》領縣二十一；正始八年，平陽郡置，割去十縣，領縣十一。晋初端氏、濩澤移屬平陽郡，領縣九。"

[3]安邑：縣名，治所在今山西省夏縣西北禹王城。孔祥軍《晋書地理志校注》："《後魏志》：'北安邑，二漢、晋曰安邑，屬河東。'"

[4]聞喜：縣名，治所在今山西省聞喜縣東北。孔祥軍《晋書

地理志校注》："《左傳·隱公五年》《左傳·僖公三十一年》《左傳·宣公十二年》杜注河東郡有聞喜縣，則太康元年河東郡有聞喜縣。又《後魏志》：'聞喜，二漢、晋屬河東。'"

[5]垣：縣名，治所在今山西省垣曲縣王茅鎮。孔祥軍《晋書地理志校注》："《續漢志》亦作'垣'。楊氏《補正》引《鄭氏佚書·尚書注》卷三、《周官義疏》卷三十三、《説文》第十一《續漢志》以及《魏志》卷十六'白騎攻東垣'以爲當作'東垣'，是。《通鑑》卷六十四：'會白騎攻東垣'條胡注：'垣縣，屬河東郡。東字衍。'謝氏《補注》以爲'東上脱河字。'均誤，《左傳·襄公元年》杜注河東郡有東垣縣，則太康元年河東郡有東垣縣。又《後魏志》：'東垣，二漢、晋屬河東。'方氏《新校志》據《左傳》杜預注、《山海經》郭璞注以爲'垣'當作'東垣'，是。《中國歷史地圖集·西晋圖組》河東郡有東垣縣，亦是。宋本《宋志》：'東垣，二漢、《晋太康地志》河有東垣縣'，中華書局標點本《宋書》校勘記引孫虨《宋書考論》云'當作河東有垣縣'。並據之改爲'河東有垣縣'，誤。"

[6]汾陽：縣名，治所在今山西省静樂縣西。孔祥軍《晋書地理志校注》："中華校：'畢校及方愷《新校晋書地理志》均謂汾當作汾陰。'《左傳·文公六年》杜注河東郡有汾陰縣，《後魏志》：'汾陰，二漢、晋屬河東。'則'汾陽'似當作'汾陰'。"

[7]太陽：縣名，治所在今山西省平陸縣西南。孔祥軍《晋書地理志校注》："《左傳·僖公二年》《左傳·文公三年》杜注河東郡有大陽縣，《釋文》'大，音泰'，則太康元年河東郡有太陽縣。又《後魏志》：'太陽，二漢、晋屬河東。'"

[8]猗氏：縣名，治所在今山西省臨猗縣南鐵匠營村。清畢沅《晋書地理志新補正》："沅案猗氏，《太平寰宇記》晋恭帝二年改爲桑泉縣。"孔祥軍《晋書地理志校注》："《後魏志》：'猗氏，二漢、晋屬河東。'畢氏《新補正》引《寰宇記》以爲晋恭帝二年改猗氏縣爲桑泉縣，今檢《寰宇記》卷四十六河東道蒲州猗氏縣條：

‘西晋恭帝二年改猗氏縣爲桑泉縣。’而西晋無恭帝，東晋方有恭帝，又《元和志》卷十二河中道河中府猗氏縣條：‘東魏恭帝二年，改猗氏爲桑泉縣。’則《寰宇記》所謂‘西晋恭帝’當爲‘東魏恭帝’之訛，畢氏失檢，誤。”

[9]解：縣名，治所在今山西省臨猗縣臨晋鎮東南。孔祥軍《晋書地理志校注》：“《左傳·僖公十五年》《左傳·成公六年》杜注河東郡有解縣，則太康元年河東郡有解縣。又《後魏志》：‘南解，二漢、晋曰解，屬（河東郡）。’”

[10]有鹽池：今檢《漢志》《續漢志》河東郡安邑縣均載有鹽池，而解縣無，此處“有鹽池”疑爲錯簡，似當在安邑縣後。

[11]蒲坂：縣名，治所在今山西省永濟縣西南蒲州鎮。孔祥軍《晋書地理志校注》：“《左傳·文公十年》經文、《左傳·宣公二年》、《左傳·成公十三年》杜注河東郡有蒲坂縣，則太康元年河東郡有蒲坂縣。又《後魏志》：‘蒲坂，二漢、晋屬（河東郡）。’”

[12]夷齊：伯夷和叔齊，殷商人，商滅後隱居首陽山，不食周粟而死。

[13]河北：縣名，治所在今山西省芮城縣西。孔祥軍《晋書地理志校注》：“《左傳·桓公三年》杜注河東郡有河北縣，則太康元年河東郡有河北縣。又《後魏志》：‘河北，二漢、晋屬河東。’”

汲郡[1]泰始二年置。統縣六，户三萬七千。

汲[2]有銅關。　朝歌[3]紂所都。　共[4]故國。北山，淇水所出。　林慮[5]　獲嘉[6]故汲新中鄉。漢武帝行過時，獲吕嘉首，[7]因改名。　修武[8]晋所啓南陽，秦改名修武。

[1]汲郡：治所在汲縣（今河南省衛輝市西南）。清方愷《新校晋書地理志》：“左氏隱十一年《傳》，欑茅、隤二邑在修武，屬汲郡，與本志合。《山海經·西山經》郭注，今河内修武縣北黑山，

亦出清水。《水經注·清水》篇引京相璠曰河内修武有隤城，疑西晋末改屬也。”

清畢沅《晋書地理志新補正》：“沅案汲郡本名朝歌，泰始二年改名，云置誤。”清洪亮吉《東晋疆域志》：“汲郡，《晋志》泰始二年置，東晋領縣可考者一。朝歌，有枋頭、谷口、鹿臺。”

孔祥軍《晋書地理志校注》：“汲郡治所爲汲縣，在今河南新鄉縣東北，魏末無此郡，《水經注》卷九：‘清水又東，過汲縣北。縣故汲郡治，晋太康中立。’今檢《宋志》卷三十三《五刑四》：‘咸寧五年六月庚戌，汲郡、廣平、陳留、滎陽雨雹。’則咸寧時已有汲郡，《晋志》不誤。泰始二年置，領縣五，後脩武縣來屬，領縣六。”

[2]汲：縣名，治所在今河南省衛輝市西南。孔祥軍《晋書地理志校注》：“《後魏志》：‘汲，二漢屬河内，晋屬（汲郡）。’”

[3]朝歌：縣名，治所在今河南省淇縣。孔祥軍《晋書地理志校注》：“魏末無此縣，今檢《宋志》：‘朝歌，二漢屬河内，《晋太康地志》屬汲郡。晋武太康元年始立。’則太康元年朝歌縣始立。又據《左傳·隱公元年》《左傳·襄公二十三年》杜注汲郡有朝歌縣，則朝歌縣太康元年始置後即屬汲郡。《後魏志》：‘朝歌，二漢屬河内，晋屬（汲郡）。’”

[4]共：縣名，治所在今河南省輝縣市。孔祥軍《晋書地理志校注》：“《左傳·隱公元年》經文杜注汲郡皆有共縣，則太康元年汲郡有共縣。《後魏志》：‘共，二漢屬河内，晋屬汲。’”

[5]林慮：縣名，治所在今河南省林州市。孔祥軍《晋書地理志校注》：“《左傳·成公十七年》杜注汲郡有林慮縣，則太康元年汲郡有林慮縣。又《後魏志》：‘林慮，二漢屬河内，晋屬汲郡。’”

[6]獲嘉：縣名，治所在今河南省新鄉市西南。孔祥軍《晋書地理志校注》：“《後魏志》：‘獲嘉，二漢屬河内，晋屬（汲郡）。’”

[7]吕嘉：西漢時人，相南粵王三世。武帝元鼎四年（前

113)，殺南粵王及太后起兵反，兵敗被殺。

[8]修武：縣名，治所在今河南省獲嘉縣。孔祥軍《晋書地理志校注》："今檢《水經注》卷九：'京相璠曰：河内脩武縣北有故隤城。'又《水經注》卷十六載：'京相璠與裴司空彦季修《晋輿地圖》、作《春秋地名》。'又《隋書·經籍志》：'《春秋土地名》三卷，晋裴秀客京相璠等撰。'則酈道元所謂裴司空即裴秀，姚振宗《隋書經籍志考證》以爲'《晋書·裴秀傳》：（裴）秀爲司空，作《禹貢地域圖》十八篇，奏之。（京相）璠等是書蓋作於其時，晋武帝泰始中也。'是，則京相璠所謂'河内脩武縣'當是晋泰始時情况，則泰始時脩武仍屬河内郡。方氏《新校志》以爲京相璠云云乃指西晋末時，誤。又《左傳·隱公十一年》《左傳·文公五年》《左傳·定公元年》杜注汲郡皆有脩武縣，則太康元年脩武移屬汲郡。《後魏志》：'南修武，二漢屬河内，晋屬（汲郡）。'當曰'南修武，二漢曰修武屬河内，晋曰修武屬（汲郡）'。"

河内郡[1]漢置。統縣九，户五萬二千。

野王[2]太行山在西北。　州[3]故晋邑。　懷[4]　平皋[5]邢侯自襄國徙此。　河陽[6]　沁水[7]　軹[8]故周原邑。　山陽[9]　温[10]故國也，蘇忿生封。

[1]河内郡：清方愷《新校晋書地理志》："《續漢郡國志》河内郡有武德縣。《石勒載記》勒攻冠軍將軍梁巨於武德。《水經注·沁水》篇引闞駰言，沛水至武德入河，疑此縣西晋時尚存。"

清洪亮吉《東晋疆域志》："河内郡，漢置。東晋領縣可考者一。野王，漢舊縣。《晋書》穆帝永和七年，石虎故將高昌屯野王來降。《宋書·五行志》太元十三年，郭銓置戍野王。升平五年，慕容恪攻陷野王。案郡又有懷縣、温縣。《朱序傳》遣參軍趙蕃破翟遼於懷縣。《符瑞志》太元十九年，行温令趙邳言虎頻見。有太行山。”

孔祥軍《晋書地理志校注》：“據《元和志》卷十六河北道懷州條：‘晋河内郡，移理野王。’又《寰宇記》卷五十三河北道懷州修武縣條：‘故懷縣……兩漢河内郡並理之，晋移郡理於野王。’則西晋時野王縣爲河内郡治所，在今河南沁陽市。魏末河内郡領縣十四，泰始二年汲郡由河内郡割出，領縣九。”

［2］野王：縣名，治所在今河南省沁陽市。《左傳·隱公十一年》《左傳·僖公二十四年》《左傳·宣公十七年》杜注河内郡有野王縣，則太康元年河内郡確有野王縣。又《後魏志》：‘野王，二漢、晋屬（河内郡）。’”

［3］州：縣名，治所在今河南省温縣東北。孔祥軍《晋書地理志校注》：“《左傳·昭公三年》杜注河内郡有州縣，則太康元年河内郡確有州縣。又《後魏志》：‘州，二漢、晋屬河内。’”

［4］懷：縣名，治所在今河南省武陟縣西南。十六國前趙曾在這裏置殷州。清洪亮吉《十六國疆域志》：“殷州，《晋書·地理志》聰又置殷、衛、東梁、西河陽、北兖五州。《水經注》河内懷縣有殷城。昔劉曜以郭默爲殷州刺史、督緣河諸軍事，治此。樂史《太平寰宇記》獲嘉縣，西晋曾立爲殷州。案此西晋即指劉聰時。”孔祥軍《晋書地理志校注》：“《左傳·隱公十一年》《左傳·成公十一年》杜注河内郡有懷縣，則太康元年河内郡確有懷縣。又《後魏志》：‘懷，二漢、晋屬河内。’”

［5］平皋：縣名，治所在今河南省温縣東。孔祥軍《晋書地理志校注》：“《左傳·宣公六年》杜注河内郡有平泉縣，則太康元年河内郡確有平泉縣。《後魏志》：‘平皋，二漢、晋屬河内。’”

［6］河陽：縣名，治所在今河南省孟州市西南。孔祥軍《晋書地理志校注》：“《左傳·僖公二十八年》杜注河内郡有河陽縣，則太康元年河内郡確有河陽縣。又《後魏志》：‘河陽，二漢、晋屬（河内郡）。’”

［7］沁水：縣名，治所在今河南省濟源市東北。孔祥軍《晋書

地理志校注》："《左傳·隱公十一年》杜注河内郡有沁水縣，則太康元年河内郡確有沁水縣。又《後魏志》：'沁水，二漢、晋屬（河内郡）。'"

[8]軹：縣名，治所在今河南省濟源市南軹城鎮。孔祥軍《晋書地理志校注》："《左傳·隱公十一年》《左傳·襄公十六年》杜注河内郡有軹縣，則太康元年河内郡確有軹縣。又《後魏志》：'軹，後漢、晋屬（河内郡）。'"

[9]山陽：縣名，治所在今河南省焦作市東南。孔祥軍《晋書地理志校注》："《左傳·僖公二十四年》杜注河内郡有山陽縣，則太康元年河内郡確有山陽縣。又《後魏志》：'山陽，二漢、晋屬河内。'"

[10]温：縣名，治所在今河南省温縣西南。孔祥軍《晋書地理志校注》："《左傳·隱公三年》《左傳·隱公十一年》杜注河内郡有温縣，則太康元年河内郡確有温縣。又《後魏志》：'温，二漢、晋屬河内。'"

廣平郡[1]魏置。統縣十五，[2]户三萬五千二百。

廣平[3]　邯鄲[4]秦置爲郡。　易陽[5]　武安[6]　涉[7]　襄國[8]故邢侯國都。　南和[9]　任[10]　曲梁[11]　列人[12]　肥鄉[13]　臨水[14]　廣年[15]侯相。　斥漳[16]　平恩[17]

[1]廣平郡：清方愷《新校晋書地理志》："劉庠按本《志》前篇言，魏氏受禪，即都漢宫司隸所部河南、河東、河内、弘農並冀州之平陽合五郡，置司州，無廣平郡。而廣平郡下乃又言魏置則魏時司州有六郡矣。（寅案《郡國志》注，建武十三年省廣平國以其縣屬鉅鹿。《州郡志》亦言建武十三年省併鉅鹿。魏分鉅鹿、魏郡復爲廣平。又《地形志》曲梁縣云，魏黄初二年復置郡治。洪氏

《疆域志》因之。是廣平省於建武立於黄初矣。然據《三國志·魏志》建安十七年，割廣平之廣平任城以益魏郡，則廣平之省當在建安末。《沈志》言建武中省，蓋本范書《光武紀》，而不言何時復立，疏矣。）劉逵《魏都賦》注，温水在廣平都易縣。‘都易’字疑有誤。《郡國志》注作‘易陽’，是也。又注云龍山在廣平沙縣。即本志之‘涉’，《志》誤也。（寅案《郡國志》魏郡沙侯國，劉昭引《魏都賦》注曰，有龍山是沙縣不當作‘涉’矣。《地理志》魏郡有沙縣，惟《王子侯表》作涉侯。《魏武紀》《水經注》《元和志》《寰宇記》並作‘涉’。王氏《雜志》以‘沙’爲傳寫之訛，恐非。）又斥漳，《郡國志》《地形志》皆作斥章。又本書《程衛傳》衛廣平曲周人。案曲周前漢屬廣平，後漢屬鉅鹿。疑晋初仍屬廣平，本《志》不載，未詳。（寅案《州郡志》云曲周，《太康地志》屬廣平，作曲周梁。本《志》‘曲’下脱‘周’字。）”

孔祥軍《晋書地理志校注》：“廣平郡治所爲曲梁縣，在今河北曲周縣西南。《續漢志》無廣平郡，據《魏志》卷一《武帝紀》：‘（建安十八年）分魏郡爲東、西部，置都尉。’《魏志》卷二《文帝紀》：‘（黄初二年）以魏郡東部爲陽平郡，西部爲廣平郡。’則廣平郡黄初二年以魏郡西部都尉置。”

[2]統縣十五：孔祥軍《晋書地理志校注》：“方氏《新校志》據《晋書·程衛傳》以爲晋初廣平郡有曲周縣。今檢《晋書》卷四十五《程衛傳》：‘程衛，字長玄，廣平曲周人。’所謂‘廣平曲周’實際上是指魏末時事，據《輿地廣記》卷十一河北西路望銘州上曲周縣條：‘漢武帝建元四年置，屬廣平國，東漢屬鉅鹿郡，晋省之。’則其晋初見廢。廣平縣移屬魏郡，後復屬，領縣十五。”

[3]廣平：縣名，治所在今河北省雞澤縣東南。孔祥軍《晋書地理志校注》：“今檢《左傳·昭公二十二年》杜注魏郡有廣平縣，則太康元年廣平屬魏郡。又《宋志》：‘廣平令……《晋太康地志》屬廣平。’則太康三年廣平郡有廣平縣，廣平縣似於太康元年後、三年前移屬廣平郡。《後魏志》：‘（廣平縣）晋屬（廣平郡），

後罷。’”

[4]邯鄲：縣名，治所在今河北省邯鄲市西南。孔祥軍《晋書地理志校注》：“《左傳·定公十年》杜注廣平郡有邯鄲縣，則太康元年廣平郡有邯鄲縣。又《後魏志》：‘邯鄲，二漢屬趙國，晋屬（廣平郡）。’據《元和志》卷十五河東道磁州邯鄲縣條：‘本衛地，後屬晋，七國時爲趙都……至幽王遷降，秦遂滅趙以爲邯鄲郡。’清人高士奇《春秋地名考略》卷五‘邯鄲’條以爲：‘始皇十八年端和伐趙，圍邯鄲城，盡取趙地。秦王之邯鄲，置邯鄲郡。’”

[5]易陽：縣名，治所在今河北省邯鄲市永年區。孔祥軍《晋書地理志校注》：“《宋志》：‘易陽，二漢屬趙，《晋太康地志》屬廣平。’則太康三年廣平郡有易陽縣。又《後魏志》：‘（易陽縣）晋屬廣平。’”

[6]武安：縣名，治所在今河北省武安市西南。孔祥軍《晋書地理志校注》：“《後魏志》：‘武安，二漢屬（魏尹），晋屬廣平。’”

[7]涉：縣名，治所在今河北省涉縣西北。清畢沅《晋書地理志新補正》：“沅案《元和郡縣志》晋屬廣平郡，後省。”孔祥軍《晋書地理志校注》：“《漢志》作‘沙’，《續漢志》亦作‘沙’，楊氏《補正》據《水經注·清漳水》《漢書·王子侯表》以爲‘沙’當作‘涉’，乃形近致誤，是。王先謙《漢書補注》所見同之。方氏《新校志》以爲《晋志》，作‘涉’誤，謬矣。《輿地廣記》卷十八河東路上大都督府潞州中下涉縣條：‘涉縣，二漢屬魏郡，晋屬廣平郡。’”

[8]襄國：縣名，治所在今河北省邢臺市。孔祥軍《晋書地理志校注》：“《左傳·隱公五十年》《左傳·莊公三十二年》經文杜注廣平郡皆有襄國縣，則太康元年廣平郡有襄國縣。又《後魏志》：‘（襄國縣）晋屬（廣平郡）。’”

[9]南和：縣名，治所在今河北省南和縣。

[10]任：縣名，治所在今河北省任縣東。清畢沅《晋書地理

志新補正》："沅案《太平寰宇記》後趙石氏於此置苑鄉縣，季龍又改名清苑縣。"孔祥軍《晋書地理志校注》："《左傳·襄公三十年》杜注廣平郡有任縣，則太康元年廣平郡有任縣。又《後魏志》：'（任縣）晋書（廣平郡）。'"

［11］曲梁：縣名，治所在今河北省邯鄲市永年區。孔祥軍《晋書地理志校注》："《左傳·宣公十四年》《左傳·襄公三年》經文杜注廣平郡皆有曲梁縣，則太康元年廣平郡有曲梁縣。又《後魏志》：'曲梁，前漢屬，後漢屬魏，晋屬（廣平郡）。'又《輿地廣記》卷十一河北西路望洺州上永年縣條：'永年縣，本曲梁……魏、晋屬廣平郡。'"

［12］列人：縣名，治所在今河北省邯鄲市肥鄉區東北。孔祥軍《晋書地理志校注》："《後魏志》：'列人，前漢屬廣平，後漢屬，晋屬廣平。'"

［13］肥鄉：縣名，治所在今河北省邯鄲市肥鄉區西南。清畢沅《晋書地理志新補正》："沅案《太平寰宇記》：魏黄初二年，分邯鄲等二縣立肥鄉縣。《水經注》稱《晋書地道記》又云：太康中立，以隸廣平。"孔祥軍《晋書地理志校注》："《宋志》：'肥鄉令，《晋太康地志》屬廣平。'則太康三年廣平郡有肥鄉縣。"

［14］臨水：縣名，治所在今河北省磁縣。孔祥軍《晋書地理志校注》："《後漢志》：'臨水，晋屬廣平。'"

［15］廣年：縣名，治所在今河北省邯鄲市永年區東故城。孔祥軍《晋書地理志校注》："《後魏志》：'廣年，前漢屬（廣平郡），後漢屬巨鹿，晋屬（廣平郡）。'"

［16］斥漳：縣名，治所在今河北省曲周縣東南。孔祥軍《晋書地理志校注》："《後魏志》：'斥章……晋屬廣平。'又《輿地廣記》卷十一河北西路洺州上曲周縣條：'洺水鎮本漢斥章縣……魏、晋屬廣平郡。'"

［17］平恩：縣名，治所在今河北省曲周縣東南。孔祥軍《晋書地理志校注》："《後魏志》：'平恩，二漢屬魏郡，晋屬（廣平

郡)。’”

陽平郡[1]魏置。統縣七,[2]户五萬一千。

元城[3]漢元后生邑。[4] 館陶[5] 清泉[6] 發干[7] 東武陽[8] 陽平[9] 樂平[10]

[1]陽平郡：清方愷《新校晋書地理志》："《郡國志》《地形志》清泉皆作清淵。本《志》作於唐，太宗時避諱改，非真名也。又《地形志》陽平郡武陽晋屬東郡，曰東武陽，後改屬。本志此縣既屬陽平，則應曰武陽。若仍稱東武陽，則應屬東郡，始與《地形志》合。又《州郡志》發干令漢舊名，屬東郡。《太康地志》無，《地形志》言晋屬陽平，疑太康時省，惠帝後復置。又《州郡志》樂平令，前漢曰清，屬東郡，章帝更名。晋《太康地志》無。《地形志》言晋屬陽平，蓋亦非太康舊制矣。"

清洪亮吉《東晋疆域志》："陽平郡，魏置。東晋領縣可考者一。東武陽，漢舊縣。《晋書》廢帝太和四年，桓温屯武陽。燕故兖州刺史孫元率其族起兵應温，温敗，孫元遂舉武陽以拒燕。燕將孟高討擒之。"

孔祥軍《晋書地理志校注》："陽平郡治所爲館陶縣，在今河北館陶縣。《續漢志》無陽平郡，據《魏志》卷一《武帝紀》：‘（建安十八年）分魏郡爲東、西部，置都尉。’《魏志》卷二《文帝紀》：‘（黄初二年）以魏郡東部爲陽平郡，西部爲廣平郡。’則黄初二年以魏郡東部都尉置陽平郡。"

[2]統縣七：孔祥軍《晋書地理志校注》："魏末領縣十一，泰始二年頓丘、繁陽、陰安、衛四縣移屬頓丘郡，發干、樂平二縣旋廢旋復，領縣七。"七，宋本作"十"。

[3]元城：縣名，治所在今河北省大名縣東。孔祥軍《晋書地理志校注》："《左傳·僖公二十三年》、《左傳·成公七年》經文、

《左傳・定公七年》經文杜注陽平郡皆有元城縣，則太康元年陽平郡有元城縣。又《宋志》：‘元城，漢舊縣，晋屬陽平。’又《後魏志》：‘元城，二漢屬（魏尹），晋屬陽平。’畢氏《新補正》據《元和志》載魏武侯公子元食邑於此因名，以爲恐不以元和所生爲名，故此注誤。今檢《漢志》魏郡元城縣條顔注引應劭曰：‘魏武侯公子元食邑於此，因而遂氏焉。’則元城之得名早在戰國時，確乎與元和所生無關，畢沅所見是，而所據《元和志》乃中唐人李吉甫所撰，不但唐初官修《晋書》之史臣無緣得見，且其所言亦本自應劭，故畢說所據非。”

[4]漢元后：王姓，名鄭君，元帝皇后，王莽姑。成帝即位，尊爲皇太后，河平二年（前27）始專權。哀帝死後，招王莽入朝爲大司馬，立平帝，遂臨朝稱制，委政於王莽。漢元后生邑，清畢沅《晋書地理志新補正》：“沅案《元和郡縣志》：元城，魏武侯公子元食邑於此，因名。恐不以元后所生故，此注似誤。”

[5]館陶：縣名，治所在今河北省館陶縣。孔祥軍《晋書地理志校注》：“《左傳・哀公十五年》杜注陽平郡有館陶縣，則太康元年陽平郡有館陶縣。又《後魏志》：‘館陶，二漢屬魏郡，晋屬（陽平郡）。’”

[6]清泉：縣名，治所在今河北省館陶縣西北。中華本校勘記：“《考異》：本‘清淵’，避唐諱改。”

[7]發干：縣名，治所在今山東省冠縣東南。孔祥軍《晋書地理志校注》：“《宋志》：‘（發干）《太康地志》無。’則太康三年時無發干縣。據《後魏志》：‘發干，二漢屬東郡，晋屬（陽平郡）。’又《晋志》本郡有發干縣，則發干縣太康四年復置。”

[8]東武陽：縣名，治所在今山東省莘縣東南。孔祥軍《晋書地理志校注》：“《輿地廣記》卷十河北東路北輔開德府畿朝城縣條：‘朝城縣，本二漢東武陽縣屬東郡……魏、晋屬陽平郡。’”

[9]陽平：縣名，治所在今山東省莘縣。清畢沅《晋書地理志新補正》：“沅案《地形志》永嘉後併樂平。”孔祥軍《晋書地理志

校注》："《後魏志》：'陽平，二漢屬東郡，晋屬（陽平郡）。'"

[10]樂平：縣名，治所在今山東省聊城市西南。孔祥軍《晋書地理志校注》："《左傳·成公十七年》杜注陽平郡有樂縣，當爲'樂平'之訛，則太康元年陽平郡有樂平縣。又《宋志》：'樂平令，前漢曰清，屬東郡，章帝更名，《晋太康地志》無。'則太康三年樂平縣見廢。《後魏志》：'樂平，二漢屬魏，晋屬（陽平郡）。'又《晋志》本郡有樂平縣，則樂平縣太康四年復置。"

魏郡[1]漢置。統縣八，户四萬七百。

鄴[2]魏武受封居此。　長樂[3]　魏[4]　斥丘[5]　安陽[6]　蕩陰[7]　内黄[8]黄池在西。　黎陽[9]故黎侯國。

[1]魏郡：清洪亮吉《東晋疆域志》："魏郡，漢置。東晋領縣可考者一。《晋書》孝武太元八年，晋劉襲等進攻黎陽，克之。十一年，魏郡太守滕恬之戍黎陽，爲段遼所拒，退奔鄄城。遼遂據黎陽。《謝玄傳》遣寧遠將軍春演伐申凱於魏郡，破之。黎陽，漢舊縣。有鹿鳴城、黎陽鎮城。"

孔祥軍《晋書地理志校注》："魏郡治所爲鄴縣，在今河北磁縣北。黄初元年領縣二十八。黄初二年分置陽平郡、廣平郡，領縣八。黄初中分置朝歌郡，領縣六。太康元年前增置長樂縣，廣平縣來屬，領縣八；太康元年後、三年前增置安陽縣，廣平縣移屬廣平郡，領縣八。"

[2]鄴：縣名，治所在今河北省臨漳縣鄴鎮。清方愷《新校晋書地理志》："鄴，晋愍帝諱也。《州郡志》云江左避諱改曰臨漳，本《志》或於此斷爲太康地名，則當别見。後篇概從删削，似缺晋典。"清畢沅《晋書地理志新補正》："沅案《晋書》建興三年，避愍帝諱，改鄴爲臨漳。"孔祥軍《晋書地理志校注》："《後魏志》：'鄴，二漢、晋屬（魏郡）。'"

[3]長樂：縣名，治所在今河南省安陽市東。清畢沅《晋書地理志新補正》："沅案《太平寰宇記》：晋分内黄置長樂縣。"孔祥軍《晋書地理志校注》："魏末無此縣，今檢《元和志》卷十六河北道相州内黄縣條：'堯城縣，本漢内黄地，晋於此置長樂縣。'則西晋時分内黄置長樂縣。畢氏《新補正》引《寰宇記》以爲晋分内黄縣置長樂縣，未能引用最早記載文獻，是爲其病。又《左傳·成公十七年》杜注魏郡有長樂縣，則長樂縣當置於太康元年前。"

[4]魏：縣名，治所在今河北省大名縣西南。孔祥軍《晋書地理志校注》："《後魏志》：'魏，二漢晋屬（魏郡）。'"

[5]斥丘：縣名，治所在今河北省成安縣東南。孔祥軍《晋書地理志校注》："《左傳·昭公二十八年》經文杜注魏郡有斥丘縣，則太康元年魏郡有斥丘縣。"

[6]安陽：縣名，治所在今河南省安陽縣西南。清畢沅《晋書地理志新補正》："沅案《太平寰宇記》秦昭襄王攻魏寧新中邑，更名安陽。漢初廢，以其地屬蕩陰。晋復分置安陽縣。"孔祥軍《晋書地理志校注》："魏末無此縣，今檢《元和志》卷十六河北道相州安陽縣條：'漢初廢，以其地屬湯陰縣。晋於今理西南三里置安陽縣，屬魏郡。'則西晋分蕩陰置安陽縣，且屬魏郡。畢氏《新補正》引《寰宇記》以爲晋分蕩陰縣置安陽縣，未能引用最早記載文獻，是爲其病。又《宋志》：'安陽令，《晋太康地志》有。'則安陽縣當置於太康三年前。"

[7]蕩陰：縣名，治所在今河南省湯陰縣。孔祥軍《晋書地理志校注》："《元和志》卷十六河北道相州湯陰縣條：'漢以爲縣，屬河内郡……晋屬魏郡，後魏省。'"

[8]内黄：縣名，治所在今河南省内黄縣西北。孔祥軍《晋書地理志校注》："《左傳·襄公十九年》經文、《左傳·昭公九年》杜注魏郡有内黄縣，則太康元年魏郡有内黄縣。"

[9]黎陽：縣名，治所在今河南省浚縣東北。孔祥軍《晋書地理志校注》："《左傳·定公十四年》經文杜注魏郡有黎陽縣，則太

康元年魏郡有黎陽縣。又《後魏志》：‘黎陽，二漢、晋屬魏郡。’”

頓丘郡[1]泰始二年置。統縣四，户六千三百。

頓丘[2]　繁陽[3]　陰安[4]　衛[5]

[1]頓丘郡：清方愷《新校晋書地理志》：“頓丘郡，左氏僖二十三年《傳》：出於五鹿，杜注今衛國縣西北有地名五鹿。三國《魏志》建安十七年，以東郡之衛國益魏郡。《地形志》衛國晋屬頓丘。《州郡志》衛國令，《晋太康地志》有，案據各書本《志》下脱‘國’字。《春秋》文元年：公孫敖會晋侯於戚，杜注在頓丘衛縣西，亦有訛脱也。《水經注·河水》篇引京相璠曰，今衛國縣西北三十里有五鹿地，今屬頓丘縣。”

清洪亮吉《東晋疆域志》：“頓丘郡，《晋志》泰始二年置。東晋領縣可考者一。衛，漢舊縣。《晋書》穆帝永和七年，石虎故將李歷屯衛國來降。有成公綏城。”

孔祥軍《晋書地理志校注》：“頓丘郡治所乏考。《宋志》：‘頓丘令，二漢屬東郡，魏屬陽平，晋武帝泰始二年，分淮陽置頓丘郡，頓丘縣又屬。’今查《續漢志》：‘陳國，高帝置爲淮陽，章和二年改（陳國）。’《晋志》：‘後漢章帝改淮陽爲陳郡。’則魏無淮陽郡，且《晋志》頓丘郡所領四縣魏均屬陽平郡，故《宋志》所謂‘分淮陽置頓丘郡’似爲‘分陽平置頓丘郡’之訛。”

[2]頓丘：縣名，治所在今河南省清豐縣西南。孔祥軍《晋書地理志校注》：“《後魏志》：‘頓丘，二漢屬東郡，晋屬頓丘。’”

[3]繁陽：縣名，治所在今河南省内黄縣西北。孔祥軍《晋書地理志校注》：“《後魏志》：‘繁陽，二漢屬（魏尹），晋屬頓丘。’”

[4]陰安：縣名，治所在今河南省南樂縣西南。孔祥軍《晋書地理志校注》：“《宋志》：‘陰安令，漢舊名屬魏郡，《晋太康地志》

屬頓丘。’則太康三年頓丘郡確有陰安縣。又《宋志》：‘陰安令，二漢屬魏，魏屬陽平，晋屬頓丘。’又《後魏志》：‘陰安，二漢屬魏郡，晋屬（頓丘郡）。’”

[5]衛：縣名，治所在今河南省清豐縣西南。孔祥軍《晋書地理志校注》：“今檢《左傳・文公元年》經文、《左傳・昭公元年》杜注頓丘郡有衛縣，則太康元年頓丘郡確有衛縣。又《後魏志》：‘衛國，二漢屬東郡，晋屬（頓丘郡）。’方氏《新校志》以爲‘衛’當作‘衛國’，今檢《續漢志》、《晋志》、宋本《春秋經傳集解》杜預注，皆作‘衛’，方氏誤。”

永嘉之後，司州淪没劉聰，[1]聰以洛陽爲荆州。及石勒，[2]復以爲司州。石季龍又分司州之河南、河東、弘農、滎陽，[3]兖州之陳留、東燕爲洛州。[4]元帝渡江，亦僑置司州於徐，非本所也。後以弘農人流寓尋陽者僑立爲弘農郡。[5]又以河東人南寓者，於漢武陵郡孱陵縣界上明地僑立河東郡，[6]統安邑、聞喜、永安、臨汾、弘農、譙、松滋、大戚八縣。[7]並寄居焉。永和五年，桓温入洛，[8]復置河南郡，屬司州。

[1]劉聰：字玄明，一名載，本書卷一〇二有載記。孔祥軍《晋書地理志校注》：“據《晋書》卷五《孝懷帝紀》：‘（永嘉五年六月）丁酉，劉曜、王彌入京師。’則永嘉五年司州淪没。”

[2]石勒：字世龍，本書卷一〇四有載記。

[3]石季龍：即石虎，字季龍，本書卷一〇六有載記。

[4]陳留：縣名，治所在今河南省開封市東南陳留城。　東燕：縣名，治所在今河南省延津縣東北。清周家禄《晋書校勘記》：“‘東燕’當做‘東平’。”　洛州：清洪亮吉《十六國疆域志》考

後趙洛州："洛州，《晋書·地理志》石虎分司州之河南、河東、弘農、滎陽，兖州之陳留、東燕爲洛州。《載記》大寧三年，石遵自李城還趣鄴，洛州刺史劉國等率洛陽之衆往會之。永和七年冉閔將高崇等執洛州刺史鄭系，以三河歸順。凡領舊郡六、新置郡一。故《太平寰宇記》云洛州刺史領七郡也。

"河南郡，《晋書》建武七年，虎敕河南四州治南伐之具，并、朔、秦、雍嚴西討之資。凡領縣十二。洛陽，《晋書》永嘉五年，勒會劉曜、王彌同寇洛陽，晋師屢敗，死者甚衆，洛陽遂空。石生屯據洛陽，劉曜遣劉岳攻石生於洛陽。趙王元年，劉曜將尹安、宋始據洛陽降於勒。六年，石生屯據洛陽，劉曜敗石虎於高候，遂圍洛陽。勒破劉曜執之。建平二年，勒命洛陽爲南都，置行臺。石朗鎮洛陽。王朗、麻秋自長安奔洛陽。張遇使其黨上官恩據洛陽。有洛陽宫、宣陽門、西明門、上東門、閶闔門、太極前殿、千金堨、洛水、金谷。河南，有金墉城、大堨、石梁。鞏，有東訾城、硤石。河陰，有孟津戍。新安，《晋書》石勒將石虎攻劉曜將劉岳於新安，陷之。趙王元年，石生攻趙河南太守尹平於新安，斬平，陷壁壘十餘。大寧元年，石虎遣李農等討梁犢，戰於新安，農師不利。成皋，《晋書》太和元年，勒救金墉，諸軍集於成皋。大寧元年，李農爲梁犢所敗，退壁成皋。有成皋關、黄馬關。緱氏，有嵦阪。陽城，《晋書》冉閔之亂，劉國據陽城。新城，有延壽關。陸渾。梁。陽翟，《晋書》勒司馬石生攻晋將郭誦於陽翟，不克。有康城。

"河東郡，《晋書》石勒遣將石虎率衆二萬出軹關來攻河東，應之五十餘縣。建興四年七月，河東平陽大蝗，中山、常山尤甚。又河東太守石暉。凡領縣九。安邑。聞喜，有高候原。垣。汾陰，案李吉甫云：劉淵廢汾陰入蒲坂，而郭璞《山海經注》又云今河東汾陰縣。疑縣係暫廢後復立，故後趙以下仍録入。他如此類仿此。大陽，永嘉四年勒帥騎二萬會劉粲於大陽。猗氏。解。蒲坂，《晋書》太和元年，石虎進攻蒲坂。延熙元年，石生遣將郎權等距虎，自次於蒲阪。河北。

“弘農郡，後趙領縣六，與晋同。弘農。湖。陜，《水經注》稱戴延之云，西河帶水涌起方數十丈，有物居水中。父老云銅翁仲所没處。又云石虎載經於此沈没。二物并存，水所以涌。宜陽。黽池，《晋書》永嘉四年，石勒會劉粲敗王師於黽池。延熙元年，石虎因石挺敗退奔黽池。有冶。華陰，《晋書》石虎遣郭敖等討郭權於上邽，次師華陰。有華山潼關。

“滎陽郡，《晋書》趙王二年，李矩假爲滎陽太守。八年，李矩聞劉岳敗，自滎陽逃歸。矩長史崔宣率衆降於勒，勒盡有司、兖之地。徐、豫濱淮諸郡縣皆降之。太和元年，勒滎陽太守尹矩、野王太守裴進等皆降於劉曜。勒命石堪等統見衆會滎陽，拒劉曜，使石虎進據石門。大寧元年，梁犢敗李農，因東掠滎陽、陳留諸郡。凡領縣八。滎陽，《晋書》李農討梁犢，與戰於滎陽，農師敗。虎又遣石斌等擊犢於滎陽縣東，大敗之，斬犢，討餘黨盡滅之。有石門。京。密。卷。陽武。苑陵。中牟，有官渡。開封。

“建昌郡，《晋書·地理志》石虎改陳留郡爲建昌，屬洛州。又《晋書》趙王四年，勒將寇陳留。凡領縣十。有陳留小城、已吾故縣。小黄，漢舊縣。浚儀，漢舊縣。《圖經》稱《晋地道記》浚儀邑也。《晋書》建興二年，勒將陳午以浚儀叛勒。趙王元年屯龍驤將軍陳川以浚儀叛降於石勒。勒遣石虎將兵五萬救陳川，與祖逖戰於浚儀，逖兵敗績。有蓬陂塢，蓬關。封丘，漢舊縣。《晋書》趙王二年，石虎討蔡豹還，引軍城封丘。酸棗，漢舊縣。《晋書》永嘉六年，勒自酸棗向棘津攻向冰。建興二年，勒將逯明攻破東燕酸棗。《水經注》稱《晋太康地記》烏巢澤在酸棗之東南。濟陽，漢舊縣。長垣，漢舊縣。《元和郡縣志》長垣一名倉垣。《晋書》永嘉四年，王堪退屯倉垣，勒攻陷之，遂害堪。勒又圍陳留太守王讚於倉垣，爲讚所敗。雍丘，漢舊縣，有故城、周墟里。尉氏，漢舊縣。襄邑，漢舊縣。外黄，漢舊縣。

“濮陽國，晋分東郡置。《沈志》允改封淮南還曰東郡。趙王倫篡位，廢太孫臧爲濮陽王。王尋廢，郡名遂不改。《晋書》建興二年，勒遣將葛薄寇濮陽，陷之，害太守韓弘。又冉閔濮陽太守戴施。東郡舊有東武陽故縣。濮陽，漢舊縣。廩丘，漢舊縣。《晋書》劉演爲石虎所破，奔廩丘。建興二年，勒將支雄攻演，爲演所敗。支雄殺演將潘良於廩丘。四年，石虎又攻演於廩丘，邵續使文鴦救演，虎退屯盧關津。文鴦亦弗進，屯於景亭。兗、豫豪右張平等救演，虎回擊敗之，陷廩丘。演奔文鴦軍。石虎故將周成屯廩丘降晋。有倉亭。鄄城，漢舊縣。《晋書》永嘉四年，勒東襲鄄城，兗州刺史袁孚戰敗，爲其部下所殺。永和七年，石祗兗州刺史劉啓自鄄城奔晋。

"東燕郡，《沈志》江左分濮陽所立，領燕縣、白馬、平昌、考城四縣。《晋書》晋遣車騎將軍王堪屯兵東燕以拒勒，勒將逯明破東燕、酸棗。趙王二年，桃豹自陳川故城宵遁，屯東燕城。後趙領縣與江左同。燕，漢舊縣。有靈昌津、棘津、文石津、硊磝津。白馬，漢舊縣。《晋書》永嘉三年，勒潛自石橋濟河，攻陷白馬，坑男女三千餘口。有逯明壘。平昌，漢舊縣，屬城陽。案當是江左立郡時移屬。考城，漢舊縣。《晋書·地理志》無。案當是江左立郡時復立。"

同書考前秦洛州："洛州，《晋書·地理志》苻健以洛州刺史鎮宜陽，時刺史趙俱。及堅時以洛州刺史鎮陝城，滅燕後又移洛州鎮豐陽。《載記》晋桓温遣别將入淅川，攻上洛，執健荆州刺史郭敬。健使苻菁略定上洛，置司州於豐澤川，以郭敬爲刺史。苻生洛州刺史杜郁，堅洛州刺史苻庾、趙遷。又堅以鄧羌爲洛州刺史，鎮陝城。堅洛州刺史張五虎據豐陽來降。領漢郡一、晋郡一。

"上洛郡，領縣四。《圖經》稱《地道記》在洛水之上，故以爲名。上洛，有嶢柳。商。豐陽，《太平寰宇記》晋泰始三年分商縣地置，因豐陽川以爲名。《前秦録》雄遣苻菁略定上洛，置荆州於豐陽川。

"盧氏，《晋書》苻生青州刺史苻朗鎮盧氏，晋將王度等率衆四千攻之，生遣將苻飛拒，未至而度退。

“弘農郡，《晋書》健豫州刺史楊群退屯弘農。王猛以桓寅爲弘農太守，戍陝城。領縣七。弘農。湖，建元十七年，晋河南太守楊佺期自湖城入潼關，累戰皆捷。有閺鄉。陝，《晋書》興寧三年，堅屯陝以備慕容恪。苻庾據陝城應苻雙等。堅遣楊安、張蚝攻之。王猛屯蒲坂，遣鄧羌與王鑒等攻陝城，執庾殺之。太元十一年，苻丕南奔東垣，晋將馮該自陝要擊敗之，斬丕首。宜陽，《晋書》苻健以趙俱爲洛陽内史，鎮宜陽。有一泉塢。黽池。敷西，《太平寰宇記》稱郭緣生《述征記》，敷西縣，羌夷所置。謂苻堅、姚萇時有敷西縣，尋省。有敷陸。華陰，《前秦録》太元八年，慕容泓率衆屯華陰，堅遣强永擊之，爲所敗。堅又遣苻叡率姚萇等討泓於華澤，叡敗績被殺。登以竇衝爲左丞相，衝徙屯華陰。有華山、華澤、潼關、王猛冢。”

［5］弘農郡：東晋僑置郡，治所在尋陽縣（今江西省九江市西南）。

［6］河東郡：東晋僑置郡，治所在上明縣（今湖北省松滋市西北）

［7］安邑：東晋僑置縣，治所在今湖北省松滋市一帶。　聞喜：東晋僑置縣，治所在今湖北省松滋市一帶。　永安：東晋僑置縣，治所在今湖北省松滋市一帶。　臨汾：東晋僑置縣，治所在今湖北省松滋市一帶。　弘農：東晋僑置縣，治所在今湖北省松滋市一帶。　譙：東晋僑置縣，治所在今湖北省松滋市一帶。　松滋：東晋僑置縣，治所在今湖北省松滋市一帶。　大戚：東晋僑置縣，治所在今湖北省松滋市一帶。中華本校勘記：“《考異》：大戚即廣戚，隋避煬帝諱改。”

［8］桓温：字元子，本書卷九八有傳。

兖州。[1]案《禹貢》濟河之地，舜置十二牧，則其一也。《周禮》:[2]“河東曰兖州。”《春秋元命包》云:[3]“五星流爲兖州。兖，端也，信也。”又云:“蓋取兖水以名焉。”漢武帝置十三州,[4]以舊名爲兖州，自此不改。州統郡國八，縣五十六，户八萬三千三百。

[1]兖州：清畢沅《晋書地理志新補正》:“沅案沈約《宋志》：兖州，魏晋治廪邱。”

[2]《周禮》：書名，亦作《周官》《周官經》，儒家經典之一。

[3]《春秋元命包》：亦作《春秋元命苞》,《春秋》七部緯書之一。

[4]漢武帝置十三州：《漢書》卷六《武帝紀》:“（元封五年）初置刺史部十三州。名臣文武欲盡，詔曰：‘蓋有非常之功，必待非常之人，故馬或奔踶而致千里，士或有負俗之累而立功名。夫泛駕之馬，跅弛之士，亦在御之而已。其令州郡察吏民有茂材異等可爲將相及使絶國者。’師古曰：‘《漢舊儀》云初分十三州，假刺史印綬，有常治所。常以秋分行部，御史爲駕四封乘傳。到所部，郡國各遣一吏迎之界上，所察六條。’”

陳留國[1]漢置。統縣十,[2]户三萬。魏武帝封。[3]

小黄[4]　浚儀[5]有洪溝，漢高祖、項羽欲分處。　封丘[6]　酸棗[7]烏巢地在東南。[8]　濟陽[9]　長垣[10]故匡城，孔子所厄也。　雍丘[11]故杞國。[12]　尉氏[13]　襄邑[14]　外黄[15]

[1]陳留國：治所在小黄縣（今河南省開封市東）。清方愷《新校晋書地理志》:“《地形志》扶溝，晋屬陳留。又《州郡志》亦云扶溝，《太康地志》屬陳留。《志》缺。又《地形志》圉城，

晋曰圉，屬陳留，後罷。《州郡志》言《太康記》無此縣，未詳孰是。本書江統、江逌《傳》皆陳留圉人，是晋初當有是縣。或太康末始省歟！又蔡豹，陳留圉城人，見《豹傳》。又案本書《元敬虞皇后傳》，后爲濟陽外黄人。《隱逸·范粲傳》又云，粲陳留外黄人。《志》列外黄於此，未詳孰是。又《蔡謨傳》謨陳留考城人。考城東漢縣，疑晋時尚存。（寅案《州郡志》晋惠分陳留爲濟陽國，領縣二，考城、鄄城。又《太康地志》，陳留無考城縣。）"

清畢沅《晋書地理志新補正》："沅案《沈志》：晋亂郡廢，至成帝延康三年復立。"

孔祥軍《晋書地理志校注》："據《輿地廣記》卷五四京東京開封府畿陳留縣條：'漢武帝元狩元年置陳留郡，晋爲陳留國，治小黄，而省陳留縣。'則陳留國西晋時治小黄縣，在今河南開封市東南。"

［2］統縣十：孔祥軍《晋書地理志校注》："魏末領縣十四，據《輿地廣記》卷五四京東京開封府畿陳留縣條：'漢武帝元狩元年置陳留郡，晋爲陳留國，治小黄，而省陳留縣。'則陳留縣晋初見廢。考城縣太康三年前見廢。今檢《宋志》：'圉縣令，前漢屬淮陽，後漢屬陳留，《晋太康地志》無此縣。'則太康三年陳留國無圉縣，似已廢。而《後魏志》：'圉城，二漢、晋曰圉，前漢屬淮陽，後漢、晋屬陳留。'則其後似又復置圉縣。今檢杜預《春秋釋例》卷五：'或以爲陳留扶溝縣東北有圉城，迂遠，非。'則太康時陳留國當有扶溝縣。又《宋志》：'（扶溝）前漢屬淮陽，後漢、《晋太康地志》屬陳留。'則太康三年陳留國確有扶溝縣。而《晋志》無此縣，則扶溝縣似於是年見廢，又《後魏志》：'扶溝，前漢屬淮陽，後漢、晋屬陳留……（真君七年）後屬（許昌郡）。'則扶溝縣其後又復置，然復置確年均乏考。扶溝、圉二縣廢，則領縣十，後又後置。"

清勞格《晋書校勘記》："《州郡志》云，扶溝，《太康地志》屬陳留。《地形志》亦云扶溝晋屬陳留。是陳留所統者非僅十縣也。

《州郡志》又云：晋惠分陳留爲濟陽國，領考城（《太康地志》無）、鄄城二縣。按《元敬虞皇后傳》：‘濟陽外黄人’，是外黄亦屬濟陽矣（趙汪倫子馥封濟陽王，見倫本傳）。”

清畢沅《晋書地理志新補正》：“沅案《郡國志》陳留郡又有圉縣。《地形志》云後漢、晋屬陳留，後罷。此志不録或以此然。《地形志》襄邑亦云晋屬陳留，後罷。今志又有襄邑縣，未知何故。”

[3]魏武帝封：清畢沅《晋書地理志新補正》：“沅案魏武帝未嘗封陳留，注誤。”中華本校勘記：“《考異》：袁廷檮曰，‘武帝’當作‘元帝’，即常道鄉公也。晋受禪，封爲陳留王。”

[4]小黄：縣名，治所在今河南省開封市東。孔祥軍《晋書地理志校注》：“《後魏志》：‘小黄，二漢、晋屬（陳留郡）。’”

[5]浚儀：縣名，治所在今河南省開封市。孔祥軍《晋書地理志校注》：“《宋書》卷二十九《符瑞下》：‘太康九年九月，木連理生陳留浚儀。’則太康九年時陳留國有浚儀縣。又《後魏志》：‘浚儀……二漢、晋屬（陳留郡）。’”

[6]封丘：縣名，治所在今河南省封丘縣。孔祥軍《晋書地理志校注》：“《左傳·成公五年》經文杜注有陳留封丘縣，則太康元年陳留國有封丘縣。《後魏志》：‘封丘，二漢、晋屬（陳留郡）。’”

[7]酸棗：縣名，治所在今河南省延津縣西南。孔祥軍《晋書地理志校注》：“《左傳·隱公元年》《左傳·襄公五年》《左傳·襄公三十年》杜注有陳留酸棗縣，則太康元年陳留國有酸棗縣。《宋書》卷二十九《符瑞下》：‘太康八年十二月庚戌，白兔見陳留酸棗。’則太康八年陳留國有酸棗縣。《後魏志》：‘酸棗，二漢、晋屬陳留。’”

[8]烏巢：地名，在今河南省原陽縣東北。

[9]濟陽：縣名，治所在今河南省蘭考縣東北堌陽鎮。孔祥軍《晋書地理志校注》：“《左傳·隱公五年》經文、《左傳·桓公十二

年》杜注有陳留濟陽縣，則太康元年陳留國有濟陽縣。《後魏志》：‘濟陽，二漢、晋屬陳留。’”

[10]長垣：縣名，治所在今河南省長垣市東北。孔祥軍《晋書地理志校注》：“《宋書》卷二十九《符瑞下》：‘咸寧四年八月，木連理生陳留長垣。’則咸寧四年陳留國有長垣縣。又《左傳·桓公三年》經文、《左傳·桓公五年》、《左傳·僖公十一年》杜注有陳留長垣縣，則太康元年陳留國有長垣縣。又《後魏志》：‘長垣，二漢、晋屬陳留。’”

[11]雍丘：縣名，治所在今河南省杞縣。孔祥軍《晋書地理志校注》：“《後魏志》：‘雍丘，二漢、晋屬陳留。’”

[12]故杞國：孔祥軍《晋書地理志校注》：“‘杞’中華本作‘杞’，誤。今檢《漢志》陳留郡：‘雍丘：故杞國。’《晋志》此文當本此。又宋本《春秋經傳集解》隱公四年經文：‘四年春，王二月。莒人伐杞，取牟婁。’杜注：杞國本都陳留雍丘縣。”

[13]尉氏：縣名，治所在今河南省尉氏縣。孔祥軍《晋書地理志校注》：“《後魏志》：‘尉氏，二漢、晋屬陳留。’”

[14]襄邑：縣名，治所在今河南省睢縣。孔祥軍《晋書地理志校注》：“《左傳·桓公十八年》《左傳·莊公三年》經文、《左傳·僖公五年》經文杜注有陳留襄邑縣，則太康元年陳留國有襄邑縣。又《後魏志》：‘襄邑，二漢、晋屬陳留。’”

[15]外黄：縣名，治所在今河南省民權縣西北。孔祥軍《晋書地理志校注》：“《左傳·隱公元年》《左傳·隱公十年》經文、《左傳·昭公二十五年》杜注有陳留外黄縣，則太康元年陳留國有外黄縣。”

濮陽國[1]故屬東郡，晋初分東郡置。統縣四，[2]户二萬一千。[3]

濮陽[4]古昆吴國。[5]師延爲紂作靡靡之樂，既而投此水。[6]

公國相。　廩丘[7]公國相。有羊角城。　白馬[8]有瓠子堤。[9]　鄄城[10]公國相。

[1]濮陽國：西晋咸寧三年（277）改東郡置，治所在濮陽縣（今河南省濮陽市西南）。清勞格《晋書校勘記》："《州郡志》，《永初郡國》有東燕郡，江左分濮陽立，領燕縣、白馬、平昌、考城凡四縣。燕，前漢曰南燕，後漢曰燕，並屬東郡。《太康地志》屬濮陽。又《地形志》，東郡東燕晋屬，濮陽後屬，是濮陽又有燕縣。《晋志》不載，疑誤脱也。或據胡氏之《通鑑音注》，以爲晋初省燕縣，故《晋志》不載。按此説非也。杜預《春秋》土地名，凡四引東郡燕縣（隱五年燕，僖二十四年胙，定八年瓦，哀十六年平陽）。《水經·河水》注河水自酸棗東北過延津，又東逕東燕縣故城北。《通鑑·晋紀》永嘉六年石勒自葛陂至東燕。胡身之曰兩漢《志》東郡有燕縣，無東燕縣。其即是歟！《元和郡縣志》晋安帝時東郡燕縣流人入鍾離者，於鍾離置燕縣。又《潘岳傳》弟燕令豹，皆晋有燕縣之證。胡氏所言殊誤。又東燕郡當置於惠帝時，《惠紀》光熙元年九月進東瀛公騰爲東燕王，則東燕置郡當亦在是時。騰於永嘉元年改封新蔡，而東燕郡不廢。《毛虎生傳》督東燕四郡，領東燕太守，是晋有東燕郡之證。《志》既失載燕縣，因並其立郡事而亦不書，未免遺漏。又《州郡志》以東燕爲江左分立，亦未免失考。江東初立，國境不逾淮，兖州諸郡淪陷。劉石雖兵威屢加，亦隨得隨失。又何暇畫野分疆，析置郡縣乎！至胡身之《通鑑音注》於永嘉二年則云漢東郡燕縣，晋省而故城猶在，曰東燕城。後魏立東燕縣，屬陳留。於太和四年則云祖逖在豫州時所置，兩説自相牴牾，不足引以爲證也。上司州篇云，石季龍分司州之河南、弘農、滎陽，兖州之陳留、東燕爲洛州，則東燕置郡在本《志》亦有明文。"

清方愷《新校晋書地理志》：《州郡志》南濮陽太守，本東郡。

晋武帝咸寧二年，以封子允。以東不可爲國名。東郡有濮陽縣，故曰濮陽國。濮陽，漢舊名也。允改封淮南，還爲東郡。趙王倫篡位，廢太孫臧爲濮陽王。王尋廢，郡名遂不改。據沈約説，是晋武帝改東郡爲濮陽，非分置也。《地形志》東郡，秦置，晋改濮陽。後復其屬縣曰東燕、曰白馬，皆晋屬濮陽，後屬東郡，曰酸棗，曰長垣，皆晋屬陳留，後屬東郡。又有濮陽郡云晋置，其屬縣曰廩丘、曰濮陽、曰鄄城，皆晋屬濮陽。曰城陽，晋屬濟陰，後屬濮陽。據魏收説，是晋復立東郡之後，與濮陽郡分統諸縣也。《左傳》注隱五年之燕縣（定八年、哀十六年注亦有東郡燕縣）莊十四年之鄄城縣，僖十三年、宣十二年之濮陽縣，成十六年、襄二十六年之廩丘縣，二十四年之白馬縣，皆云屬東郡。據杜預説（又本書《文苑・成公綏傳》綏東郡白馬人）是但有東郡別無濮陽郡也。《太康地志》鄄城、白馬、燕三縣屬濮陽，廩丘、濮陽二縣未詳所屬。據沈約所引，《太康志》説是，但有濮陽郡，別無東郡也。各説互淆，巧曆不能算，是非不可决。若燕縣則西晋時仍在，諸説俱同。又案《水經注・瓠子河》篇京相璠曰清丘在今東郡濮陽縣東南三十里，魏都尉治。又曰今東郡廩邱縣南有羊角城。又曰東郡廩丘縣南三十里有故郕都。又曰今東郡廩丘縣東八十里有故運城，參考衆説，似西晋時兩郡俱存也。又本書《鄭袤附傳子默》武帝時爲東郡太守。《劉喬傳》河間王顒以喬長子祐爲東郡太守。《郗鑒附傳》叔隆爲東郡太守在趙王倫專政之前。《魏浚傳》浚東郡東阿人。又可爲西晋有東郡之證。乃本《志》司州前言廢東郡立頓丘，後篇又不載復立東郡，不詳何據。”

清洪亮吉《東晋疆域志》：“濮陽國，《晋志》晋初分東郡置。東晋領縣可考者二。《晋書》孝武太元九年詔以秦故臣光祚等爲河北諸郡太守，皆營於濟北濮陽，羈係温祥。十二年詳敗，並降燕。廩丘，漢舊縣。《水經注》稱王隱《晋書地道記》曰廩丘者，《春秋》之所謂齊邑實表東海者也。《晋書》穆帝永和七年石虎故將周成屯廩丘來降。孝武帝太元十九年，慕容垂遣子惡奴寇廩丘。鄄城，漢舊縣。《水經注》稱《晋八王故事》曰東海王越治鄄城，城無故自壞七十餘丈，越惡之，移治濮陽城。”

清洪亮吉《東晋疆域志》：“東燕郡，《沈志》江左分濮陽所立，領燕縣、白馬、平昌、考城凡四縣。《晋書》廢帝太和四年桓温以毛虎生督東燕等四郡諸軍事，領東燕太守。凡領縣三。燕，漢舊縣。屬東郡。《沈志》稱《太康地志》屬濮陽。白馬，漢舊縣，有滑臺。平昌，漢舊縣，屬城陽。案當是江左立郡時移屬。又考城一縣已見濟陽郡下，此或係僑置，今故附録於此。”

孔祥軍《晋書地理志校注》：“濮陽國治濮陽，在今河南濮陽縣南。故屬東郡晋初分東郡置：此句舛誤殊甚。今檢《宋志》：‘南濮陽太守，本東郡，屬兖州，晋武帝咸寧二年以封子（司馬）允，以東不可爲國名，東郡有濮陽縣，故曰濮陽國。濮陽，漢舊名也。（司馬）允改封淮南，還曰東郡。’則咸寧二年後東郡改名濮陽國。又《左傳·隱公五年》杜注有東郡燕縣，《左傳·僖公十三年》經文杜注有東郡濮陽縣，《左傳·襄公二十四年》杜注有東郡白馬縣，則太康元年濮陽國又復爲東郡。又《宋書》卷三十三《五行四》：‘（太康二年）庚寅，河東、樂安、東平、濟陰、弘農、濮陽……雨雹，傷禾稼。’則太康二年又改東郡爲濮陽國。《宋志》：‘白馬令，漢屬東郡，《晋太康地志》屬濮陽。’則太康三年爲濮陽國，此後似沿用濮陽之名。又《晋書》卷六十四《司馬允傳》：‘咸寧三年，封濮陽王，拜越騎校尉。太康十年，徙封淮南。’此句年代錯謬，‘咸寧三年’當爲‘咸寧二年’之訛，‘太康十年’當爲‘太康元年’之訛。方氏《新校志》以爲東郡、濮陽二郡俱存，不識沿革，誤甚。”

[2]統縣四：孔祥軍《晋書地理志校注》：“魏末領縣九，其中東阿、穀城、臨邑三縣晋初移屬濟北國，范縣晋初移屬東平國。魏末有燕縣屬東郡，《晋志》無此縣，《左傳·隱公五年》《左傳·僖公二十四年》《左傳·定公八年》經文杜注皆有東郡燕縣，則太康元年東郡有燕縣。《宋志》：‘燕縣，前漢曰南燕，後漢曰燕，並屬

東郡，《太康地志》屬濮陽。’則太康三年燕縣仍未見廢，且屬濮陽國。又《晋書》卷五十五《潘岳傳》：‘俄爾，（孫）秀誣（潘）岳……爲亂。誅之……（潘）岳母及兄侍御史（潘）釋、弟燕令（潘）豹……一時被害。’據陸侃如《中古文學繫年》考證，潘岳卒於永康元年，則直至惠帝永康元年仍有燕令，《晋志》濮陽國似失載燕縣，《輿地廣記》卷九京西北路滑州緊胙城縣條：‘故南燕國，二漢爲南燕縣，屬東郡……而《晋史》地理志無此郡縣，豈永嘉喪亂，簡編失亡故耶？’或是。”

［3］户二萬一千：清畢沅《晋書地理志新補正》：“沅案《沈志》濮陽王允，後改封淮南。此還爲東郡。杜預《左傳·莊十三年》注東郡鄄城。《襄二十四年》注東郡白馬縣。蓋在允徙封之後。又《隱公五年》杜預注今東郡燕縣。案《晋地理志》無燕縣。或尚沿後漢時舊名耳。《成公綏傳》東郡白馬人。《魏浚傳》東郡東阿人。《沈志》又云趙王倫篡位，廢太孫爲濮陽王，王尋廢，郡名遂不改。”

［4］濮陽：縣名，治所在今河南濮陽市西南。孔祥軍《晋書地理志校注》：“《左傳·僖公十三年》經文、《左傳·僖公三十一年》經文、《左傳·宣公十二年》杜注有東郡濮陽縣，則太康元年東郡有濮陽縣。又《後魏志》：‘濮陽，二漢屬東郡，晋屬（濮陽）。’”

［5］古昆吴國：孔詳軍《晋書地理志校注》：“《續漢志》東郡：‘濮陽，古昆吾國也。’《晋志》似本此，則似當作古昆吾國。”

［6］師延爲紂作靡靡之樂，既而投此水：孔祥軍《晋書地理志校注》：“此句之前必有脱漏，否則所謂‘投此水’無着落。今檢《水經注》卷八：‘濮水又東逕濮陽縣故城南。昔師延爲紂作靡靡之樂，武王伐紂，師延東走，自投濮水而死矣。’《晋志》似本此。今試補原文爲‘濮水東經其城南師延爲紂作靡靡之樂既而投此水’。”師延，商紂時樂師，曾爲紂王作靡靡之樂。周武王滅商後，抱樂器東奔，投濮水而死。投，原本作“役”，宋本、殿本作“投”，據宋本、殿本改。

[7]廪丘：縣名，治所在今山東省鄆城縣西北。孔祥軍《晋書地理志校注》："《左傳·襄公二十六年》杜注有東郡廪丘縣，則太康元年東郡有廪丘縣。又《後魏志》：'廪丘，前漢屬東郡，後漢屬濟陰，晋屬（濮陽）。'"

[8]白馬：縣名，治所在今河南省滑縣東南城關鎮東。孔祥軍《晋書地理志校注》："《左傳·襄公二十四年》杜注有東郡白馬縣，則太康元年東郡有白馬縣。又《宋志》：'白馬令，漢屬東郡，《晋太康地志》屬濮陽。'則太康三年濮陽國有白馬縣。又《後魏志》：'白馬，二漢屬（東郡），晋屬濮陽。'"

[9]瓠子堤：西漢武帝時築，以阻斷黄河决口入瓠子河。武帝親臨，作《瓠子之歌》。

[10]鄄城：縣名，治所在今山東省鄄城縣北。孔祥軍《晋書地理志校注》："《左傳·莊公十四年》杜注有東郡鄄城縣，則太康元年東郡有鄄城縣。又《宋志》：'《永初郡國》又有鄄城縣，二漢屬濟陰，《晋太康地志》屬濮陽也。'則太康三年濮陽國有鄄城縣。又《後魏志》：'鄄城，二漢屬濟陰，晋屬（濮陽）。'"

濟陽郡[1]漢置。統縣九，户七千六百。

定陶[2]漢高帝封彭越爲梁王，[3]都此。　乘氏[4]故侯國。　句陽[5]　離狐[6]　宛句[7]　己氏[8]　成武[9]有楚丘亭。　單父[10]故侯國。　城陽[11]舜所漁，堯冢在西。[12]

[1]濟陽郡：中華本校勘記改爲"濟陰郡"。清洪亮吉《東晋疆域志》："濟陽郡，《沈志》晋惠分陳留爲濟陽國。東晋領縣可考者二。《謝玄傳》濟陽太守郭滿。濟陽，漢舊縣。《地形志》二漢、晋屬陳留。案惠帝分立濟陽國，必當有此縣，是以列入。考城，漢舊縣。《沈志》屬濟陽。《圖經》晋初尋復置，屬濟陽。濟陰郡，漢置。案《晋志》兖州有濟陽郡，領定陶等九縣。此濟陽實濟陰之

訛，而惠帝分置之濟陽則《志》反闕之。今從《沈志》等列作二郡，庶復東晋之舊觀云。領縣可考者二。成陽，漢舊縣，《太平寰宇記》晋氏南遷後濟陰郡移理於此。單父，漢舊縣。《謝玄傳》單父令李都。"

清畢沅《晋書地理志新補正》："沅案兩漢皆爲濟陰郡。《通典》至晋始改爲濟陽。注似微誤。《卞壼傳》濟陰冤句人。"

清方愷《新校晋書地理志》："此濟陽郡當作濟陰。今考洪氏亮吉《東晋疆域志·濟陽郡》下云，《沈志》晋惠分陳留爲濟陽。案《晋志》兖州有濟陽郡，領定陶等九縣。此濟陽實濟陰之訛，而惠帝分置之濟陽則《志》反闕之，洪氏説是也。又按《左傳·隱公八年》注，濟陽句陽縣東北有垂亭，此刊本因《晋志》誤也。《爾雅》再成爲陶邱，郭璞注，今濟陰定陶城中。《左·桓公四年》注，曹國，今濟陰定陶縣是也。本書《郤詵傳》詵濟陰單父人。《卞壼傳》壼濟陰冤句人，足證陽爲陰之誤。（寅案，錢氏《考異》曰，漢無濟陽郡，蓋濟陰之誤。今考《州郡志》於城武、離狐二縣並云《晋太康地志》屬濟陰，可證'濟陽'當作'濟陰'。杜佑《通典》云，濟陰郡，晋爲濟陽郡，非也。）"

孔祥軍《晋書地理志校注》："濟陽郡治定陶，在今山東定陶縣。魏作濟陰郡，宋本《晋志》作'濟陽郡'，中華校據錢氏《考異》及《宋志》《左傳》杜注以爲當作'濟陰郡'，並改《晋志》正文爲'濟陰郡'，方氏《新校志》、吴氏《斠注》皆同之，並誤。《左傳·隱公七年》經文杜注有濟陰城武縣，則太康元年仍作濟陰郡。《宋志》：'城武令，前漢屬山陽，後漢、《晋太康地志》屬濟陰。'則太康三年仍作濟陰郡。而《通典》卷一百七十七《州郡七》：'曹州……漢改爲梁國……宣帝更名定陶，後爲濟陰郡。後漢因之。晋爲濟陽郡。'又《輿地廣記》卷七京東西路都督興仁府望濟陰縣條：'二漢置濟陰郡，晋爲濟陽郡。'又《輿地廣記》卷七京東西路東輔洪州畿楚丘縣條：'漢爲已氏縣，屬梁國。後漢屬濟陰郡。晋屬濟陽郡。'則西晋確有濟陽郡。而《晋志》政區斷代在太康四年，則晋時改‘濟陰郡’爲‘濟陽郡’當在太康四年，故《太康地志》爲‘濟陰郡’，而《晋志》爲‘濟陽郡’，中華本《晋書》誤改。”

[2]定陶：縣名，治所在今山東省菏澤市定陶區。孔祥軍《晋書地理志校注》：“《左傳·桓公五年》經文杜注有濟陰定陶縣，則太康元年濟陰郡有定陶縣。”

[3]彭越：秦末昌邑（今山東省巨野縣東南）人，字仲。秦末起兵，助劉邦擊昌邑。楚漢相争時，受劉邦所賜將軍印，助漢擊楚。西漢建立後封梁王。陳豨反叛，劉邦親征，徵梁國兵，彭越稱病不行。劉邦疑其反叛，廢其爲庶人，後信吕后之言，將其誅殺，夷其宗族。

[4]乘氏：縣名，治所在今山東省巨野縣西南。孔祥軍《晋書地理志校注》：“《輿地廣記》卷七京東西路都督興仁府緊乘氏縣條：‘漢屬濟陰郡。晋屬濟陽郡。’”

[5]句陽：縣名，治所在今山東省菏澤市北。孔祥軍《晋書地理志校注》：“《左傳·隱公八年》經文杜注有濟陰句陽縣，則太康元年濟陰郡有句陽縣。又《輿地廣記》卷七京東西路都督興仁府緊乘氏縣條：‘二漢句陽縣，屬濟陰郡……晋屬濟陽郡。’”

[6]離狐：縣名，治所在今山東省單縣。清畢沅《晋書地理志新補正》：“沅案《地形志》晋亂，置郡治。”孔祥軍《晋書地理志校注》：“《宋志》：‘離狐令，前漢屬東郡，後漢、《晋太康地志》屬濟陰。則太康三年濟陰郡有離狐縣，又《輿地廣記》卷七京東西路都督興仁府上南華縣條：‘本漢離狐縣，屬東郡。後漢屬濟陰郡，晋屬濟陽。’”

[7]宛句：中華本校勘記：“《卞壺傳》作‘冤句’，《漢書·地理志上》《續漢志三》《宋書·州郡志一》《魏書·地形志二》《隋書·地理志中》並作‘冤句’。”冤句，縣名，治所在今山東省曹縣西北。

[8]己氏：縣名，治所在今山東省曹縣東南。

[9]成武：縣名，治所在今山東省成武縣。孔祥軍《晋書地理志校注》："《左傳·隱公七年》經文、《左傳·隱公十年》經文、《左傳·桓公二年》杜注有濟陰城武縣，則太康元年濟陰郡有城武縣。又《宋志》：'城武令，前漢屬山陽，後漢、《晋太康地志》屬濟陰。'《後魏志》亦作'城武'，《輿地廣記》卷七京東西路上單州緊成武縣條：'漢屬山陽郡。後漢屬濟陰郡。晋屬濟陽郡。'則《晋志》'成武'似爲"城武。'"

[10]單父：縣名，治所在今山東省單縣南。孔祥軍《晋書地理志校注》："《輿地廣記》卷七京東西路上單州望單父縣條：'漢屬山陽郡。後漢屬濟陰郡。晋屬濟陽郡。'"

[11]城陽：縣名，治所在今山東省菏澤市東北。孔祥軍《晋書地理志校注》："《續漢志》作'成陽'，《漢志》、《水經注》卷四十均作'成陽'，《輿地廣記》卷七京東西路上濮州緊雷澤縣條：'故爲成陽縣。二漢屬濟陰郡。晋屬濟陽郡。'則'城陽'似爲'成陽'。"

[12]堯冢在西：清畢沅《晋書地理志新補正》："沅案《元和郡縣志》：考城，晋屬濟陰郡。今考《沈志》云《太康地志》無，當屬晋惠帝分陳留爲濟陽國時所復也。"

高平國[1]故屬梁國，晋初分山陽置。[2]統縣七，户三千八百。

昌邑[3]侯相。有甲父亭。　鉅野[4]魯獲麟所。　方與[5]　金鄉[6]　湖陸[7]　高平[8]侯國。　南平陽[9]侯國。有漆亭。

[1]高平國：西晋泰始元年（265）以山陽郡改名，治所在昌邑縣（今山東省巨野縣南）。清方愷《新校晋書地理志》："高平屬邑，在漢均屬山陽。晋改山陽爲高平。本《志》云'故屬梁國，

晋初分山陽置'，文有訛奪。又案太康以前並無高平，王似不當作國。互見魯郡下。"

孔祥軍《晋書地理志校注》："高平國治昌邑，在今山東金鄉縣西北。魏末有山陽郡，《晋志》作'高平國'，今檢《宋志》：'高平太守，故梁國，漢景帝中六年，分爲山陽國，武帝建元五年爲郡，晋武帝泰始元年更名。'《後魏志》：'高平郡，故梁國，漢景帝分爲山陽國，武帝改爲郡，晋武帝更名。'則武帝泰始元年改山陽郡爲高平國。《晋志》當爲'高平國，故屬梁國，晋初改山陽置。'魏末山陽郡領縣九，其中瑕丘縣，據《左傳·哀公七年》傳文'負瑕故有繹'杜預注'高平南平陽縣西北有瑕丘城'。則瑕丘縣太康元年前省入南平陽縣。其中東緡縣，《左傳·僖公二十三年》經文'（僖公）二十有三年，春，齊侯伐宋，圍緡'杜預注'緡，宋邑，高平昌邑縣東北有東緡城。'則東緡縣太康元年前已省入昌邑縣，領縣七。"

［2］晋初分山陽置：清勞格《晋書校勘記》："晋武改山陽爲高平，非分山陽置高平也。《志》誤。"

［3］昌邑：縣名，治所在今山東省巨野縣南。孔祥軍《晋書地理志校注》："《左傳·隱公十年》經文、《左傳·莊公二十年》經文、《左傳·僖公二十三年》經文杜注有高平昌邑縣，則太康元年高平國有昌邑縣。"

［4］鉅野：縣名，治所在今山東省巨野縣東北。孔祥軍《晋書地理志校注》："各本皆作'鉅野'，檢《續漢志》山陽郡：'鉅野，有大野澤。'劉昭曰：'《春秋》西狩獲麟之所。'《晋志》似本此。《左傳·桓公七年》經文、《左傳·定公十三年》、《左傳·哀公十四年》杜注有高平巨野縣，則太康元年高平國有巨野縣。又《後魏志》：'巨野，二漢屬山陽，晋屬高平。'則似當作'鉅野'。"

［5］方與：縣名，治所在今山東省魚臺縣西。孔祥軍《晋書地理志校注》："《左傳·隱公元年》、《左傳·隱公二年》經文、《左傳·僖公三十一年》杜注有高平方與縣，則太康元年高平國有方與

縣。又《後魏志》：‘方與，二漢屬山陽，晉屬（高平）。’”

[6]金鄉：縣名，治所在今山東省嘉祥縣南。孔祥軍《晉書地理志校注》：“《後魏志》：‘金鄉，後漢屬山陽，晉屬（高平）。’”

[7]湖陸：縣名，治所在今山東省魚臺縣東南。湖陸，原本、宋本、殿本作“陸湖”，據中華本校勘記改。

[8]高平：縣名，治所在今山東省微山縣西北。孔祥軍《晉書地理志校注》：“《後魏志》：‘高平，二漢屬山陽，晉屬（高平）。’”

[9]南平陽：縣名，治所在今山東省鄒城市。孔祥軍《晉書地理志校注》：“《後魏志》：‘平陽，二漢、晉曰南平陽。漢屬山陽，晉屬（高平）。’”

任城國漢置。統縣三，户一千七百。

任城[1]古任國。　亢父[2]　樊[3]

[1]任城：縣名，治所在今山東省微山縣西北。清畢沅《晉書地理志新補正》：“沅案任城縣，晉亦屬任城，江左省郡爲縣。”《宋書》卷三五《州郡志》：“《永初郡國》及徐並又有任城縣，前漢屬東平，章帝元和元年，分東平爲任城，又屬焉。晉亦屬任城。江左省郡爲縣也。”《魏書》卷一〇六《地形志中》：“前漢屬東平，後漢、晉屬（任城）。”

[2]亢父：縣名，治所在今山東省濟寧市南。孔祥軍《晉書地理志校注》：“《左傳·襄公十三年》經文杜注有任城亢父縣，則太康元年任城國有亢父縣。又《後魏志》：‘亢父，前漢屬東平，後漢、晉屬（任城）。’”

[3]樊：縣名，治所在今山東省濟寧市兖州區西南。孔祥軍《晉書地理志校注》：“《宋志》：‘又有樊縣，前漢屬東平，後漢、《晉太康地志》屬任城也。’則太康三年任城國有樊縣。”

東平國[1]漢置。統縣七，户六千四百。

須昌[2]　壽張[3]有蚩尤祠。[4]　范[5]　無鹽[6]　富城[7]　東平陸[8]　剛平[9]

［1］東平國：郡國名，治所在無鹽縣（今山東省東平縣東）。清方愷《新校晋書地理志》："《郡國志》濟北國有剛縣。杜氏哀八年注，東平剛縣北有闡亭，字亦作岡。《水經注》汶水西南過岡縣北，京相璠曰，岡縣西四十里有闡亭。'剛''岡'通。隱五年《傳》：郕人侵衛。注：東平剛父縣西南有郕鄉，父字衍。《地形志》剛，晋曰剛平，後改。"

清洪亮吉《東晋疆域志》："東平郡，漢置。東晋領縣可考者一。平陸，漢舊縣。《晋書》孝武太元十九年，東平太守韋簡及慕容垂將尹國戰於平陸，簡死之。有桓水。"

孔祥軍《晋書地理志校注》："東平國治壽張，在今山東東平縣南。據《晋書》卷三《武帝紀》：'（泰始元年封皇從父弟司馬）楙爲東平王。'則泰始元年爲東平國。魏末領縣八，其中寧陽縣，據《輿地廣記》卷七京東西路襲慶府大都督府兖州上龔丘縣條：'龔丘縣本漢寧陽縣屬泰山郡，後漢屬東平國，晋省之。'則寧陽縣晋初見廢。又有章縣，《晋志》不載，似亦見廢。范縣泰始八年前來屬，領縣七。"

［2］須昌：縣名，治所在今山東省東平縣西北。孔祥軍《晋書地理志校注》："《左傳·桓十一》經文、《左傳·僖三年》經文、《左傳·僖公二十一年》杜注有東平須昌縣，則太康元年時東平國有須昌縣。又《宋志》：'須昌令，前漢屬東郡，後漢、《晋太康地志》屬東平。'則太康三年時東平國有須昌縣。又《後魏志》：'須昌，前漢屬東郡，後漢、晋屬（東平）。'"

［3］壽張：縣名，治所在今山東省東平縣西南。孔祥軍《晋書地理志校注》："《宋書》卷二十九《符瑞下》：'泰始八年五月甲辰，

木連理生東平壽張。’則泰始八年時東平國有壽張縣。又《後魏志》：‘壽張……後漢、晋屬兖州東平。’”

[4]蚩尤：又稱阪泉氏，相傳爲炎帝後裔，姜姓。與黄帝戰於涿鹿，失敗被殺。

[5]范：縣名，治所在今山東省梁山縣西北范城村。孔祥軍《晋書地理志校注》：“魏末屬東郡，《晋志》屬。今檢《宋書》卷二十九《符瑞下》：‘泰始八年正月，木連理生東平范。’則泰始八年時東平國有范縣。又《左傳·莊公三十一年》經文杜注有東平范縣，則太康元年時東平國有范縣。范縣泰始八年前來屬。《後魏志》：‘范，二漢屬東郡，晋屬兖州東平。’”

[6]無鹽：縣名，治所在今山東省東平縣東無鹽村。孔祥軍《晋書地理志校注》：“《左傳·莊公三十》經文、《左傳·昭公二十五年》、《左傳·定公十年》杜注有東平無鹽縣，則太康元年時東平國有無鹽縣。又《後魏志》：‘無鹽，二漢、晋屬（東平）。’”

[7]富城：縣名，治所在今山東省肥城市西南。孔祥軍《晋書地理志校注》：“《後魏志》：‘富城，二漢、晋屬（東平）。’”

[8]東平陸：縣名，治所在今山東省汶上縣西北。孔祥軍《晋書地理志校注》：“《後漢志》：‘平陸，二漢、晋屬（東平），曰東平陸。’”

[9]剛平：縣名，治所在今山東省寧陽縣東北。清畢沅《晋書地理志新補正》：“沅案《地形志》漢剛縣，晋曰剛平，與此《志》同。杜預《左傳》注則做東平剛父縣。”未知誰是。孔祥軍《晋書地理志校注》：“魏作‘剛’。《左傳·哀公八年》經文杜注有東平剛縣，則太康元年東平國有剛縣。又《後魏志》：‘剛，前漢屬泰山，後漢屬濟北，晋曰剛平。’又《輿地廣記》卷七京東西路隆慶府大都督府兖州上壟丘縣條：‘漢剛縣……後漢屬濟北國，晋曰剛平，屬東平國。’則剛縣似於太康元年後改名剛平縣。”

濟北國[1]漢置。統縣五，[2]户三千五百。

盧[3]扁鵲所生。[4]縣西有石門。　臨邑[5]　東阿[6]　穀城[7]有烏下聚。[8]　蛇丘[9]有下灌亭。

[1]濟北國：東漢永元二年（90）分泰山郡置，治所在盧縣（今山東省濟南市長清區西南）。清畢沅《晋書地理志新補正》："沅案《地形志》肥城縣，後漢屬濟北，晋罷。"

清方愷《新校晋書地理志》："本書《魏浚傳》浚，東郡東阿人，與《志》異。必有一誤。"

清洪亮吉《東晋疆域志》："濟北郡，漢置。東晋領縣可考者二。《晋書》孝武帝太元中，燕洗馬温詳來奔，以爲濟北太守，屯東阿。太元十二年，慕容垂寇河東，太守温詳奔彭城。《慕容儁載記》晋濟北太守高柱叛歸於儁。盧，漢舊縣。有碻磝、劉公橋、垣苗城。東阿，漢舊縣。《史記索隱》稱《太康地記》云阿即東阿也。《晋書》升平三年慕容儁寇東阿。《荀羡傳》是時慕容蘭以數萬衆屯汴城，羡自光水引汶，通渠至於東阿以征之。案李吉甫又云，東阿，太康省。有陽穀亭。"

[2]統縣五：孔祥軍《晋書地理志校注》："魏末領縣三，據《後魏志》：'肥城，前漢屬泰山，後漢屬濟北，晋罷。'肥城縣晋初見廢，太康元年前東阿、穀城二縣來屬，太康四年前臨邑縣來屬，領縣五。"

[3]盧：縣名。治所在今山東省肥城市北。孔祥軍《晋書地理志校注》："《左傳·隱公三年》經文、《左傳·成公二年》、《左傳·襄公十八年》杜注有濟北盧縣，則太康元年濟北國有盧縣。又《宋志》：'盧令，前漢屬泰山，後漢、《晋太康地志》屬濟北。'則太康三年濟北國有盧縣。又《後魏志》：'盧，前漢屬泰山，後漢、晋屬（濟北）。'"

[4]扁鵲：戰國初渤海鄚（今河北省任丘市北）人。姓秦，名

越人。初從長桑君學醫，後遍游列國行醫，醫術高明。被比作黄帝時神醫扁鵲。此《志》説生於盧縣的扁鵲疑爲傳説中的神醫。

[5]臨邑：縣名，治所在今山東省東阿縣。孔祥軍《晋書地理志校注》："臨邑縣魏屬東郡。今檢《宋志》：'臨邑令，漢屬東郡，晋屬濟北。'又《後魏志》：'臨邑，二漢屬東郡，晋屬（濟北）。'太康四年前臨邑縣移屬濟北國。"

[6]東阿：縣名，治所在今山東省陽穀縣東北阿城鎮。清勞格《晋書校勘記》："《州郡志》云二漢屬東郡，晋無，與此異。《魏浚傳》東郡東阿人，似東郡仍屬東郡矣。"清畢沅《晋書地理志新補正》："沅案《元和郡縣志》太康後省。"孔祥軍《晋書地理志校注》："東阿縣魏屬東郡，《左傳・隱公四年》經文、《左傳・桓公十年》經文、《左傳・襄公十四年》杜注有濟北東阿縣，則太康元年前東阿縣已移屬濟北國。《後魏志》：'東阿，二漢屬東郡、晋屬（濟北）。'又《宋志》：'東阿，二漢屬東郡，晋無。'所謂'晋無'，誤。"

[7]穀城：縣名，治所在今山東省平陰縣西南舊東阿縣。孔祥軍《晋書地理志校注》："穀城縣魏屬東郡，《左傳・莊公三十二年》經文、《左傳・僖公二十六年》經文、《左傳・文公十一年》杜注有濟北穀城縣，則太康元年前穀城縣移屬濟北國。又《宋志》：'穀城令，前漢無，後漢屬東郡，《晋太康地志》屬濟北。'則太康三年濟北國有穀城縣。又《後魏志》：'穀城，後漢屬東郡，晋屬濟北。'"

[8]有烏下聚：原本、宋本無"下"字，殿本有，據殿本補。中華本校勘記："馬與龍《晋書地理志注》：'烏'當作'雋'。《續漢志三》作'雋下聚'，劉昭注引《左傳・僖公二十六年》杜注作'雋下'。"

[9]蛇丘：縣名，治所在今山東省肥城縣東南。孔祥軍《晋書地理志校注》："《左傳・桓公三年》經文、《左傳・莊公十二年》經文、《左傳・襄公二十三年》杜注有濟北蛇丘縣，則太康元年濟

北國有蛇丘縣。又《宋志》：‘蛇丘令，前漢屬泰山，後漢、《晋太康地志》屬濟北。’則太康三年濟北國有蛇丘縣。又《後魏志》：‘蛇丘，前漢屬泰山，後漢、晋屬濟北。’《續漢志》：‘蛇丘有遂鄉。有下讙亭。’《晋志》似本此。又《左傳·桓公三年》經文：‘九月齊侯送姜氏於讙。’杜注：讙，魯地。濟北蛇丘縣西有下讙亭。則《晋志》‘下灌亭’誤，當作‘下讙亭’。”

泰山郡[1]漢置。統縣十一，[2]户九千三百。

奉高[3]西南有明堂。[4] 博[5]有龜山。 嬴[6] 南城[7] 梁父[8]侯國。有菟裘聚。 山茌[9]茌山在東北。 新泰[10]故曰平陽。 南武陽[11]有顓臾城。 萊蕪[12]有原山。 牟[13]故牟國。 鉅平[14]有陽關亭。[15]

[1]泰山郡：治所在奉高縣（今山東省泰安市東）。清方愷《新校晋書地理志》：“庠案《郡國志》泰山南城故屬東海。有東陽城。左氏襄十九年，城武城。杜注泰山南武城縣，而哀八年吴師伐晋，既克武城又克東陽。《史記》曾參南武城人，章懷《後漢》注，南城曾子父所葬，是南城即南武城也。又哀十四年，丘與杜注云泰山南城縣西北有輿城縣。據杜預注，左氏皆作南城，不作南武城。可證襄十九年杜注之泰山南武城縣，言泰山之南有武城縣也。本書兩羊后及羊祜《傳》皆云泰山南城人，無‘武’字。（庠案《羊祜傳》云詔以泰山之南武、陽牟、南城、梁父、平陽五縣爲南城郡。封祜爲南城侯。祜卒，乃聽復本封。今志無南城郡，而泰山郡下又無南城縣。）杜氏隱六年注，泰山牟縣東南有艾山。《地形志》牟，漢晋屬泰山，《州郡志》同。是泰山屬邑爲牟，非東牟也。漢東牟縣屬青州東萊郡，不當在此互見青州東萊郡。（庠案《羊祜傳》泰山郡亦作牟，不作東牟。《晋志》以南城爲南武城，以牟爲東牟，皆誤也。）又《左傳·宣八年》杜注，今泰山有平陽

縣，知新泰之改或在武帝末。《州郡志》東莞郡下云，新泰令，魏立，屬泰山。杜氏親當其時，不應舍新號取舊名。沈説似誤。本《志》缺更名年份，亦失考證矣。（庠案《地理沿革圖》馬氏徵麟云，《左傳・宣公八年》城平陽，杜注今泰山有平陽縣。案《州郡志》兖州高平郡有平陽縣，疑此縣太康初有之，不知廢於何時。而南宋復立改屬高平也。翊寅謹案平陽改名新泰，據《水經注》在晋武元康九年，元康非武帝年號，或以爲太康之誤，或以爲武帝當作惠帝。而《州郡志》《地形志》皆以爲魏立，與酈注亦不相合。《元和郡縣志》又云，泰始中鎮南將軍羊祜表改爲新泰縣，則杜預注傳在祜卒後，不當復云今有平陽。衆説紛歧，未詳孰是。沈魏二《志》尚多舛誤，《元和志》可無論矣。酈注云元康中改，説蓋可從。）”

清洪亮吉《東晋疆域志》：“泰山郡，漢置。東晋領縣可考者一，《晋書》元帝太興二年，太山太守徐龕以郡叛。四年又帥衆來降。永昌元年石虎攻陷太山，執守將徐龕。穆帝升平三年，泰山太守諸葛攸將水陸二萬擊燕，入自石門，屯於河渚。孝武帝太元十一年，太山太守張願叛，以郡降於翟遼。十五年劉牢之與張願戰於太山，王師敗績。有泰山。”

[2]統縣十一：孔祥軍《晋書地理志校注》：“魏末領縣十四，晋初華、蒙陰二縣移屬徐州琅邪國，蓋縣移屬徐州東莞郡，領縣十一。”

[3]奉高：縣名，治所在今山東省泰安市東。孔祥軍《晋書地理志校注》：“《後魏志》：‘奉高，二漢、晋屬（泰山）。’”

[4]明堂：本爲皇帝舉行朝會、祭祀、養老、教學等大典的建築，魏晋南北朝時期主要爲祭祀場所。

[5]博：縣名，治所在今山東省泰安市東南。孔祥軍《晋書地理志校注》：“《左傳・宣公十八年》《左傳・成公二年》《左傳・定公十年》經文杜注有泰山博縣，則太康元年泰山郡有博縣。又《後魏志》：‘博平，二漢、晋曰博，屬（泰山）。’”

[6]嬴：縣名，治所在今山東省萊蕪市西北。孔祥軍《晋書地理志校注》："《左傳・桓公三年》經文、《左傳・哀公十一年》杜注有泰山嬴縣，則太康元年泰山郡有嬴縣。又《後魏志》：'嬴，二漢、晋屬（泰山）。'"

[7]南城：縣名，治所在今山東省平邑縣南。原本、宋本、殿本作"南武城"。孔祥軍《晋書地理志校注》："殿本亦作'南武城'，《左傳・哀公十四年》杜注有泰山南城縣。《宋志》：'南城令，前漢屬東海，後漢、晋屬泰山。'又《後魏志》：'南城，前漢屬東海，後漢、晋屬泰山。'中華校：'南城原作南武城。《考異》：景獻羊皇后、惠羊皇后、羊祜《傳》，《宋書》羊欣、羊元保《傳》並云泰山南城人，宋、齊、隋《志》皆稱南城，惟《晋志》多一"武"字，殆因下文有"南武陽"而衍一"武"字。按：錢説是，今據删。'則確作'南城'。"

[8]梁父：縣名，治所在今山東省新泰市西。孔祥軍《晋書地理志校注》："《左傳・隱公十一年》《左傳・昭公二十六年》杜注有泰山梁父縣，則太康元年泰山郡有梁父縣。又《後魏志》：'梁父，二漢、晋屬（泰山）。'"

[9]山茌：縣名，治所在今山東省濟南市長清區東南。清洪亮吉《東晋疆域志》："山茌，漢舊縣。《晋書》升平三年，荀羡擊燕泰山太守賈堅於山茌，拔之，尋復爲慕容廆所陷。"孔祥軍《晋書地理志校注》："《後魏志》：'山茌，二漢、晋屬泰山。'"

[10]新泰：縣名，治所在今山東省新泰市。清勞格《晋書校勘記》："《考異》曰春秋宣八年，城平陽。杜注，今泰山有平陽縣，即此平陽矣，其改名新泰。據《水經注》在晋武帝元康九年，元康或太康之誤。案《元和郡縣志》云，泰始中，鎮南將軍羊祜表改爲新泰縣。吴蘭庭云，祜泰山南城人，非平陽人。祜於泰始中自車騎將軍貶平南將軍，咸寧二年除征南大將軍，未嘗爲鎮南。且杜預注《左傳》在祜卒後，如已改新泰，何以復云平陽乎？'武帝'疑'惠帝'之誤。又云《州郡志》新泰令，魏立，屬泰山。《地形志》

亦云魏置，則又似非晋置也。”

清畢沅《晋書地理志新補正》：“沅案《晋太康地志》舊名平陽，泰始中鎮南將軍羊祜此縣人，表改爲新泰，屬泰山郡。晋惠帝割屬東安郡。《地形志》云，新泰魏置，誤也。又案羊祜及惠羊王后《傳》皆云泰山南城人。《晋書・地理志》泰山有南武城，無南城。此沿漢舊名耳。”

孔祥軍《晋書地理志校注》：“魏作‘平陽’。吴氏《考證》卷二據《魏志》、《左傳》杜預注、《水經注》、《晋志》以爲魏置‘平陽縣’至晋改爲‘新泰縣’，是。《左傳・宣公八年》杜注有泰山平陽縣，則太康元年泰山郡有平陽縣，太康元年後，太康四年前平陽縣改名新泰縣。”

[11]南武陽：縣名，治所在今山東省平邑縣。孔祥軍《晋書地理志校注》：“《左傳・僖公二十一年》杜注有泰山南武陽縣，則太康元年泰山郡有南武陽縣。又《後魏志》：‘武陽，二漢、晋爲南武陽，屬（泰山）。’”

[12]萊蕪：縣名，治所在今山東省淄博市南。清畢沅《晋書地理志新補正》“沅案《元和郡縣志》及《太平寰宇記》俱云萊蕪縣，晋廢。”孔祥軍《晋書地理志校注》：“《左傳・僖公元年》杜注有泰山萊蕪縣，則太康元年泰山郡有萊蕪縣。又《元和志》卷十河南道兖州萊蕪縣條：‘萊蕪……至晋廢。’則萊蕪縣太康四年後廢。”

[13]牟：縣名，治所在今山東省烟臺市福山區西北。原本、宋本、殿本作“東牟”。孔祥軍《晋書地理志校注》：“殿本亦作‘東牟’。據《左傳・隱公六年》經文、《左傳・宣公元年》經文杜預注有泰山牟縣。又《後魏志》：‘牟，二漢、晋屬（泰山）。’中華校：‘考異：“東”字衍。《漢志上》《續漢志三》泰山郡有牟縣，即春秋牟國，與東萊之東牟非一地。《羊祜傳》詔以泰山之南武陽、牟、南城、梁父、平陽爲南城郡，是晋時已名牟縣也。按：《宋志一》、《左傳・桓公十五年》注“泰山牟縣”，均亦無“東”字，今

據刪。’則似當作‘牟’。”

[14]鉅平：縣名，治所在今山東省泰安市南。孔祥軍《晋書地理志校注》：“《左傳·桓公六年》經文、《左傳·襄公十七年》杜預注有泰山矩平縣，則太康元年泰山郡有矩平縣。又《後魏志》：‘矩平，二漢、晋屬（泰山）。’《續漢志》泰山郡：‘鉅平，侯國。有亭禪山。有陽關亭。’《晋志》似本此。則‘陽關’似當作‘陽關亭’。”

[15]陽關亭：原本、宋本無“亭”字，殿本有，據殿本、上注孔祥軍《晋書地理志校注》文補。

惠帝之末，兖州闔境淪没石勒。[1]後石季龍改陳留郡爲建昌郡，屬洛州。是時遺黎南渡，元帝僑置兖州，寄居京口。[2]明帝以郗鑒爲刺史，[3]寄居廣陵，置濮陽、[4]濟陰、[5]高平、[6]太山等郡。[7]後改爲南兖州，[8]或還江南，或居盱眙，[9]或居山陽。後始割地爲境，常居廣陵，南與京口對岸。咸康四年，[10]於北譙界立陳留郡。[11]安帝分廣陵郡之建陵、[12]臨江、[13]如皋、[14]寧海、[15]蒲濤五縣置山陽郡，[16]屬南兖州。[17]

[1]兖州闔境淪没石勒：孔祥軍《晋書地理志校注》：“據《晋書》卷五《孝愍帝紀》：‘（建興元年）六月，石勒害兖州刺史田徽。是時，山東郡邑相繼陷於勒。’則《晋志》誤，至建興元年，兖州始没。”

[2]京口：地名，即今江蘇省鎮江市。

[3]郗鑒：字道徽，本書卷六七有傳。郗，原本、宋本、殿本作“郄”，據其本傳及中華本改。

[4]濮陽：東晋僑置郡，在今安徽省靈璧縣南。（詳見胡阿祥

《東晋南朝僑州郡縣與僑流人口研究》，江蘇教育出版社 2008 年版，第 175 頁）

［5］濟陰：東晋僑置郡，治所在睢陽縣（今江蘇省睢寧縣）。（詳見胡阿祥《東晋南朝僑州郡縣與僑流人口研究》，第 176 頁）

［6］高平：東晋僑置郡，在今江蘇省鎮江、金壇、常州、無錫一帶。（詳見胡阿祥《東晋南朝僑州郡縣與僑流人口研究》，第 177 頁）清洪亮吉《東晋疆域志》考“實州郡縣”：“高平郡，《晋志》故屬梁國。晋初分山陽置。東晋領縣可考者四。《晋書》廢帝太和元年慕容厖陷魯郡高平。四年，燕高平太守徐翻舉郡來降。孝武太元十一年，高平人翟暢執太守徐含遠以郡降翟遼。安帝時高平相劉懷肅、竺朗之。案太和四年桓温收散卒，屯於山陽。今考此即舊山陽郡，非安帝所立之山陽。劉煦、胡三省所言並非也。高平，漢舊縣。《晋書》穆帝升平三年，北中郎將郗曇次高平擊慕容儁。金鄉，漢舊縣。《晋書》廢帝太和四年桓温伐燕，至金鄉。《劉牢之傳》苻堅將張遇遣兵擊破金鄉，圍太山太守羊邁。湖陸，漢舊縣。《晋書》穆帝升平三年，桓温遣將檀玄攻湖陸，拔之。孝武太元四年，以毛盛爲兗州刺史，鎮湖陸。有郗鑒城。鉅野，漢舊縣。《晋書》太和四年，桓温使冠軍將軍毛虎生，鑿鉅野三百里引汶水會於清水。義熙十二年劉裕使王仲德督諸軍開鉅野入河。”

［7］太山：東晋僑置郡，在今江蘇省丹陽市東、鎮江市東南一帶。太，殿本作“泰”。（詳見胡阿祥《東晋南朝僑州郡縣與僑流人口研究》，第 181 頁）

［8］後改爲南兗州：孔祥軍《晋書地理志校注》：“據《宋志》：‘南兗州刺史，中原亂，北州流民多南渡，晋成帝立南兗州，寄治京口。’則東晋似有南兗州。錢大昕《十駕齋養心録》‘晋僑置州郡無南字’條、《養心餘録》‘《晋書·地理志》之誤’條以爲：東晋僑州郡縣無有加南字者，《宋志》所謂‘晋成帝立南兗州’似乃史臣追稱，本非史實。又《考異》卷十九：‘晋南渡後僑置徐、兗、青諸州，俱不加“南”字……蓋唐初史臣誤仞宋代追稱爲晋時本

號。’論辯精確，文繁不録。此處似誤。”

[9]盱眙：縣名，治所在今江蘇省盱眙縣東北。

[10]咸康四年：孔祥軍《晋書地理志校注》：“吴氏《斠注》引《宋志》作‘咸和四年’，今檢宋本《宋志》確作‘咸康四年’，吴氏所據不知是何版本。”

[11]陳留郡：東晋僑置郡，在安徽省亳州市一帶。（詳見胡阿祥《東晋南朝僑州郡縣與僑流人口研究》，第174頁）清洪亮吉《東晋疆域志》：“陳留郡，漢置。東晋領縣可考者六。《晋書》穆帝永和十年，江西乞活郭敬等執陳留内史劉仕而叛。樂史稱《晋太康地道記》曰陳留先有陳留縣，以北有大城，故此城號小陳留城。浚儀，漢舊縣。《晋書》元帝太興二年，陳川以浚儀叛，降於石勒。封丘，漢舊縣。《晋書·祖逖傳》逖遣將韓潛進屯封丘，以逼桃豹。長垣，漢舊縣。《元和郡縣志》長垣一名倉垣。《水經注》陳留相畢邈治此。征東將軍苟晞之西也，邈走歸京，晞使司馬東萊王讚代據倉垣，斷留運漕。《晋書》廢帝太和四年桓温自東燕出倉垣，鑿井而飲，行七百餘里。穆帝永和八年，樂弘攻督護戴施於倉垣，是年殷浩遣劉逯戍倉垣。安帝義熙十三年，沈林子等攻倉垣克之。案倉垣本浚儀縣之亭，後長垣縣或移治此，遂合而爲一也。雍丘，漢舊縣。《晋書·祖逖傳》逖鎮雍丘，有故城、周墟里。襄邑，漢舊縣。《晋書》太和四年，慕容垂追及桓温於襄邑，與慕容德夾擊温，大破之。有汴渠。外黄，漢舊縣。《晋書》穆帝永和十一年，姚襄率衆寇外黄，冠軍將軍高季大破之。有黄墟。”

[12]建陵：縣名，治所在今江蘇省泰州市東北。

[13]臨江：縣名，治所在今江蘇省如皋市南。

[14]如皋：縣名，治所在今江蘇省如皋市。

[15]寧海：縣名，治所在今江蘇省如皋市西南。

[16]蒲濤：縣名，治所在今江蘇省如皋市東南白蒲鎮。

[17]“安帝分廣陵郡”至“屬南兖州”：孔祥軍《晋書地理志校注》：“此句舛亂殊甚，錢氏《考異》卷十九：‘按：《宋志》考

之，安帝義熙中，分廣陵立山陽郡，所統者山陽、鹽城、東城、左鄉四縣也。又分廣陵郡立海陵郡，所統者則建陵、臨江、如皋、寧海、蒲濤五縣也。《（晋）志》誤。’是。”

豫州。案《禹貢》爲荆河之地。《周禮》：“河南曰豫州。”豫者舒也，言稟中和之氣，性理安舒也。《春秋元命包》云：“鈎鈐星別爲豫州。”[1]地界，西自華山，[2]東至於淮，北自濟，南界荆山。[3]秦兼天下，以爲三川、河東、南陽、潁川、碭、泗水、薛七郡。漢改三川爲河南郡，武帝置十三州，豫州舊名不改，以河南、河東二郡屬司隸，又以南陽屬荆州。先是，改泗水曰沛郡，改碭郡曰梁，改薛曰魯，分梁、沛立汝南郡，分潁川立淮陽郡。後漢章帝改淮陽曰陳郡。魏武分沛立譙郡，魏文分汝南立弋陽郡。及武帝受命，又分潁川立襄城郡，分汝南立汝陰郡，合陳郡於梁國。[4]州統郡國十，縣八十五，[5]户十一萬六千七百九十六。

[1]鈎鈐：星座名。屬房宿的輔官，共兩星。

[2]華山：即今陝西省華陰市南華山，古號西岳。

[3]荆山：位於今湖北省境内，漳水、沮水發源處。

[4]梁國：清畢沅《晋書地理志新補正》：“沅案《宋志》：豫州魏治汝南安城，晋平吴後治陳國。”

[5]縣八十五：此載縣數與合計不一致。

潁川郡[1]秦置。統縣九，户二萬八千三百。[2]

許昌[3]漢獻帝都許。魏禪，徙都洛陽，許宫室武庫存焉，改爲許昌。　長社[4]　潁陰[5]　臨潁[6]公國相。　郾[7]　邵陵[8]公國相。　鄢陵[9]公國相。　新汲[10]　長平[11]

[1]潁川郡：治所在許昌縣（今河南省許昌市東）。清畢沅《晋書地理志新補正》："沅案《宋志》晋惠帝永康元年，復立西華縣，屬潁川。又曲陽縣，《地形志》前漢屬東海，後漢屬下邳，晋罷，後復屬潁川。此《志》無之，疑屬東晋以後復縣及移屬也。"

清洪亮吉《東晋疆域志》："潁川郡，秦置。《晋志》泰始二年，分置襄城郡。案襄城郡有舞陽縣。《通典》臨汝郡下云，晋屬河南、舞陽二郡地，則舞陽又曾作郡也。《元和郡縣志》晋咸和二年，征西庾亮表成帝曰，潁川、襄陽本是一郡，户口今少，請還合潁川。從之。東晋領縣可考者三。《沈志》去京都陸一千八百。許昌，漢許縣，魏改今名。《晋書》穆帝永和七年，冉閔豫州牧張遇以許昌來降。是年石虎將樂立屯許昌，亦來降。八年，張遇反於許昌，遇尋爲苻雄所虜。十二年，姚襄入許昌，以太尉桓温爲征討大都督討之。温及襄戰於伊水，大敗之。襄走平陽，執周成而歸。升平三年，謝萬退還，於是許昌、潁川、譙、沛諸城皆没於燕。五年桓温使弟豁將兵取許昌。哀帝隆和元年，汝南太守朱斌乘虚襲許昌，克之。二年，慕容評襲許昌，潁川太守李福死之。《前燕録》燕李洪攻許昌，敗晋兵於懸瓠，燕復陷許昌。《晋書》安帝義熙十三年，檀道濟進克許昌。有誠橋。長社，漢舊縣。《晋書・桓石民傳》時乞活黄淮，自稱并州刺史，與翟遼共攻長社，衆數千人。石民遣郭銓等擊淮斬之。有陶城。長平，漢舊縣。晋初省。惠帝永康元年復立。《晋書》哀帝興寧元年，慕容暐將慕容塵攻陳留太守袁披於長平。"

清方愷《新校晋書地理志》："《郡國志》注引皇甫謐《帝王世紀》曰魏文帝登禪於曲蠡之繁陽亭，爲縣曰繁昌，今潁川繁昌是也。《州郡志》繁昌令，漢舊名，本屬潁川，魏分潁川爲襄城，又屬焉。晋亂，襄城郡以此縣屬淮南。案繁昌實爲魏置，非漢舊名，沈説似誤。又《州郡志》西華，漢舊縣，屬汝南，晋初省，惠帝永康元年復立，屬潁川。本書《荀勖傳》子藩元康中封西華縣公，是此縣至西晋尚存也。本《志》前後篇俱不載。（寅案《地形志》潁川領曲陽縣，云後漢屬下邳，晋罷後復屬潁川。本《志》後篇亦不載。）"

孔祥軍《晋書地理志校注》："潁川郡治許昌，在今河南許昌市東。《續漢志》領縣十七，其中襄、潁陽似廢，繁陽新立，召陵來屬，領縣十七，咸熙元年割七縣置襄城郡，魏末領縣十。據《元和志》卷五河南道河南府潁陽縣條：'古綸氏縣……漢屬潁川，晋省。'則綸氏縣晋初見廢。據《宋書》卷二十八《符瑞中》：'晋武帝咸寧五年九月甲午，麒麟見河南陽城。'又《後魏志》：'陽城，二漢屬潁川，晋屬河南。'則陽城縣晋初移屬河南尹。長平縣晋初來屬，則領縣九。今檢《宋志》：'西華令，漢舊縣，屬汝南，晋初省，晋惠帝永康元年復立，屬潁川。'又《後魏志》：'西華，二漢屬汝南，晋初省，惠帝永康元年復，屬潁川。'則永康元年增置西華縣，領縣十。"

[2]户二萬八千三百：二，殿本作"一"。

[3]許昌：縣名，治所在今河南省許昌市東。孔祥軍《晋書地理志校注》："《左傳・隱公十一年》經文、《左傳・莊公二十八年》杜注有潁川許昌縣，則太康元年潁川郡有許昌縣。又《後魏志》：'許昌，二漢、晋屬潁川。'"

[4]長社：縣名，治所在今河南省長葛市東北。孔祥軍《晋書地理志校注》："《左傳・隱公五年》經文、《左傳・襄公十一年》杜注有潁川長社縣，則太康元年潁川郡有長社縣。又《後魏志》：'長社，二漢、晋屬（潁川）。'"

[5]潁陰：縣名，治所在今河南省許昌市。孔祥軍《晋書地理志校注》："《左傳・文公九年》杜注有潁川潁陰縣，則太康元年潁川郡有潁陰縣。又《後魏志》：'潁陰，二漢、晋屬（潁川）。'"

[6]臨潁：縣名，治所在今河南省臨潁縣西北。孔祥軍《晋書地理志校注》："《後魏志》：'臨潁，二漢、晋屬（潁川）。'"

[7]郾：縣名，治所在今河南省漯河市郾城區南。孔祥軍《晋書地理志校注》："《輿地廣記》卷九京西北路南輔潁昌府次畿郾城縣：'二漢及晋屬潁川。'"

[8]邵陵：縣名，治所在今河南省漯河市郾城區東。孔祥軍《晋書地理志校注》："今檢《漢志》汝南郡有'召陵'（《元和志》卷九河南道蔡州郾城條載：'漢置邵陵縣，屬汝南郡'誤），《續漢志》汝南郡有'召陵'。又《左傳·桓公二年》經文、《左傳·僖公四年》經文、《左傳·昭公十三年》杜預注有潁川召陵縣，又邵陵郡有召陵縣，一國不當有兩'邵陵'，故此《晋志》作'邵陵'誤，當作'召陵'。"

[9]鄢陵：縣名，治所在今河南省鄢陵縣西北。孔祥軍《晋書地理志校注》："《左傳·隱公元年》經文、《左傳·成公十六年》杜注有潁川鄢陵縣，則太康元年潁川郡有鄢陵縣。又《後魏志》：'鄢陵，二漢、晋屬潁川。'"

[10]新汲：縣名，治所在今河南省扶溝縣西南。孔祥軍《晋書地理志校注》："《左傳·文公元年》《左傳·成公十七年》杜注有潁川新汲縣，則太康元年潁川郡有新汲縣。又《後魏志》：'新汲，二漢、晋屬潁川。'"

[11]長平：縣名，治所在今河南省西華縣東北。清畢沅《晋書地理志新補正》："沅案《太平寰宇記》：長葛縣俗亦呼爲長平城。今案未知何時所改。"清周家禄《晋書校勘記》："按叙云：統縣八十五。今篇中有八十六縣，蓋長平一縣誤分爲二也。"孔祥軍《晋書地理志校注》："《左傳·宣公十年》《左傳·襄公元年》《左傳·昭公二十年》杜注有潁川長平縣，則太康元年潁川郡有長平縣。《宋志》：'長平令，前漢屬汝南，後漢屬陳，《晋太康地志》屬潁川。'則太康三年潁川郡有長平縣。又《後魏志》：'長平，前漢屬汝南，後漢陳國，晋屬潁川。'"

汝南郡[1]漢置。統縣十五，户二萬一千五百。[2]

新息[3]　南安陽[4]　安成[5]侯相。　慎陽[6]　北宜春[7]　朗陵[8]　陽安[9]故江國。有江亭。　上蔡[10]　平輿[11]故沈子國。[12]有沈亭。　定潁[13]　灈陽[14]　南頓[15]　汝陽[16]　吴房[17]故房子國。　西平[18]故柏國。有龍泉，水可用淬刀劍。

[1]汝南郡：西晋治所在新息縣（今河南省息縣西南），東晋移治懸瓠城（今河南省汝南縣）。清洪亮吉《東晋疆域志》："汝南郡，漢置。東晋領縣可考者一。《晋書》成帝咸和元年，勒將石生寇汝南，汝南人執内史祖濟以叛。哀帝隆和元年，袁真爲豫州刺史，鎮汝南，是年復從汝南退鎮壽陽、興寧。二年，慕容評侵汝南，太守朱斌遁於壽陽。《沈志》去京都水三千，陸一千五百。西平，漢舊縣。《史記索隱》稱《太康地理志》縣有龍泉水，可以淬刀劍，極堅利。《晋書》太興元年四月，西平地震。"

清方愷《新校晋書地理志》："《左傳·襄四年》注繁陽在汝南鮦陽縣南，據杜説南頓當屬汝陰，鮦陽當屬本郡。互見汝陰下。灈陽，刊本或作瀷陽，誤。（寅案《後漢書·吴漢傳》灈陽侯，注云：灈陽，縣名，屬汝南郡，在灈水之陽，因以爲名。《説文》灈水出汝南吴房入瀙。《水經注》同。《州郡志》作瞿陽，亦誤。俗本作濯，畢沅已校正。）"

孔祥軍《晋書地理志校注》："據《輿地廣記》卷九京西北路緊蔡州中新息縣條：'二漢屬汝南郡，晋爲郡治焉。'則汝南郡治新息，在今河南息縣。魏末領縣二十六，其中西華縣，據《宋志》：'（西華）晋初省'，其中新陽縣，《輿地廣記》卷九京西北路緊蔡州中真陽條：'漢新陽縣屬汝南郡，後漢因之，晋省焉。'其中富陂縣，文獻無考，似於晋初見廢。泰始二年分置汝陰郡，割出八縣，太康元年後南頓縣來屬，鮦陽縣移屬汝陰郡，領縣十五。又《晋志》：‘惠帝……分汝南立南頓。’則惠帝時分汝南郡置南頓郡，而屬縣乏考。”

[2]户二萬一千五百：二，殿本作“一”。

[3]新息：縣名，治所在今河南省息縣西南。孔祥軍《晋書地理志校注》：“《左傳·隱公十一年》《左傳·定公四年》杜注有汝南新息縣，則太康元年汝南郡有新息縣。”

[4]南安陽：縣名，西晋太康元年（280）改安陽侯國置，治所在今河南省正陽縣西南陡溝鎮。清畢沅《晋書地理志新補正》：“沅案《地形志》晋罷，後復。”孔祥軍《晋書地理志校注》：“魏末作‘安陽’。據《宋志》：‘安陽令漢舊縣，晋武帝太康元年改爲南安陽。’則安陽加南在太康元年。”

[5]安成：縣名，治所在今河南省汝南縣東南。

[6]慎陽：縣名，治所在今河南省正陽縣北。孔祥軍《晋書地理志校注》：“《輿地廣記》卷九京西北路緊蔡州中真陽縣條：‘本漢慎陽縣，屬汝南郡……後漢及晋皆因之。’”

[7]北宜春：縣名，治所在今河南省汝南縣東南。

[8]朗陵：縣名，治所在今河南省確山縣西南。孔祥軍《晋書地理志校注》：“《左傳·成公六年》杜注有汝南朗陵縣，則太康元年汝南郡有朗陵縣。又《輿地廣記》卷九京西北路緊蔡州中確山縣條：‘漢朗陵縣，屬汝南郡，後漢及晋皆因之。’”

[9]陽安：縣名，治所在今河南省確山縣東北。孔祥軍《晋書地理志校注》：“《後魏志》：‘陽安，二漢、晋屬（汝南）。’今檢《漢志》汝南郡陽安縣顔注引應劭曰：‘道國也。今道亭是。’《續漢志》汝南郡：‘陽安有道亭，故國。’則陽安縣小注當爲故道國，有道亭。又《漢志》汝南郡安陽縣顔注引應劭曰：‘故江國，今江亭是。’《續漢志》汝南郡：‘安陽，侯國。有江亭，故國，嬴姓。’則安陽縣小注當爲故江國，有江亭。又南安陽縣魏末‘安陽’，安陽加南在太康元年。則此處《晋志》所云‘故江國有江亭’當繫於南安陽縣下。‘安陽’‘陽安’字近而地異，唐初史臣忽略晋初

‘安陽’已改爲‘南安陽’，而將原屬‘安陽’之注誤繫於‘陽安’條後，失之毫厘，謬以千里。”

[10]上蔡：縣名，治所在今河南省上蔡縣西南。孔祥軍《晋書地理志校注》：“《左傳·隱公四年》杜注有汝南上蔡縣，則太康元年汝南郡有上蔡縣。又《後魏志》：‘上蔡……二漢、晋屬（汝南）。’”

[11]平輿：縣名，治所在今河南省平輿縣北。孔祥軍《晋書地理志校注》：“《左傳·文公三年》經文、《左傳·文公八年》杜注有汝南平輿縣，則太康元年汝南郡有平輿縣。又《後魏志》：‘平輿，二漢、晋屬（汝南）。’”

[12]故沈子國：宋本無“國”字。

[13]定潁：縣名，治所在今河南省西平縣東。

[14]灈陽：縣名，治所在今河南省遂平縣東南。清畢沅《晋書地理志新補正》：“沅案《沈志》作瞿陽縣。《地形志》：瞿陽，二漢、晋爲瀘陽，後改。今考二漢志皆作灈陽。灈瀘音同，古字通也。此《志》俗本皆作灈陽，今改正。”灈，原本、宋本作“濯”，殿本作“灈”，據殿本改。

[15]南頓：縣名，治所在今河南省項城市西南南頓鎮。清勞格《晋書校勘記》：“《梁王肜傳》咸寧中以陳國汝南南頓爲次國，是南頓嘗屬梁國，本《志》失載。”孔祥軍《晋書地理志校注》：“今檢《宋書》卷二十九《符瑞下》：‘晋武帝咸寧元年正月，木連理生汝陰南頓。’則咸寧元年時南頓屬汝陰郡。又《左傳·僖公二十三年》杜注有汝陰南頓縣，則至太康元年南頓仍屬汝陰郡。又《後魏志》：‘南頓，二漢、晋屬汝南。’則太康元年後南頓移屬汝南郡。”

[16]汝陽：縣名，治所在今河南省商水縣西北。清勞格《晋書校勘記》：“《州郡志》汝陽太守。《太康地志》、王隱《地道》無此郡，應是江左分汝南立。咸康三年省併汝南，後又立，領汝陽、武津二縣。武津何不注置立。案《汝陽王熙傳》，初封汝陽公，討劉喬有功，進爵爲王，則汝陽置郡當在惠帝時。《沈志》云江左分

立，未詳所據。”孔祥軍《晋書地理志校注》：“《後魏志》：‘汝陽……二漢、晋屬（汝南）。’”

[17]吴房：縣名，治所在今河南省遂平縣。孔祥軍《晋書地理志校注》：“《左傳·昭公十三年》杜注有汝南吴房縣，則太康元年汝南郡有吴房縣。”

[18]西平：縣名，治所在今河南省西平縣西。孔祥軍《晋書地理志校注》：“《左傳·僖公五年》杜注有汝南西平縣，則太康元年汝南郡有西平縣。又《後魏志》：‘西平，二漢、晋屬（汝南）。’”

襄城郡泰始二年置。[1]統縣七，户一萬八千。

襄城[2]侯相。有西不羹城。　繁昌[3]魏文受禪於此。　郟[4]　定陵[5]侯相。　父城[6]侯相。　昆陽[7]公國相。　舞陽[8]宣帝始封此邑。

[1]襄城郡泰始二年置：襄城郡，治所在襄城縣（今河南省襄城縣）。清勞格《晋書校勘記》：“《州郡志》云魏分潁川爲襄城郡，與此微異。”

清畢沅《晋書地理志新補正》：“沅案《沈志》晋成帝咸康二年，省襄城，還併潁川。”

清方愷《新校晋書地理志》：“庠案《左氏·僖二十四年》邘晋應韓，杜注應國在襄陽城父縣。又昭十九年，大城城父。杜注城父，今襄城城父縣。此二城父皆當作父城。而僖二十四年之襄陽，乃襄城之訛。蓋父城兩漢皆屬潁川郡。晋分潁川置襄城，故父城屬襄城。春秋本名城父，而漢晋作父城者，以漢時沛郡有城父，故改爲父城。此《志》沛郡無城父，而譙郡有之，當即沛郡分屬者也。《左·僖二十三年》遂取焦夷，杜注夷一名城父，今譙郡城父縣。據此則杜預之時，譙未爲封國。然考《晋書·譙剛王傳》剛王於武帝受禪時即封譙，後亦無徙封之事，則杜注誤矣。繁昌，疑當從皇甫氏説，屬潁川，見前。《魏志》稱襄城郡晋置，繁昌，晋屬。豈西晋末移屬，皇甫氏不及見耶！本書《五行志》惠帝永寧元年，齊王冏舉義軍，軍中有小兒出於襄城繁昌縣，亦同魏説。（寅案《州郡志》繁昌本屬潁川，魏分潁川爲襄城）又屬焉，是魏已屬襄城，皇甫説未可從。”

孔祥軍《晋書地理志校注》：“據《水經注》卷二十一：‘汝水又東南徑襄城縣故城南……晋襄城郡治。’則襄城郡治襄城，在今河南襄城縣。今檢《魏志》卷二十三《裴潛傳》裴注引《魏略》襄城其時有典農中郎將，《魏志》卷四《三少帝紀》：‘（咸熙元年）……是歲，罷屯田官以均政役，諸典農皆爲太守，都尉皆爲令長。’又《宋志》：‘魏分潁川爲襄城郡。’則魏咸熙元年襄城置郡，《晋志》所謂襄城郡泰始二年置，誤。”

[2]襄城：縣名，治所在今河南省襄城縣。孔祥軍《晋書地理志校注》：“《後魏志》：‘襄城，二漢屬潁川，晋屬（襄城）。’”

[3]繁昌：縣名，治所在今河南省臨潁縣西北。孔祥軍《晋書地理志校注》：“方氏《新校志》據《續漢志》注引《帝王世紀》以爲晋時繁昌縣屬潁川郡，吴翊寅按語以爲繁昌屬潁川爲魏情況，魏末移屬襄城郡，是，方氏誤。今檢《宋書》卷三十一《五行二》：‘晋惠帝永寧元年，齊王冏舉義軍。軍中有小兒出於襄城繁昌縣，年八歲，發體皆白。’則惠帝永寧元年襄城郡有繁昌縣。又《後魏志》：‘繁昌，晋屬（襄城）。’”

[4]郟：縣名，治所在今河南省郟縣。孔祥軍《晋書地理志校注》：“《左傳·昭公元年》杜注有襄城郟縣，則太康元年襄城郡有郟縣。”

[5]定陵：縣名，治所在今河南省舞陽縣舞陽渡鎮。孔祥軍《晋書地理志校注》：“《左傳·僖公三十三年》杜注有襄城定陵縣，則太康元年襄城郡有定陵縣。”

[6]父城：縣名，治所在今河南省寶豐縣東。孔祥軍《晋書地

理志校注》："《左傳·昭公十九年》杜注有襄城父城縣，則太康元年襄城郡有父城縣。"

[7]昆陽：縣名，治所在今河南省葉縣。孔祥軍《晋書地理志校注》："《左傳·襄公十六年》杜注有襄城昆陽縣，則太康元年襄城郡有昆陽縣。《後魏志》：'昆陽，二漢屬潁川，晋屬襄城。'"

[8]舞陽：縣名，治所在今河南省舞陽縣西北。孔祥軍《晋書地理志校注》："《輿地廣記》卷九京西北路南府潁昌府次畿舞陽縣條：'二漢屬潁川，晋屬襄城郡。'"

汝陰郡魏置郡，[1]後廢，泰始二年復置。[2]統縣八，户八千五百。

汝陰[3]故胡子國。　慎[4]故楚邑。　原鹿[5]　固始[6]　鮦陽[7]　新蔡[8]　宋[9]侯相。　褒信[10]

[1]汝陰郡魏置郡：汝陰郡，治所在汝陰縣（今安徽省阜陽市）。清畢沅《晋書地理志新補正》："沅案前豫州下云，晋武帝分汝陽立汝陰郡，此安得云魏置？"

清洪亮吉《東晋疆域志》："汝陰郡，《沈志》晋武康分汝南立。成帝咸康二年省併新蔡，後復立。領縣可考者一（僑縣别見）。汝陰，漢舊縣。"

清方愷《新校晋書地理志》："《左氏僖二十三年》傳城頓而還。杜氏注今汝陰南頓縣。據杜説，此郡之鮦陽當與汝南之南頓互易也。見前。又案《州郡志》南頓令，漢舊縣。《何志》故屬汝陽。晋武帝改屬汝南。沈約案《晋太康地志》、王隱《地道》無汝陽郡。竊疑汝陽當作汝陰。"

孔祥軍《晋書地理志校注》："汝陰郡治所乏考。魏黄初三年，置汝陰郡，景元元年後汝陰郡廢，故有泰始二年復置之説。統縣八：太康元年後南頓縣移屬汝南郡，鮦陽縣來屬，領縣八。今檢

《宋書》卷二十八《符瑞中》：‘泰始五年正月癸卯，白麞見汝陰樓煩，豫州刺史劉勔以獻。’則泰始五年汝陰有樓煩縣，其後似廢。又《晋志》：‘惠帝分汝陰立新蔡。’則惠帝時分汝陰郡置新蔡郡，而領縣乏考。”

［2］泰始二年復置：清勞格《晋書校勘記》：“《本紀》泰始元年，封皇叔父駿爲汝陰王，則汝陰置郡當在泰始元年。《志》云二年，誤。”

［3］汝陰：縣名，治所在今安徽省阜陽市。孔祥軍《晋書地理志校注》：“《後魏志》：‘汝陰，二漢屬汝南，晋屬（汝陰）。’”

［4］慎：縣名，治所在今安徽省潁上縣西北江口鎮。孔祥軍《晋書地理志校注》：“《左傳·哀公十四年》杜注有汝陰慎縣，則太康元年汝陰郡有慎縣。又《宋志》：‘慎令，漢屬汝南，《太康地志》屬汝陰。’則太康三年汝陰郡有慎縣。”

［5］原鹿：縣名，治所在今安徽省阜南縣南。孔祥軍《晋書地理志校注》：“《左傳·僖公二十一年》經文杜注有汝陰原鹿縣，則太康元年汝陰郡有原鹿縣。”

［6］固始：縣名，治所在今安徽省臨泉縣。孔祥軍《晋書地理志校注》：“《左傳·宣公十二年》杜注有汝陰固始縣，則太康元年汝陰郡有固始縣，又《後魏志》：‘固始，二漢屬汝南，晋屬汝陰。’”

［7］鮦陽：縣名，治所在今安徽省臨泉縣西鮦城鎮。清畢沅《晋書地理志新補正》：“沅案《地形志》司馬衍併入新蔡，後復。”

［8］新蔡：縣名，治所在今河南省新蔡縣。清畢沅《晋書地理志新補正》：“沅案《沈志》晋成帝咸康二年省併新蔡，後復立。固始縣同。”孔祥軍《晋書地理志校注》：“《左傳·昭公四年》杜注有汝陰新蔡縣，則太康元年汝陰郡有新蔡縣。又《後魏志》：‘新蔡，二漢屬汝南，晋屬汝陰。’”

［9］宋：縣名，治所在今安徽省太和縣北。孔祥軍《晋書地理志校注》：“《後魏志》：‘宋，前漢曰新郪，屬汝南，後漢改，晋屬

（汝陰）。’”

［10］褒信：縣名，治所在今河南省息縣包信鎮。孔祥軍《晋書地理志校注》：“《左傳·哀公十六年》杜注有汝陰褒信縣，則太康元年汝陰郡有褒信縣。又《宋志》：‘苞信令，前漢無，後漢屬汝南，《晋太康地志》屬汝陰。’又《宋志》：‘苞信令，本作褒信，《永初郡國》作苞信。’則太康三年時汝陰郡有褒信縣。”

梁國[1]漢置。統縣十二，[2]户一萬三千。

睢陽[3]春秋時宋都。　蒙[4]　虞[5]　下邑[6]有碭山，山有文石。　寧陵[7]故葛伯國。　穀熟[8]　陳[9]　項[10]　長平[11]　陽夏[12]　武平[13]　苦[14]東有賴鄉祠，老子所生地。

［1］梁國：清方愷《新校晋書地理志》：“案本書《武帝紀》，泰始元年封從叔父斌爲陳王。故杜氏隱三年有陳國陳縣。成十六年有陳國武平縣之注。（庠案《水經·□水注》又東逕鹿邑城。引杜預亦作陳國武平。）至咸寧三年徙斌爲西河王，國除爲郡。故《州郡志》言項城令，《太康地志》屬陳郡。本書《梁王肜傳》，咸寧中以陳國汝南南頓增封，蓋割數縣增梁國耳，非謂遂廢陳郡也。若如本《志》竟删陳郡，則汝南何以不删？《太康志》何以仍有陳郡？後篇但言惠帝分梁置陳，疑非確證。又案杜氏僖十七年注，項國汝陰項縣，蓋陳王斌立國時，項屬汝陰，及太康時還爲陳郡，而項屬陳。或其時始更名項城，總之此縣始終不屬梁國也。《爾雅》陳有宛丘，郭璞注今在陳郡陳縣。又《州郡志》引《太康地志》陳令屬梁，無復陽夏縣。又《晋地志》，惠帝永康中復立陽夏。本書何曾、謝鯤、袁悦之、袁瓌《傳》皆陳國陽夏人，蓋西晋初陽夏屬陳，太康末廢，惠帝復立也。又案本書《陳頵傳》頵陳國苦人，仕爲郡督郵，太守劉享拔爲主簿。據此，則郡督郵實陳郡之督郵

也。劉享實陳郡之太守也。顗後劾案沛王韜獄，韜以咸寧元年封，不得謂太康時無陳郡，至惠帝始分置也。又《殷浩傳》浩陳郡長平人，《王隱傳》隱陳郡陳人。"

清洪亮吉《東晉疆域志》："梁國，漢置。東晉領縣可致者三。《史記索隱》稱《太康地記》戰國時謂梁爲南梁，別之於大梁、少梁。《晉書》穆帝永和九年殷浩表姚襄梁國内史。升平五年桓温命范汪率衆出梁國。孝帝太元中，謝玄使朱序屯梁國。案《宋武帝紀》義熙十三年以十郡益宋國，内有北譙、北梁，即此，是也。梁國又有下邑縣，《戴洋傳》祖約表洋爲下邑長。又寧陵縣有周塢。《沈志》去州陸一百六十，去京都水九百。"

孔祥軍《晉書地理志校注》："梁國治所乏考。據《晉書》卷三《武帝紀》：'（泰始元年封皇從叔父司馬）斌爲陳王。'則泰始元年有陳國。又據《晉志》：'武帝受命……合陳郡（當作陳國）於梁國。'武帝時合陳國入梁國。又陳國所領陳縣，據《左傳·僖公元年》杜注有陳國陳縣，則太康元年陳縣仍屬陳國。又《宋志》：'陳令，前漢屬淮陽，後漢屬陳，《晉太康地志》屬梁。'則太康三年梁國有陳縣，陳縣似於太康二年移屬梁國。則陳國似於太康二年併入梁國。魏末陳郡領縣六，四縣移屬梁國，長平縣移屬潁川郡，柘縣廢。又《晉志》：'惠帝……分梁國立陳郡。'則惠帝時分梁國復置陳郡，可考者惟陽夏一縣。梁國魏末領縣六，其中碭縣晉初以其地併入下邑縣。增置穀熟縣，苦縣由譙國來屬，則領縣七。太康二年陳等四縣來屬，領縣十一，《晉志》領縣十二，誤列長平縣。"

[2]統縣十二：清勞格《晉書校勘記》："《太康地記》云，梁國有陽隅縣，今《志》無此縣。疑誤。咸和中寇難南逼，户口南渡，因置斯郡，治於塗口，《志》失載。"

[3]睢陽：縣名，治所在今河南省商丘市南。清洪亮吉《東晉疆域志》："睢陽，漢舊縣。有蠡臺。"孔祥軍《晉書地理志校注》："《宋書》卷二十九《符瑞下》：'咸寧元年十二月丙午，白雉見梁國睢陽。'則武帝咸寧元年梁國有睢陽縣。又《左傳·隱公元年》

《左傳·文公十年》《左傳·昭公二十一年》杜注有梁國睢陽縣，則太康元年梁國有睢陽縣。又《宋書》卷二十九《符瑞下》：'元康元年五月戊戌，白烏見梁國睢陽。'則惠帝元康元年梁國有睢陽縣。又《後魏志》：'睢暘，二漢、晋屬（梁郡）。'"

[4]蒙：縣名，治所在今河南省商丘市東北。清洪亮吉《東晋疆域志》："蒙，漢舊縣。有漆丘。"孔祥軍《晋書地理志校注》："《左傳·莊公十二年》《左傳·僖公二年》經文杜注有梁國蒙縣，則太康元年梁國有蒙縣。又《後魏志》：'蒙，二漢、晋屬梁國。'"

[5]虞：縣名，治所在今河南省虞城縣北。孔祥軍《晋書地理志校注》："《左傳·哀公元年》《左傳·哀公二十六年》杜注有梁國虞縣，則太康元年梁國有虞縣。"

[6]下邑：縣名，治所在今河南省夏邑縣。孔祥軍《晋書地理志校注》："《左傳·哀公七年》杜注有梁國下邑縣，則太康元年梁國有下邑縣。又《後魏志》：'下邑……晋屬梁國。'《漢志》梁國'碭，山出文石'顏注引應劭曰：'碭山在東。'又據《元和志》卷七河南道宋州碭山縣條：'碭山縣，漢碭縣，屬梁國，後漢不改，晋以其地併入下邑。'則晋初碭縣併入下邑縣，唐初史臣故將原屬碭縣之注文繫於下邑縣下，《晋志》此文當本《漢志》。"

[7]寧陵：縣名，治所在今河南省寧陵縣東南。孔祥軍《晋書地理志校注》："《左傳·桓公十五年》經文、《左傳·成公十六年》經文杜注有梁國寧陵縣，則太康元年梁國有寧陵縣。又《後魏志》：'寧陵，前漢屬陳留，後漢、晋屬梁國。'"

[8]穀熟：縣名，治所在今河南省商丘市東南。清畢沅《晋書地理志新補正》："沅案《太平寰宇記》穀熟，魏文帝時廢，蓋至晋復立。"孔祥軍《晋書地理志校注》："魏末無此縣，《宋志》：'穀熟令，前漢無，後漢、晋屬梁。'《左傳·文公十四年》經文杜注有梁國穀熟縣，則太康元年梁國有穀熟縣，穀熟縣增置至遲在太康元年前。"

[9]陳：縣名，治所在今河南省周口市淮陽區。清畢沅《晋書

地理志新補正》："沅案《續漢志》陳郡有柘城，晋太康中廢。"孔祥軍《晋書地理志校注》："魏末屬陳郡，太康二年陳縣來屬。"

[10]項：縣名，治所在今河南省沈丘縣。清洪亮吉《東晋疆域志》："項，漢舊縣。《晋書》秦姚掌以項城降檀道濟。《地形志》晋豫州治項。"孔祥軍《晋書地理志校注》："魏末屬陳郡，太康二年項縣來屬。《後魏志》：'項，二漢屬汝南，後漢屬陳，晋屬梁國。'"

[11]長平：中華本校勘記："馬校：縣已見前潁川郡，此誤復出。"

[12]陽夏：縣名，治所在今河南省太康縣。孔祥軍《晋書地理志校注》："魏末屬陳郡，太康二年陽夏縣來屬。今檢《後魏志》：'陽夏，前漢屬淮陽，後漢屬陳國，晋初併梁，惠帝复。'惠帝時回屬陳郡，而確年乏考。"

[13]武平：縣名，治所在今河南省鹿邑縣西北。孔祥軍《晋書地理志校注》："魏末屬陳郡，太康二年武平縣來屬。今檢《宋書》卷二十九《符瑞下》：'元康九年七月辛丑，梁國内史任式上言，武平界有柞櫟二樹，合爲一體，連理。'則惠帝元康九年梁國有武平縣。"

[14]苦：縣名，治所在今河南省鹿邑縣東。清畢沅《晋書地理志新補正》："沅案苦縣，晋咸康三年改爲父陽。"孔祥軍《晋書地理志校注》："魏末屬譙郡，今檢《宋志》：'谷陽令，本苦縣，前漢屬淮陽，後漢屬陳，《晋太康地志》屬梁。'則太康三年梁國有苦縣，苦縣至遲於太康三年前移屬梁國。"

沛國[1]漢置。統縣九，户五千九十六。[2]

相[3]　沛[4]漢高祖所起處。　豐[5]　竺邑[6]　符離[7]　杼秋[8]　洨[9]　虹[10]　蕭[11]

[1]沛國：清方愷《新校晋書地理志》："汶，屬遼東。此當作'洨'，刊本訛誤也。杜氏隱七年注，滕國在沛國公丘縣東南。本書《賈充傳》咸寧三年，更以沛國之公丘益其封。本《志》公丘屬魯國，未詳孰是。本書《武陔傳》陔沛國竹邑人。此作竺邑，似誤。"

清洪亮吉《東晋疆域志》："沛郡，漢置。東晋領縣可考者三。《沈志》舊屬豫州，江左改配。去州陸六十，去京都一千。有大丘故縣。"

孔祥軍《晋書地理志校注》："據《晋書》卷三《武帝紀》：'（泰始元年封皇從叔父司馬）子文爲沛王。'則泰始元年爲沛國，治沛，在今江蘇沛縣。魏末領縣五，後譙國六縣來屬，廣戚縣移屬徐州彭城國，太康四年前公丘移屬魯郡，領縣九。"

[2]户五千九十六：六，原本、宋本作"七"，殿本作"六"，據殿本改。

[3]相：縣名，治所在今安徽省濉溪縣西北。清洪亮吉《東晋疆域志》："相，漢舊縣。"孔祥軍《晋書地理志校注》："魏末屬譙郡，《左傳·桓公十五年》經文杜注有沛國相縣，則太康元年沛國有相縣，相縣至遲於太康元年前移屬沛國。《後魏志》：'相，二漢、晋屬（沛郡）。'"

[4]沛：縣名，治所在今江蘇省沛縣。清洪亮吉《東晋疆域志》："沛，漢舊縣。《晋志》又有豐、竹邑、洨、符離、抒秋、虹六縣。《沈志》稱《太康地志》抒秋，屬沛郡。"孔祥軍《晋書地理志校注》："《後魏志》：'沛，二漢、晋屬（沛郡）。'"

[5]豐：縣名，治所在今江蘇省豐縣。孔祥軍《晋書地理志校注》："《後魏志》：'豐，二漢、晋屬沛。'"豐，宋本作"豊"。

[6]竺邑：縣名，西晋改竺邑侯國置，治所在今安徽省宿州市北二十二里老符離集。中華本校勘記："方校：《武陔傳》，'沛國竹邑人'，此作'竺邑'，似誤。《斠注》：《魏志·明紀》《胡質傳》引虞預《晋書》《宋書·州郡志》《水經·睢水》注引李奇説皆作'竹邑'。竺邑即竹邑，本漢縣，有《竹邑侯張壽碑》。按：《漢志》

上、《續漢志》二、《後漢書·明八王傳》《吴志·薛綜傳》《隋志》下彭城郡符離下注並作‘竹’。”

[7]符離：縣名，治所在今安徽省宿州市東北。孔祥軍《晋書地理志校注》：“魏末屬譙郡。今檢《宋志》：‘《永初郡國》又有符離……至晋並屬沛。’則西晋時符離縣移屬沛國。”

[8]杼秋：縣名，治所在今安徽省碭山縣東。孔祥軍《晋書地理志校注》：“《宋志》：‘杼秋，前漢屬梁，後漢、《晋太康地志》屬沛。’則太康三年有杼秋縣。”

[9]洨：縣名，治所在今安徽省固鎮縣濠城鎮北。孔祥軍《晋書地理志校注》：“魏末屬譙郡，今檢《宋志》：‘《永初郡國》又有符離、洨……至晋並屬沛。’則西晋時洨縣移屬沛國。”

[10]虹：縣名，治所在今安徽省五河縣西。孔祥軍《晋書地理志校注》：“魏末屬譙郡，今檢《輿地廣記》卷二十淮南東路上宿州中虹縣條：‘東漢虹屬沛國，夏丘屬下邳國，晋因之。’則西晋時虹移屬沛國。”

[11]蕭：縣名，治所在今安徽省蕭縣西北。清洪亮吉《東晋疆域志》：“蕭，漢舊縣。《圖經》稱《晋書地道記》蕭城周四十里。有靈壁。”孔祥軍《晋書地理志校注》：“魏末屬譙郡，《左傳·莊公十二年》《左傳·昭公八年》經文杜注有沛國蕭縣，則太康元年沛國有蕭縣。蕭縣至遲於太康元年前移屬沛國。《後魏志》：‘蕭，二漢、晋屬（沛郡）。’”

譙郡[1]魏置。統縣七，户一千。

譙[2]　城父[3]　酇[4]　山桑[5]　龍亢[6]　蘄[7]　銍[8]

[1]譙郡：治所在譙縣（今安徽省亳州市）。清方愷《新校晋書地理志》：“案本書《譙剛王遜傳》，武帝受禪封，世嗣譙國，至

東晋末。故杜注《左傳》隱二、襄元、昭六等年，皆作譙國。此作譙郡，誤。杜注亦有作譙郡者，俗本援此改竄也。本書兩《夏侯后傳》皆稱沛國譙人，此亦當作譙國，刊本誤沛。”

清洪亮吉《東晋疆域志》：“譙郡，魏置。東晋領縣可考者二。《晋書·祖逖傳》蓬坡塢主陳川遣將李頭援逖，逖遂克譙城。《桓宣傳》宣爲譙國内史。元帝永昌元年，石勒攻陷襄城、城父，遂圍譙。祖約退據壽春。成帝咸和八年，石勒死，其將石聰以譙來降。孝武太元九年，龍驤將軍劉牢之克譙城。十一年，翟遼寇譙城，龍驤將軍朱序擊走之。案義熙十三年，以十郡益封劉裕爲宋王。内云徐州之北譙、北梁，則二郡在晋末皆屬徐州。《宋書·武帝紀》永初三年以徐州之梁還屬豫州。疑譙郡移屬亦當在此時也。《沈志》云去京都水二千，陸一千二百。”

[2]譙：縣名，治所在今安徽省亳州市。清洪亮吉《東晋疆域志》：“譙，漢舊縣。有始基城、仇留城、東臺、西臺、谷水、汴水、渦水、蓬坡塢。”

[3]城父：縣名，治所在今安徽省亳州市城父鎮。

[4]酇：縣名，治所在今安徽省全椒縣西南。

[5]山桑：縣名，治所在今安徽省蒙城縣北。清洪亮吉《東晋疆域志》：“山桑，漢舊縣。《晋書》穆帝永和九年，殷浩進次山桑，姚襄叛，浩退保譙城。有姚襄壘。”

[6]龍亢：縣名，治所在今安徽省懷遠縣龍亢鎮。

[7]蘄：縣名，治所在今安徽省宿州市蘄縣鎮。

[8]銍：縣名，治所在今安徽省宿州市西南、濉溪縣南境。

魯郡[1]漢置。統縣七，户三千五百。[2]

魯[3]曲阜之地，魯侯伯禽所居。[4]　汶陽[5]　卞[6]　鄒[7]有繹山。　蕃[8]故小邾之國。　薛[9]奚仲所封。　公丘[10]

［1］魯郡：治所在魯縣（今山東省曲阜市東古城）。清方愷《新校晉書地理志》："本書《索靖傳》惠帝即位之前爲魯相，考晉初諸王無封魯者。豈相爲太守之誤耶？又案《武帝紀》受禪之始，封石苞樂陵郡公，陳騫高平郡公，賈充魯郡公，裴秀鉅鹿郡公。核之本《志》，樂陵、高平、鉅鹿皆稱國，蓋緣此得名。然獨於魯則稱郡，本《志》例不合矣。《武帝紀》太康五年夏四月，任城魯國池水赤如血，又《紀》《志》之不合也。又《新蔡王騰傳》，有鉅鹿太守，則與《索靖傳》之魯相例又不合。杜預《春秋釋例》隱元年作魯國，'番'當作'蕃'。（寅案《續漢志》作'蕃'，音屏藩之藩。）《左傳·襄四年》戰狐臺，杜注，魯國番縣東南有目臺亭。陸德明云'番'本或作'蕃'。《州郡志》亦作蕃云：音皮。漢末太傅陳蕃子逸爲魯相，改'蕃'爲'番'，並改音皮也。"

清洪亮吉《東晉疆域志》："魯郡，漢置。東晉領縣可考者一。鄒，漢舊縣，有嶧山、有代陂。"

［2］户三千五百：三，殿本作"二"。

［3］魯：縣名，治所在今山東省曲阜市東古城。孔祥軍《晉書地理志校注》："《後魏志》：'魯，二漢、晉屬（魯郡）。'《續漢志》魯國魯縣劉昭注引應劭曰：'曲阜在魯城中，委曲長七八里。'"

［4］伯禽：又稱魯公、禽父、魯公伯禽。姬姓，字伯禽。周公旦長子。武王封周公於曲阜，周公留佐武王，命伯禽就封，爲魯國第一代國君。

［5］汶陽：縣名，治所在今山東省寧陽縣東北。孔祥軍《晉書地理志校注》："《後魏志》：'汶陽，二漢、晉屬（魯郡）。'"

［6］卞：縣名，治所在今山東省泗水縣東南。孔祥軍《晉書地理志校注》："《左傳·隱公元年》經文、《左傳·僖公十七年》《左傳·文公七年》杜注有魯國卞縣，則太康元年魯國有卞縣。"

［7］鄒：縣名，治所在今山東省鄒城市東南。孔祥軍《晉書地理志校注》："《左傳·隱公元年》經文、《左傳·文公十三年》《左傳·宣公十年》經文杜注有魯國鄒縣，則太康元年魯國有鄒縣。又

《後魏志》：‘鄒，二漢、晋屬（魯郡）。’”

[8]蕃：縣名，治所在今山東省滕州市。孔祥軍《晋書地理志校注》：“《左傳·襄公四年》杜注有魯國番縣，則太康元年魯國有蕃縣。又《後魏志》：‘蕃，二漢、晋屬魯國。’據《宋志》：‘蕃令，漢舊縣，屬魯。晋惠帝元康中屬（彭城）。’則其元康年間移屬彭城郡，而確年乏考。”

[9]薛：縣名，治所在今山東省滕州市南張汪鎮皇殿崗。孔祥軍《晋書地理志校注》：“《左傳·隱公十一年》杜注有魯國薛縣，則太康元年魯國有薛縣。又《後魏志》：‘薛，二漢、晋屬魯國。’據《宋志》：‘薛令，漢舊縣，屬魯。晋惠帝元康中度（彭城）。’則其元康年間移屬彭城郡，而確年乏考。”

[10]公丘：縣名，治所在今山東省滕州市西南故滕城。清畢沅《晋書地理志新補正》：“沅案《晋書·賈充傳》：咸寧三年，以沛國之公邱益魯國。”孔祥軍《晋書地理志校注》：“《左傳·隱公七年》經文杜注有沛國公丘縣，則太康元年時沛國有公丘縣，又《宋書》卷二十八《符瑞中》：‘太康九年十二月戊申，青龍一見魯國公丘居民井中。’則太康九年公丘確屬魯郡，而《晋志》公丘屬魯郡，則其太康四年前來屬。”

弋陽郡[1]魏置。統縣七，户一萬六千七百。

西陽[2]故弦子國。[3]　軑[4]　蘄春[5]　邾[6]　西陵[7]　期思[8]　弋陽[9]

[1]弋陽郡：治所在弋陽縣（今河南省潢川縣西）。清洪亮吉《東晋疆域志》：“弋陽郡，魏置。東晋領縣可考者五。《沈志》晋安帝省安豐郡爲縣，屬弋陽。弋陽，漢舊縣。西陵，漢舊縣。《晋書》義熙八年，西陵太守朱齡石。案此則西陵又曾作郡，旋又省也。期思，漢舊縣。安豐，漢舊縣。《沈志》舊郡。晋安帝併爲縣。《周

玘傳》陳敏以玘爲安豐太守。《孫惠傳》：惠及何鋭並爲安豐太守。《庾懌傳》懌監安豐等四郡軍事。《劉牢之傳》安豐太守戴寶，牢之子敬宣亦爲安豐太守。《水經注》稱《晋書地道記》又云：安豐，安豐郡之屬縣也，俗名之曰安城矣。《元和郡縣志》祖約爲豫州刺史，退還壽春，領安豐縣。有芍陂。松滋，漢舊縣。《沈志》稱《晋太康地志》屬安豐。《太平寰宇記》晋武平吴，以荆州有松滋縣，遂改爲宿松。案西晋屬安豐郡，東晋安豐郡作縣。故亦附此。有馬頭山。西陽郡，《沈志》晋惠帝又分弋陽爲西陽國，屬豫州。《太平寰宇記》又云惠帝時改蕲春郡爲西陽郡。今考《陶侃傳》爲荆州刺史，領西陽、江夏、武昌。《成帝紀》咸和三年，江州刺史温嶠救京師，遣西陽太守鄧嶽等爲前鋒，是西陽國又曾屬荆、江二州。《康帝紀》建元元年，西陽太守曹據。又桓沖、桓石虔並爲西陽太守。《陳頵傳》以西陽太守蔣巽代之。《庾亮傳》西陽太守樊竣。《庾翼傳》爲西陽太守。《桓温傳》西陽太守滕畯。案《西陽王羕》傳，咸和初降爲弋陽縣。王藎因廢後，西陽復爲郡。疑此郡自惠帝置後本未嘗廢。《地理志》失載也。《水經注》稱《晋書地道記》西陽故絃子國也。江之右岸有鄂縣，故城舊樊，楚地。《晋太康地記》以爲東鄂矣。又曰西陽郡治章浦。《水經注·淮水》下云，黄水又東逕晋西陽城南，則知晋西陽郡不治漢西陽舊縣矣。道元又云江水又東得桑步，步下有章浦，西陽郡治。東晋陵縣可考者二。《沈志》去京都水一千七百二十。邾，漢舊縣。《史記索隱》稱《太康地理志》，楚滅邾，遷其人於江南，故名縣。《水經注》晋咸和中，庾翼爲西陽太守，分江夏立。四年，豫州刺史毛寶、西陽太守樊峻共鎮之，爲石虎將張格度所陷，自爾丘墟焉。案此則邾縣復立當屬西陽可知。有蘆洲。光城，漢西陽縣，晋爲光城縣。《元和郡縣志》西陽屬江夏，晋安帝立光城縣，理於此。《太平寰宇記》晋太康十年，封汝南王亮子羕爲西陽公，惠帝改封西陽郡王，居西陽縣。永嘉亂後，縣並移置故邾城上流五里，其城遂廢。案此則東晋時西陽縣已僑置邾城，安帝乃即其舊地立光城縣也。又樂史稱顧野王《輿地志》云，晉帝立茹由縣，宋文帝元嘉二十五年復立茹由縣。今考《沈志》亦云茹由縣新立，疑晉立後旋廢，至宋復立，今故不録。”

清方愷《新校晉書地理志》：“案《漢地理志》軑，故弦子國。杜氏《左傳·僖五年》注同。《水經注》亦云江水東逕軑縣故城南，故弦國也。是漢晉人皆謂弦國在軑。本《志》謂在西陽，吴氏卓信《漢地理志補注》云，《地道記》以爲在西陽，非也。杜氏《通典》《輿地廣記》並主其説，非是。”

清畢沅《晉書地理志新補正》：“沅案《沈志》晉惠帝又分弋陽爲西陽國。《陶侃傳》爲荆州刺史，領西陽、江夏、武昌，是西陽國又曾屬荆州。《陳頵傳》以西陽太守蔣巽代之。《庾亮傳》西陽太守樊峻。《庾翼傳》爲西陽太守。案西陽王羕咸和初降爲弋陽縣王。蓋國廢後西陽復爲郡耳。疑此郡自惠帝置後，本未嘗廢，《地理志》失載也。”

孔祥軍《晉書地理志校注》：“據《輿地廣記》卷二十一上光州中下光山縣條：‘漢爲西陽縣，屬江夏郡。晉爲弋陽郡治。’弋陽郡治西陽，在今河南光山縣西南。魏末領縣五，太康元年蘄春縣來屬，《晉志》領縣七，其中有邾縣，誤。”

［2］西陽：縣名，治所在今河南省光山縣西。

［3］故弦子國：孔祥軍《晉書地理志校注》：“殿本作‘故弦子國’。今檢《水經注》卷三十五：‘江水又東逕西陽郡南郡治即西陽縣也。《晉書地道記》以爲弦子國也。’《晉志》似本此。然《漢志》江夏郡：‘軑，故弦子國。’又宋本《太平御覽》卷一百六十九引《漢志》曰：‘軑屬江夏，故弦子國。’則宋人所見《漢志》如此。又《左傳·僖公五年》經文杜注：‘弦國在弋陽軑縣東南。’則弦子國當繫於軑縣下，明矣。《晉志》似乃承《晉書地道記》而誤。”

［4］軑：縣名，治所在今河南省光山縣西北息縣界。孔祥軍《晉書地理志校注》：“《左傳·僖公五年》經文杜注有弋陽軑縣，

則太康元年時弋陽有軑縣。”

[5]蘄春：縣名，治所在今湖北省蘄春縣西南。清畢沅《晋書地理志新補正》：“沅案《元和郡縣志》孝武帝改曰蘄陽。《太平寰宇記》稱《太康地記》云，改屬弋陽郡。惠帝時屬西陽郡，孝武時又屬新蔡郡。”孔祥軍《晋書地理志校注》：“吴時屬蘄春郡，今檢《宋志》：‘蘄陽令，二漢江夏郡有蘄春縣，吴立爲郡，晋太康元年省蘄春郡，而縣屬弋陽。’則蘄春縣吴時屬蘄春郡，至晋太康元年蘄春郡省後移屬弋陽郡。”

[6]邾：縣名，治所在今湖北省黄岡市。孔祥軍《晋書地理志校注》：“據《宋志》：‘吴立蘄春郡，尋陽縣屬。晋太康元年，省蘄春郡，以尋陽屬武昌，改蘄春之安豐爲高陵，及邾縣，皆屬武昌。’則吴時邾縣屬蘄春郡，至晋太康元年蘄春郡廢，移屬武昌郡，《晋志》誤。”

[7]西陵：縣名，治所在今湖北省武漢市新洲區西。孔祥軍《晋書地理志校注》：“《輿地廣記》卷二十一下黄州中望黄岡縣條：‘本漢西陵縣地，屬江夏郡。晋屬弋陽郡。’”

[8]期思：縣名，治所在今河南省淮濱縣期思鎮。孔祥軍《晋書地理志校注》：“《左傳·僖公二十四年》《左傳·文公十年》杜注有弋陽期思縣，則太康元年時弋陽有期思縣。”

[9]弋陽：縣名，治所在今河南省潢川縣西。

安豐郡[1]魏置。統縣五，户一千二百。[2]

安風[3]　雩婁[4]　安豐[5]侯相。　蓼[6]　松滋[7]侯相。

[1]安豐郡：治所在安風縣（今安徽省霍邱縣西南）。清方愷《新校晋書地理志》：“《州郡志》云尋陽本縣名，漢屬盧江，吴立蘄春郡，尋陽縣屬焉。晋武帝太康元年省蘄春郡，以尋陽屬武昌，改

蘄春之安豐爲高陵，及邾縣皆屬武昌，安豐下又云縣名，後漢屬廬江，晉武帝立爲安豐郡。《水經注》引《晉書地道記》云安豐，安豐郡之屬縣也，與沈志尋陽下説不合，未詳孰是。又《寰宇記》云松滋晉武帝平吴，以荆州有松滋縣，改爲宿松。”

孔祥軍《晉書地理志校注》：“安豐郡治乏考。據《宋志》：‘安豐縣名……晉武帝立爲安豐郡。’則安豐郡置而又廢，武帝復置。謝氏《補注》據《魏志》引《魏略》嘉平五年張特遷安豐太守，以爲安豐郡魏文帝時置，于嘉平五年後廢，是。《晉志》所謂‘魏置’誤，當作‘魏置，後廢。武帝時復置。’又《宋書》卷二十九《符瑞下》：‘晉武帝咸寧元年四月丁巳，白雉見安豐松滋。’則安豐郡復置當在咸寧元年前。”

[2]户一千二百：二，殿本作“一”。

[3]安風：縣名，治所在今安徽省霍邱縣西南。

[4]雩婁：縣名，治所在今河南省固始縣東南。孔祥軍《晉書地理志校注》：“今檢《左傳・襄公二十六年》杜注有安豐雩婁縣，則太康元年雩婁縣屬安豐郡。又《宋志》：‘雩婁令，二漢屬廬江，《晉太康地志》云屬安豐。’則太康三年安豐郡有雩婁縣。”

[5]安豐：縣名，治所在今河南省固始縣東南。孔祥軍《晉書地理志校注》：“《宋志》：‘安豐縣名……晉武帝立爲安豐郡。’方氏《新校志》以爲《宋志》載太康元年改安豐爲高陵，而《宋志》又言晉武帝改安豐爲安豐郡，二者矛盾。方氏不知三國魏揚州廬江郡、吴荆州蘄春郡各有安豐縣，改爲高陵者爲吴之安豐，設安豐郡者爲魏之安豐，二者本爲兩縣，《宋志》所載並不矛盾，方氏於三國西晉政區沿革不甚了了，所疑非是。”

[6]蓼：縣名，治所在今河南省固始縣東北。清畢沅《晉書地理志新補正》：“沅案《元和郡縣志》：蓼，東晉以後省。”孔祥軍《晉書地理志校注》：“《左傳・文公五年》杜注有安豐蓼縣，則太康元年蓼縣屬安豐郡。”

[7]松滋：縣名，治所在今安徽省霍邱縣東。孔祥軍《晉書地

理志校注》："《宋志》：'松滋令，前漢屬廬江，後漢無，晋屬安豐。'"

惠帝分汝陰立新蔡，分梁國立陳郡，[1]分汝南立南頓。永嘉之亂，豫州淪没石氏。[2]元帝渡江，以春穀縣僑立襄城郡及繁昌縣。[3]成帝乃僑立豫州於江淮之間，居蕪湖。[4]時淮南入北，乃分丹楊僑立淮南郡，居于湖。[5]又以舊當塗縣流人渡江，[6]僑立爲縣，并淮南、[7]廬江、安豐並屬豫州。[8]寧康元年，移鎮姑孰。[9]孝武改蘄春縣爲蘄陽縣，因新蔡縣人於漢九江王黥布舊城置南新蔡郡，[10]屬南豫州。[11]又於漢廬江郡之南部置晋熙郡。[12]

[1]分梁國立陳郡：清洪亮吉《東晋疆域志》："陳郡，漢置。《晋志》惠帝分梁國立陳郡。東晋領縣可考者二。《晋書》哀帝興寧二年，慕容評進圍陳郡，太守朱輔嬰城固守，桓温遣江陽相劉岵擊退之。案《宋書·武帝紀》元熙元年，以司州之陳郡、汝南、潁川、滎陽增宋國，是陳、汝南、潁川三郡晋末又屬司州，或裕平關洛後所移也。然前一年尚云豫州之汝南、北潁川、北南頓，又三郡自江左以來久屬豫州，今故不復移而附記於此。《沈志》去州陸七百六十，去京都水一千四百五十。西華，漢舊縣，屬汝南。《沈志》晋初省，惠帝永康元年復立，屬潁川，江左度此。穀陽，《沈志》本苦縣，前漢屬陳，《晋太康地志》屬梁。成帝咸康三年更名。顔師古《漢書注》稱《太康地記》城東有賴鄉祠，老子所生地。《元和郡縣志》晋成帝更名穀陽。《太平寰宇記》在穀水之陽，因以爲名。有寧平故城、賴鄉。"

清畢沅《晋書地理志新補正》："沅案《沈志》云，郡初併梁，王肜薨後，還爲陳郡。則事在永康二年後，與此志言晋惠帝分立陳郡，及《地形志》同。合杜預隱三年《左傳》注，即云陳國陳縣。《陳頵傳》亦云陳國苦人，皆言後漢舊名也。袁悦之、殷浩等《傳》即云陳郡陽夏長平人。”

［2］豫州淪没石氏：孔祥軍《晋書地理志校注》：“《晋書》卷五《孝懷帝紀》：‘（永嘉五年）冬十月，勒寇豫州諸郡，至江而還。’則至永嘉五年石勒方寇豫州。又據《晋書》卷五《孝愍帝紀》：‘（建興元年）六月，石勒害兖州刺史田徽，是時，山東郡邑相繼陷於勒。’則似於建興元年，豫州諸郡淪没。《晋志》誤。又《晋志》：‘惠帝分汝陰立新蔡，分梁國立陳郡，分汝南立南頓。’則惠帝時新置三郡，而置、廢確年皆乏考，所屬諸縣亦乏考。”

［3］春穀縣：治所在今安徽省蕪湖市繁昌區西北。

［4］蕪湖：縣名，治所在今安徽省蕪湖市東。清洪亮吉《東晋疆域志》：“蕪湖，漢舊縣。《元和郡縣志》晋謝尚、王敦皆嘗鎮此。案《沈志》無蕪湖縣，云晋末於蕪湖縣立襄垣。而明《蕪湖縣志》又云晋省蕪湖入襄垣。李吉甫、樂史於此縣省建，不甚明晰。但云晋爲重鎮，謝尚、王敦皆嘗鎮此。據此則蕪湖縣之省當在晋末立襄垣縣之時，東晋時有此縣可知。今故列入。至樂史云陳平縣始廢入當塗，恐亦未諦。今以《沈志》爲定。”

［5］于湖：縣名，治所在今安徽省當塗縣。

［6］當塗：縣名，治所在今安徽省懷遠縣南淮河南岸馬頭城。

［7］淮南：縣名，治所在今河南省桐柏縣境。

［8］安豐：豐，宋本作“豊”。

［9］姑孰：姑孰城，位於今安徽省當塗縣。

［10］黥布：本名英布，因受過黥刑，故名。秦末人，先爲項羽手下，後投劉邦。漢王五年，與劉賈入九江，誘降楚王大司馬周殷，舉九江兵會垓下，大破楚軍。被封爲九江王、淮南王。後起兵反叛，失敗被殺。

［11］南豫州：孔祥軍《晋書地理志校注》：“錢氏《考異》卷

十九：'按晋世無"南豫"之名……至永初受禪後，分淮東、西爲二，乃有"南豫"之稱。此《志》亦誤以宋人追稱爲晋時本號也。'是。"

[12]晋熙：東晋僑置郡，治所在懷寧縣（今安徽省潛山市）。清洪亮吉《東晋疆域志》："晋熙郡，《沈志》晋安帝分廬江立。樂史稱《宋書·州郡志》晋安帝復於舊皖縣地置懷寧縣，仍分廬江郡置晋熙郡。凡領縣二（僑縣别見）。《沈志》去州陸八百，無水。去京都水一千二百，無陸。懷寧，《沈志》晋安帝立。《太平寰宇記》漢皖縣。永嘉亂後遂廢。晋安帝復於舊縣改置懷寧縣。新冶，《沈志》晋安帝立。《太平寰宇記》晋安帝又於皖縣地立新冶縣，亦爲大雷戍。有大雷池。"

冀州。案《禹貢》《周禮》並爲河内之地，舜置十二牧，則其一也。《春秋元命包》云："昴畢散爲冀州，[1]分爲趙國。"其地有險有易，帝王所都，亂則冀安，弱則冀强，荒則冀豐。[2]舜以冀州南北闊大，分衛以西爲并州，燕以北爲幽州，周人因焉。及漢武置十三州，以其地依舊名爲冀州，歷後漢至晋不改。州統郡國十三，縣八十三，[3]户三十二萬六千。[4]

[1]昴畢：昴宿與畢宿的並稱。古人以昴畢爲冀州的分野。

[2]荒則冀豐：豐，宋本作"豊"。

[3]縣八十三：三，原本、宋本作"二"，殿本作"三"，據殿本、中華本校勘記改，與實領縣數合。

[4]户三十二萬六千：三十二，原本、宋本作"三十"，殿本作"三十一"，據中華本改。

趙國[1]漢置。統縣九，户四萬二千。

房子[2]　元氏[3]　平棘[4]　高邑[5]公國相。　中丘[6]　柏人[7]　平鄉[8]　下曲陽[9]故鼓子國。　鄡[10]

[1]趙國：清方愷《新校晋書地理志》："《左傳·昭十二年》杜注鉅鹿下，曲陽縣有肥纍城。十五年注，鼓聚同。又《地形志》'鄡'作'鄵'，云二漢、晋屬鉅鹿。案《説文·邑部》，鄡在鉅鹿，從邑，梟聲。蓋鄡爲正體，惟不屬趙國耳。"

孔祥軍《晋書地理志校注》："趙國治所乏考。魏末領縣七，其後下曲陽、鄡二縣來屬，領縣九，太康四年後中丘縣移屬中丘郡，領縣八。"

[2]房子：縣名，治所在今河北省高邑縣西。清畢沅《晋書地理志新補正》："沅案《太平寰宇記》稱《晋書·地道記》漢屬常山，晋改屬趙國。"孔祥軍《晋書地理志校注》："《後魏志》：'房子，二漢屬常山，晋屬（趙）。'"

[3]元氏：縣名，治所在今河北省元氏縣西北十五里故城。孔祥軍《晋書地理志校注》："《後魏志》：'元氏，二漢屬常山，晋屬（趙）。'"

[4]平棘：縣名，治所在今河北省趙縣東南。孔祥軍《晋書地理志校注》："《左傳·哀公四年》杜注有趙國平棘縣，則太康元年趙國有平棘縣。《後魏志》：'平棘，二漢屬常山，晋屬（趙）。'"

[5]高邑：縣名，治所在今河北省柏鄉縣北。孔祥軍《晋書地理志校注》："《後魏志》：'高邑，二漢屬常山……晋屬（趙）。'"

[6]中丘：縣名，治所在今河北省内丘縣西。清畢沅《晋書地理志新補正》："沅案《元和郡縣志》晋於此立中丘郡。《十六國春秋》石季龍改爲趙安縣。"孔祥軍《晋書地理志校注》："據《元和志》卷十五河東道邢州内丘縣條：'在漢爲中丘縣，屬常山郡。晋於此立中丘郡。'又《寰宇記》卷五十九河北道邢州内丘縣條：'在

漢爲中丘縣，屬常山郡……《趙記》：晋於此立中丘郡。’領縣可考者，唯有中丘縣，則中丘縣太康四年後移屬中丘郡。”

［7］柏人：縣名，治所在今河北省隆堯縣西北。孔祥軍《晋書地理志校注》：“《左傳·哀公四年》杜注有趙國柏人縣，則太康元年趙國有柏人縣。”

［8］平鄉：縣名，治所在今河北省平鄉縣西南。孔祥軍《晋書地理志校注》：“《宋書》卷二十九《符瑞下》：‘太康二年十月，白兔見趙國平鄉，趙王倫獲以獻。’則太康二年趙國有平鄉縣。”

［9］下曲陽：縣名，治所在今河北省晋州市西。清畢沅《晋書地理志新補正》：“沅案杜預昭十二年《左傳》注云距鹿下曲陽，則下曲陽晋亦屬鉅鹿，此《志》屬趙國，俟考。”孔祥軍《晋書地理志校注》：“《左傳·昭公十二年》杜注有鉅鹿下曲陽縣，則太康元年時下曲陽仍屬鉅鹿郡。又《後魏志》：‘曲陽，二漢、晋屬趙國，曰下曲陽。’則其後下曲陽移屬趙國。”

［10］鄡（qiāo）：縣名，治所在今河北省辛集市東南。孔祥軍《晋書地理志校注》：“魏屬鉅鹿郡，《晋志》屬。今檢《後魏志》：‘鄡縣，二漢、晋屬（鉅鹿郡）。’而《輿地廣記》卷十一河北西路上望深州望静安縣條：‘故陸澤縣，本鄡，漢屬鉅鹿郡，後漢作鄡，晋屬趙國。’則鄡縣似於晋初移屬趙國。”

鉅鹿國[1]秦置。統縣二，户一萬四千。[2]
廮陶[3]　鉅鹿[4]

［1］鉅鹿國：清方愷《新校晋書地理志》：“案本書《武帝紀》分封諸王，無鉅鹿之號。本書《新蔡王騰傳》有鉅鹿太守崔曼，是爲郡名無疑。互見魯郡下。不當作國。下曲陽、鄡當屬此郡。見前。又《水經注·濁漳水》篇引闞駰《十三州志》曰楊氏縣北四十里，武亭故縣也。《郡國志》楊氏屬鉅鹿，則晋時此郡下當有楊

氏縣，本志缺載。又案本書《衛恒傳》、恒序《四體書勢》云今鉅鹿宋子有耿球碑。宋子本漢縣，據此知西晋縣仍在，本《志》缺載。”

孔祥軍《晋書地理志校注》：“據《輿地廣記》卷十二河北西路下望趙州望寧晋縣條：‘寧晋縣，本廮陶縣地，漢屬巨鹿郡，後漢、晋、元魏爲郡治焉。’則鉅鹿國治廮陶，在今河北寧晋縣西南。魏末領縣六，其中下曲陽、鄡二縣晋時移屬趙國。其中南欒縣，據《後魏志》：‘南欒，二漢屬鉅鹿，晋罷，後復。’則晋時見廢。其中楊氏縣，據《寰宇記》卷六十河北道趙州寧晋縣條：‘寧晋縣東南三十五里，漢楊氏縣屬鉅鹿郡……晋省。’則晋時見廢。則領縣二。”

[2]户一萬四千：千，原本、宋本、殿本作“千”，中華本作“十”。按，據文中數據計算，此處應爲“兩萬四千”。

[3]廮陶：縣名，治所在今河北省寧晋縣西。孔祥軍《晋書地理志校注》：“《後魏志》：‘廮陶，二漢、晋屬（巨鹿）。’”

[4]鉅鹿：縣名，治所在今河北省平鄉縣西南。孔祥軍《晋書地理志校注》：“《後魏志》：‘巨鹿，二漢、晋屬巨鹿。’”

安平國[1]漢置。統縣八，户二萬一千。

信都[2]　下博[3]　武邑[4]　武遂[5]　觀津[6]侯相。扶柳[7]　廣宗[8]侯相。[9]　經[10]

[1]安平國：治所在信都縣（今河北省衡水市冀州區）。清畢沅《晋書地理志新補正》：“沅案《晋書》太康五年，改安平爲長樂國，封安平王孚曾孫祐爲王。十年，割武遂、武邑、觀津三縣爲武邑國，以封南宫王承爲武邑王。惠帝時承薨，無後，省還長樂。”

清方愷《新校晋書地理志》：“《地形志》長樂郡，漢信都，晋改。又堂陽、南宫，晋屬安平，後屬長樂。信都、下博，晋屬長樂。廣川晋屬廣川，後屬長樂。又云武邑郡，晋武帝置武邑、武遂、灌津，晋屬安平，後屬武邑。阜城晋屬渤海，後屬武邑。《水經注·濁漳水》篇，衡漳又東逕武邑縣故城北，晋武帝封子於縣，以爲王國。後分武邑、武遂、觀津爲武邑郡，治此。本書《武帝紀》太康五年二月景寅，立南宫王子玷爲長樂王。太康十年冬十月壬子，徙南宫王承爲武邑王。又《牽秀傳》秀武邑觀津人。參考兩書，晋實有長樂、武邑二郡，即在太康之後，亦當别見。下篇本《志》絶不載及未詳何據。又案洪氏亮吉《東晋疆域志》引《元和郡縣志》晋置武强縣，屬武强郡，並云今考武强郡誤，當從《地形志》作武邑郡也。蓋晋武置武邑郡，又置武强縣以屬之。今案《水經注·河水》篇，又東北逕長樂郡武强縣故城東。長樂故信都，晋太康五年改從今名，則武强當屬長樂，《元和志》有脱誤也。”

孔祥軍《晋書地理志校注》：“據《輿地廣記》卷十河北東路上冀州望信都縣條：‘漢爲信都國治，後漢爲安平國治。晋因之。’則安平國治信都，在今河北冀州市。魏末領縣十一，晋初阜城縣移屬勃海郡。據《輿地廣記》卷十河北東路上冀州上南宫縣條：‘南宫縣……後漢屬廣平國，晋省之，後復置。’又《與地廣記》卷十河北東路上冀州上南宫縣條：“堂陽鎮本漢堂陽縣……後漢屬廣平國，晋省之，後復置。’則南宫、堂陽廢，其後復置，今檢《寰宇記》卷六十三河北道冀州條：‘至泰始元年封皇祖（司馬）孚爲安平王。太康五年又改爲長樂國，立（司馬）孚曾孫（司馬）祐爲王。十年割武遂、武邑、觀津三縣爲武邑王，以封南宫王（司馬）承爲武邑王。惠帝時（司馬）承薨，無後，省還長樂。’則魏安平郡泰始元年改爲安平國，太康五年改爲長樂國，太康十年武遂、武邑、觀津三縣割屬武邑國，惠帝時武邑國除，三縣復，領縣八。南宫、堂陽二縣後復，領縣十。”

[2]信都：縣名，治所在今河北省衡水市冀州區。清畢沅《晋書地理志新補正》：“沅案《水經注》晋太康五年，改名長樂。《太平寰宇記》黄初中冀州刺史自鄴徙理信都，西晋末，石趙自信都徙

理襄國，至季龍徙於鄴。慕容儁平冉閔，冀州又徙理於信都。苻堅克慕容暐，州又徙理於鄴，後慕容垂據中山，復移冀州於信都。”孔祥軍《晋書地理志校注》：“今檢《水經注》卷五：‘長樂，故信都也。晋太康五年改從今名。’則太康五年後改信都爲長樂。”

[3]下博：縣名，治所在今河北省深州市東南。孔祥軍《晋書地理志校注》：“《後魏志》：‘下博，二漢、晋屬（長樂）。’”

[4]武邑：縣名，治所在今河北省武邑縣。清畢沅《晋書地理志新補正》：“沅案《太平寰宇記》晋太康十年於此置武邑郡。《牽秀傳》武邑觀津人。”孔祥軍《晋書地理志校注》：“太康十年後，移屬武邑國，惠帝時附屬長樂國。”

[5]武遂：縣名，治所在今河北省武强縣西北。清畢沅《晋書地理志新補正》：“沅案《晋國縣道記》晋於此置武强縣。”孔祥軍《晋書地理志校注》：“太康十年後，移屬武邑國，惠帝時復屬長樂國。”

[6]觀津：縣名，治所在今河北省武邑縣東南。孔祥軍《晋書地理志校注》：“太康十年後，移屬武邑國，惠帝時復屬長樂國。”

[7]扶柳：縣名，治所在今河北省衡水市冀州區西北。孔祥軍《晋書地理志校注》：“《後魏志》：‘扶柳……後漢、晋屬安平國。’”

[8]廣宗：縣名，治所在今河北省威縣東。孔祥軍《晋書地理志校注》：“《後魏志》：‘廣宗，後漢屬巨鹿，晋屬安平。’”

[9]侯相：相，原本、宋本、殿本作“相”，中華本作“國”。

[10]經：縣名，治所在今河北省廣宗縣東北。孔祥軍《晋書地理志校注》：“《後魏志》：‘經，後漢、晋屬安平。’”

平原國[1]漢置。統縣九，户三萬一千。

平原[2]　高唐[3]　茌平[4]　博平[5]　聊城[6]　安德[7]　西平昌[8]　般[9]　鬲[10]

［1］平原國：治所在平原縣（今山東省平原縣西南）。清方愷《新校晋書地理志》："《地形志》高唐，二漢、晋屬平原，後罷。《水經注·漯水》篇杜預曰，祝阿縣西北有高唐城，據此知太康之初，高唐已罷併祝阿矣。"

孔祥軍《晋書地理志校注》："據《晋書》卷三《武帝紀》：'（泰始元年封）皇叔父（司馬）幹爲平原王。'則泰始元年爲平原國。魏領縣十，其中漯陰縣晋初移屬青州濟南郡，領縣九。"

［2］平原：縣名，治所在今山東省平原縣西南。

［3］高唐：縣名，治所在今山東省禹城市西南。孔祥軍《晋書地理志校注》："《後魏志》：'高唐，二漢、晋屬平原。'"

［4］茌平：縣名，治所在今山東省聊城市茌平區西南。

［5］博平：縣名，治所在今山東省聊城市茌平區博平鎮西北。清畢沅《晋書地理志新補正》："沅案《元和郡縣志》漢屬東郡，晋移屬聊城。"孔祥軍《晋書地理志校注》："《宋志》：'博平令，漢屬東郡，晋屬平原。'又《後魏志》：'博平，二漢屬東郡，晋屬（平原）。'"

［6］聊城：縣名，治所在今山東省聊城市西北。孔祥軍《晋書地理志校注》："《後魏志》：'聊城，二漢屬東郡、晋屬（平原）。'"

［7］安德：縣名，治所在今山東省平原縣東北。孔祥軍《晋書地理志校注》："《後魏志》：'安德，二漢、晋屬平原。'"

［8］西平昌：縣名，治所在今山東省臨邑縣德平鎮西南。孔祥軍《晋書地理志校注》："《後魏志》：'平昌，二漢、晋屬平原。後漢，晋曰西平昌。'"

［9］般：縣名，治所在今山東省樂陵市西南。孔祥軍《晋書地理志校注》："《後魏志》：'般，二漢、晋屬平原。'"

［10］鬲：縣名，治所在今山東省平原縣北。鬲，原本、宋本作鬲，即"鬲"之異體字，殿本作"鬲"，據殿本改。

樂陵國[1]漢置。統縣五，户三萬三千。

厭次[2]　陽信[3]　漯沃[4]　新樂[5]　樂陵[6]有都尉居。

[1]樂陵國：治所在厭次縣（今山東省惠民縣東）。清方愷《新校晋書地理志》："石苞封樂陵郡公，子孫世爵，至西晋末。見本書本傳。不應再作王國。《水經注·河水》篇樂陵縣，伏琛、晏謨言平原邑，今分爲郡，是也。互見魯郡下。"

孔祥軍《晋書地理志校注》："據《寰宇記》卷六十五河北道棣州厭次縣條：'厭次縣……本漢富平縣也，屬平原郡……魏樂陵國、晋樂陵郡理於此。'則樂陵國治厭次，在今山東陽信縣東南。"

[2]厭次：縣名，治所在今山東省惠民縣桑落墅鎮。清畢沅《晋書地理志新補正》："沅案《太平寰宇記》晋樂陵國理此。"孔祥軍《晋書地理志校注》："《宋志》：'厭次令，前漢曰富平，明帝更名，屬平原，《晋太康地志》屬樂陵。'則太康三年樂陵國有厭次縣。《後魏志》：'厭次，二漢屬平原，後漢曰富平，孝明改，晋屬（樂陵）。'"

[3]陽信：縣名，治所在今山東省無棣縣北。孔祥軍《晋書地理志校注》："今檢《宋志》：'陽信令，二漢屬勃海，《晋太康地志》屬樂陵。'則太康三年樂陵國有陽信縣。《後魏志》：'陽信，二漢屬勃海，晋屬（樂陵）。'"

[4]漯沃：縣名，治所在今山東省濱州市西北。孔祥軍《晋書地理志校注》："《後魏志》：'濕沃，二漢屬千乘，後罷，晋復，屬（樂陵）。'顧炎武《金石文字記》卷一'李翕析里橋郙閣銘條'詳考'濕'即'漯'。則'濕沃'即'漯沃'。"

[5]新樂：縣名，治所在今河北省南皮縣東南。

[6]樂陵：縣名，治所在今山東省樂陵市東南。孔祥軍《晋書地理志校注》："《後魏志》：'樂陵，二漢屬平原，後屬（樂陵）。'

又《輿地廣記》卷十河北東路北輔開德府上滄州緊樂陵縣條：‘二漢屬平原郡。故城在今縣東。晉屬樂陵國。’”

勃海郡[1]漢置。統縣十，户四萬。

南皮[2]　東光[3]　浮陽[4]　饒安[5]　高城[6]　重合[7]　東安陵[8]　蓨[9]　廣川[10]侯相。　阜城[11]

[1]勃海郡：治所在南皮縣（今河北省南皮縣東北）。清方愷《新校晋書地理志》：“《地形志》廣川晋屬廣川，後屬長樂。棗强前漢縣，後漢罷，晋復屬廣川。索盧，晋屬廣川，似西晋時曾分立廣川郡並置索盧。而《郡州志》廣川太守下絶不載西晋立此郡，於廣川縣則云前漢屬信都，後漢屬清河，魏屬勃海，晋還清河。於棗强縣則云前漢屬清河，後漢晋江左無。魏、沈二説互異，本《志》以廣川縣屬勃海，既不隸廣川長樂，又不屬清河，未詳何據。”

孔祥軍《晋書地理志校注》：“渤海郡治南皮，在今河北南皮縣北。魏領縣九，入晋後增置東安陵縣，阜城縣來屬，章武縣泰始元年移屬章武國，領縣十。太康四年後廣川縣移屬清河國，領縣九。”

[2]南皮：縣名，治所在今河北省南皮縣東北。孔祥軍《晋書地理志校注》：“《後魏志》：‘南皮，二漢、晋屬（勃海）。’”

[3]東光：縣名，治所在今河北省東光縣東。孔祥軍《晋書地理志校注》：“《後魏志》：‘東光，二漢、晋屬（勃海）。’”

[4]浮陽：縣名，治所在今河北省滄州市東南舊滄州。孔祥軍《晋書地理志校注》：“《後魏志》：‘浮陽……二漢、晋屬勃海。’”

[5]饒安：縣名，治所在今河北省鹽山縣西南舊縣。孔祥軍《晋書地理志校注》：“《後魏志》：‘饒安，二漢、晋屬勃海。’”

[6]高城：縣名，治所在今河北省鹽山縣東南。孔祥軍《晋書地理志校注》：“《後魏志》：‘高城，二漢、晋屬（勃海）。’”

[7]重合：縣名，治所在今山東省樂陵市西北。孔祥軍《晋書

地理志校注》："《後魏志》：'重合，二漢、晋屬（勃海）。'"

[8]東安陵：縣名，治所在今河北省吴橋縣東北。孔祥軍《晋書地理志校注》："魏無此縣，今檢《寰宇記》卷六十四河北道德州安陵縣條：'本漢蓨縣地，屬勃海郡。漢立安縣。舊地理書但云蓨縣，並失安縣理所。今縣東七里晋所置東安陵縣城，即漢安縣舊理也。'則西晋置東安陵縣。"

[9]蓨：縣名，治所在今河北省景縣東。孔祥軍《晋書地理志校注》："《後魏志》：'蓨，二漢、晋屬（勃海）。'"

[10]廣川：縣名，治所在今河北省景縣西南廣川鎮。孔祥軍《晋書地理志校注》："《宋志》：'廣川縣，前漢屬信都，後漢屬清河，魏屬勃海，晋還清河。'則太康四年後其移屬清河國。"

[11]阜城：縣名，治所在今河北省阜城縣東。孔祥軍《晋書地理志校注》："魏屬安平郡，《後魏志》：'阜城，前漢屬勃海，後漢屬安平，晋屬勃海。'則晋初阜城縣移屬渤海郡。"

章武國[1]泰始元年置。統縣四，户一萬三千。

東平舒[2]　文安[3]　章武[4]　東州[5]

[1]章武國：治所在東平舒縣（今河北省大城縣）。清方愷《新校晋書地理志》："東平舒或做東平野，誤。今正。"孔祥軍《晋書地理志校注》："章武國治乏考。魏無章武國，泰始元年分河間、渤海置。"

[2]東平舒：縣名。治所在今河北省大城縣。孔祥軍《晋書地理志校注》："魏屬河間郡，《後魏志》：'平舒，前漢屬勃海，後漢屬河間國，晋屬（章武）。二漢、晋曰東平舒。'"

[3]文安：縣名。治所在今河北省文安縣。孔祥軍《晋書地理志校注》："魏屬河間郡，《後魏志》：'文安，前漢屬勃海，後漢屬河間國，晋屬（章武）。'"

[4]章武：縣名。治所在今河北省青縣東。孔祥軍《晋書地理志校注》："魏屬河間郡，今檢《後魏志》：'章武，二漢屬勃海，晋屬章武。'"

[5]束州：縣名。治所在今河北省河間市東。孔祥軍《晋書地理志校注》："魏屬河間郡，《後魏志》：'束州，前漢屬勃海，後漢屬河間國，晋屬（章武）。'"

河間國[1]漢置。統縣六，户二萬七千。

樂城[2]侯相。　武垣[3]　鄚[4]侯相。　易城[5]　中水[6]　成平[7]

[1]河間國：治所在樂城縣（今河北省獻縣東南）。清方愷《新校晋書地理志》："《水經注》但有易縣無易城縣。《地形志·易縣》下云前漢屬涿，漢晋屬河間，後屬高陽，亦不書晋改易城。本《志》豈别有據耶？《五行志》亦作易城。"

孔祥軍《晋書地理志校注》："河間國治樂城，在今河北獻縣東南。據《晋書》卷三《武帝紀》：'（泰始元年封皇從父兄司馬）洪爲河間王。'則泰始元年爲河間國。魏末領縣十，其中弓高縣，據《寰宇記》卷六十三河北道冀州阜城縣條：'弓高城……晋省縣。'則其晋初廢。東平舒等三縣泰始元年移屬章武國。則領縣六。"

[2]樂城：縣名，治所在今河北省獻縣東南。清畢沅《晋書地理志新補正》："沅案本漢舊縣，桓帝改爲樂陵。魏文帝復舊名。"孔祥軍《晋書地理志校注》："《後魏志》：'樂城，二漢、晋屬（河間）。'"

[3]武垣：縣名，治所在今河北省肅寧縣東南。孔祥軍《晋書地理志校注》："《後魏志》：'武垣，前漢屬涿郡，後漢、晋屬（河間）。'"

[4]鄚：縣名，治所在今河北省任丘市北。孔祥軍《晋書地理

志校注》："《左傳·昭公七年》杜注有河間鄚縣，則太康元年河間國有鄚縣。《後魏志》：'鄚，後漢、晋屬（河間）。'"

[5]易城：縣名，治所在今河北省雄安新區西北古縣。中華本校勘記："《漢志》上、《續漢志》二、《後魏志》上及《後漢書·劉虞傳》並無'城'字。"孔祥軍《晋書地理志校注》："《漢志》《續漢志》《後魏志》皆作'易'，則'易城'似爲'易'字之訛，《後魏志》：'易，前漢屬涿，後漢、晋屬河間。'"

[6]中水：縣名，治所在今河北省獻縣西北。孔祥軍《晋書地理志校注》："《後魏志》：'中水，前漢屬涿郡，後漢、晋屬河間國。'"

[7]成平：縣名，治所在今河北省滄州市西南。孔祥軍《晋書地理志校注》："《後魏志》：'成平，前漢屬勃海，後漢、晋屬河間。'"

高陽國[1]泰始元年置。統縣四，户七千。

博陸[2]　高陽[3]　北新城[4]侯相。　蠡吾[5]

[1]高陽國：治所在博陸縣（今河北省蠡縣南）。清方愷《新校晋書地理志》："《地形志》扶輿，前漢屬涿，後漢罷，晋復屬高陽，前漢、晋曰樊輿，後罷。案《魏志》各縣有云晋縣後罷者，本《志》或存或否，又未詳斷於何年。後人讀此無可依據，姑志於此，以俟博學。又《地形志》樂鄉，前漢縣，後漢罷，晋復屬高陽，《志》皆不載。"

孔祥軍《晋書地理志校注》："據《輿地廣記》卷十二河北西路下同下州永寧軍望博野縣條：'（漢桓帝）因分（蠡吾縣）置博陵縣，晋改爲博陸，爲高陽國治。'則高陽國治博陸，在今河北蠡縣北。魏末無此郡，據《晋書》卷三《武帝紀》：'（泰始元年封皇從叔父司馬）珪爲高陽王。'則武帝泰始元年置高陽國。"

［2］博陸：縣名，治所在今河北省蠡縣南。孔祥軍《晋書地理志校注》："魏作'博陵'，屬博陵郡，據上引《輿地廣記》博陵縣入晋後改爲博陸縣。《宋志》：'博陸縣霍光所封，而二漢無（東漢有博陵縣），晋屬高陽。'"

［3］高陽：縣名，治所在今河北省高陽縣東舊城。孔祥軍《晋書地理志校注》："魏屬博陵郡，《輿地廣記》卷十二河北西路下同下州順安軍中高陽縣條：'漢屬涿郡，後漢屬河間國，晋屬高陽國。'"

［4］北新城：縣名，治所在今河北省保定市徐水區西南。孔祥軍《晋書地理志校注》："魏屬幽州涿郡，今檢《宋志》：'新城令，前漢屬中山，後漢屬涿，《晋太康地志》屬高陽，並曰北新城。'則太康三年高陽國有北新城縣，又《後魏志》：'新城，二漢、晋曰北新城，前漢屬中山，後漢屬涿，晋屬（高陽郡）。'"

［5］蠡吾：縣名，治所在今河北省博野縣西南。孔祥軍《晋書地理志校注》："魏屬博陵郡，《後魏志》：'蠡吾，前漢屬涿，後漢屬中山，晋屬（高陽）。'"

博陵郡[1]漢置。統縣四，户一萬。

安平[2]　饒陽[3]　南深澤[4]　安國[5]

［1］博陵郡：原本、宋本、殿本作"博陵國"，據清方愷《新校晋書地理志》考證及中華本改。治所在安平縣（今河北省安平縣）。清方愷《新校晋書地理志》："《續漢郡國志》無博陵國，《水經注·滱水》篇云漢質帝本初元年，追尊父翼陵曰博陵，因以爲縣，又置郡焉。漢末罷還安平。晋太始復爲郡。本《志》但言漢置，不載已廢復立，似有遺脱。西晋無博陵王，惟王浚嗣父沈爵爲博陵君公，蓋公國也。（寅案汲古閣本作'博陵郡'不作'博陵國'。此據殿本，汲古閣本已校正。）"

清畢沅《晉書地理志新補正》:“沅案《水經注》漢桓帝置，漢末罷還安平。晉泰始中復爲郡。”

孔祥軍《晉書地理志校注》:“博陵郡治乏考。魏博陵郡領縣七，泰始元年後高陽、博陵、蠡吾三縣移屬高陽國，領縣四。”

[2]安平：縣名，治所在今河北省安平縣。孔祥軍《晉書地理志校注》:“《後魏志》:‘安平，前漢屬涿，後漢屬安平，晉屬（博陵）。’”

[3]饒陽：縣名，治所在今河北省饒陽縣東北。孔祥軍《晉書地理志校注》:“《後魏志》:‘饒陽，前漢屬涿，後漢屬安平，晉屬（博陵）。’”

[4]南深澤：縣名，治所在今河北省深澤縣東南。孔祥軍《晉書地理志校注》:“《後魏志》:‘深澤，前漢屬涿，後漢屬安平，晉屬（博陵）。二漢、晉曰南深澤。’”

[5]安國：縣名，治所在今河北省安國市東南。孔祥軍《晉書地理志校注》:“《後魏志》:‘安國，二漢屬中山，晉屬（博陵）。’”

清河國[1]漢置。統縣六，户二萬二千。

清河[2]　東武城[3]　繹幕[4]侯相。　貝丘[5]　靈[6]　鄃[7]

[1]清河國：治所在清河縣（今山東省臨清市東北）。清方愷《新校晉書地理志》:“《郡國志》作貝邱，前漢宋魏《志》《水經注》同。應劭以此縣爲即左氏齊襄公田於貝邱故地。（見《地理志注》）《水經注·河水》篇或本作具邱者，誤。”

清畢沅《晉書地理志新補正》:“沅案《太平寰宇記》永嘉亂後，石趙移郡理平晉城。苻秦移理武城。《縣道記》慕容垂於清河郡棗强縣置廣川郡。”

孔祥軍《晋書地理志校注》："清河國治清河，在今山東臨清市東北。今檢《宋志》：'廣川縣，前漢屬信都，後漢屬清河，魏屬勃海，晋還清河。'則廣川太康四年後來屬，領縣七。"

[2]清河：縣名，治所在今山東省臨清市東北。清畢沅《晋書地理志新補正》："沅案《太平寰宇記》晋省甘陵縣，於厝縣西南七里置清河縣。"孔祥軍《晋書地理志校注》："《後魏志》：'清河，二漢、晋屬（清河）。'"

[3]東武城：縣名，治所在今山東省武城縣西北，太康中改爲武城縣。清畢沅《晋書地理志新補正》："沅案《太平寰宇記》晋太康中去'東'字。"孔祥軍《晋書地理志校注》："《後魏志》：'武城，二漢、晋曰東武城，屬（清河）。'"

[4]繹幕：縣名，治所在今山東省平原縣西北。孔祥軍《晋書地理志校注》："《後魏志》：'繹幕，二漢、晋屬（清河）。'"

[5]貝丘：縣名，治所在今山東省臨清市南。孔祥軍《晋書地理志校注》："《後魏志》：'貝丘，二漢、晋屬（清河）。'"

[6]靈：縣名，治所在今山東省高唐縣姜店鎮。孔祥軍《晋書地理志校注》："《後魏志》：'靈，二漢、晋屬（清河）。'又《宋志》：'零令，漢舊縣，作靈。'又《輿地廣記》卷十河北東路上博州緊博平縣條：'漢靈縣，屬清河郡，後漢及晋因之。'"

[7]鄃：縣名，治所在今山東省平原縣西南，夏津縣東北。孔祥軍《晋書地理志校注》："《後魏志》：'鄃，二漢、晋屬（清河）。'"

中山國[1]漢置。統縣八，户三萬二千。

盧奴[2]　魏昌[3]　新市[4]　安喜[5]　蒲陰[6]　望都[7]　唐[8]　北平[9]

[1]中山國：治所在盧奴縣（今河北省定州市）。清方愷《新

校晋書地理志》："劉逵《魏都賦注》，真定屬中山郡，故安屬范陽，今見屬中山郡。杜氏《釋例》北岳、中山曲陽縣西北恒山也。本《志》俱屬他郡，不詳所據。"

孔祥軍《晋書地理志校注》："中山國治盧奴，在今河北定州市。據《晋書》卷三《武帝紀》：'（泰始元年封皇從叔父司馬）睦爲中山王。'則泰始元年爲中山國。魏末領縣十，其中無極縣，據《輿地廣記》卷十一河北西路次府中山府緊無極縣條：'無極縣，二漢爲毋極屬中山國，晋省之……武后改毋極爲無極。'則其晋初見廢。領縣九。據杜預《春秋釋例》卷七：'北岳，中山上曲陽縣西北恒山也。'則上曲陽晋初仍屬中山國，又《後魏志》：'上曲陽，前漢屬常山，後漢屬（中山），晋屬常山。'則太康四年前上曲陽移屬常山國。領縣八。"

［2］盧奴：縣名，治所在今河北省定州市。清畢沅《晋書地理志新補正》："沅案《十六國春秋》後燕慕容垂都中山時，因改盧奴縣爲弗違縣。"

［3］魏昌：縣名，治所在今河北省定州市東南。孔祥軍《晋書地理志校注》："《後魏志》：'魏昌，二漢、晋屬（中山）。'"

［4］新市：縣名，治所在今河北省正定縣東。孔祥軍《晋書地理志校注》："《左傳・昭公十二年》杜注有中山新市縣，則太康元年中山國有新市縣。《後魏志》：'新市，二漢、晋屬（中山）。'"

［5］安喜：縣名，治所在今河北省定州市東南。孔祥軍《晋書地理志校注》："《後魏志》：'安喜，二漢、晋屬（中山）。'"

［6］蒲陰：縣名，治所在今河北省順平縣東南。清畢沅《晋書地理志新補正》："沅案本漢安國縣之地。《魏志・后妃傳》明帝追封后父毛嘉爲安國侯。"孔祥軍《晋書地理志校注》："《後魏志》：'蒲陰，二漢、晋屬（中山）。'"

［7］望都：縣名，治所在今河北省唐縣東北。孔祥軍《晋書地理志校注》："《左傳・昭公十三年》杜注有中山望都縣，則太康元年中山國有望都縣。《後魏志》：'望都，二漢、晋屬（中山）。'"

[8]唐：縣名，治所在今河北省唐縣東北。孔祥軍《晋書地理志校注》："《左傳·昭公十二年》經文杜注有中山唐縣，則太康元年中山國有唐縣。《後魏志》：'唐，二漢、晋屬（中山）。'"

[9]北平：縣名，治所在今河北省保定市滿城區北。孔祥軍《晋書地理志校注》："《後魏志》：'北平，二漢、晋屬中山。'"

常山郡[1]漢置。統縣八，户二萬四千。

真定[2]　石邑[3]　井陘[4]　上曲陽[5]恒山在縣西北，有坂號飛狐口。　蒲吾[6]　南行唐[7]　靈壽[8]　九門[9]侯相。

[1]常山郡：治所在真定縣（今河北省石家莊市）。清方愷《新校晋書地理志》："據杜説則恒山在中山曲陽，而郭璞注《爾雅》北岳説與本《志》同，豈太康以後割隸耶？"

孔祥軍《晋書地理志校注》："據《輿地廣記》卷十一河北西路上次府真定府次赤真定縣條：'真定縣……後漢併入常山，魏、晋爲郡治。'則常山國治真定，在今河北石家莊市。據《晋書》卷三《武帝紀》：'（泰始元年封皇從叔父司馬）衡爲常山王。'則泰始元年爲常山國，《晋志》作常山郡，誤。魏領縣八，其中上艾縣晋初移屬并州樂平郡，則領縣七，後上曲陽來屬，領縣八。"

[2]真定：縣名，治所在今河北省石家莊市。孔祥軍《晋書地理志校注》："《後魏志》：'真定，前漢屬真定國，後漢、晋屬（常山）。'"

[3]石邑：縣名，治所在今河北省石家莊市鹿泉區東南。孔祥軍《晋書地理志校注》："《後魏志》：'石邑，前漢屬（常山），後漢罷，晋復（按：據《魏志》卷二《文帝紀》：（延康元年）八月石邑縣言鳳凰集，則漢末石邑縣復置，"晋復"，當作"魏復"，中華書局標點本《魏書》失校），屬（常山）。'"

[4]井陘：縣名，治所在今河北省井陘縣西北。孔祥軍《晉書地理志校注》："《後魏志》：'井陘，二漢、晉屬（常山）。'"

[5]上曲陽：縣名，治所在今河北省曲陽縣西。

[6]蒲吾：縣名，治所在今河北省平山縣平山鎮蒲吾村。孔祥軍《晉書地理志校注》："《後魏志》：'蒲吾，二漢、晉屬（常山）。'"

[7]南行唐：縣名，治所在今河北省行唐縣東北。孔祥軍《晉書地理志校注》："《後魏志》：'行唐，晉曰南行唐，屬（常山）。'"

[8]靈壽：縣名，治所在今河北省靈壽縣西北。孔祥軍《晉書地理志校注》："《後魏志》：'靈壽，二漢、晉屬（常山）。'"

[9]九門：縣名，治所在今河北省石家莊市藁城區西北。孔祥軍《晉書地理志校注》："《後魏志》：'九門，二漢、晉屬（常山）。'"

惠帝之後，冀州淪没於石勒。[1]勒以太興二年僭號於襄國，稱趙。後爲慕容儁所滅，[2]慕容氏又爲苻堅所滅。[3]孝武太元八年，堅敗，其地入慕容垂。[4]垂僭號於中山，是爲後燕。後燕卒滅於魏。

[1]冀州淪没於石勒：孔祥軍《晉書地理志校注》："據《晉書》卷五《孝愍帝紀》：'（建興元年）六月，石勒害兗州刺史田徽。是時，山東郡邑相繼陷於勒。'則似建興元年冀州諸郡淪没。"

[2]慕容儁：字宣英，本書卷一一〇有載記。

[3]苻堅：字永固，本書卷一一三有載記。

[4]慕容垂：字道明，本書卷一二三有載記。

幽州。案《禹貢》冀州之域，舜置十二牧，則其一也。《周禮》："東北曰幽州。"《春秋元命包》云："箕星散爲幽州，[1]分爲燕國。"言北方太陰，故以幽冥爲號。武王定殷，封召公於燕，[2]其後與六國俱稱王。及秦滅燕，以爲漁陽、上谷、右北平、遼西、遼東五郡。漢高帝分上谷置涿郡。武帝置十三州，幽州依舊名不改。其後開東邊，置玄菟、樂浪等郡，亦皆屬焉。元鳳元年，改燕曰廣陽郡。幽州所部凡九郡，至晋不改。幽州統郡國七，縣三十四，户五萬九千二十。[3]

[1]箕星：星宿名。二十八宿之一。《詩・小雅・巷伯》："成是南箕。"毛亨傳："南箕，箕星也。"孔穎達疏："二十八宿有箕星，無南箕。故云南箕即箕星也。箕四星：二爲踵，二爲舌。"

[2]召公：姬姓，名奭，成王時三公之一。自陝以西，召公主之；自陝以東，周公主之。召公治西方，甚得民和。召公卒，民思其政。

[3]户五萬九千二十：十，殿本作"百"。

范陽國漢置涿郡。[1]魏文更名范陽郡。武帝置國，封宣帝弟子綏爲王。[2]統縣八，户一萬一千。

涿[3]　良鄉[4]　方城[5]　長鄉[6]　遒[7]　故安[8]　范陽[9]　容城[10]侯相。

[1]范陽國：治所在涿縣（今河北省涿州市）。清方愷《新校晋書地理志》："故安，據劉逵注《三都賦》當屬中山（見前）。《地形志》故安作固安。（寅案《郡國志》作故安是也。《地形志》萇鄉晋屬范陽，此長鄉疑常作萇鄉）。"

孔祥軍《晋書地理志校注》："范陽國治乏考，魏末有涿郡，據

《水經注》卷十二：‘（涿郡）晋太始元年改曰范陽郡。’又《宋志》：‘晋武帝泰始元年，分（當作改）涿爲范陽。’則泰始元年改涿郡爲范陽郡。《晋志》云：‘魏文更名范陽郡’，顯誤。據《晋書》卷三《武帝紀》：‘（泰始元年）封……（司馬）綏爲范陽王。’則改范陽郡後，旋又置國。魏末涿郡領縣八，其中北新城晋初移屬高陽國，增置長鄉縣，則領縣八。”

［2］爲王：王，原本作“三”，宋本、殿本作“王”，據宋本、殿本改。

［3］涿：縣名，治所在今河北省涿州市。孔祥軍《晋書地理志校注》：“《後魏志》：‘涿，二漢屬涿，晋屬（范陽）。’”

［4］良鄉：縣名，治所在今北京市房山區南。孔祥軍《晋書地理志校注》：“《後魏志》：‘良鄉，二漢屬涿，晋屬（范陽）。’”

［5］方城：縣名，治所在今河北省固安縣西北。孔祥軍《晋書地理志校注》：“《後魏志》：‘方城，前漢屬廣陽，晋屬（范陽）。’”

［6］長鄉：縣名，治所在今河北省涿州市東。清畢沅《晋書地理志新補正》：“沅案《太平寰宇記》漢陽鄉縣，後漢省。晋復置爲長鄉。”孔祥軍《晋書地理志校注》：“魏無此縣，今檢《寰宇記》卷七十河北道涿州固安縣條：‘良鄉故城，漢爲縣……後漢省，晋復置爲長鄉。’則長鄉縣晋初復置。又《後魏志》：‘長鄉，晋屬（范陽）。’”

［7］遒：縣名，治所在今河北省容城縣北。孔祥軍《晋書地理志校注》：“《後魏志》：‘遒，二漢屬涿，晋屬（范陽）。’”

［8］故安：縣名，治所在今河北省易縣高陌鄉東貫城村。孔祥軍《晋書地理志校注》：“《後魏志》：‘固安，二漢屬涿，晋屬（范陽）。’”

［9］范陽：縣名，治所在今河北省定興縣固城鎮。孔祥軍《晋書地理志校注》：“《後魏志》：‘范陽，二漢屬涿，晋屬（范陽）。’”

[10]容城：縣名，治所在今河北省容城縣北。孔祥軍《晋書地理志校注》："《後魏志》：'容城，前、後漢屬涿，晋屬（范陽）。'"

燕國[1]漢置，孝昭改爲廣陽郡。[2]統縣十，户二萬九千。

薊[3] 安次[4]侯相。 昌平[5] 軍都[6]有關。[7] 廣陽[8] 潞[9] 安樂[10]國相。蜀主劉禪封此縣公。[11] 泉州[12]侯相。 雍奴[13] 狐奴[14]

[1]燕國：治所在薊縣（今北京市西南）。清方愷《新校晋書地理志》："安國當作安樂。《水經注·沽水》篇云沽水又南逕安樂縣故城東。《晋書地道記》云晋封劉禪爲侯國，此刊本之訛，互見荆州上庸郡。（寅案汲古閣本亦作'安樂'，云國相蜀主劉禪封此縣公，是本不作安國也。此據殿本，未校正。）"

孔祥軍《晋書地理志校注》："燕國治乏考，據《晋書》卷三《武帝紀》：'（泰始元年封）皇弟（司馬）機爲燕王。'則泰始元年爲燕國。魏末領縣五，咸寧後漁陽郡五縣：潞、安樂、泉州、雍奴、狐奴來屬，領縣十。"

[2]孝昭改爲廣陽郡：清畢沅《晋書地理志新補正》："沅案《通典》漢高帝分置燕國，又分燕置涿郡及廣陽國。後漢爲涿、廣陽二郡地。魏更名范陽郡。晋爲燕、范陽二國。據此則燕國晋所復置，非漢之舊矣。此注云漢置，微誤。"孝昭，西漢昭帝，名弗陵，武帝少子，公元前 87 至前 74 年在位。即位時八歲，靠霍光輔政。統治時期社會較安定。

[3]薊：縣名，治所在今北京市西南。孔祥軍《晋書地理志校注》："《左傳·莊公三十年》《左傳·襄公二十八年》杜注有燕國薊縣，則太康元年燕國有薊縣。又《後魏志》：'薊，二漢屬廣陽，晋屬（燕）。'"

［4］安次：縣名，治所在今河北省廊坊市安次區。孔祥軍《晋書地理志校注》："《宋志》：'安次令，前漢舊縣屬勃海，後漢屬廣陽，《晋太康地志》屬燕國。' 則太康三年燕國有安次縣。"

［5］昌平：縣名，治所在今北京市昌平區東南。孔祥軍《晋書地理志校注》："《輿地廣記》卷十二河北路化外州大都督幽州望昌平縣條：'漢屬上谷郡，東漢屬廣陽郡，晋屬燕國。'"

［6］軍都：縣名，治所在北京市昌平區西南。孔祥軍《晋書地理志校注》："《後魏志》：'軍都，前漢屬上谷，後漢書廣陽，晋屬（燕）。'"

［7］有關：宋本無"關"字。

［8］廣陽：縣名，治所在北京市房山區良鄉鎮。孔祥軍《晋書地理志校注》："《後魏志》：'廣陽，二漢屬廣陽，晋屬（燕）。'"

［9］潞：縣名，治所在今河北省三河市西南。孔祥軍《晋書地理志校注》："《後魏志》：'潞，二漢屬（漁陽），晋屬燕國。'"

［10］安樂：縣名，治所在今北京市順義區西北。樂，原本、宋本、殿本作"國"，據上文清方愷《新校晋書地理志》考證及中華本改。

［11］劉禪：三國蜀漢後主，劉備之子，字公嗣，小字阿斗。十七歲即位，由諸葛亮輔政。諸葛亮去世後，寵信宦官，朝政始衰。炎興元年（263）國亡，入魏爲安樂公。

［12］泉州：縣名，治所在今天津市武清區西南。

［13］雍奴：縣名，治所在今天津市武清區西北。孔祥軍《晋書地理志校注》："《後魏志》：'雍奴，二漢屬（漁陽），晋屬燕國。'"

［14］狐奴：縣名，治所在今北京市順義區東北。

北平郡[1]秦置。統縣四，户五千。

徐無[2]　土垠[3]　俊靡[4]　無終[5]

［1］北平郡：治所在徐無縣（今河北省遵化市東）。清方愷《新校晋書地理志》："《地形志》幽州漁陽郡下無終、土垠、徐無三縣注，皆言晋屬右北平郡。杜預《釋例》言北平無終無右字。未詳《魏志》何本。（庠案本《志》北平無右字，而上篇乃云秦滅燕，以爲漁陽、上谷、右北平、遼西、遼東五郡。兩漢皆有右北平郡，而'北平'二字，則中山國之縣名。本《志》北平郡下既云秦置，則當有右字爲是。）"

清畢沅《晋書地理志新補正》："沅案《太平寰宇記》晋改右北平曰北平。"

孔祥軍《晋書地理志校注》："北平郡治乏考。魏末有右北平郡，《左傳·僖公四年》'賜我先君履東至海，西至於河'條唐孔穎達《正義》云：'（杜預）《釋例》曰，"海自遼西、北平、漁陽、章武、渤海、樂陵、樂安、北海、東萊、城陽、東海、廣陵、吴郡、會稽十四郡之東界以東，河出西平西南二千里，從西平東北經金城、故北地、朔方、五原至故雲中，南經平陽、河東之西界，東經河東、河内之南界，東北經汲郡、頓丘、陽平、平原、樂陵之東南入海"，杜（預）之此言據其當時之河耳。'又《左傳·昭公元年》'晋中行穆子敗無終及群狄於大原'條孔穎達《正義》云：'（杜預）《釋例》《土地名》以北戎、山戎、無終三名爲一，北平有無終縣。'據此則晋初'右北平'確已改爲'北平'。又《後魏志》：'徐無，二漢、晋屬右北平。'其所謂'右北平'，當是未改'北平'之前的名稱。畢氏《新補正》引《寰宇記》以爲晋改'右北平郡'爲'北平郡'，是。方氏《新校志》劉庠按以爲兩漢爲'右北平郡'，本《志》既繫以'秦置'，當書爲'右北平郡'。所謂'秦置'乃言此地立郡之始，非爲秦置時即爲'北平郡'之意，劉氏誤甚。"

［2］徐無：縣名，治所在今河北省遵化市東。孔祥軍《晋書地理志校注》："《後魏志》：'徐無，二漢、晋屬右北平。'"

［3］土垠：縣名，治所在今河北省唐山市豐潤區東北。孔祥軍

《晉書地理志校注》："《後魏志》：'土垠，二漢、晉屬右北平。'"

[4]俊靡：縣名，治所在今河北省興隆縣東南。

[5]無終：縣名，治所在今天津市薊州區。孔祥軍《晉書地理志校注》："《後魏志》：'無終，二漢、晉屬右北平。'"

上谷郡[1]秦置，郡在谷之上頭，故因名焉。統縣二，户四千七十。

沮陽[2]　居庸[3]

[1]上谷郡：治所在沮陽縣（今河北省懷來縣東南）。孔祥軍《晉書地理志校注》："上谷郡治乏考。魏末領縣六，其中廣寧縣後省。太康三年前下洛等三縣移屬廣寧郡，領縣二。"

[2]沮陽：縣名，治所在今河北省懷來縣東南。

[3]居庸：縣名，治所在今北京市延慶區。

廣寧郡[1]故屬上谷，太康中置郡，都尉居。統縣三，户三千九百五十。[2]

下洛[3]　潘[4]　涿鹿[5]

[1]廣寧郡：治所在下洛縣（今河北省涿鹿縣）。孔祥軍《晉書地理志校注》："廣寧郡治乏考。魏末無此郡，今檢《寰宇記》卷七十一河北道嬀州懷戎縣條：'本漢潘縣也，屬上谷郡。《晉太康地志》潘縣更屬廣寧郡。'則至遲於太康三年前已分上谷郡置廣寧郡。"

[2]户三千九百五十：五，殿本作"三"。

[3]下洛：縣名，治所在今河北省涿鹿縣。

[4]潘：縣名，治所在今河北省涿鹿縣西南桑干河南岸。

[5]涿鹿：縣名，治所在今河北省涿鹿縣東南。

代郡[1]秦置。統縣四，户三千四百。
代[2]　廣昌[3]　平舒[4]　當城[5]

[1]代郡：治所在代縣（今河北省蔚縣東北）。孔祥軍《晋書地理志校注》："代郡治乏考。魏末領縣三，晋時增置廣昌縣，領縣四。"

[2]代：縣名，治所在今河北省蔚縣東北。

[3]廣昌：縣名，治所在今河北省淶源縣北。清畢沅《晋書地理志新補正》："沅案後漢屬中山國，魏封樂進爲廣昌侯即此。後廢，晋又屬代郡。"孔祥軍《晋書地理志校注》："魏末無此縣，今檢《寰宇記》卷五十一河東道蔚州飛狐縣條：'飛狐縣……本漢廣昌縣地屬代郡，後漢屬中山國，魏封樂進爲廣昌侯即謂此，後廢，晋又屬代郡。'則晋時復置廣昌縣。"

[4]平舒：縣名，治所在今河北省大城縣。

[5]當城：縣名，治所在今河北省蔚縣東北。原本、宋本、殿本作"富城"，據孔祥軍《晋書地理志校注》考證及中華本改。孔祥軍《晋書地理志校注》："《續漢志》、殿本皆作'當城'，東平國有富城縣，一國不當有兩富城，王鳴盛《十七史商榷》卷四十六'晋地理辯證'以爲當作'當城'，是，中華本漏校。"

遼西郡[1]秦置。統縣三，户二千八百。
陽樂[2]　肥如[3]　海陽[4]

[1]遼西郡：治所在陽樂縣（治所在今河北省盧龍縣東南）。清畢沅《晋書地理志新補正》："沅案《十六國春秋》馮宏太興元年，省遼西郡。"

孔祥軍《晋書地理志校注》："遼西郡治乏考。遼西郡魏末領縣五，其中臨渝縣，據《輿地廣記》卷十二河北路化外州下平州中石城縣條：'本臨渝，二漢屬遼西郡。晋省入陽樂。' 則晋時見廢。又令支縣，據《輿地廣記》卷十二河北路化外州下平州中盧龍縣條：'故令支縣，二漢屬遼西郡。晋省之。' 亦晋時見廢。"

[2]陽樂：縣名，治所在今河北省盧龍縣東南。孔祥軍《晋書地理志校注》："《後魏志》：'陽樂，二漢、晋屬（遼西）。'"

[3]肥如：縣名，治所在今河北省盧龍縣北。孔祥軍《晋書地理志校注》："《後魏志》：'肥如，二漢、晋屬（遼西）。'"

[4]海陽：縣名，治所在今河北省灤州市西南。孔祥軍《晋書地理志校注》："《後魏志》：'海陽，二漢、晋屬（遼西）。'"

惠帝之後，幽州没於石勒。[1]及穆帝永和五年，慕容儁僭號於薊，是爲前燕。七年，儁移都於鄴。[2]儁死，子暐爲苻堅所滅。[3]堅敗，地復入慕容垂，是爲後燕。垂死，寶遷於和龍。[4]

[1]惠帝之後，幽州没於石勒：清畢沅《晋書地理志新補正》："沅案《太平寰宇記》石勒僭號襄國，於薊置幽州，於州置燕郡。石氏敗，歷慕容儁都之。儁爲苻堅所滅，堅亂，慕容垂得其地，州郡之名如故。"孔祥軍《晋書地理志校注》："據《晋書》卷五《孝愍帝紀》：'（建興二年）三月癸酉，石勒陷幽州。' 則似建興二年幽州諸郡淪没。"

[2]七年，儁移都於鄴：清周家禄《晋書校勘記》："按儁移都在升平中，其克鄴則在永和七年耳。文有誤。"

[3]暐：慕容暐，字景茂，本書卷一一一有載記。

[4]寶：慕容寶，字道祐，本書卷一二四有載記。　和龍：和龍城，又名黄龍城、龍都。在今遼寧省朝陽市。

平州。案《禹貢》冀州之域，於周爲幽州界，漢屬右北平郡。後漢末，公孫度自號平州牧。[1]及其子康、康子文懿並擅據遼東，[2]東夷九種皆服事焉。[3]魏置東夷校尉，[4]居襄平，[5]而分遼東、昌黎、玄菟、帶方、樂浪五郡爲平州，後還合爲幽州。及文懿滅後，有護東夷校尉，居襄平。咸寧二年十月，分昌黎、遼東、玄菟、帶方、樂浪等郡國五置平州。[6]統縣二十六，户一萬八千一百。[7]

[1]公孫度：字升濟，東漢末遼東襄平（今遼寧省遼陽市）人。初任玄菟郡吏，後殺太守，割據遼東。自立爲遼東侯、平州牧。

[2]康：公孫康，公孫度之子，東漢建安九年（204）嗣位。官渡之戰後，袁紹子袁尚、袁熙投奔烏丸，又奔遼東。公孫康殺之，送其首級給曹操。因功封襄城侯。　文懿：公孫淵，公孫康之子。公孫康死後立公孫恭，公孫淵奪其位自立爲燕王。後被司馬懿征討攻殺。

[3]東夷：泛指東北地區各族。

[4]東夷校尉：官名，亦稱護東夷校尉，掌東北地區少數民族事務。駐平州（今遼寧省遼陽市）。四品。

[5]襄平：縣名，遼東郡治所在，治所在今遼寧省遼陽市。

[6]“咸寧二年十月”至“等郡國五置平州”：清畢沅《晋書地理志新補正》：“沅案《晋書》本紀在泰始十年。”清周家禄《晋書校勘記》：“按《武帝紀》分幽州五郡置平州在泰始十年。”清畢沅《晋書地理志新補正》：“沅案《衛瓘傳》瓘表立平州。又《晋書》本紀，太康三年秋八月罷，平州刺史三年一奏事。”孔祥軍《晋書地理志校注》：“據《晋書》卷三《武帝紀》：‘（泰始十年）二月，分幽州五郡置平州。’錢氏《考異》卷十九據《晋書·衛瓘傳》以爲分立平州之議出於衛瓘出任幽州刺史時，而衛瓘泰始七年

八月被命之鎮，是平州當置於泰始，不當在咸寧。是。《晋志》所謂‘咸寧二年十月’誤，當爲‘泰始十年二月’。方氏《新校志》引《晋書·武帝紀》以爲太康三年平州見廢，今檢《晋書》卷三《武帝紀》：‘（太康三年）秋七月，罷平州、寧州刺史三年一入奏事。’則非罷平州明矣，方氏誤甚。”

[7]户一萬八千一百：八，原本、宋本作“六”，殿本作“八”，據殿本、中華本校勘記改，與統計户數相符。

昌黎郡[1]漢屬遼東屬國都尉，魏置郡。統縣二，户九百。

昌黎[2]　賓徒[3]

[1]昌黎郡：治所在昌黎縣（今遼寧省義縣）。清方愷《新校晋書地理志》：“《地形志》營州昌黎郡，晋分遼東置，此云魏置，不詳孰是。”

孔祥軍《晋書地理志校注》：“昌黎郡治乏考。魏置郡：方氏《新校志》據《後魏志》載昌黎郡晋置以疑《晋志》。今檢《魏志》卷四《三少帝紀》：‘（景初五年）九月鮮卑内附，置遼東屬國，立昌黎縣以居之。’則遼東屬國曾廢，於景初五年復置，其時領昌黎縣。而《後魏志》：‘昌黎郡，晋分遼東置。’今檢《晋志》昌黎郡領昌黎縣，若從《後魏志》則昌黎縣當屬遼東郡，方合所謂‘分遼東郡’之文，而據上引《魏志》昌黎縣景初五年屬遼東屬國，非屬遼東郡，此與《晋志》合，則《後魏志》誤，楊氏《補正》據之以爲昌黎郡晋初設置，亦誤，當從《晋志》。統縣二：魏末領縣一，入晋後增置賓徒縣。”

[2]昌黎：縣名，治所在今遼寧省義縣。

[3]賓徒：縣名，治所在今遼寧省錦州市北。

遼東國[1]秦立爲郡。漢光武以遼東等屬青州後，還幽州。

統縣八，户五千四百。

襄平[2]東夷校尉所居。　汶[3]　居就[4]　樂就[5]　安市[6]　西安平[7]　新昌[8]　力城[9]

[1]遼東國：治所在襄平縣（今遼寧省遼陽市）。清方愷《新校晋書地理志》："《山海經·海内東經》潦水下郭璞注：潦陽縣屬潦水。案潦疑通作遼。《地理志》遼東郡有遼陽縣也。（寅案《説文》潦，訓雨水大貌。其遼東字作遼。《山海經》作潦者，古文假借，郭注不改字，非晋有潦陽縣也。）《郡國志》遼陽屬玄菟郡，本《志》並闕，附紀於此。"

孔祥軍《晋書地理志校注》："遼東國治襄平縣，在今遼寧遼陽市。魏末遼東郡領縣十，其中北豐、平郭、東遝、遼隧四縣後廢，望平縣晋時屬玄菟郡，居就、樂就、力城三縣後增置，領縣八。"

[2]襄平：孔祥軍《晋書地理志校注》："縣名。治所在今遼寧遼陽市。《後魏志》：'襄平，二漢、晋屬（遼東）。'"

[3]汶：縣名，治所在今遼寧省營口市東南湯池附近英守溝古城。

[4]居就：縣名，治所在今遼寧省遼陽市東南亮甲山古城。孔祥軍《晋書地理志校注》："魏末無此縣，似晋初增置。"

[5]樂就：縣名，治所在今遼寧省境内，確址待考。孔祥軍《晋書地理志校注》："魏末無此縣，似晋初增置。"

[6]安市：縣名，治所在今遼寧省海城市八里鎮營城子村。孔祥軍《晋書地理志校注》："《後魏志》：'安市，二漢、晋屬遼東。'"

[7]西安平：縣名，治所在今遼寧省丹東市東北靉河尖古城。

[8]新昌：縣名，治所在今遼寧省海城市甘泉鎮。孔祥軍《晋書地理志校注》："《後魏志》：'新昌，二漢、晋屬（遼東）。'"

[9]力城：縣名，治所在今遼寧省境内，確址待考。孔祥軍

《晋書地理志校注》："縣治乏考。魏無此縣，今檢《宋書》卷二十九《符瑞下》：'晋武帝泰始元年，木連理生遼東力城。'則泰始元年遼東郡已有力城縣。"

樂浪郡[1]漢置。統縣六，户三千七百。

朝鮮[2]周封箕子地。[3]　屯有[4]　渾彌[5]　遂城[6]秦築長城之所起。　鏤方[7]　駟望[8]

［1］樂浪郡：治所在朝鮮縣（今遼寧省義縣北）。清方愷《新校晋書地理志》："《水經注·浿水》篇引闞駰《十三州志》曰，浿水縣在樂浪東北，鏤方縣在郡東，今《志》無浿水縣，豈《水經注》有誤耶。《郡國志》亦有浿水縣。寅按《説文》浿水出樂浪、鏤方東入海，從水，貝聲。一曰出貝水縣。《地理志》同。《水經注》引闞駰《志》當不誤。本《志》闕此縣，未詳何時省併也。《郡國志》浿水作溴水，非是。"

孔祥軍《晋書地理志校注》："樂浪郡治乏考。魏末樂浪郡領縣七，其中臨浿縣晋初似省，領縣六。"

［2］朝鮮：縣名，治所在今遼寧省義縣北。孔祥軍《晋書地理志校注》："《後魏志》：'朝鮮，二漢、晋屬樂浪。'"

［3］箕子：又稱箕伯、箕仁，商紂王兄，名胥余。任太師，因屢諫紂王不被采納，乃披髮裝瘋。武王滅商後，曾對武王談天地之大法。

［4］屯有：縣名，治所在今朝鮮民主主義人民共和國黄海北道黄州郡。

［5］渾彌：縣名，治所在今朝鮮民主主義人民共和國平安南道肅川郡一帶。

［6］遂城：縣名，治所在今朝鮮民主主義人民共和國平壤市西南西江郡西咸從里。

［7］鏤方：縣名，治所在今朝鮮民主主義人民共和國平安南道成川、陽德二郡之間。

［8］駟望：縣名，治所在今朝鮮民主主義人民共和國平安南道江東郡。

玄菟郡[1]漢置。統縣三，户三千二百。

高句麗[2]　望平[3]　高顯[4]

［1］玄菟郡：治所在高句麗縣（今遼寧省瀋陽市東）。孔祥軍《晋書地理志校注》："玄菟郡治乏考。魏末玄菟郡領縣二，晋時望平縣來屬，領縣三。"

［2］高句麗：縣名，東漢治所在今遼寧省瀋陽市東。

［3］望平：縣名，治所在今遼寧省新民市東南。孔祥軍《晋書地理志校注》："魏末屬遼東郡，似於晋初來屬。"

［4］高顯：縣名，治所在今遼寧省鐵嶺市。

帶方郡[1]公孫度置。統縣七，户四千九百。

帶方[2]　列口[3]　南新[4]　長岑[5]　提奚[6]　含資[7]　海冥[8]

［1］帶方郡：東漢治所在帶方縣（今朝鮮民主主義人民共和國黄海道鳳山郡文石井土城内），西晋移治棘城（今遼寧省義縣北）。清方愷《新校晋書地理志》："《三國·魏志·東夷傳》建安中公孫康分屯有縣以南荒地爲帶方郡，本《志》作公孫度，疑誤。"

孔祥軍《晋書地理志校注》："帶方郡治乏考。《魏志》卷三十《東夷傳》：'建安中公孫康分屯有縣以南荒地爲帶方郡。'則'公孫度'當作'公孫康'。魏末帶方郡領縣六，晋初增置南新縣，領縣七。《宋書》卷三十四《五行五》：‘晉惠帝元康二年九月，帶方含資、提奚、南新、長岑、海冥、列口蟲食禾葉蕩盡。’則惠帝元康二年帶方有含資等六縣。”

[2]帶方：縣名，治所在今朝鮮民主主義人民共和國黄海道鳳山郡文石井土城内。孔祥軍《晉書地理志校注》：“《後魏志》：‘帶方，二漢屬（樂浪），晉屬帶方。’”

[3]列口：縣名，治所在今朝鮮民主主義人民共和國黄海南道殷栗郡。

[4]南新：縣名，治所在今朝鮮民主主義人民共和國黄海南道信川郡西湖里。孔祥軍《晉書地理志校注》：“魏末無此縣，南新縣似於晉初增置。”

[5]長岑：縣名，治所在今朝鮮民主主義人民共和國黄海南道松禾郡遠周山。

[6]提奚：縣名，治所在今朝鮮民主主義人民共和國黄海北道瑞興郡東南、開城郡西北一帶。

[7]含資：縣名，治所在今朝鮮民主主義人民共和國黄海北道瑞興郡。

[8]海冥：縣名，治所在今朝鮮民主主義人民共和國黄海道海州郡一帶。

平州初置，以慕容廆爲刺史，[1]遂屬永嘉之亂，廆爲衆所推。[2]及其孫儁移都於薊。其後慕容垂子寶又遷於和龍，自幽州至於盧溥鎮以南地入於魏。慕容熙以幽州刺史鎮令支，[3]青州刺史鎮新城，并州刺史鎮凡城，[4]營州刺史鎮宿軍，[5]冀州刺史鎮肥如。高雲以幽、冀二州牧鎮肥如，[6]并州刺史鎮白狼。[7]後爲馮跋所篡，[8]跋僭號於和龍，[9]是爲後燕，卒滅於魏。

[1]慕容廆：字弈洛瓌，本書卷一〇八有載記。

[2]永嘉之亂，廆爲衆所推：孔祥軍《晋書地理志校注》："據《晋書》卷六《元帝紀》：'（太興三年）十二月乙亥，大赦，詔百官各上封事，併省衆役。鮮卑慕容廆襲遼東，東夷校尉、平州刺史崔毖奔高句驪。'則似於太興二年，平州諸郡淪没。"

[3]慕容熙：字道文，小字長生，本書卷一二四有載記。　令支：縣名，治所在今河北省遷安市西南。

[4]凡城：縣名，治所在今河北省平泉市南。凡，原本作"几"，宋本、殿本作"凡"，據宋本、殿本改。

[5]營州：清洪亮吉《十六國疆域志》考後趙營州："營州，《晋書》石虎建武五年，以李農爲使持節、監遼西北平諸軍事、營州牧，鎮令支。《通鑑》注，趙置營州，統遼西、北平二郡。

"遼西郡，秦置。《晋書》建武四年，石虎率衆七萬擊段遼於遼西，遼奔於平岡。五年，燕復遣别將來攻遼西，虎遣石成帥呼延晃、張支等擊之，晃、支爲燕所殺，俘獲數千家而去。虎以遼西迫近燕境，數遭攻襲，乃悉徙其民於冀州之南。今考後趙所得遼西郡，領縣四。陽樂，漢舊縣。肥如，漢舊縣。《通典》稱《晋太康地記》肥如縣有碣石山，碣然而立在海邊，故名。《太平寰宇記》又稱《晋太康地志》秦築長城，起自碣石，在今高麗舊界，非碣石山。《晋書》虎建武四年，趙攬爲肥如長。有蹋頓城。海陽，漢舊縣。有安樂城。令支，漢舊縣。《郡國志》有孤竹城。《水經注》稱《晋書地道記》遼西人有浮棺，欲破之，語曰：我孤竹君也，汝破我何爲？因爲立祠焉。祠在山上，城在山側。《晋書》石虎建武四年，虎攻段遼，克令支。六年，虎將石成與慕容皝戰於遼西，大敗引歸。九年，虎命段蘭帥所部鮮卑五千人屯令支。

"北平郡，秦置。《晋書》前趙北平太守楊平。石虎建武四年虎拜陽裕爲北平太守。凡領縣四。平岡故縣有密雲山、三藏口、白狼故縣。徐無，漢舊縣。《晋書》虎敗段蘭，師還至徐無。土垠，漢舊縣。俊靡，漢舊縣。無終，漢舊縣，有燕山。"

同書考後燕營州："營州，《晋書·地理志》慕容熙以營州刺史鎮宿軍。《載記》熙營州刺史仇尼倪。案《地理志》熙以幽州刺史鎮令支，冀州刺史鎮肥如，是熙時幽、冀、營三州皆在遼西一郡。今幽、冀二州仍從垂時治中山及薊，而以遼西郡歸營州，與石趙時同。凡統舊郡二、新置郡一。

"北平郡，《後燕録》建興五年，北平吴柱聚衆千餘攻破北平，轉寇廣都，入白狼城。《晋書載記》李朗迎魏師於北平。領縣七，有大單于臺。徐無。土垠。俊靡。無終，《晋書載記》孟廣平斬李郎於無終。石城，《晋書載記》慕容會追寶至石城，不及。光始二年，石城令高和作亂。案《地形志》石城前漢屬右北平，後屬建德廣都。《地形志》同屬建德，故均附此。有白鹿山。廣都，《後燕録》寶還龍城，次於廣都。有黄榆谷。白狼，《通鑑》注白狼縣屬右北平郡。有白狼城。

"遼西郡，《晋書載記》遼西太守李朗叛，盛遣李旱討之。盛徙新城、南蘇五千餘户於遼西。魏襲幽州刺史盧溥於遼西，克之。熙遼西太守陽豪。光始五年，遼西守邵顔，有罪亡命爲盜，討斬之。《北史·怡峰傳》高祖寬，燕遼西郡守。領縣六。陽樂。肥如，《晋書載記》盛幽州刺史慕容豪，鎮肥如。熙大城肥如，以劉木、慕容懿爲冀州刺史，鎮肥如。海陽，《晋書載記》平規弟海陽令翰起兵遼西應規。有滄海。令支，《晋書載記》徐巖自薊據令支，慕容農攻克之，斬巖兄弟。蘭汗子和陽等分屯令支、白狼，盛遣李旱等襲誅之，李朗留子養守令支，自迎魏師於北平。李旱襲克令支。光始元年，魏宿庫千拔令支，戍之。二年，熙將宇文拔令支，戍。建始元年，慕容懿以令支降魏。宿軍，《後燕録》光始二年，高句驪攻宿軍，平州刺史歸棄城走。《晋書載記》熙大城令支，以仇尼倪爲營州刺史，鎮宿軍。建安，《晋書載記》李旱討太守李朗，師次建安。寶欲還龍城，北行至建安。慕容奇起兵於建安，將討蘭汗，百姓翕然從之。汗遣兄子全討奇，奇擊滅之。案宿軍、建安，疑後燕時所立，姑附此，俟再考。

“唐郡，前燕置。《北史·宇文福傳》祖活潑，仕慕容垂爲唐郡内史。縣無考。”

宿軍：即宿軍城，位於今遼寧省朝陽市東北。

[6]高雲：又名慕容雲，字子雨，本書卷一二四有載記。

[7]白狼：縣名，治所在今遼寧省喀喇沁左翼蒙古族自治縣西南。

[8]馮跋：字文起，本書卷一二五有載記。

[9]於和龍：於，原本、宋本作“如”，殿本作“於”，據殿本改。

并州。按《禹貢》蓋冀州之域，舜置十二牧，則其一也。《周禮》：正北曰并州，其鎮曰恒山。《春秋元命包》云：“營室流爲并州，[1]分爲衛國。”州不以衛水爲號，又不以恒山爲稱，而云并者，蓋以其在兩谷之間也。漢武帝置十三州，并州依舊名不改，統上黨、太原、雲中、上郡、雁門、代郡、定襄、五原、西河、朔方十郡，又别置朔方刺史。後漢建武十一年，省朔方入并州。靈帝末，[2]羌胡大擾，定襄、雲中、五原、朔方、上郡等五郡並流徙分散。建安十八年，省入冀州。二十年，始集塞下荒地立新興郡，後又分上黨立樂平郡。魏黄初元年，復置并州，自陘嶺以北並棄之，至晋因而不改。并州統郡國六，縣四十五，户五萬九千三百。[3]

[1]營室：即室宿，二十八宿之一。

[2]靈帝：東漢靈帝，名劉宏，章帝玄孫，公元167至189年在位。在位期間政治黑暗，民不聊生，致使爆發黄巾起義。

[3]户五萬九千三百：三，殿本作“二”。

太原國[1]秦置。統縣十三，户一萬四千。

晋陽[2]侯相。　陽曲[3]　榆次[4]　于離[5]　盂[6]　狼孟[7]　陽邑[8]　大陵[9]　祁[10]　平陶[11]　京陵[12]　中都[13]　鄔[14]

[1]太原國：治所在晋陽縣（今山西省太原市西南）。清畢沅《晋書地理志新補正》："沅案兩漢《志》皆有慮虒縣，《元和郡縣志》云晋省。"

清方愷《新校晋書地理志》："《左傳·昭二年》執陳無宇於中都，漢以爲縣，别無徙治之文，乃杜預注謂界休縣南中都城是。不言今中都縣屬太原，是西晋縣併入界休矣。本書孫楚、孫盛《傳》，太原中都人，似晋初其縣尚存，未詳孰是。《爾雅》燕有昭余祁，郭璞注今太原鄔陵縣。本《志》缺陵字。"

孔祥軍《晋書地理志校注》："太原國治晋陽。治所在今山西太原市西南。據《晋書》卷三《武帝紀》：'（泰始元年封皇從叔父司馬）瓌爲太原王，則泰始元年爲太原國。魏末太原郡領縣十三，《晋志》領縣十三，其間未有變化，晋末狼孟縣見廢，領縣十二。'"

[2]晋陽：縣名，治所在今山西省太原市西南。清畢沅《晋書地理志新補正》："沅案《太平寰宇記》晋陽舊城，故老傳晋并州刺史劉琨築。"孔祥軍《晋書地理志校注》："今檢《宋書》卷二十八《符瑞中》：'咸寧元年九月，甘露降太原晋陽。'則咸寧元年太原國有晋陽縣。又《左傳·襄公十八年》《左傳·襄公二十四年》《左傳·昭公元年》經文杜注有太原晋陽縣，則太康元年太原國有晋陽縣。又《後魏志》：'晋陽，二漢、晋屬（太原）。'"

[3]陽曲：縣名，治所在今山西省陽曲縣東北。孔祥軍《晋書地理志校注》："《後魏志》：'陽曲，二漢、晋屬（太原）。'"

[4]榆次：縣名，治所在今山西省榆次市。孔祥軍《晋書地理

志校注》："《左傳·昭公二十八年》杜注有太原榆次縣，則太康元年太原國有榆次縣。又《宋志》：'榆次令，漢舊名，至晋屬太原，又《後魏志》：'榆次，二漢、晋屬（太原）。'"

[5]于離：縣名，治所在今山西省汾陽市一帶，確址待考。

[6]盂：縣名，治所在今山西省陽曲縣大盂鎮。孔祥軍《晋書地理志校注》："《左傳·昭公二十八年》杜注有太原盂縣，則太康元年太原國有盂縣。"

[7]狼孟：縣名，治所在今山西省陽曲縣。孔祥軍《晋書地理志校注》："《輿地廣記》卷十八河東路上大都督府太原府次赤陽曲縣條：'本漢狼孟縣地，故城在今縣東北，屬太原郡……晋因之。'據《元和志》卷十三河東道太原府陽曲縣條：'狼孟故城……漢以爲縣，屬太原郡，晋末省。'則狼孟縣晋末省。"

[8]陽邑：縣名，治所在今山西省晋中市太谷區東北。孔祥軍《晋書地理志校注》："今檢《左傳·僖公三十三年》經文杜注有太原陽邑縣，則太康元年太原國有陽邑縣。又《後魏志》：'陽邑，二漢、晋屬（太原）。'"

[9]大陵：縣名，治所在今山西省文水縣開柵鎮武陵村。孔祥軍《晋書地理志校注》："《輿地廣記》卷十八河東路上大都督府太原府次畿文水縣條：'本大陵縣地……漢屬太原郡，東漢、晋因之。'"

[10]祁：縣名，治所在今山西省祁縣西六支鄉祁城村。孔祥軍《晋書地理志校注》："《左傳·襄公二十一年》杜注有太原祁縣，則太康元年太原國有祁縣。又《後魏志》：'祁，二漢、晋屬（太原）。'"

[11]平陶：縣名，治所在今山西省文水縣孝義鎮平陶村。孔祥軍《晋書地理志校注》："《後魏志》：'平遥，二漢、晋爲平陶，屬（太原）。'"

[12]京陵：縣名，治所在今山西省平遥縣洪善鎮京陵村。孔祥軍《晋書地理志校注》："《元和志》平河東道汾州平遥縣條：'京陵

故城，在縣東七里。漢京陵縣，晋太原地也。’”

[13]中都：縣名，治所在今山西省平遥縣西南。孔祥軍《晋書地理志校注》：“《後魏志》：‘中都，二漢、晋屬（太原）。’”

[14]鄔：縣名，治所在今山西省介休市連福鎮鄔城店。孔祥軍《晋書地理志校注》：“方氏《新校志》據郭璞《爾雅注》以爲‘鄔’當作‘鄔陵’，《左傳·昭公二十八年》杜注有太原鄔縣，又《後魏志》：‘鄔，二漢、晋屬（太原）。’則西晋時年太原國有鄔縣。可知確作‘鄔’，方氏誤。”

上黨郡[1]秦置。統縣十，户一萬三千。

潞[2]　屯留[3]　壺關[4]　長子[5]　泫氏[6]　高都[7]　銅鞮[8]　涅[9]　襄垣[10]　武鄉[11]

[1]上黨郡：治所在潞縣（今山西省黎城縣南）。清畢沅《晋書地理志新補正》：“沅案《元和郡縣志》漢猗氏縣屬上黨，至晋省。”

清方愷《新校晋書地理志》：“《地形志》猗氏晋屬上黨，本《志》屬河東。又郭璞注《山海經》汾水或言出穀遠縣。《郡國志》穀遠亦屬上黨。又泫氏《地形志》作玄氏，注云晋屬上黨。又《地形志》鄉縣晋屬上黨，疑即武鄉，有脱字也。”

孔祥軍《晋書地理志校注》：“據《後魏志》：‘玄氏，二漢、晋屬上黨，郡治。’則上黨郡治泫氏，在今山西高平市。魏末領縣十二，其中隋氏縣，據《元和志》卷十二河東道晋州冀氏縣條：‘本漢隋氏縣地也，屬上黨郡，至晋省。’則其晋初省。其中穀遠縣，據《寰宇記》卷五十河東道大通監綿上縣條：‘本穀遠之地，晋省穀遠。’則其晋初省。其中陽阿縣，據《元和志》卷十三河東道儀州遼山釋條：‘本漢涅氏地，後漢於此置陽阿縣，屬上黨郡，晋改爲轑陽縣，屬樂平郡。’則其晋初改屬樂平郡。則領縣九，晋初又增置武鄉縣，領縣十。”

［2］潞：縣名，治所在今山西省黎城縣南。孔祥軍《晋書地理志校注》：“《後魏志》：‘刈陵，二漢、晋曰潞，屬上黨。’”

［3］屯留：縣名，治所在今山西省長治市屯留區南古城。孔祥軍《晋書地理志校注》：“今檢《左傳·襄公十八年》杜注有上黨屯留縣，則太康元年上黨郡有屯留縣。又《後魏志》：‘屯留，二漢、晋屬（上黨）。’”

［4］壺關：縣名，治所在今山西省長治市北。孔祥軍《晋書地理志校注》：“今檢《左傳·宣公十四年》杜注有上黨壺關縣，則太康元年上黨郡有壺關縣。又《後魏志》：‘壺關，二漢、晋屬（上黨）。’”

［5］長子：縣名，治所在今山西省長子縣西南。清畢沅《晋書地理志新補正》：“沅案《十六國春秋》：慕容永僭號於此，稱西燕，爲慕容垂所滅。”孔祥軍《晋書地理志校注》：“今檢《左傳·襄公十八年》杜注有上黨長子縣，則太康元年上黨郡有長子縣。《後魏志》：‘長子，二漢、晋屬（上黨）。’”

［6］泫氏：縣名，治所在今山西省高平市。孔祥軍《晋書地理志校注》：“《輿地廣記》卷十九河東路下上澤州上高平縣條：‘本泫氏縣地。二漢、晋屬上黨郡。’”

［7］高都：縣名，治所在今山西省晋城市。孔祥軍《晋書地理志校注》：“《宋書》卷二十八《符瑞中》：‘晋武帝泰始元年十二月，鳳凰見上黨高都。’則晋武帝泰始元年上黨郡有高都縣。又《後魏志》：‘高都，二漢、晋屬上黨。’”

［8］銅鞮：縣名，治所在今山西省沁縣南古城。孔祥軍《晋書地理志校注》：“《左傳·成公九年》《左傳·昭公二十八年》杜注有上黨銅鞮縣，則太康元年上黨郡有銅鞮縣。又《後魏志》：‘銅鞮，二漢、晋屬上黨。’”

［9］涅：縣名，治所在今山西省武鄉縣西北故城。清畢沅《晋書地理志新補正》：“沅案《元和郡縣志》晋於此置武鄉縣，屬樂平

郡。石氏分上黨、沾涅二縣置武鄉郡，縣屬焉。”孔祥軍《晋書地理志校注》：“《後魏志》：‘陽城，二漢、晋屬上黨，曰涅。’”

［10］襄垣：縣名，治所在今山西省襄垣縣東北故城。襄垣，原本作“寶垣”，宋本作“寶垣”，殿本作“襄垣”。孔祥軍《晋書地理志校注》：“殿本作‘襄垣’，《續漢志》上黨郡有襄垣縣，又《後魏志》：‘襄垣，二漢、晋屬上黨。’則當作‘襄垣’。”

［11］武鄉：縣名，治所在今山西省榆社縣社城鎮。孔祥軍《晋書地理志校注》：“魏無此縣，今檢《元和志》卷十三河東道儀州榆社縣條：‘本漢涅氏縣地，晋於縣西北三十五里置武鄉縣，屬上黨郡。’則晋初增置武鄉縣，且屬上黨郡。”

西河國[1]漢置。統縣四，户六千三百。

離石[2]　隰城[3]　中陽[4]　介休[5]

［1］西河國：治所在離石縣（今山西省吕梁市離石區）。清畢沅《晋書地理志新補正》：“沅案《元和郡縣志》河西國，晋惠帝時爲劉元海所攻破，郡遂廢，又云土軍縣，晋省。”

清方愷《新校晋書地理志》：“《文選·雪賦》注引張華《博物志》曰，西河郡鴻門縣有火井祠，火從地出。案鴻門，前漢屬西河郡，《國志》無，疑晋復置也。介休，杜注左氏傳或作界休，亦作介休，蓋古通。《郡國志》注引《古今注》曰建武十一年十月，西河上郡屬魏，郭璞注《山海經·西山經》鹿臺之山云，今在上郡，本《志》無上郡，附紀於此。”

孔祥軍《晋書地理志校注》：“西河國治隰城，在今山西汾陽市。據《元和志》卷十三河東道汾州條西河縣條：‘本漢兹氏縣也，魏於此置西河郡，晋改爲國。’則晋初改西河郡爲西河國。”

［2］離石：縣名，治所在今山西省吕梁市離石區。清畢沅《晋書地理志新補正》：“沅案《前趙記》今離石左國，單于所徙庭是

也。晋惠帝以劉元海爲離石都尉，故元海起於此。後石勒改爲永石郡。”孔祥軍《晋書地理志校注》：“《宋書》卷二十八《符瑞中》：‘晋武帝泰始十年四月乙亥，甘露降西河離石。’則泰始十年西河國有離石縣。”

[3]隰城：縣名，治所在今山西省吕梁市離石區穆村。清畢沅《晋書地理志新補正》：“沅案《地道記》晋改兹氏爲隰城縣。”孔祥軍《晋書地理志校注》：“魏末作‘兹氏’，據《元和志》卷十三河東道汾州條西河縣條：‘本漢兹氏縣也，魏於此置西河郡，晋改爲國，仍改兹氏縣爲隰城縣。’則兹氏晋初改名隰城。”

[4]中陽：縣名，治所在今山西省孝義市。清畢沅《晋書地理志新補正》：“沅案《太平寰宇記》永嘉後縣省入隰城。”

[5]介休：縣名，治所在今山西省介休市東南。清畢沅《晋書地理志新補正》：“沅案晋省穀遠爲介休。《地道記》：穀遠，今名孤遠，即後代語訛耳。”孔祥軍《晋書地理志校注》：“今檢宋本《左傳·桓公二年》《左傳·僖公二十四年》《左傳·昭公二年》杜注有河西界休縣，則太康元年西河國有界休縣。又《水經注》卷六：‘（綿水）出界休縣之綿山北……袁山松《郡國志》曰：界休縣有介山。’則所謂‘介休’似因‘介山’之名而以‘界休’爲‘介休’。又據《江蘇南京出土咸康六年王興之夫婦墓誌》（《南京人臺山東晋興之夫婦墓發掘報告》《文物》1965年第6期）志文曰：‘命婦西河界休都鄉吉遷里宋氏’，當作‘界休’明矣。”

樂平郡[1]泰始中置。統縣五，户四千三百。

沾[2]　上艾[3]　壽陽[4]　轑陽[5]　樂平[6]

[1]樂平郡：治所在沾縣（今山西省昔陽縣西南）。清方愷《新校晋書地理志》：“《水經注·清漳水》篇，轑水出轑河縣西北轑山，南流逕轑河縣故城西南。《地形志》作遼陽。又壽陽，《地

形志》作受陽，注晋屬樂平。本書《武帝紀》樂平王延祚以太康元年八月己未封，事在平吴凱旋後三月，則此郡當作國。”

孔祥軍《晋書地理志校注》：“據《水經注》卷十：‘後漢分沾縣爲樂平郡，治沾縣。’則樂平郡治沾縣，在今山西和順縣北。《續漢志》無此郡，《後魏志》：‘樂平郡，後漢獻帝置。’又《晋志》：‘（建安）二十年，始集塞下荒地立新興郡，後又分上黨立樂平郡。’則樂平郡當於建安二十年之後分太原置。吴氏《考證》卷五據《晋志》《元和志》《寰宇記》以爲樂平郡魏末見廢，又於晋初復置，楊氏《補正》以爲其説不足爲據，是。魏末樂平郡領縣二，其中轑陽、上艾二縣來屬，增置壽陽縣，領縣五。”

[2]沾：縣名，治所在今山西省昔陽縣西南。孔祥軍《晋書地理志校注》：“今檢《左傳·昭公十二年》杜注有樂平沾縣，則太康元年樂平郡有沾縣。《後魏志》：‘沾，二漢屬上當，晋屬樂平。’”

[3]上艾：縣名，治所在今山西省平定縣張莊鎮新城村。孔祥軍《晋書地理志校注》：“魏屬冀州常山郡，今檢《元和志》卷十三河東道太原府廣陽縣條：‘本漢上艾縣地，屬太原郡。後漢屬常山國，晋屬樂平郡。’則晋初上艾縣移屬樂平郡。”

[4]壽陽：縣名，治所在今山西省壽陽縣。清畢沅《晋書地理志新補正》：“沅案《水經注》引《晋太康地記》：樂平郡有受陽，即此。《元和郡縣志》壽陽，本太原郡榆次縣地，西晋分置，至永嘉後復省。”孔祥軍《晋書地理志校注》：“魏無此縣，《水經注》卷六：‘按《晋太康地記》樂平郡有受陽縣。’則太康三年樂平郡有受陽縣。又《後魏志》：‘受陽，晋屬樂平。’《寰宇記》卷四十河東道并州壽陽縣條：‘本漢榆次縣地，晋於此置壽陽縣，屬樂平郡。’則晋初增置受陽縣，後改名壽陽，且屬上黨郡。”

[5]轑陽：縣名，治所在今山西省左權縣。清畢沅《晋書地理志新補正》：“沅案《元和郡縣志》本漢陽阿縣，屬上黨。晋改今名，屬樂平。”孔祥軍《晋書地理志校注》：“魏作‘陽阿’屬上黨，據《元和志》卷十三河東道儀州遼山縣條：‘本漢涅氏地，後

漢於此置陽阿縣，屬上黨郡。晋改爲轑陽縣，屬樂平郡。’則陽阿入晋後改爲‘轑陽’移屬樂平郡。”

[6]樂平：縣名，治所在今山西省昔陽縣南。

雁門郡[1]秦置。統縣八，户一萬二千七百。[2]

廣武[3]　崞[4]　汪陶[5]　平城[6]　葰人[7]　繁畤[8]　原平[9]　馬邑[10]

[1]雁門郡：治所在廣武縣（今山西省代縣西南古城）。清方愷《新校晋書地理志》：“《北史·魏穆帝紀》云，晋懷帝進帝大單于，封代公。帝以封邑去國遠，從劉琨求句注陘北地。琨大喜，乃徙馬邑、陰館、樓煩、繁畤、崞五縣人於陘南。（庠案本《志》上篇序云，黄初元年復置并州，自陘嶺以北並棄之。晋因而不改。《魏紀》所言，似是此五縣爲琨所有，故能徒其人而獻其邑。琨以前非晋有也。）更立城邑，盡獻其地。據此知西晋中年五縣俱在。本《志》删陰館、樓煩二縣，未詳。又《水經注·汾水》篇引《十三州志》曰，出武州之燕京山，亦管涔之異名也。武州，漢縣，屬雁門郡。闞《志》無，故縣字疑晋時尚存。又《州郡志》云，陰館前漢作陰觀，後漢、晋作陰館。《水經注·㶟水》篇引《十三州志》劇陽在陰館縣東北一百三里。又《十三州志》善無縣南七十五里有中陵縣。《水經注·河水》篇，善無縣故城，《十三州志》云，舊定襄郡治也。又引《十三州志》云，武縣在善無西百五十里。又《㶟水》篇引《十三州志》曰，班氏縣在郡西南百里。狋氏縣在高柳南百里。（寅案《郡國志》，班氏、狋氏、高柳三縣皆屬代郡，惟陰館、樓煩、武州、劇陽四縣屬雁門郡。又善無、中陵二縣皆屬定襄。云故屬雁門，闞《志》皆不言故縣。疑晋尚存，未詳何時省併改屬。本《志》俱删，恐有缺誤。）”

孔祥軍《晋書地理志校注》：“雁門郡治廣武，在今山西代縣。

魏末領縣四，其中劇陽縣，據《輿地廣記》卷十九下蔚州中善陽縣條：‘本劇陽縣，漢屬雁門郡……東漢復曰劇陽，晋省之。’則其晋初省，領縣三。晋初復置崞、繁畤、葰人三縣，平城、馬邑二縣由新興郡來屬，領縣八。”

[2]户一萬二千七百：七，殿本作“六”。

[3]廣武：縣名，治所在今山西省代縣西南古城。孔祥軍《晋書地理志校注》：“《後漢志》：‘廣武，前漢屬太原，後漢、晋屬（雁門）。’”

[4]崞：縣名，治所在今山西省渾源縣西、繁峙縣東北。清畢沅《晋書地理志新補正》：“沅案《太平寰宇記》縣漢末荒廢，晋初又置。”孔祥軍《晋書地理志校注》：“魏無此縣，《晋志》屬。今檢《元和志》卷十四河東道代州崞縣條：‘本漢舊縣，因山爲名，屬雁門郡。漢末荒廢，晋初又置。’則晋初崞縣復置。”

[5]浬陶：縣名，治所在今山西省渾源縣一帶。

[6]平城：縣名，治所在今山西省大同市東北古城。清畢沅《晋書地理志新補正》：“沅案《元和郡縣志》劉琨表封猗盧爲代王，都平城。”孔祥軍《晋書地理志校注》：“魏屬新興郡，今檢《元和志》卷十四河東道雲州條：‘漢末大亂，匈奴侵邊，自定襄以西，雲中、雁門、西河遂空。曹公鳩集荒散，又立平城縣，屬新興郡，晋又改屬雁門。’又《元和志》卷十四河東道雲州雲中縣條：‘本漢平城縣，屬雁門郡。漢末大亂，其地遂空。魏武帝又立平城縣，屬新興郡，晋改屬雁門郡。’則平城縣至晋移屬雁門郡。”

[7]葰人：縣名，治所在今山西省渾源縣。孔祥軍《晋書地理志校注》：“魏無此縣，似於晋初增置葰人縣。”

[8]繁畤：縣名，治所在今山西省渾源縣西南。清畢沅《晋書地理志新補正》：“沅案漢末廢，晋又置。”孔祥軍《晋書地理志校注》：“魏無此縣，今檢《元和志》卷十四河東道代州繁畤縣條：‘本漢舊縣，屬雁門郡。漢末匈奴侵寇，舊縣荒廢，晋又置繁畤縣。’則繁畤縣晋初復置。”

[9]原平：縣名，治所在今山西省原平縣東。孔祥軍《晋書地理志校注》：“《後魏志》：‘原平，前漢屬太原，後漢、晋屬（雁門）。’”

[10]馬邑：縣名，治所在今山西省朔州市。清畢沅《晋書地理志新補正》：“沅案《元和郡縣志》曹公立馬邑縣，屬新興郡。晋改屬雁門郡。《太平寰宇記》晋亂，其地爲猗盧所據。懷帝時劉琨表猗盧爲大單于，封代公，徙馬邑縣，即其地也。”孔祥軍《晋書地理志校注》：“魏屬新興郡。今檢據《元和志》卷十四河東道朔州條：‘漢末大亂，郡縣荒廢，建安中曹公又立馬邑縣，屬新興郡，晋改屬雁門郡。’則馬邑縣至晋移屬雁門郡。”

新興郡[1]魏置。統縣五，户九千。

九原[2]　定襄[3]　雲中[4]　廣牧[5]　晋昌[6]

[1]新興郡：治所在九原縣（今山西省忻州市）。清方愷《新校晋書地理志》：“《地形志》永安郡下云，後漢建安中置新興郡。《郡國志》注引《魏志》云，建安二十年省雲中、定襄、五原、朔方置一縣，領其民，合以爲新興郡。此作魏置，未詳。”

孔祥軍《晋書地理志校注》：“新興郡治九原，在今山西忻州市。魏領縣七，其中平城、馬邑二縣晋初移屬雁門郡，則領縣五，增置晋昌縣，領縣六，其中慮虒縣，據《後魏志》：‘驢夷，二漢屬太原，曰慮虒，晋罷。’《元和志》卷十四河東道代州五臺縣條：‘本漢慮虒縣，屬太原郡，因慮虒水爲名也，晋省。’則晋初見廢，領縣五。又《晋志》：‘惠帝改新興爲晋昌郡。’則惠帝時改新興郡爲晋昌郡。”

[2]九原：縣名，治所在今山西省忻州市。清畢沅《晋書地理志新補正》：“沅案《太平寰宇記》後漢末，於太原陽曲縣地置九原縣。”孔祥軍《晋書地理志校注》：“《宋書》卷二十八《符瑞中》：

‘晋武帝咸寧二年六月丙申，白龍二見於新興九原居民井中。’則咸寧二年新興郡有九原縣。”

[3]定襄：縣名，治所在今内蒙古自治區呼和浩特市黄合少鎮美岱村、二十家村古城。清畢沅《晋書地理志新補正》：“沅案《元和郡縣志》後漢末移陽曲縣於并州太原縣界，仍於此置定襄縣。”孔祥軍《晋書地理志校注》：“《後魏志》：‘定襄，前漢屬定襄，後漢屬雲中，晋屬新興。’”

[4]雲中：縣名，治所在今内蒙古自治區托克托縣東北。

[5]廣牧：縣名，治所在今内蒙古自治區杭錦旗西北黄河南岸。

[6]晋昌：縣名，治所在今山西省定襄縣西北。孔祥軍《晋書地理志校注》：“魏無此縣，似晋初增置。”

惠帝改新興爲晋昌郡。[1]及永興元年，劉元海僭號於平陽，[2]稱漢，於是并州之地皆爲元海所有。[3]元海乃以雍州刺史鎮平陽，幽州刺史鎮離石。及劉聰攻陷洛陽，置左右司隸，各領户二十餘萬，[4]萬户置一内史，凡内史四十三人，單于左右輔各主六夷。又置殷、衛、東梁、西河陽、北兖五州，以懷安新附。劉曜徙都長安，[5]其平陽以東地入石勒。勒平朔方，又置朔州。[6]自惠懷之間，離石縣荒廢，勒於其處置永石郡，[7]又别置武鄉郡。[8]及苻堅、姚興、赫連勃勃，[9]并州並徙置河東，又姚興以河東爲并、冀二州云。

[1]晋帝改新興爲晋昌郡：孔祥軍《晋書地理志校注》：“錢氏《考異》卷十九據《晋志》元康五年敦煌、酒泉爲晋昌郡，以爲其時有兩晋昌郡，一爲并州之晋昌，一爲凉州之晋昌，二者必有一誤。此亦未必，并州之晋昌郡有早於元康五年見廢之可能。”

[2]劉元海：劉淵，字元海，本書卷一〇一有載記。

[3]并州之地皆爲元海所有：孔祥軍《晋書地理志校注》："檢《晋書》卷五《孝懷帝紀》：'（永嘉元年三月）并州諸郡爲劉元海所陷，刺史劉琨獨保晋陽。'《晋書》卷五《孝愍帝紀》：'（建興四年十一月）司空長史李弘以并州叛，降勒。（十二月）劉琨奔薊，依段匹磾。'則似除太原國建興四年方陷外，并州諸郡於永嘉元年淪没。"

[4]各領户二十餘萬：十，宋本作"千"。

[5]劉曜：字永明，劉淵族子，本書卷一〇三有載記。

[6]朔州：清洪亮吉《十六國疆域志》："朔州，《晋書·地理志》曜以朔州牧鎮高平。"

[7]永石郡：十六國後趙置，治所在離石縣（今山西省吕梁市離石區）。

[8]武鄉郡：十六國後趙置，治所在武鄉縣（今山西省榆社縣西北社城鎮）。

[9]姚興：字子略，本書卷一一七有載記。　赫連勃勃：字屈孑，本書卷一三〇有載記。

雍州。案《禹貢》黑水、西河之地，舜置十二牧，則其一也。以其四山之地，故以雍名焉。亦謂西北之位，陽所不及，陰氣雍閼也。[1]《周禮》：西曰雍州。蓋并禹梁州之地。周自武王克殷，都於酆鎬，雍州爲王畿。及平王東遷洛邑，以岐酆之地賜秦襄公，[2]則爲秦地，累世都之，至始皇遂平六國。秦滅，漢又都之。及武帝置十三州，其地以西偏爲凉州，其餘並屬司隸，不統於州。後漢光武都洛陽，關中復置雍州。後罷，復置司隸校尉，統三輔如舊。獻帝時又置雍州，自三輔距西域皆屬焉。魏文帝即位，分河西爲凉州，分隴右爲秦州，改京兆尹爲太守，馮翊、扶風各除左右，仍以三輔屬司隸。晉初於長安置雍州，[3]統郡國七，[4]縣三十九，户九萬九千五百。

[1]陰氣雍閼也：原本、宋本、殿本“陰”下有“陽”字，據中華本校勘記删。

[2]秦襄公：春秋時秦國國君，公元前777至前766年在位，秦莊公之子，率兵救周平王有功。

[3]晉初於長安置雍州：孔祥軍《晉書地理志校注》：“據此似魏時嘗廢雍州。今檢《魏志》卷二十八《鄧艾傳》：‘（景元）四年秋詔諸軍征蜀……雍州刺史諸葛緒要（姜）維，令不得歸。’則直至魏末雍州未廢，明矣。”

[4]統郡國七：清畢沅《晉書地理志新補正》：“沅案《杜軫傳》：爲池陽令，爲雍州十一郡最。俟考。”

京兆郡[1]漢置。統縣九，户四萬。

長安[2]　杜陵[3]　霸城[4]　藍田[5]　高陸[6]　萬年[7]故櫟陽縣。　新豐[8]　陰般[9]　鄭[10]周宣王弟鄭桓公邑。[11]

[1]京兆郡：治所在長安縣（今陕西省西安市西北）。清方愷《新校晉書地理志》：“《地形志》杜，二漢、晋屬京兆，二漢曰杜陵，晋曰杜城，後改。《州郡志》杜令，二漢曰杜陵，魏改。兩《志》雖異，然西晋不當稱杜陵也。本書《忠義·王育傳》有杜令王攸。《左傳·襄二十四年》注作京兆，杜當從沈説。本書《杜預傳》云，預京兆杜陵人，誤沿漢代舊名也。又《州郡志》池陽令，

《晉太康地志》屬京兆，本《志》屬扶風，未詳孰是。”

孔祥軍《晉書地理志校注》：“京兆郡治長安，在今陝西西安市西北。魏末京兆郡領縣十二，其中上洛、商二縣泰始二年移屬上洛郡，下邽縣晉初移屬馮翊郡。其中長陵縣，據《寰宇記》卷二十六關西道雍州咸陽縣條：‘長陵……晉省。’《輿地廣記》卷十三陝西永興軍路上次府京兆府次畿咸陽縣條：‘漢長陵縣，高帝所葬，屬左馮翊。後漢屬京兆尹。晉省之。’則其於晉初見廢。萬年縣晉初來屬。領縣九。”

[2]長安：縣名，治所在今陝西省西安市西北。孔祥軍《晉書地理志校注》：“《後漢志》：‘長安，漢高帝置。二漢、晉屬（京兆）。’”

[3]杜陵：縣名，治所在今陝西省西安市東南。清畢沅《晉書地理志新補正》：“沅案《地形志》云晉曰杜城。今考霸城亦晉改名。今《志》已曰霸城，而此杜陵猶仍舊名，一改一不改，作《志》者之失也。”孔祥軍《晉書地理志校注》：“今檢杜預《春秋釋例》卷七：‘杜，京兆杜陵縣。’《晉書》卷三十四《杜預傳》：‘杜預，字元凱，京兆杜陵人。’《宋書》卷二十八《符瑞志中》：‘太康七年四月，甘露降京兆杜陵。’則太康時京兆郡有杜陵縣。又《後魏志》：‘杜……二漢曰杜陵，晉曰杜城，後改。’據此則西晉太康七年後曾改‘杜陵’爲‘杜城’，其確年不可考。畢氏《新補正》據其時霸陵已改霸城，推論杜陵當改杜城，以爲此是作志者之失，其推論邏輯殊欠嚴密，不明沿革、苛責古人，誤甚。方氏《新校志》據《宋志》以爲西晉有杜城無杜陵。今檢《宋志》：‘杜令，二漢曰杜陵，魏改。’據《魏志》卷十六《杜畿傳》：‘杜畿，字伯侯，京兆杜陵人。’又上引《春秋釋例》《宋書·符瑞志》《晉書·杜預傳》則自漢末至晉初皆當爲‘杜陵’。又上引《後魏志》：‘杜……二漢曰杜陵，晉曰杜城，後改。’據此元魏時又改‘杜城’爲‘杜’，則《宋志》‘魏改’之‘魏’，似當作後魏解。洪亮吉《補志》以爲魏改爲杜，謝鍾英《補注》已駁之，是，畢氏誤。《中國

歷史地圖集·西晋圖組》的標準年代爲太康二年，然京兆郡有杜城，顯誤，當作‘杜陵’。”

［4］霸城：縣名，治所在今陝西省西安市東北。孔祥軍《晋書地理志校注》：“《宋志》南霸城條下小注：‘本霸陵，漢舊縣，《太康地志》曰霸城。’則太康三年京兆郡有霸城縣。”

［5］藍田：縣名，治所在今陝西省藍田縣西灞河西岸。孔祥軍《晋書地理志校注》：“《後魏志》：‘藍田，二漢、晋屬（京兆）。’”

［6］高陸：縣名，治所在今陝西省西安市高陵區西南。孔祥軍《晋書地理志校注》：“《左傳·成公十三年》《左傳·襄公十四年》杜注有京兆高陸縣，則太康元年京兆郡有高陸縣。又《後魏志》：‘高陸，二漢曰高陵，屬（左馮翊），晋屬京兆。’”

［7］萬年：縣名，治所在今陝西省西安市臨潼區武屯鎮附近古城村南。孔祥軍《晋書地理志校注》：“《後魏志》：‘萬年，二漢、晋屬京兆。’《漢志》左馮翊有萬年縣、櫟陽縣，《續漢志》有萬年縣無櫟陽縣，據萬年縣條劉昭注引《帝王世紀》：‘秦獻公都櫟陽’，又《輿地廣記》卷十三陝西永興軍路上次府京兆府次畿櫟陽縣條：‘後漢櫟陽入萬年，晋屬京兆郡。’則萬年、櫟陽本爲兩地，後漢櫟陽入萬年，《晋志》此處所謂‘故櫟陽縣’誤。”

［8］新豐：縣名，治所在今陝西省西安市臨潼區陰盤城。孔祥軍《晋書地理志校注》：“《左傳·莊公二十八年》杜注有京兆新豐縣，則太康元年京兆郡有新豐縣。又《後魏志》：‘新豐，漢高帝置，二漢、晋屬（京兆郡）。’”

［9］陰般：縣名，治所在今陝西省西安市臨潼區陰盤城。清畢沅《晋書地理志新補正》：“沅案郭緣生《述征記》陰般縣舊屬安定郡，遇亂徙於新豐。《帝王世紀》：赫連定以勝光二年又自京兆移此，屬平凉郡。”孔祥軍《晋書地理志校注》：“今檢宋本《漢志》作陰槃，宋本《宋書》卷二十八《符瑞志中》：‘太康六年九月，白龍見京兆陰槃。’又《後魏志》：‘陰槃，二漢屬安定，晋屬（京兆）。’則當作‘陰槃’。”

［10］鄭：縣名，治所在今陝西省渭南市華州區。孔祥軍《晋書地理志校注》："《後魏志》：'鄭，二漢、晋屬京兆。'"

［11］周宣王：西周王，姬姓，名静。厲王之子，公元前827至前782年在位。早年勵精圖治，有宣王中興之譽，晚年窮兵黷武，國勢漸衰。　鄭桓公：西周鄭國始封國君，名友，周厲王少子，宣王庶弟。公元前806至前771年在位。

馮翊郡[1]漢置，名左馮翊。統縣八，户七千七百。

臨晋[2]故大荔，秦獲之，更名。有河水祠，祠臨晋水，故名。　下邽[3]秦武公伐邽戎，[4]置有上邽，故加"下"。　重泉[5]　頻陽[6]秦厲公置，[7]在頻水之陽。　粟邑[8]　蓮芍[9]　郃陽[10]　夏陽[11]故少梁，秦惠文王更名。[12]梁山在西北。

［1］馮翊郡：治所在臨晋縣（今陝西省大荔縣朝邑鎮西南）。清畢沅《晋書地理志新補正》："沅案馮翊郡有雲陽縣。《元和郡縣志》魏司馬宣王撫慰關中，於雲陽置撫夷護軍。劉、石、苻、姚因之。《地形志》又云晋罷後復。"

清方愷《新校晋書地理志》："《續漢志》馮翊雲陽下劉昭注有荆山，引《帝王世紀》曰荆山在馮翊懷德之南。《帝王世紀》皇甫謐著，是其時當有懷德，《志》缺。"

孔祥軍《晋書地理志校注》："馮翊郡治臨晋，在今陝西大荔縣。《續漢志》作'左馮翊'。據《晋志》：'魏文帝即位……馮翊、扶風各除左右。'又《通典》卷一百七十三同州條：'魏除左字，但爲馮翊郡。晋因之。'則魏文帝時改'左馮翊'爲'馮翊郡'，魏末領縣十，其中萬年縣晋初移屬京兆郡。其中祋祤縣，據《元和志》卷二關内道京兆同官縣條：'本漢祋祤縣地，屬左馮翊。晋屬頻陽。'又《寰宇記》卷三十一關西道耀州同官縣條：'本漢祋祤縣地，屬左馮翊，晋爲頻陽地。'又《輿地廣記》卷十四陝西永興軍路下緊耀州上同官縣條：‘本漢祋祤縣，屬左馮翊。後漢因之。晉省焉。’則晉初省，其地盡入頻陽縣。泰始元年下邽縣來屬，領縣九，懷德縣後省，領縣八。”

［2］臨晉：縣名，治所在今陝西省大荔縣朝邑鎮西南。清畢沅《晉書地理志新補正》：“沅案《元和郡縣志》晉武帝改臨晉爲大荔。”孔祥軍《晉書地理志校注》：“《左傳·桓公三年》《左傳·僖公十五年》杜注有馮翊臨晉縣，則太康元年馮翊郡有臨晉縣。又《宋書》卷二十九《符瑞下》：‘太康四年正月，木連理生馮翊臨晉’，則太康四年馮翊郡有臨晉縣。”

［3］下邽：縣名，治所在今陝西省渭南市北下邽鎮東南渭河北岸。孔祥軍《晉書地理志校注》：“魏屬京兆郡，今檢《宋書》卷二十八《符瑞中》：‘泰始元年十二月，鳳凰三見馮翊下邽，則泰始元年時下邽已移屬馮翊郡。’”

［4］秦武公：春秋時秦國國君，秦憲公之子，公元前697至前678年在位。

［5］重泉：縣名，治所在今陝西省蒲城縣龍泉鄉重泉村。

［6］頻陽：縣名，治所在今陝西省富平縣美原鎮西南。清畢沅《晉書地理志新補正》：“沅案苻秦時置土門護軍，又於祋祤故城北銅官川置銅官護軍。”孔祥軍《晉書地理志校注》：“《後魏志》：‘頻陽，秦置，二漢、晉屬（馮翊）。’”

［7］秦厲公：戰國時秦國國君，又作秦厲共公，秦悼公之子，公元前476至前443年在位。

［8］粟邑：縣名，治所在今陝西省白水縣西北。孔祥軍《晉書地理志校注》：“《宋書》卷二十九《符瑞下》：‘太康元年七月，木連理生馮翊粟邑。’則太康元年馮翊郡有粟邑縣。”

［9］蓮芍：縣名，治所在今陝西省渭南市北下邽鎮東北。孔祥軍《晉書地理志校注》：“《後魏志》：‘蓮芍，秦置，二漢、晉屬（馮翊）。’”

［10］郃陽：縣名，治所在今陝西省合陽縣夏陽鎮南。清畢沅

《晋書地理志新補正》："沅案《地形志》晋屬馮翊，後罷。"孔祥軍《晋書地理志校注》："今檢《左傳·文公二年》經文杜注有馮翊郃陽縣，則太康元年馮翊郡有郃陽縣。又《後魏志》：'郃陽，二漢、晋屬馮翊。'"

[11]夏陽：縣名，治所在今陝西省韓城市南。孔祥軍《晋書地理志校注》："《左傳·桓公九年》《左傳·文公十年》《左傳·成公五年》經文杜注有馮翊夏陽縣，則太康元年馮翊郡有夏陽縣。又《後魏志》：'夏陽，二漢、晋屬馮翊。'"

[12]秦惠文王：戰國時秦國國君，秦孝公之子，公元前 337 至前 311 年在位。在位期間用司馬錯之策伐蜀，又取楚漢中之地。

扶風郡[1]漢武帝以爲主爵都尉，太初中更名右扶風。統縣六，户二萬三千。

池陽[2]漢惠帝置。[3]有嶻嶭山。　郿[4]成國渠首受渭。　雍[5]侯相。有五畤、太昊、黄帝以下祠三百三所。[6]　汧[7]吴山在西，古文以爲汧山。　陳倉[8]　美陽[9]岐山在西北，周太王所邑。[10]

[1]扶風郡：治所在郿縣（今陝西省眉縣東渭河北岸）。清畢沅《晋書地理志新補正》："沅案《太平寰宇記》晋太康八年改爲秦國。《元和郡縣志》扶風盩厔縣，後漢省，晋武帝時復立。今考晋扶風無盩厔縣，蓋武帝後又廢。《地形志》又云，盩厔、好畤皆晋罷後復。"

清方愷《新校晋書地理志》："《州郡志》郿縣令，《晋太康地志》屬秦國，案本書《武帝紀》，秦王柬以太康十年徙封，本《志》後篇以爲惠帝更扶風爲秦國，未詳何據。池陽當屬京兆，見前。又案《太康地志》既有秦國，應斷於太康之末，此《志》有秦寧二州，則應斷於太康之初。今考扶風王駿以咸寧三年徙封，太康七年薨，子暢嗣，十年徙，始改國名秦，是。此《志》既不從《太康地志》作秦國，亦應稱扶風國，郡字誤也。”

孔祥軍《晋書地理志校注》：“據《輿地廣記》卷十四陝西永興軍路下緊耀州望三原縣條：‘本漢池陽縣地，屬左馮翊。東漢因之，晋爲扶風郡治。’則扶風郡治池陽，在今陝西涇陽縣。《中國歷史地圖集·西晋圖組》將郿縣繪爲扶風國治所，不知所據，似誤。‘扶風郡’當作‘扶風國’，檢《晋書》卷三《武帝紀》：‘（泰始元年封皇叔父司馬）亮爲扶風王’，則泰始元年爲扶風國。又《左傳·隱公六年》杜注有扶風雍縣、《左傳·昭公四年》杜注有扶風美陽縣，則太康元年時仍作扶風國。據《晋志》：‘惠帝即位，改扶風國爲秦國’，胡阿祥《〈南齊書·州郡志〉札記》（《歷史地理》第十輯）云：‘《晋志》雍州：惠帝即位，改扶風國爲秦國。與此异。考《晋書·秦獻王柬傳》：太康十年，徙封於秦，邑八萬户。柬爲西晋首封秦王者，則改扶風爲秦國在晋武太康十年前，《晋志》誤。更考《元和郡縣志》卷二關内道鳳翔府云：扶風郡，晋太康八年爲秦國。’則太康八年改扶風國爲秦國。《宋志》：‘郿縣令，漢舊縣，屬扶風。《晋太康地志》屬秦國。’又《宋志》：‘陳倉令，漢舊縣，屬扶風。《晋太康地志》屬秦國。’此二‘秦國’似均爲‘扶風國’之訛。主爵都尉屬於官名系統，與政區沿革無涉，此處《晋志》誤。太初元年分右内史地爲右扶風和京兆尹，詳孔祥軍《漢初“三輔”稱謂沿革考》（《歷史地理》第二十一輯）。魏時扶風郡領縣十四，其中茂陵縣，據《寰宇記》卷二十七關西道興平縣條：‘茂陵……至宣帝始爲縣，晋併入始平縣。’則其晋初廢。又隃麋縣，據《輿地廣記》卷十五陝西秦鳳路上上隴州緊汧陽縣條：‘二漢隃麋縣地，屬右扶風。晋省之。’則亦於晋初廢。其中栒邑縣，據《輿地廣記》卷十四陝西永興軍路下緊邠州上三水縣條：‘漢之栒邑，即故豳國，周之先公劉所居，屬右扶風，東漢因之……晋省焉。’則亦於晋初廢。又杜陽縣，據《寰宇記》卷三十關西道鳳翔府普潤縣條引《郡國縣道記》：‘杜陽，晋省。’則亦於晋初廢。故領縣十，泰始二年槐里等四縣移屬始平郡，領縣六。”

［2］池陽：縣名，治所在今陝西省涇陽縣西北。孔祥軍《晋書地理志校注》：“據《宋志》載：‘池陽令，漢舊名，屬馮翊，《晋太康地志》屬京兆。’似太康三年池陽縣屬京兆。據《晋書》卷五十九《司馬亮傳》：‘咸寧初，以扶風池陽四千一百户爲太妃伏氏湯沐邑。’則咸寧時池陽縣屬扶風郡。又《爾雅注疏》卷七《釋地》篇十藪‘周有焦護’條郭璞注：‘今扶風池陽也。’《文選》卷九班叔皮《北征賦》：‘朝發軔於長都兮，夕宿瓠谷之玄宫’條李善注引‘《爾雅》曰：周有焦獲。郭璞曰：音護，今扶風池陽也。’據《晋書》郭璞本傳其爲西晋入東晋人，東晋偏安，則其所謂‘今扶風池陽’當指西晋時事。則西晋時池陽縣確屬扶風，《宋志》所謂‘《晋太康地志》屬京兆’，顯誤，當爲‘《晋太康地志》屬扶風’。方氏《新校志》以爲池陽屬京兆郡，亦誤。”

［3］漢惠帝：名劉盈，劉邦之子，公元前 195 至前 188 年在位。即位後吕后握實權，因對吕后毒死趙王和殘害戚夫人不滿，縱情酒色，不理朝政，憂鬱而死。

［4］郿：縣名，治所在今陝西省眉縣東渭河北岸。清畢沅《晋書地理志新補正》：“沅案《太平寰宇記》晋元康中復置好畤縣。又云郁夷併省郿縣。晋太康中於此置隴關縣。”孔祥軍《晋書地理志校注》：“《宋志》：‘郿縣令，漢舊縣，屬扶風。《晋太康地志》屬秦國。’則太康三年時扶風國有郿縣。”

［5］雍：縣名，治所在今陝西省鳳翔縣城關鎮豆腐村。孔祥軍《晋書地理志校注》：“《左傳·隱公六年》《左傳·僖公二十四年》杜注有扶風雍縣，則太康元年扶風國有雍縣。又《後魏志》：‘雍，二漢、晋屬右扶風（當作扶風，或秦國，中華書局標點本《魏書》失校）。’”

［6］五畤：又稱五畤原，地名，在今陝西省鳳翔縣南。秦漢時祭祀天帝的處所。《史記》卷一二《孝武本紀》：“上初至雍，郊見五畤。”張守節正義：“先是文公作鄜畤，祭白帝；秦宣公作密畤，

祭青帝；秦靈公作吴陽上畤、下畤，祭赤帝、黄帝；漢高祖作北畤，祭黑帝：是五畤也。”

[7]汧：縣名，治所在今陝西省隴縣東南。清畢沅《晋書地理志新補正》：“沅案《太平寰宇記》汧縣，永嘉後廢。”

[8]陳倉：縣名，治所在今陝西省寶鷄市東渭水北岸。清畢沅《晋書地理志新補正》：“沅案《太平寰宇記》縣晋末廢。姚秦時於縣界置苑川縣。”倉，宋本作“蒼”。

[9]美陽：縣名，治所在今陝西省武功縣武功鎮西。清畢沅《晋書地理志新補正》：“沅案《太平寰宇記》稱《郡國縣道記》曰杜陽縣晋省。又云隃麋縣晋省。孔祥軍《晋書地理志校注》：“今檢《左傳·昭公四年》《左傳·昭公九年》杜注有扶風美陽縣，則太康元年扶風郡有美陽縣，又《後魏志》：‘美陽，二漢、晋屬扶風。’”

[10]周太王：即古公亶父，周先王，周文王之祖父，早年居豳，後遷周原，發展農耕。武王滅商後追封太王。

安定郡[1]漢置。統縣七，户五千五百。

臨涇[2]　朝那[3]　烏氏[4]　都盧[5]　鶉觚[6]　陰密[7]殷時密國。　西川[8]

[1]安定郡：西漢置，治所在高平縣（今寧夏回族自治區固原市），東漢治所在臨涇縣（今甘肅省鎮原縣東南），東晋改治安定縣（今甘肅省涇川縣北）。清畢沅《晋書地理志新補正》：“沅案晋《太康地記》安定郡領臨涇、朝那、烏氏、鶉觚、陰密、西川六縣，無都盧縣，與此異。又有安定、涇陽、撫夷、祖居、爰得、三水、高平七縣。《地形志》後漢、晋罷，後復。”

清方愷《新校晋書地理志》：“烏氏或本作烏氐，誤。《地理志》注師古曰氏音支。本書《張軌傳》軌安定烏氏人是也。”

孔祥軍《晋書地理志校注》:“據《輿地廣記》卷十六陝西秦鳳路下望原州中臨涇條:‘漢屬安定郡,東漢及晋爲郡治焉。’則安定郡治臨涇,在今甘肅鎮原縣東南。魏時領縣六,其中高平縣,據《後魏志》:‘高平,二漢屬安定,晋罷’,則其晋初廢。其中彭陽縣,據《輿地廣記》卷十六陝西秦鳳路下望原州中彭陽縣條:‘二漢屬安定郡,晋省之。’則其晋初廢。則領縣四。鶉觚縣晋初來屬,陰密縣復置,領縣六。太康四年增置都盧縣,領縣七。”

[2]臨涇:縣名,治所在今甘肅省鎮原縣東南。孔祥軍《晋書地理志校注》:“今檢《宋書》卷二十四《符瑞下》:‘太康四年十二月,白鳩見安定臨涇。’則太康四年安定郡有臨涇縣。《後魏志》:‘臨涇,二漢、晋屬(安定)。’”

[3]朝那:縣名,治所在今寧夏回族自治區固原市東南。孔祥軍《晋書地理志校注》:“《左傳·襄公十四年》杜注有安定朝那縣,則太康元年安定郡有朝那縣。《後魏志》:‘朝那,二漢、晋屬(安定)。’”

[4]烏氏:縣名,治所在今寧夏回族自治區固原市東南。孔祥軍《晋書地理志校注》:“《後魏志》:‘烏氏,二漢、晋屬(安定)。’”

[5]都盧:縣名,治所在今寧夏回族自治區隆德縣東北。孔祥軍《晋書地理志校注》:“魏無此縣,據《寰宇記》卷三十二關西道涇州條引《晋太康地記》:‘安定郡領臨涇、朝那、烏氏、鶉觚、陰密、西川六縣,屬雍。’又《晋志》政區標準年代爲太康四年,則置都盧縣當在太康四年。”

[6]鶉觚:縣名,治所在今甘肅省靈臺縣東北。孔祥軍《晋書地理志校注》:“魏屬新平郡,據上引《寰宇記》太康三年安定郡有鶉觚縣。”

[7]陰密:縣名,治所在今甘肅省靈臺縣西南。孔祥軍《晋書地理志校注》:“魏無此縣,今檢《後魏志》:‘陰密縣,前漢屬安定,後漢罷,晋復。’則陰密縣晋初復置。又《左傳·昭公十五

年》杜注有安定陰密縣，則太康元年安定郡有陰密縣。又據上引《寰宇記》太康三年安定郡有陰密縣。”

[8]西川：縣名，治所在今陝西省旬邑縣西北。

北地郡[1]秦置。統縣二，户二千六百。

泥陽[2]　富平[3]

[1]北地郡：治所在泥陽縣（今甘肅省寧縣東南）。清畢沅《晉書地理志新補正》：“沅案漢北地郡有弋居縣。《地形志》云晉罷後復。”

清方愷《新校晉書地理志》：“《郡國志》北地郡有弋居縣。《地形志》云，弋居晉罷，後復。本書《索靖傳》，子綝以首迎大駕功封弋居伯，是西晋此縣仍在。本《志》前後篇俱不載，疑缺。又本書《傅玄傳》弟祗封靈川縣公。考晋無靈川縣，惟《郡國志》北地郡屬有靈州縣，祗又爲北地人，則靈州之誤無疑矣。此郡下亦不載，未詳。”

孔祥軍《晉書地理志校注》：“據《後魏志》：‘北地郡，魏文帝分馮翊之祋栩置。’魏時祋祤縣未廢且屬馮翊郡，《後魏志》所謂‘分馮翊之祋祤置’當理解爲分出馮翊祋祤縣之一部分設置北地郡，《元和志》卷二關内道京兆華原縣條：‘本漢祋祤縣地，屬左馮翊。魏晋皆於其地置北地郡。’《寰宇記》卷三十一關西道耀州華原縣條：“本漢祋祤縣地，屬左馮翊。魏晋皆於其地置北地郡。’此兩處所謂‘其地’當指從馮翊祋祤分出之部分，非指祋祤全境。則北地郡似寄置於馮翊祋祤縣。魏末領縣三，其中直路縣，西晋時似省，則領縣二，今檢《宋書》卷四十八《傅弘之傳》：‘傅弘之字仲度，北地泥陽人。傅氏舊屬靈州，漢末郡界爲虜所侵，失土，寄寓馮翊，置泥陽、富平二縣，靈州廢，不立，故傅氏悉屬泥陽。晋武帝太康三年復立靈州縣。’則太康三年增置靈州縣，似當屬北地郡且旋置旋廢。”

［2］泥陽：縣名，治所在今甘肅省寧縣東南。孔祥軍《晋書地理志校注》：“《後魏志》：‘泥陽，二漢、晋屬（北地）。’”

［3］富平：縣名，治所在今寧夏回族自治區吴忠市西南黄河東岸。清畢沅《晋書地理志新補正》：“沅案《太平寰宇記》晋移富平縣於懷德城。《長安志》晋徙縣於今富平縣西南十一里懷德城。”孔祥軍《晋書地理志校注》：“《宋書》卷二十九《符瑞下》：‘太康四年十一月，白兔見北地富平。’”

始平郡[1]泰始二年置。[2]統縣五，户一萬八千。

槐里[3]秦曰廢丘，漢高帝更名。有黄山宫。　始平[4]　武功[5]太一山在東，古文以爲終南。　鄠[6]古國，夏啓所伐。[7]　蒯城[8]

［1］始平郡：治所在槐里縣（陝西省興平市阜寨鎮南佐村）。清方愷《新校晋書地理志》：“案兩漢《志》，别無蒯城縣。魏宋《志》亦不載，當是晋始置縣，旋即併省。然命名之義，殊不可解。惟《説文》邑部，扶風鄠有鄘鄉。豈蒯城即鄘城，因字相近而誤耶。録此備考。《史記·傅靳蒯成列傳》蒯成侯緤者，索隱蒯者，鄉名。案三蒼云，蒯鄉在城父縣，音裴。《漢書》作鄘，從崩從邑。今書本並作蒯，音菅蒯之蒯，非也。蘇林音薄催反。晋灼案《功臣表》屬長沙。崔浩音薄壞反。《楚漢春秋》作憑成侯，則裴憑聲相近，此得其實也。又正義引《括地志》云蒯亭在河南西十四里苑中。《輿地志》云蒯成縣，故陳倉縣之故鄉聚名也。周緤所封也。晋武帝咸寧四年，分陳倉立蒯成縣，屬始平郡也。綜考索隱諸説，是其音當从邑崩聲爲正。《史記正義》引《括地志》作蒯亭，《輿地志》作蒯成，晋志作蒯城，並誤。”

清畢沅《晋書地理志新補正》：“沅案《元和郡縣志》漢平陵

縣，魏文帝改爲始平。晋武帝改置始平國。《太平寰宇記》又謂，魏黄初元年改爲始平國，因原以建名。”

孔祥軍《晋書地理志校注》：“始平郡治乏考。魏末無此郡，今檢《宋志》：‘始平太守，晋武帝泰始二年，分京兆、扶風立。’則泰始二年置始平郡。而《晋志》所著録槐里、始平、武功、鄠縣均來自扶風郡，蒯城縣後置，則《宋志》所謂‘分京兆、扶風立’似爲‘分扶風立’之訛。”

［2］泰始二年置：二，殿本作“三”。

［3］槐里：縣名，治所在今陕西省興平市阜寨鎮南佐村。孔祥軍《晋書地理志校注》：“《宋志》：‘槐里男相，漢舊名，屬扶風，《晋太康地志》屬始平。’則西晋太康三年始平郡有槐里縣。《後魏志》：‘槐里，二漢、晋屬始平。’”

［4］始平：縣名，治所在今陕西省咸陽市西北。清畢沅《晋書地理志新補正》：“沅案《太平寰宇記》茂陵，晋併入始平縣。”

［5］武功：縣名，治所在今陕西省眉縣東四十里渭河南岸。孔祥軍《晋書地理志校注》：“《左傳·昭公四年》《左傳·昭公九年》杜注有始平武功縣，則太康元年始平郡有武功縣。又《宋志》：‘武功令，漢舊名，故屬扶風，《晋太康地志》屬始平。’則西晋太康三年始平郡有武功縣。”

［6］鄠：縣名，治所在今陕西省西安市鄠邑區北。孔祥軍《晋書地理志校注》：“《宋書》卷二十九《符瑞下》：‘咸寧三年七月壬辰，木連理生始平郡。’則咸寧三年時鄠縣屬始平郡。又《左傳·昭公元年》《左傳·昭公四年》杜注有始平鄠縣，則太康元年始平郡有鄠縣。又《宋志》：‘鄠令，二漢屬扶風，《晋太康地志》屬始平。’”

［7］夏啓：夏王，禹之子，與益争王。即位後有扈氏不服，啓征服之。是改變禪讓制開啓家天下的第一人。

［8］蒯城：縣名，治所在今陕西省寶鷄市西渭水南岸。清畢沅《晋書地理志新補正》：“沅案《輿地志》蒯城縣，故陳倉之故鄉聚

名也。晋武帝咸寧四年，分陳倉立縣，屬始平郡。”

孔祥軍《晋書地理志校注》：“魏無此縣，今檢《史記》卷九十八《周緤傳》‘蒯成侯（周）緤者’條張守節《史記正義》引《輿地志》：‘晋武帝咸寧四年分陳倉立蒯城縣，屬始平郡。’則武帝咸寧四年分扶風陳倉置蒯城縣，且屬始平郡。”

新平郡[1]漢置。統縣二，户二千七百。

漆[2]漆水在西。　汾邑[3]

[1]新平郡：治所在漆縣（今陕西省彬州市）。清方愷《新校晋書地理志》：“關中無汾水，未詳汾邑何所取義。《方輿紀要》栒邑，漢置，晋仍爲栒邑縣，屬新平郡。疑原本作栒邑，顧氏游及見之，後訛爲汾邑耳。（寅案栒與豳古相通借字，亦作邠，又誤作汾也。）”

清畢沅《晋書地理志新補正》：“沅案《太平寰宇記》晋武帝分漆縣置豳邑縣。苻秦時改漆取郡名爲新平縣。姚萇亂，郡縣俱廢。”

孔祥軍《晋書地理志校注》：“據《寰宇記》卷三十四關西道邠州條：‘後漢興平元年分安定之鶉觚、右扶風之漆置新平郡，理漆縣……歷魏晋不改。’則新平郡治漆縣，在今陕西彬縣。魏末領縣二，其中鶉觚縣晋初移屬安定郡，又增置邠邑縣，領縣二。”

[2]漆：縣名，治所在今陕西省彬州市。孔祥軍《晋書地理志校注》：“《左傳·襄公二十九年》杜注有新平漆縣，則太康元年新平郡有漆縣。”

[3]汾邑：縣名，《太平寰宇記》卷三四《關西道·邠州》：“汾邑縣，苻秦時改漆，取郡名爲新平縣。”孔祥軍《晋書地理志校注》：“今檢《寰宇記》卷三十四關西道邠州條：‘後漢興平元年分安定之鶉觚、右扶風之漆置新平郡……歷魏晋不改……晋武帝分

漆縣置邠邑。’則武帝時分漆縣置邠邑縣，當屬新平郡。其與汾水距離懸遠，則《晉志》所謂‘汾邑’誤，《中國歷史地圖集·西晉圖組》繪作‘栒邑’，誤甚。”

惠帝即位，改扶風國爲秦國。徙都。[1]建興之後，雍州没於劉聰。[2]及劉曜徙都長安，改號曰趙，以秦、凉二州牧鎮上邽，朔州牧鎮高平，幽州刺史鎮北地，并州牧鎮蒲坂。石勒克長安，復置雍州。石氏既敗，苻健僭據關中，[3]又都長安，是爲前秦。於是乃於雍州置司隸校尉，以豫州刺史鎮許昌，秦州刺史鎮上邽，荆州刺史鎮豐陽，[4]洛州刺史鎮宜陽，并州刺史鎮蒲坂。苻堅時，分司隸爲雍州，分京兆爲咸陽郡，洛州刺史鎮陝城。[5]滅燕之後，分幽州置平州，鎮龍城，幽州刺史鎮薊城，河州刺史鎮枹罕，[6]并州刺史鎮晉陽，豫州刺史鎮洛陽，兖州刺史鎮倉垣，[7]雍州刺史鎮蒲坂。於是移洛州居豐陽，以許昌置東豫州，以荆州刺史鎮襄陽，徐州刺史鎮彭城。既而姚萇滅苻氏，[8]是爲後秦。及萇子興克洛陽，以并、冀二州牧鎮蒲坂，豫州牧鎮洛陽，兖州刺史鎮倉垣，分司隸領北五郡，置雍州刺史鎮安定。及姚泓爲劉裕所滅，[9]其地尋入赫連勃勃。勃勃僭號於統萬，[10]是爲夏。置幽州牧於大城，[11]又平劉義真於長安，[12]遣子璝鎮焉，[13]號曰南臺。以朔州牧鎮三城，[14]秦州刺史鎮杏城，[15]雍州刺史鎮陰密，并州刺史鎮蒲坂，梁州牧鎮安定，北秦州刺史鎮武功，豫州牧鎮李閏，[16]荆州刺史鎮陝，其州郡之名並不可知也。然自元帝渡江，所置州亦皆遥領。初以魏該爲雍州刺史，鎮酇城，[17]尋省，僑立始平郡，寄居武當城。[18]有秦國流人至江南，改堂邑爲秦郡，[19]僑立尉氏縣屬焉。[20]康帝時，庾翼爲荆州刺史，遷鎮襄陽。其後秦雍流人多南出樊沔，孝武始於襄陽僑立雍州，仍立京兆、始平、扶風、河南、廣平、義成、北河南七郡，[21]並屬襄陽。襄陽故屬荆州。

[1]徙都：中華本校勘記："疑此二字因涉下文'徙都長安'而誤衍。"

[2]雍州没於劉聰：孔祥軍《晋書地理志校注》："據《晋書》卷五《孝愍帝紀》建興四年長安陷於劉聰，則似至此雍州淪没。"

[3]苻健：字建業，本書卷一一二有載記。

[4]豐陽：縣名，治所在今陝西省山陽縣。豐，宋本作"豊"，下文"豐陽"同。

[5]陝城：地名，在今河南省三門峽市陝州區。《水經注・河水》：河水"又東過陝縣北，河南即陝城也"。

[6]河州：清洪亮吉《十六國疆域志》考前秦河州："河州，《晋書》苻堅以李儼爲河州刺史，鎮武始。儼卒，堅復以儼子辯爲河州刺史。堅又以刺史李辯領興晋太守，鎮抱罕。堅以毛興爲都督河秦二州諸軍事、河州刺史，鎮枹罕。苻丕以興爲河州牧。益州牧王廣攻興於枹罕，興遣衛平等襲敗之。王統復遣兵助廣，興又敗之。廣亡奔秦州。枹罕諸氐叛毛興，推衛平爲河州刺史。領漢郡三、晋郡一、前涼郡一。

"金城郡，漢置。《晋書》堅以趙凝爲金城太守。領縣六。允吾，有河會城。榆中。允街。金城，有石城津。白土。浩亹，哀帝隆和元年，浩亹山崩。

"武始郡，《晋書》河州刺史李儼，鎮武始。領縣一。狄道，案《地形志》又有勇田、陽素二縣，當屬後魏時立。

“南安郡，《晉書》堅南安太守邵羌。苻丕封苻登爲南安王。《前秦録》苻登率衆五萬東下隴右，據南安。《北史·常爽傳》祖珍，苻堅南安太守。領縣三。豲道。新興。中陶。

“隴西郡，《晉書》堅隴西太守姜衡。領縣三。案《晉書·地理志》張駿分興晋等八郡爲河州，有漢中郡，無隴西郡。今考苻堅時，梁州刺史鎮漢中，河州刺史鎮枹罕，是堅時河州屬郡有隴西無漢中也。郡縣割裂，時時不同，惟合諸書考之方得實耳。他皆倣此。有白石故縣。襄武。首陽。臨洮。

“晋興郡，《前秦録》堅以李辯爲河州刺史，領興晋太守。領縣可考者二。案他書亦作晋興，今詳所領二縣，則作晋興是也。晋興。枹罕，《晉書》王猛、楊安救枹罕，與張天錫將楊遹戰於縣東，猛不利。堅以彭越爲凉州刺史，鎮枹罕。

“廣武郡，前凉分隴西郡置。《晉書》堅廣武太守慕容納。領縣五。案此郡從前凉屬秦州。廣武。令居。枝陽。永登，前凉立。振武。”

同書考後秦河州：“河州，《晉書載記》興以乞伏乾歸爲河州刺史。秃髮傉檀招秦河州刺史，彭奚念阻河以叛。興遣姚弼等伐傉檀，傉檀退保河曲。凡統郡可考者四。

“隴西郡，《晉書載記》興封姚碩德爲隴西王。隴西内史索稜，太守姚秦都。領縣四。襄武。首陽。臨洮，有俱城。枹罕，《晉書載記》興代乞伏乾歸，進屯枹罕。

“金城郡，《晉書載記》萇以王達爲金城太守。鮮卑薛勃叛，圍興將姚詳於金城。興遣姚崇、尹緯討之。興自討勃勃，勃勃懼，棄衆奔高平公没奕于，于執送之。興遣將趙曜率衆二萬西屯金城。姚弼等拒傉檀，自金城郡濟。乞伏乾歸以衆叛，攻陷金城，執太守任蘭，蘭不食死。領縣六。允吾。榆中。允街。金城。白土。浩亹。

“武始郡，後秦領縣一。狄道。

“南安郡，後秦領縣三。有祁山、鷩峽、羊頭峽、赤亭。豲道。

新興。中陶。”

同書考前凉河州：“河州，《晋志》張駿分興晋、金城、武始、南安、永晋、大夏、武城、漢中八郡爲河州。《張軌傳》駿分凉州東界六郡置河州，以張瓘爲刺史。《元和郡縣志》張駿二十一年，以州界遼遠，分置河州，以《禹貢》導河積石至於龍門，積石在州界，故曰河州。案《志》言八郡，《傳》言六郡，蓋據建州之始言只有六郡。又《法苑珠林》言張祚時河州刺史張瓘，疑即瓘字之誤。凡統舊郡三、增置郡五、縣可考者十八。

“興晋郡，《元和郡縣志》永嘉末，張軌分金城郡置。又云晋惠帝立枹罕護軍，前凉張軌保據凉州，立爲興晋郡。縣無考。

“金城郡，漢置。《張軌傳》軌金城太守胡勖叛，遣宋毅等討降之。寔金城太守竇濤。駿金城太守張閬。韓璞遣辛巖督運於金城。重華金城太守張冲降於麻秋。天錫討羌廉岐，以别駕楊遹爲監前鋒軍事、前將軍趣金城。領先六。有破羌故縣。允吾，漢舊縣。有河會城、青石津。金城，漢舊縣。《元和郡縣志》前凉張寔徙郡理此。《晋書·車濟傳》張重華以爲金城令。麻秋克金城，濟伏劍死。有長最、石城津。榆中。允街。白土，漢舊縣。《張軌傳》天錫討羌廉岐，遣游擊將軍張統出白土。浩亹，漢舊縣。《張軌傳》寔討曹祛，詭道出浩亹，戰於破羌，斬祛及牙門田囂。

“武始郡，《晋志》駿以狄道縣置。《地形志》晋分隴西置。《太平寰宇記》云，張駿分廣武置。領縣一。有武始大澤。狄道，漢舊縣。《地形志》晋屬隴西。《晋書》駿遣竇濤等東會韓璞攻討秦州諸郡。劉曜遣將劉胤來拒，屯於狄道，石勒殺劉曜。駿因長安亂，復收河南地，至於狄道。案《元和郡縣志》晋改狄道爲武始縣。今考晋蓋於狄道縣置武始郡，非改狄道爲武始也。合觀《晋書》及《魏書·地形志》自明。有洮水、東川。

“南安郡，漢置。《前凉録》張寔遣韓璞等率步騎赴國難，次南安。會諸羌斷路，璞與張閬等夾擊，大敗之。《晋書》明帝太寧元年，茂將陳珍募發氐羌之衆擊曜走之，克復南安。領縣三。有祁山。豲道，漢舊縣。新興，漢舊縣。中陶，魏舊縣。

“永晋郡，案郡蓋張氏置。縣無考。

“大夏郡，《太平寰宇記》稱《前凉録》張駿十八年分武始、興晋、廣武三郡置。《圖經》稱《十六國春秋》咸康元年，張駿以大夏郡屬河州。《張軌傳》石虎令麻秋進陷大夏，大夏護軍梁式執太守宋晏以城應秋。太和二年，天錫攻李儼大夏、武始二郡，皆下之。領縣一。大夏，《太平寰宇記》與郡同置，取縣西大夏水爲名。《水經注》稱《晋書地道記》曰大夏縣有禹廟，禹所出也。有沃干嶺。

“武成郡，《圖經》前凉張氏置。《張軌傳》武成太守張悛。縣無考。

“漢中郡，漢置。前凉領縣八。南鄭，漢舊縣。案漢中郡所統縣，《前凉録》及《晋書·張軌傳》并不載及，未知漢中郡地曾全入張氏否。今縣名姑從《晋志》録入，俟考。蒲池，《晋志》有。褒中，漢舊縣。沔陽，漢舊縣。成固，漢舊縣。南鄉，漢舊縣。黄金，魏舊縣。興道，蜀舊縣。”

同書考西秦河州：“河州，《西秦録》太初元年，乾歸以屈眷爲河州牧。十三年，乾歸朝長安，姚興大悦，拜持節、都督河南諸軍事、河州刺史。十九年，以其子熾磐爲西夷校尉、行河州刺史。又云，乾歸以屈眷爲河州牧，以乞伏審虔及屋引破光爲河州刺史，鎮枹罕。熾磐以謙屯爲河州牧。案張駿分興晋、金城、武始、南安、永晋、大夏、武城、漢中爲河州。今考西秦無漢中郡。武始、南安、武城當屬秦州。興晋屬定州。又自前秦以後，河州皆治隴西之枹罕，乞伏氏亦然。後乞伏又分置北河州，治枹罕，則隴西郡移屬北河州可知。河州凡統舊郡一、前凉增置郡二、新置郡一。

“金城郡，《西秦録》太初元年九月，乾歸遷都金城。二年正月，苻登遣使拜爲大將軍、金城王。《通鑑》乾歸金城太守辛静。吕光遣吕纂等攻金城，乾歸率衆救之，未至，纂等拔金城。《晋書載記》義熙五年，乾歸攻克姚興金城郡。領縣六。有河關故縣。允吾，《通鑑》乾歸欲西保允吾。又乾歸引數百騎奔允吾。有小晋興城。金城，有南景門、鳴雀峽、青岸、長最。允固。白土。榆中。浩亹，《通鑑》熾磐遣將乞伏魋尼寅邀蒙遜於浩亹，蒙遜擊斬之。

“東金城郡，《圖經》稱《十六國春秋》，西秦乞伏乾歸更始二年攻秦，拔金城郡，以乞伏務和爲東金城太守鎮之。《晋書載記》乾歸攻克姚興金城郡，以其驍騎乞伏務和爲東金城太守。案疑是時後秦西秦並有金城郡，故乾歸攻克姚秦金城後，遂以爲東金城也。縣無考。

“永晋郡，縣無考。

“大夏郡，西秦領縣一。更始四年，乞伏公府弒乾歸奔固大夏。熾磐遣弟智遠等討之。七月，破公府於大夏，公府奔疊蘭城，又奔嵻峎南山，追獲轘之。大夏，《北史·常爽傳》父坦，乞伏世爲大夏鎮將。”

同書考西秦北河州：“北河州，《西秦録》太初二年，枹罕羌彭奚念附於乾歸，乾歸以爲北河州刺史。安帝隆安元年，乾歸徵北河州刺史彭奚念爲鎮衛將軍，以鎮西將軍屋引破光爲河州牧。更始元年，復以屋引破光爲河州刺史，鎮枹罕。案胡三省注，枹罕舊爲河州治所，乞伏氏先於境内置河州，以屈眷爲牧，故以枹罕爲北河州，以奚念爲刺史。據此則彭奚念、屋引破光皆爲北河州牧也。凡統郡可考者二。

“隴西郡，《西秦録》太初七年十月，氐王楊定步騎四萬來伐，乾歸勒衆而進，大敗定軍，斬定，及首級萬有七千，盡有隴西巴西之地。十三年，乾歸次於隴西，以拒姚碩德。《晋書載記》隴西太守越質詰歸以平襄叛，乾歸擊敗之。永康二年，姚興將索稜以隴西降熾磐。領縣五。有隴山、白石川、白石故縣。襄武，有六泉、五溪。首陽。臨洮，《通鑑》吕延以枹罕之衆攻臨洮、武始、河關，皆克之。有度周川。枹罕，太初十三年，姚興進軍枹罕，是年，乾歸自晋興南奔枹罕，遂降於秦。《西秦録》更始元年，乾歸隨姚興如平凉。熾磐攻抱罕克之，遂遣使奉告乾歸，乾歸奔還苑川，遂如枹罕。四年，熾磐還於枹罕。《晋書載記》乾歸率步騎三萬征西羌彭利髮於枹罕。熾磐徙傉檀文武及百姓萬餘户於枹罕，傉檀遂降。《元和郡縣志》熾磐又自金城都於枹罕。有凌霄觀、河橋、奴葵谷、乞伏乾歸墓、乞伏熾磐墓。定連，《通鑑》熾磐爲勃勃將呼盧古所敗，自枹罕還保定連。蒙遜伐秦，暮末自枹罕還保定連。案定連，疑西秦所置縣，未知何屬。今就近附枹罕下。《圖經》或云後凉吕光所築。

"廣寧郡，《圖經》西秦於隴西郡彰縣置廣寧郡。縣無考。"

枹罕：縣名，治所在今甘肅省臨夏縣西南。

[7]倉垣：倉垣城，地名，在今河南開封市西北。

[8]姚萇：字景茂，本書卷一一六有載記。

[9]姚泓：字元子，本書卷一一九有載記。　劉裕：字德興，小名寄奴，彭城（今江蘇省徐州市）人，南朝宋開國皇帝。世居京口，初爲東晋冠軍司馬，後被劉牢之任爲參軍。歷任鎮軍將軍、都督十六州諸軍事，官至相國，受封宋王。元熙二年（420）代晋稱帝。卒謚武皇帝，廟號高祖。

[10]統萬：統萬城，位於今陝西省靖邊縣紅墩界鄉白城子村。

[11]大城：地名，在今内蒙古自治區伊金霍洛旗西。

[12]劉義真：劉裕第二子，關中平定後，任雍州刺史。劉宋建立後，封廬陵王。

[13]璝：赫連勃勃長子，被立爲太子，後被兄弟赫連昌所殺。

[14]三城：縣名，治所在今陝西省延安市東南。

[15]杏城：地名，杏城鎮，在今陝西省黄陵縣西南故邑。

[16]李閏：地名，李潤堡，又作李潤鎮，在今陝西省蒲城縣東北。中華本校勘記："《姚萇載記》《魏書·安定王燮傳》皆作'李潤'。"

[17]酇城：酇縣城，酇縣爲東晋僑置，治所在今安徽省全椒縣西南。

[18]武當城：武當縣城，在今湖北省丹江口市西北。

［19］堂邑：郡名，東晋僑置郡，治所在堂邑縣（今江蘇省南京市六合區），安帝時改爲秦郡。清洪亮吉《東晋疆域志》："秦郡，《沈志》晋惠帝永興元年分臨淮、淮陵立堂邑郡。安帝改堂邑爲秦郡。《永初郡國》屬豫州，東晋蓋同。《晋書》王國寶、楊佺期、毛安之，《宋書》劉穆之等傳，並爲堂邑太守。凡領縣可考者三。案此係僑郡，兼領實縣，故附録於此（僑縣别見）。《沈志》去京都水一百五十，陸一百四十。堂邑，漢舊縣，屬廣陵。案《沈志》無此縣。然考《晋書·循吏傳》范晷子廣，元帝以爲堂邑令。《戴洋傳》堂邑令孫混在惠帝立郡後，則東晋有此縣也。揚州刺史下沈云：江左省堂邑縣入高陽。《向靖傳》義熙三年以秦郡太守戍堂邑。《圖經》亦云，晋末改置尉氏，而堂邑縣始廢。有高望城。臨塗，《沈志》晋末立。案字當作涂，有涂塘。義城，《沈志》江左立。案名與淮南郡所屬縣同，地亦相近，而《沈志》於此下云江左立，故兩存之。疑亦橋縣也。俟更考。"

［20］僑立尉氏縣屬焉：孔祥軍《晋書地理志校注》："錢氏《考異》卷十九據《宋志》以爲堂邑之改秦郡，是安帝時非元帝，且當在義熙九年土斷時。是。"

［21］仍立京兆、始平、扶風、河南、廣平、義成、北河南七郡：清畢沅《晋書地理志新補正》："沅案《沈志》云《徐志》雍州有北上洛、北京兆、義陽三郡。北上洛晋孝武帝立，領上洛、北商、酆陽、陽亭、北拒陽五縣。北京兆領北藍田、霸城、山北三縣，並云景平中立。義陽云安帝立，領平氏、贏鄉二縣。酆陽、陽亭、北拒陽並云安帝立。餘縣不注置立。今地並無此三郡。"

凉州。案《禹貢》雍州之西界，周衰，其地爲狄。秦興美陽甘泉宫，本匈奴鑄金人祭天之處。匈奴既失甘泉，又使休屠、渾邪王等居凉州之地。[1]二王後以地降漢，漢置張掖、酒泉、敦煌、武威郡。其後又置金城郡，謂之河西五郡。漢改周之雍州爲凉州，蓋以地處西方，常寒凉也。地勢西北邪出，在南山之間，南隔西羌，西通西域，於時號爲斷匈奴右臂。獻帝時，凉州數有亂，河西五郡去州隔遠，於是乃别以爲雍州。末又依古典定九州，乃合關右以爲雍州。魏時復分以爲凉州，刺史領戊己校尉，[2]護西域，如漢故事，至晋不改。統郡八，[3]縣四十六，户三萬七百。

[1]休屠：休，宋本作“林”。

[2]戊己校尉：管理西域事務的長官。魏晋時期治所在高昌。四品。戊，宋本作“戉”。

[3]統郡八：孔祥軍《晋書地理志校注》：“《續漢志》凉州領郡國十二，魏時隴西、漢陽、安定、武都、北地郡移屬雍州，張掖屬國、張掖居延屬國似廢。漢獻帝興平二年置西郡，建安時置西平郡、西海郡，領郡八。西晋元康五年增置晋昌郡，領郡九。金城郡泰始五年移屬秦州，太康三年復屬凉州。”

金城郡[1]漢置。統縣五，户二千。

榆中[2]　允街[3]　金城[4]　白土[5]　浩亹[6]

[1]金城郡：治所在榆中縣（今甘肅省榆中縣西北黄河南岸）。清方愷《新校晋書地理志》：“《地形志》河州金城郡有大夏縣。注云二漢屬隴西，晋屬晋興，不言中廢復置。《水經注·河水》篇，大夏水又東逕大夏縣故城南，《晋書地道記》曰縣有禹廟。案後漢張氏分置晋興郡，統大夏縣，援據魏、酈兩書，此縣自漢至晋不改，是未立晋興以前，或屬金城，或屬隴西，中篇不應删去。又《水經注》闞駰曰白石縣在狄道西北二百八十五里。又後篇張寔分

金城之令居、枝陽二縣，又立永登縣爲廣武郡，是令居、枝陽皆仍漢縣之舊。又漢允吾縣屬金城郡，闞駰曰允吾縣西四十里有小晋興城，疑晋亦仍漢舊，均不當删。又案河西諸郡至惠帝以後，張氏、苻氏、吕氏、沮渠氏迭爲雄長，更增郡縣，故本書載記所紀諸地名，往往不見，此篇未可據以論難。今就可考者録之左方，疑者闕焉。"

孔祥軍《晋書地理志校注》：金城郡，治乏考。泰始五年移屬秦州，太康三年復屬凉州，魏時領縣七，晋初省允吾縣，據《漢書》卷十六《張騫傳》：'漢始築令居以西'顔師古注引臣瓚曰：'令居，縣名，屬金城。'顔師古《漢書叙例》云：'有臣瓚者，莫知氏族，考其時代，亦在晋初。'則晋初仍有令居縣且屬金城郡，明矣，似後省，《一統志》卷二百零六'令居故城條'以爲'晋初（令居）縣廢'，是。領縣五。"

[2]榆中：縣名，治所在今甘肅省榆中縣西北黄河南岸。孔祥軍《晋書地理志校注》："《後魏志》：'榆中，二漢、晋屬（金城）。'"

[3]允街：縣名，治所在今甘肅省永登縣南莊浪河西岸。

[4]金城：縣名，治所在今甘肅省蘭州市西北黄河南岸。孔祥軍《晋書地理志校注》："《輿地廣記》卷十六陝西秦鳳路下下蘭州下五泉縣條：'本金城縣，漢屬金城郡……東漢及晋因之。'"

[5]白土：縣名，治所在今青海省循化撒拉族自治縣北黄河北岸。孔祥軍《晋書地理志校注》："《後魏志》：'白土，二漢屬上郡，晋屬金城。'"

[6]浩亹：縣名，治所在今甘肅省永登縣西南大通河東岸。

西平郡[1]漢置。統縣四，户四千。

西都[2]　臨羌[3]　長寧[4]　安夷[5]

[1]西平郡：治所在西都縣（今青海省西寧市）。清畢沅《晉書地理志新補正》："沅案《通典》永嘉後秃髮烏孤初稱西平王，其弟利鹿孤復都此。"

清方愷《新校晉書地理志》："庠案《志》以西平郡爲漢置非也。《水經注·河水》篇，一水逕長寧亭南，東入長寧水。又牛心川水，北逕西平亭西，東北入湟水。魏黄初中立西平郡，闞駰亦言長寧亭北有養女嶺，西平亭北有土樓神祠，是爲二亭名，晉時並未立縣。此作西都、長寧二縣，未詳何據。庠案闞駰言見《水經·河水》篇，又東過金城允吾縣北下。"

孔祥軍《晉書地理志校注》："西平郡，治乏考，魏領縣四，其中破羌縣，《晉志》無。今檢《輿地廣記》卷十六陝西秦鳳路下西寧州中湟水縣條：'二漢破羌縣地，屬金城郡。建安中改爲西平郡，晉因之。'則西晉西平郡有破羌縣，《晉志》漏列破羌縣，誤，當補。破羌縣，治所在今青海樂都縣東南。後增置長寧縣，領縣五。"

[2]西都：縣名，治所在今青海省西寧市。

[3]臨羌：縣名，治所在今青海省湟源縣東南。

[4]長寧：縣名，治所在今青海省大通回族土族自治縣東南。

[5]安夷：縣名，治所在今青海省海東市樂都區西。

武威郡[1]漢置。統縣七，户五千九百。

姑臧[2]　宣威[3]　揖次[4]　倉松[5]　顯美[6]　驪靬[7]　番禾[8]

[1]武威郡：治所在姑臧縣（今甘肅省武威市）。清畢沅《晉書地理志新補正》："沅案《郡國志》武威郡有鸇陰、陰密二縣，晉罷後復。"

孔祥軍《晉書地理志校注》："《輿地廣記》卷十七陝西路化外州中都督府凉州中下姑臧縣條：'二漢、魏、晉皆爲武威郡治，兼爲凉州刺史治焉。’則武威郡治姑臧，在今甘肅武威市南。魏領縣九，其中鸇陰縣，據《後魏志》：‘鶉陰，（平凉）郡治。前漢屬安定，後漢屬武威，晋罷。’則其晋初廢。其中祖厲縣，據《後魏志》：‘祖居，前漢厲（安定），罷，後復，屬武威，晋罷。’則其亦晋初廢。武威、媪圍二縣《晋志》不載，似於晋初省。晋初驪軒、番和二縣由張掖郡來屬，領縣七。”

［2］姑臧：縣名，治所在今甘肅省武威市。清畢沅《晋書地理志新補正》：“沅案王隱《晋書》此城匈奴所築，舊名蓋臧城，後人語訛爲姑臧城。”

［3］宣威：縣名，治所在今甘肅省民勤縣西南。

［4］揖次：縣名，治所在今甘肅省武威市東南。孔祥軍《晋書地理志校注》：“今檢《漢志》、《續漢志》、《説文解字》卷十二上、《後魏志》皆作‘揟次’，又《水經注》卷四十：‘河水又與長泉水合，水出姑臧東水揟次縣。’故又‘揖次’當爲‘揟次’之訛，錢氏《考異》卷十九以爲當作‘揟次’是。”

［5］倉松：縣名，治所在今甘肅省武威市東。清畢沅《晋書地理志新補正》：“沅案《十六國春秋》後凉吕光麟嘉四年，以郭麐言讖改爲昌松，兼於此立東張掖郡。”倉，殿本作“昌”。

［6］顯美：縣名，治所在今甘肅省永昌縣東南。孔祥軍《晋書地理志校注》：“《輿地廣記》卷十七陝西路化外州中都督府凉州中下姑臧縣條：‘漢顯美縣，屬張掖郡。東漢來屬，晋以後因之。’”

［7］驪軒：縣名，治所在今甘肅省永昌縣西南。孔祥軍《晋書地理志校注》：“魏屬張掖郡，其似晋初來屬。”

［8］番禾：縣名，治所在今甘肅省永昌縣。清畢沅《晋書地理志新補正》：“沅案《吕光載紀》番禾太守吕超，則番禾後又升作郡。《秃髮傉檀載紀》亦言武興、番禾、武威、昌松四郡。”孔祥軍《晋書地理志校注》：“魏屬張掖郡，今檢《輿地廣記》卷十七陝西路化外州中都督府凉州中下天寶縣條：‘本番和，二漢屬張掖郡，晋屬武威郡。’則晋初其移屬武威郡。”

張掖郡[1]漢置。統縣三，户三千七百。

永平[2]　**臨澤**[3]漢昭武縣，避文帝諱改也。[4]　**屋蘭**[5]漢因屋蘭名焉。

[1]張掖郡：治所在永平縣（今甘肅省張掖市西北）。清畢沅《晉書地理志新補正》："沅案《吕光載紀》張掖所屬有邱池縣。"

清方愷《新校晉書地理志》："本書《武帝紀》泰始三年四月張液太守焦勝上言，氏池縣大柳谷有玄石一所。《吕光載記》有張掖屬縣邱池令尹興，豈十六國時改邸池爲邱池耶？説詳金城下。又本書《儒林傳》崔遊爲文帝相府舍人，出爲氏池長。"

孔祥軍《晉書地理志校注》："張掖郡，治乏考。魏領縣七，其中删丹縣晉初移屬西郡，番和、驪靬二縣移屬武威郡，領縣四；魏有氐池縣，今檢《宋書》卷二十八《符瑞中》：'泰始三年四月戊午有司奏：張掖太守焦勝言：氐池縣大柳谷口青龍見。'則泰始三年仍有氐池縣，且屬張掖郡，似其後見廢。領縣三。"

[2]永平：縣名，治所在今甘肅省張掖市西北。清畢沅《晉書地理志新補正》："沅案《元和郡縣志》本漢觻得縣，晉改今名。"

孔祥軍《晉書地理志校注》："魏作'觻得'。今檢《元和志》卷四十隴右道甘州張掖縣條：'本漢觻得縣，屬張掖郡……晉改曰永平縣。'又《輿地廣記》卷十七陝西路化外州下甘州上張掖縣條：'漢立張掖郡，治觻得縣，東漢因之。晉改曰永平縣。'則觻得縣晉初改爲永平縣，仍屬張掖郡。"

[3]臨澤：縣名，治所在今甘肅省臨澤縣西北。孔祥軍《晉書地理志校注》："魏作'昭武'，今檢《輿地廣記》卷十七陝西路化外州下甘州上張掖縣條：'漢昭武縣，屬張掖郡。晉改曰臨澤。'則晉初改昭武縣爲臨澤縣，仍屬張掖郡。避景帝諱改也。"

[4]文帝：名劉恒，劉邦之子，公元前 180 至前 157 年在位。在位期間輕徭薄賦，與民休息，削弱諸侯，社會穩定，經濟增長，

有文景之治美譽。文，原本、宋本、殿本作“景”，據中華本校勘記改。

[5]屋蘭：縣名，治所在今甘肅省山丹縣西北。

西郡[1]漢置。統縣五，户一千九百。

日勒[2]　删丹[3]　仙提[4]　萬歲[5]　蘭池[6]一云蘭絶池。[7]

[1]西郡：治所在日勒縣（治所在今甘肅省永昌縣西北）。清方愷《新校晋書地理志》：“庠案兩漢均無西郡，而《志》以爲漢置，非也詳説金城下。”

孔祥軍《晋書地理志校注》：“西郡治日勒，在今甘肅永昌縣西南。錢大昕《十駕齋養新録》卷六‘西郡非漢置’條以爲漢末不聞有西郡之名，故非漢置。今檢《續漢志》張掖郡注曰：‘獻帝分置西郡。’《寰宇記》卷一百五十二隴右道甘州删丹縣條：‘本漢舊縣也，屬張掖郡。後漢興平二年分置西郡，以删丹縣屬焉。’則西郡似於獻帝興平二年初置，且删丹縣屬焉，又《輿地廣記》卷十七陝西路化外州下甘州中下删丹縣條：‘漢曰勒縣，屬張掖郡。東漢因之，後分立西郡，魏、晋、元魏因之。’則西郡初置時亦當有日勒縣，删丹縣魏時屬張掖郡，删丹縣魏時回屬張掖郡而確年乏考。則西郡確爲漢末所置，錢説誤。魏末領縣一，晋初删丹縣來屬，增置仙提、萬歲、蘭池三縣，領縣五。”

[2]日勒：縣名，治所在今甘肅省永昌縣西北。孔祥軍《晋書地理志校注》：“《輿地廣記》卷十七陝西路化外州下甘州中下删丹縣條：‘漢日勒縣，屬張掖郡。東漢因之，後分立西郡，魏、晋、元魏因之。’”

[3]删丹：縣名，治所在今甘肅省山丹縣。清畢沅《晋書地理志新補正》：“沅案《太平寰宇記》晋分删丹立蘭池、萬歲、仙提三

縣。”孔祥軍《晉書地理志校注》：“魏屬張掖郡，《晉志》屬。則刪丹縣似於晉初來屬。”

[4]仙提：縣名，治所在今甘肅省山丹縣東。孔祥軍《晉書地理志校注》：“魏無此縣，今檢《寰宇記》卷一百五十二隴右道甘州刪丹縣條：‘本漢舊縣也，屬張掖郡。後漢興平二年分置西郡，以刪丹縣屬焉。晉分刪丹置蘭池、萬歲、仙提三縣。’則晉初分刪丹縣置仙提縣。”

[5]萬歲：縣名，治所在今甘肅省山丹縣内。孔祥軍《晉書地理志校注》：“魏無此縣，據上引《寰宇記》則晉初分刪丹縣置萬歲縣。”

[6]蘭池：縣名，治所在今甘肅省山丹縣境。孔祥軍《晉書地理志校注》：“魏無此縣，據上引《寰宇記》則晉初分刪丹縣置蘭池縣。”

[7]一云蘭絶池：池，殿本作“也”。

酒泉郡[1]漢置。統縣九，户四千四百。

福禄[2]　會水[3]　安彌[4]　騂馬[5]　樂涫[6]　表氏[7]　延壽[8]　玉門[9]　沙頭[10]

[1]酒泉郡：治所在福禄縣（今甘肅省酒泉市）。孔祥軍《晉書地理志校注》：“酒泉郡治乏考。魏領縣九，其中乾齊縣晉初移屬敦煌郡，增置騂馬縣，領縣九。沙頭縣元康五年移屬晉昌郡，領縣八。”

[2]福禄：縣名，治所在今甘肅省酒泉市。孔祥軍《晉書地理志校注》：“《輿地廣記》卷十七陝西路化外州下肅州中下酒泉縣條：‘本福禄縣，漢立酒泉郡……東漢以後皆因之。’”

[3]會水：縣名，治所在今甘肅省金塔縣南。

[4]安彌：縣名，治所在今甘肅省酒泉市東。

[5]騂馬：縣名，治所在今甘肅省酒泉市境内。《資治通鑑》卷一〇七《晋紀》太元十二年胡三省注："騂馬縣，屬酒泉郡，蓋魏晋間所置也。"孔祥軍《晋書地理志校注》："魏無此縣，似於晋初增置。"

[6]樂涫：縣名，治所在今甘肅省酒泉市東南。孔祥軍《晋書地理志校注》："《輿地廣記》卷十七陝西路化外州下肅州下福禄縣條：'本漢樂涫縣，屬酒泉郡，東漢、晋因之。'"

[7]表氏：縣名，治所在今甘肅省高臺縣西北。

[8]延壽：縣名，治所在今甘肅省玉門市東南。

[9]玉門：縣名，治所在今甘肅省玉門市赤金鎮東。孔祥軍《晋書地理志校注》："《輿地廣記》卷十七陝西路化外州下肅州中下玉門縣條：'漢屬酒泉郡……東漢、魏、晋因之。'"

[10]沙頭：縣名，治所在今甘肅省玉門市西北。孔祥軍《晋書地理志校注》："《晋志》：'元康五年，惠帝分敦煌郡之宜禾、伊吾、冥安、深泉、廣至等五縣，分酒泉之沙頭縣，又别立會稽、新鄉，凡八縣爲晋昌郡。'則沙頭縣元康五年移屬晋昌郡。"

敦煌郡[1]漢置。統縣十二，户六千三百。

昌蒲[2]　敦煌[3]　龍勒[4]　陽關[5]　效穀[6]　廣至[7]　宜禾[8]　冥安[9]　深泉[10]　伊吾[11]　新鄉[12]　乾齊[13]

[1]敦煌郡：治所在敦煌縣（今甘肅省敦煌市西）。清畢沅《晋書地理志新補正》："沅案《太平寰宇記》苻堅時徙江漢流人萬餘户於敦煌，又徙中州不闢田疇民七千餘户於此。凉武昭王遂以南人置會稽郡，以中州人置廣夏郡。《十六國春秋》凉武昭王元年，分敦煌之凉興、烏澤、晋昌之宜禾三縣置凉興郡。"

清方愷《新校晋書地理志》："案後篇言，惠帝元康五年，分敦煌郡五縣、酒泉之沙頭縣，又别立會稽新鄉，凡八縣，爲晋昌郡。則新鄉爲元康時立，不應先見中篇。”

孔祥軍《晋書地理志校注》：“敦煌郡治乏考。統縣十二：魏末領縣八，晋初乾齊縣來屬，增置昌蒲、陽關二縣，領縣十一。《晋志》又有新鄉縣，據《晋志》：‘元康五年，惠帝分敦煌郡之宜禾、伊吾、冥安、深泉、廣至等五縣，分酒泉之沙頭縣，又别立會稽、新鄉，凡八縣爲晋昌郡。’則元康五年晋昌郡初置時新立新鄉縣，此新鄉當爲衍文。元康五年後五縣移屬晋昌郡，領縣六。”

[2]昌蒲：縣名，治所在今甘肅省肅北蒙古族自治縣。孔祥軍《晋書地理志校注》：“魏無此縣，其似于晋初增置。”

[3]敦煌：縣名，治所在今甘肅省敦煌市西。孔祥軍《晋書地理志校注》：“《輿地廣紀》卷十七陝西路化外州中都督沙州下敦煌縣條：‘二漢爲郡治，晋亦屬焉。’”

[4]龍勒：縣名，治所在今甘肅省敦煌市南湖鄉破城子村。孔祥軍《晋書地理志校注》：“《輿地廣紀》卷十七陝西路化外州中都督沙州下壽昌縣條：‘本龍勒。二漢屬敦煌郡，晋因之。’”

[5]陽關：縣名，治所在今甘肅省敦煌市南湖鄉西。孔祥軍《晋書地理志校注》：“魏無此縣，其似於晋初增置。”

[6]效穀：縣名，治所在今甘肅省瓜州縣西。

[7]廣至：縣名，治所在今甘肅省瓜州縣東南。孔祥軍《晋書地理志校注》：“元康五年移屬晋昌郡。”

[8]宜禾：縣名，治所在今甘肅省瓜州縣南。孔祥軍《晋書地理志校注》：“元康五年移屬晋昌郡。”

[9]冥安：縣名，治所在今甘肅省瓜州縣鎖陽城鎮。冥安，原本、宋本、殿本“冥”作“宜”，據中華本校勘記改。本卷下文“冥安”同。孔祥軍《晋書地理志校注》：“今檢《晋志》：‘元康五年，惠帝分敦煌郡之宜禾、伊吾、冥安、深泉、廣至等五縣，分酒泉之沙頭縣，又别立會稽、新鄉，凡八縣爲晋昌郡。’又《元和志》卷四十隴右道瓜州晋昌縣條：‘本漢冥安縣，屬敦煌郡，因縣

界冥水爲名也，晋元康中改屬晋昌郡。’則其時有冥安縣，元康五年移屬晋昌郡。又中華校：‘冥，原作宜。畢校：應作冥安，《元和郡縣志》以縣界冥水爲名，按：畢説是，今據改。下同。’則似當作‘冥安’。”

［10］深泉：縣名，治所在今甘肅省瓜州縣東。中華本校勘記：“《考異》：‘淵泉’作‘深泉’，避唐諱。”孔祥軍《晋書地理志校注》：“中華校：‘考異：“淵泉”作“深泉”，避唐諱。’今檢《史記》卷一百二十三《大宛列傳》：‘敦煌置酒泉都尉’條裴駰注引徐廣曰：‘敦煌有淵泉縣。’據裴駰《史記集解序》：‘故中散大夫東莞徐廣研核衆本，爲作《音義》。’檢《宋書》卷五十五《徐廣傳》：‘徐廣，字野民。’《隋書·經籍志》：‘《史記音義》十二卷，宋中散大夫徐野民撰。’則南朝時人仍知敦煌郡有淵泉縣，則《晋志》所謂‘深泉’實避‘李淵’之諱，當爲‘淵泉’。元康五年移屬晋昌郡。”

［11］伊吾：縣名，治所在今甘肅省瓜州縣北。孔祥軍《晋書地理志校注》：“元康五年移屬晋昌郡。”

［12］新鄉：縣名，治所在今甘肅省瓜州縣東南。

［13］乾齊：縣名，治所在今甘肅省玉門市玉門鎮附近。孔祥軍《晋書地理志校注》：“魏屬酒泉郡，則其於晋初來屬。”

西海郡[1]故屬張掖，漢獻帝興平二年，武威太守張雅請置。統縣一，户二千五百。

居延[2]澤在東南，《尚書》所謂流沙也。

［1］西海郡：治所在居延縣（今内蒙古自治區額濟納旗東南）。孔祥軍《晋書地理志校注》：“西海郡治居延，在今内蒙古自治區額濟納旗東南。”

［2］居延：縣名，治所在今内蒙古自治區額濟納旗東南。孔祥

軍《晉書地理志校注》:"《輿地廣記》卷十七陝西路化外州下甘州上張掖縣條:'漢居延縣,張掖都尉治。東漢興平二年,立西海郡。魏、晉因之。'《漢志》張掖郡:'居延,居延澤在東北,古文以爲流沙。'《晉志》似本此。吴氏《斠注》以爲《晉志》所謂'東南'當爲'東北'之訛,是。"

元康五年,惠帝分敦煌郡之宜禾、伊吾、冥安、深泉、廣至等五縣,分酒泉之沙頭縣,又别立會稽、新鄉,凡八縣爲晉昌郡。永寧中,[1]張軌爲凉州刺史,[2]鎮武威,上表請合秦雍流移人於姑臧西北,置武興郡,[3]統武興、大城、烏支、[4]襄武、[5]晏然、[6]新鄣、[7]平狄、[8]司監等縣。[9]又分西平界置晉興郡,[10]統晉興、枹罕、永固、[11]臨津、[12]臨鄣、[13]廣昌、[14]大夏、[15]遂興、[16]罕唐、[17]左南等縣。[18]是時中原淪没,元帝徙居江左,軌乃控據河西,稱晉正朔,是爲前凉。[19]及張寔,[20]分金城之令居、[21]枝楊二縣,[22]又立永登縣,[23]合三縣立廣武郡。張茂分武興、[24]金城、西平、安故爲定州。[25]張駿分武威、[26]武興、西平、張掖、酒泉、建康、[27]西海、西郡、湟河、[28]晉興、廣武合十一郡爲凉州,[29]興晉、[30]金城、武始、[31]南安、永晉、[32]大夏、武成、[33]漢中爲河州,[34]敦煌、晉昌、[35]高昌、[36]西域都護、[37]戊己校尉、玉門大護軍三郡三營爲沙州。[38]張駿假凉州都督,攝三州。[39]張祚又以敦煌郡爲商州。[40]永興中,置漢陽縣以守牧地,張玄靚改爲祁連郡。[41]張天錫又别置臨松郡。[42]天錫降於苻氏,其地尋爲吕光所據。[43]吕光都於姑臧後,以郭麐言讖,[44]改昌松爲東張掖郡。[45]及吕隆降於姚興，[46]其地三分。武昭王爲西凉，[47]建號於敦煌。秃髮烏孤爲南凉，[48]建號於樂都。[49]沮渠蒙遜爲北凉，[50]建號於張掖。而分據河西五郡。

[1]永寧中：孔祥軍《晋書地理志校注》："吴氏《斠注》引《元和志》凉州條：'晋惠帝永寧元年以張軌爲刺史。'今檢《晋書》卷八十六《張軌傳》：'永寧初，（張軌）出爲護羌校尉、凉州刺史'，未詳孰是。"

[2]張軌：字士彦，本書卷八六有傳。

[3]武興郡：治所在晏然縣（今甘肅省武威市西北）。

[4]烏支：縣名，治所在今寧夏回族自治區固原市東南。

[5]襄武：縣名，治所在今甘肅省隴西市東南。

[6]晏然：縣名，治所在今甘肅省武威市西北。

[7]新鄣：縣名，治所在今甘肅省永昌縣西。

[8]平狄：縣名，治所在今甘肅省武威市西北。

[9]司監：縣名，治所在今甘肅省武威市西北。

[10]晋興郡：治所在晋興縣（今青海省民和回族土族自治縣西北湟水南岸）。

[11]永固：縣名，治所在今甘肅省臨夏縣西南。

[12]臨津：縣名，治所在今青海省循化撒拉族自治縣東。原本、宋本無"臨津"，殿本有，據殿本補。

[13]臨鄣：縣名，治所在今青海省海東市樂都區東南。

[14]廣昌：縣名，治所在今青海省西寧市附近。

[15]大夏：縣名，治所在今甘肅省廣河縣西北。

[16]遂興：縣名，治所在今青海省民和回族土族自治縣附近。

[17]罕唐：縣名，治所在今青海省民和回族土族自治縣附近。

[18]左南：縣名，治所在今青海省民和回族土族自治縣西北黄

河北岸。

［19］是爲前凉：孔祥軍《晋書地理志校注》："據《晋書》卷五《孝愍帝紀》：'（建興四年夏四月）凉州刺史張寔步騎五千來赴京都。'則直至西晋結束前，凉州仍乃心晋室。"

［20］張寔：字安遜，本書卷八六有傳。寔，殿本作"實"。

［21］令居：縣名，治所在今甘肅省永登縣西北。

［22］枝楊：縣名，治所在今甘肅省永登縣東南莊浪河東岸。

［23］永登縣：治所在今甘肅省永登縣東南。

［24］張茂：字成遜，本書卷八六有傳。

［25］安故：縣名，治所在今甘肅省臨洮縣南。　定州：清洪亮吉《十六國疆域志》考西秦定州："定州，《通鑑》：乾歸以定州刺史翟瑥爲興晋太守，鎮枹罕。案枹罕此時屬隴西，瑥蓋領興晋太守，寄治枹罕也。統郡可考者一。

"興晋郡，《晋書載記》：元興元年，熾磐自平泉奔長安。姚興以爲振忠將軍、興晋太守。縣無考。

"弱水護軍，《晋書載記》：熾磐使征西他子討吐谷渾覓地於弱水南，覓地率衆六千降於熾磐，署爲弱水護軍。

"列渾城，《圖經》：熾磐以乞伏是辰爲西胡校尉，築列渾城於漢羅以鎮之。漢羅即羅川矣。有羅川。"

［26］張駿：字公庭，本書卷八六有傳。

［27］建康：縣名，治所在今甘肅省高臺縣西南。

［28］湟河：郡名，治所在湟河城（今青海省化隆回族自治縣黄河北岸）。

［29］"張駿分武威"至"合十一郡爲凉州"：原本、宋本、殿本缺"西海"，"廣武"誤作"須武"，據中華本校勘記補、改。

［30］興晋：郡名，治所在枹罕城（今甘肅省臨夏縣枹罕鎮）。

［31］武始：郡名，治所在狄道縣（今甘肅省臨洮縣）。

［32］永晋：郡名，治所在今甘肅省蘭州市一帶。

［33］武成：郡名，治所在今甘肅省蘭州市一帶。

［34］漢中：郡名，治所在今甘肅省蘭州市一帶。

［35］晋昌：郡名，治所在冥安縣（今甘肅省瓜州縣鎖陽城鎮）。

［36］高昌：郡名，治所在高昌城（今新疆維吾爾自治區吐魯番市東南高昌故城）。

［37］西域都護：十六國前凉置，與兩漢職權不同，領營兵，爲沙州刺史所轄三郡三營之一。

［38］敦煌、晋昌、高昌、西域都護、戊己校尉、玉門大護軍三郡三營爲沙州：原本、宋本、殿本無“高昌”，且“戊己”誤作“張茂以”，據中華本校勘記增、改。清周家禄《晋書校勘記》：“疑當做‘張茂以敦煌、晋昌、西域都護校尉、玉門大護軍三郡三營爲沙州。’”

清洪亮吉《十六國疆域志》考前凉沙州：“沙州，《晋志》敦煌、晋昌、西域都護，張茂以校尉、玉門大護軍三郡三營爲沙州。《張軌傳》駿分凉州西界三郡置沙州。《元和郡縣志》前凉張駿置沙州，蓋因鳴沙山爲名。流沙即居延澤也。以西胡校尉楊宣爲刺史。後三年宣讓州，復改爲敦煌郡。今考敦煌郡後又别屬。凡統舊郡可考者二、增置郡三、都護一、縣十二。

“晋昌郡，《晋志》元康五年，惠帝分敦煌郡之宜禾、伊吾、冥安、淵泉、廣至等五縣，分酒泉之沙頭縣，又别立會稽新鄉，凡八縣爲晋昌郡。《文選注》稱王隱《晋書》惠帝以敦煌土界闊遠，分立晋昌郡。《張軌傳》晋昌太守郎坦。案《前凉録》軌徵九郡胄子，即《晋志》所列凉州八郡及晋昌也。宜禾後屬凉興。凡領縣七。有石驢山。伊吾，魏舊縣。冥安，漢舊縣。淵泉，漢舊縣，作拼泉。案《前漢志》作淵源，唐諱淵改作拼，又改作深也。廣至，漢舊縣。沙頭，漢舊縣。會稽，《晋志》惠帝立。《北史・闞駰傳》父玖，位會稽令，當在前凉時。新鄉，《晋志》惠帝立。《張軌傳》駿觀兵新鄉，狩於北野，因討軻没虜，破之。

“西海郡，漢置。前凉領縣可考者一。案駿分凉州西界三郡置沙州，除敦煌别屬外餘一郡無可致。今以東西道里計之，蓋即西海也。《張軌傳》西海太守張肅。居延，漢舊縣。《太平御覽》稱《前凉録》福禄令氾褘遷居延令。

“高昌郡，《張軌傳》戊己校尉趙真不附於駿，至是駿擊擒之，以其地爲高昌郡。天錫廢太子大懷爲高昌郡公。《元和郡縣志》晋成帝咸和中，張駿於高昌壁置高昌郡。案高昌郡之置在立沙州之後，今考《吕光載記》群議高昌在西陲，宜遣子弟鎮之。光以子覆都督玉門以西諸軍事，鎮高昌。疑高昌未置郡以前即玉門大護軍也。故附列此。領縣一。田地，《太平寰宇記》稱顧野王《輿地記》晋咸和二年置高昌郡，立田地縣。樂史又云，晋廢漢柳中縣，併入田地縣。

“祁連郡，《晋志》永興中置漢陽縣以守牧地，張玄靚改爲祁連郡。《前凉録》隆和元年，張玄靚以商州爲祁連郡。案祁連、臨松二郡均係後所立，未知何屬，姑就近附此。領縣二。祁連，當與郡同立。《前凉録》咸和五年，駿以侯亮爲祁連令。漢陽，《晋志》永興中置。案此縣當即屬祁連郡。

“臨松郡，《晋志》張天錫又别置臨松郡。《太平寰宇記》稱《前凉録》，晋元嘉元年，張掖臨松山有石如張掖字，後‘掖’字漸滅而‘張’字分明。又有文曰，初祚天下四方安萬年。案郡蓋分張掖郡穌得縣置。領縣一。臨松，案《沮渠蒙遜載記》，斬吕光臨松令井祥。則臨松又有縣，當與郡同立也。有臨松山、薤谷。

“西域都護，《張軌傳》西域長史李柏駿使將楊宣率衆越流沙，伐龜兹、鄯善，於是西域並降。戊己校尉。玉門大護軍。”

同書考北凉沙州：“沙州，《北凉録》永安四年，秦鴻臚梁裴拜遜鎮西大將軍、開府儀同三司、沙州牧。《晋書》段業以孟敏爲沙州刺史。牧犍以弟無諱爲沙州刺史，都督建康以西諸軍事，領酒泉太守。《魏書》世祖遣李順拜牧犍使持節、侍中、都督凉沙河三州西域羌戎諸軍事、凉州刺史、河西王。凡統舊郡三。

“酒泉郡，《北凉録》神璽元年，段業以沮渠男成爲酒泉太守，旋徙晋昌。二年，業以王德爲酒泉太守。天璽二年德叛，自稱河州刺史。是年業以蒙遜從叔益生爲酒泉太守。永安二年，李暠遣宋繇攻酒泉，獲益生。玄始八年，蒙遜進克酒泉，百姓安堵如故，軍無私焉。以子茂虔爲酒泉太守，尋遷敦煌。《魏書》牧犍弟酒泉太守無諱。領縣六。福禄，有中街、王母祠、銅駝山、鹽池、壞城。會水。安彌，《晋書》蒙遜襲西凉李暠於酒泉，至安彌。騂馬。表氏。延壽，《晋書》利鹿孤遣俱延等襲蒙遜，至萬歲、臨松。胡三省云：酒泉郡有延壽縣，當是後改爲萬歲也。案延壽萬歲本屬二縣，胡注誤。

"凉寧郡，《北凉録》永安元年，蒙遜酒泉、凉寧二郡叛降李暠。案郡蓋段業及蒙遜所置。縣無考。

"西郡，《晋書》神爾元年，段業使蒙遜攻西郡，蒙遜引水灌城，城潰，執太守吕純以歸。永安元年，蒙遜以田昂爲鎮南將軍、西郡太守。二年，梁中庸爲西郡太守，西奔李暠。十年，蒙遜以從弟鄯善爲西郡太守。十一年，蒙遜率步騎三萬伐秃髮傉檀，次於西郡。領縣五。有均石。日勒，《晋書》蒙遜攻秃髮西郡太守楊統於日勒，統降。删丹，有忽谷、蘭門山。蘭池。萬歲，《晋書》利鹿孤遣俱延等襲蒙遜，至萬歲、臨松。仙提。

"建康郡，《晋書》沮渠男成進攻建康，姚碩德以蒙遜弟挐爲建康太守。玄始七年，蒙遜成建康城。領縣一。有解支澗。樂涫。

"中田護軍，《晋書》蒙遜伯父中田護軍親信。案北凉又有永安縣，《晋書載記》蒙遜時木連理生於永安，永安令張披上書言之，蒙遜歸功於二千石令長。今考平陽郡有永安縣，與北凉相去較遠，恐非，或疑即永平之誤也。又《北史·張湛傳》兄銑，仕蒙遜位建昌令。《御覽·職官部》六十稱《北凉録》張譚爲和寧令。二縣並附此，俟再考。"

同書考西秦沙州："沙州，《西秦録》太初三年。乾歸以視連爲沙州牧。是年，視連卒，又以其子視羆爲沙州牧，不受。永康七年，熾磐以乞伏木奕于爲沙州刺史，鎮樂都。又刺史出連虔。熾磐又以沙州刺史麴景鎮西平。案木奕于爲沙州刺史鎮樂都在晋義熙十四年至宋元嘉四年，熾磐以凉州刺史鎮樂都，而沙州移鎮西平。今考統舊郡一、前凉增置郡一、後凉增置郡二。

"西平郡，《西秦録》太初十四年，乾歸留熾磐兄弟於西平，乾歸遂奔長安。《晋書載記》乙弗鮮卑他子率户五千入居西平。永康三年，熾磐以秃髮赴單爲西平太守，鎮西平。呼盧古等又攻西平，執安西將軍庫落干、慕末太守麴承。蒙遜攻西平，克之，執麴承。領縣四。西都。臨羌。長寧。安夷，有勒姐嶺。

"河湟郡，《晋書載記》義熙十一年，熾磐攻克沮渠蒙遜河湟太守，沮渠漢平以其左衛四達爲河湟太守。《通鑑》呼盧古等攻沙州刺史出連虔於湟河，虔遣將擊敗之。案此則河湟郡屬沙州。縣無攷。

"三河郡，《通鑑》熾磐攻南凉三河太守吴陰於白土，克之，以乞伏出累代之。領縣一。案三河一郡未知何屬，姑因河湟郡附其下。白土。"

[39]攝三州：清畢沅《晋書地理志新補正》："沅案《元和郡縣志》晋成帝咸和中，張駿於高昌壁置高昌郡。"

[40]張祚：字太伯，本書卷八六有傳。　商州：清洪亮吉《十六國疆域志》考西秦商州："商州，《西秦録》建弘九年，熾磐商州刺史、領澆河太守姚濬叛降河西，熾磐以焦嵩代濬，帥騎討之。案晋時張祚以敦煌郡爲商州，西秦時敦煌屬河西，熾磐以濬遥領商州而守澆河也。統郡可考者一。

"澆河郡，《西秦録》姚濬兼領澆河太守。《晋書載記》義熙九年，遣其龍驤乞伏智達、平東王松壽討吐谷渾樹洛干於澆河，大破之，獲其將呼那烏提，虜三千餘户而還。領縣一。澆河，案《隋書·地理志》後周置澆河郡，領澆河等三縣。澆河縣疑與郡同置，故附於此。"

同書考前凉商州："商州，《晋志》張祚又以敦煌郡爲商州。凡統舊郡一、增置郡二、縣可考者九。

“敦煌郡，《晋書》駿擢参軍黄彬爲敦煌太守。祚聞桓温入關，懼，欲西保敦煌，會温還而止。敦煌人宋混與弟澄等聚衆以應張瓘。《索襲傳》張茂敦煌太守陰澹。《宋纖傳》張祚敦煌太守楊宣。《通鑑》天錫敦煌太守張烈。領縣六。有流沙。昌蒲。敦煌，漢舊縣。龍勒，魏舊縣。陽關，魏舊縣。效穀，漢舊縣。乾齊，漢舊縣。

“凉興郡，案凉武昭王元年，分敦煌之凉興、烏澤、晋昌之宜禾三縣置凉興郡。今考《吕光載記》光破酒泉，軍次凉興郡，是郡之立本在後凉以前。胡三省云，河西張氏置凉興郡，當別有所據也。今從之。領縣三。凉興，案當與郡同置。烏澤。宜禾，漢舊縣。《初學記》稱《晋太康地記》宜禾縣屬敦煌郡。案宜禾又有都尉，《車濟傳》贈宜禾都尉。《輿地要覽》今瓜州，本漢晋昌郡。宜禾故城在晋昌縣，漢宜禾都尉所居。

“延興郡，《前凉録》駿之二十一年，祚拜延輿太守，封長寧侯。天錫三年，延興地震陷裂水出。案延興郡不知何時所立，郡名亦惟見《前凉録》，他書無之。今姑附凉興郡之後，俟考。縣無考。”

［41］張玄靚：字元安，本書卷八六有傳。

［42］張天錫：字純嘏，本書卷八六有傳。　臨松郡：治所即今甘肅省肅南裕固族自治縣馬蹄鎮。清畢沅《晋書地理志新補正》：“沅案《沮渠蒙遜載記》：斬吕光臨松令井祥，則臨松又有縣。”

［43］吕光：字世明，本書卷一二二有載記。

［44］郭黁：本書卷九五有傳。

［45］昌松：郡名，治所在昌松縣（今甘肅省古浪縣）。

［46］吕隆：字永基，本書卷一二二有載記。

［47］武昭王：即十六國西凉創始人李暠，字玄盛，本書卷八七有傳。

［48］禿髮烏孤：十六國南凉主，河西鮮卑人，本書卷一二六有載記。

［49］樂都：郡名，治所在今青海省海東市樂都區。

［50］沮渠蒙遜：臨松盧水胡人，本書卷一二九有載記。

秦州。案《禹貢》本雍州之域，魏始分隴右置焉，刺史領護羌校尉，[1]中間暫廢。及泰始五年，又以雍州隴右五郡及凉州之金城、梁州之陰平，合七郡置秦州，鎮冀城。太康三年，罷秦州，并雍州。七年，復立，[2]鎮上邽。統郡六，[3]縣二十四，户三萬二千一百。

［1］護羌校尉：官名，監護内附羌人，戍衛邊塞，領羌人軍隊作戰。四品。

［2］七年，復立：孔祥軍《晋書地理志校注》："檢《宋志》：'秦州刺史，晋武帝泰始五年分隴右五郡及凉州金城、梁州陰平並七郡爲秦州，治天水冀縣。太康三年並雍州，惠帝元康七年復立。'又《南齊志》下秦州云：'太康省，惠帝元康七年復置。'則泰始五年置秦州，太康三年罷；元康七年復置，《晋志》所謂'七年'當爲'元康七年'，洪頤煊《諸史考異》卷二以爲'七年'上脱'元康'二字，是。"

［3］統郡六：孔祥軍《晋書地理志校注》："這份《晋志》統郡應是元康七年復置秦州後的情況，因其中有原屬梁州之陰平郡，無原屬凉州之金城郡，疑太康三年廢秦州後，陰平郡與隴右五郡並入雍州，而金城郡回屬凉州，故惠帝元康七年復置秦州時金城郡不再來屬。又惠帝時增置狄道郡，當於元康七年復置秦州後。又《元和志》卷三十九隴右道秦州條：'魏分隴右爲秦州……武帝泰始中又立秦川郡，與州同理。'今遍檢文獻，未見秦川郡之記載，吴氏《斠注》以爲《元和志》乃據《太康三年地志》，不知吴氏何據，吴氏又以爲太康三年罷秦州，秦川郡似於此時同廢，或是。"

隴西郡[1]秦置。統縣四，户三千。[2]

襄武[3]　首陽[4]鳥鼠山在東。[5]　臨洮[6]　狄道[7]

[1]隴西郡：治所在襄城縣（今甘肅省隴西縣東南）。清畢沅《晋書地理志新補正》："沅案《通典》前凉張寔置廣武郡，又分置武始郡。西秦乞伏國仁都苑川，南凉秃髮烏孤都廣武，皆此地也。王隱《晋書》蘭池縣屬隴西郡。"

清方愷《新校晋書地理志》："《續漢郡國志》隴西郡有枹罕縣。本書《五行志》永嘉五年，枹罕令嚴根妓産一龍、一女、一鵝。《州郡志》河關令，《太康地志》屬隴西。又《郡國志》隴西有安故縣。闞駰《十三州志》縣在郡南四十七里，疑西晋時尚有此縣。本書《藝術・王嘉傳》嘉隴西安陽人。志缺。又案本書《高密文獻王泰傳》以武帝受禪封隴西王，至惠帝時始改高密。《武帝本紀》則於泰始元年封泰隴西，至惠帝元康九年六月，又言太尉隴西王泰薨。雖與本紀稍異，然太康之初則隴西爲王國無疑，此作郡，誤也。"

孔祥軍《晋書地理志校注》："隴西郡治襄武，在今甘肅隴西縣。據《晋書》卷三《武帝紀》：'（泰始元年封從叔父司馬）泰爲隴西王。'則泰始元年爲隴西國。又《晋書》卷四《惠帝紀》：'（元康九年）六月戊戌，太尉、隴西王（司馬）泰薨。'則至元康九年似方改隴西國爲隴西郡。泰始五年隴西國由雍州來屬，太康三年復屬雍州，惠帝元康七年再屬秦州。魏領縣七，其中枹罕縣晋初似省，又氐道縣晋初移屬武都郡，則領縣五。魏晋《志》隴西郡無河關縣。今檢《晋志》：'惠帝分隴西之狄道、臨洮、河關，又立洮陽、遂平、武街、始興、第五、真仇六縣，合九縣置狄道郡'，又《宋志》：'河關令，前漢屬金城，後漢、《晋太康地志》屬隴西。'則《晋志》隴西郡漏列河關縣。領縣五。惠帝時狄道、河關二縣移屬狄道郡，領縣三。"

[2]户三千：三，原本、宋本作“四”，殿本作“三”，據殿本改。

[3]襄武：縣名，治所在今甘肅省隴西縣東南。

[4]首陽：縣名，治所在今甘肅省渭源縣東北渭河北岸。孔祥軍《晋書地理志校注》：“《輿地廣記》卷十五陝西秦鳳路上上熙州中下狄道縣條：‘漢首陽縣地屬隴西郡，東漢及晋皆因之。’”

[5]鳥鼠山在東：孔祥軍《晋書地理志校注》：“《漢志》隴西郡：‘首陽，《禹貢》鳥鼠同穴山在西南。’《晋志》似本此。據《藝文類聚》卷九十五引《晋太康地記》：‘鳥鼠山，在隴西首陽縣西南。’則《晋志》所謂‘在東’，顯誤。”

[6]臨洮：縣名，治所在今甘肅省岷縣。孔祥軍《晋書地理志校注》：“《後魏志》：‘臨洮郡，二漢、晋（爲）縣，屬隴西。’”

[7]狄道：縣名，治所在今甘肅省臨洮縣。清畢沅《晋書地理志新補正》：“沅案《元和郡縣志》晋改爲武始縣。《地形志》晋分隴西置武始郡，縣屬焉。”

南安郡[1]漢置。統縣三，户四千三百。

獂道[2]　新興[3]　中陶[4]

[1]南安郡：治所在獂道縣（今甘肅省隴西縣東南）。清方愷《新校晋書地理志》：“庠案兩漢有南安縣，屬犍爲郡，而無南安郡。本《志》南安郡下注云漢置，非也。”

孔祥軍《晋書地理志校注》：“南安郡治獂道，在今甘肅隴西縣東。泰始五年南安郡由雍州來屬，太康三年復屬雍州，惠帝元康七年再屬秦州。魏領縣二，太康元年前增置新興縣，領縣三。”

[2]獂道：縣名，治所在今甘肅省隴西縣東南。孔祥軍《晋書地理志校注》：“《輿地廣記》卷十六陝西秦鳳路下鞏州隴西縣條：‘隋舊有隴西縣，本獂道縣，漢屬天水郡，在襄武之東，靈帝置南

安郡。晋因之。’”

[3]新興：縣名，治所在今甘肅省武山縣西北。孔祥軍《晋書地理志校注》：“魏無此縣，今檢《宋書》卷三十四《五行五》：‘太康六年三月，南安新興縣山崩，涌水出。’則太康六年南安郡有新興縣。又《宋志》：‘遂興男相，吴立曰新興，晋太康元年更名。’一國不當有兩新興縣，故晋武帝滅吴後改孫吴之新興爲遂興，則至遲於太康元年前已增置新興縣。”

[4]中陶：縣名，治所在今甘肅省隴西縣東南。

天水郡[1]漢武置，孝明改爲漢陽，晋復爲天水。統縣六，户八千五百。

上邽[2]　冀[3]秦州故居。　始昌[4]　新陽[5]　顯新[6]漢顯親縣。　成紀[7]

[1]天水郡：治所在上邽縣（今甘肅省天水市）。清方愷《新校晋書地理志》：“《州郡志》天水太守下新令，《晋太康地志》有。”

孔祥軍《晋書地理志校注》：“天水郡治冀，在今陝西甘谷縣東。晋復爲天水。中華校：‘“晋”當作“魏”。魏時有天水郡，見《三國志·姜維傳》及注、《楊阜傳》、《曹真傳》、《張既傳》、《閻温傳》。’《續漢志》有漢陽郡無天水郡，謝氏《補注》、吴氏《考證》卷四據《三國志》及裴注所引諸書，以爲魏未代漢前當爲漢陽郡，黄初鼎革後則改漢陽郡爲天水郡，文獻具在，言之鑿鑿，是。泰始五年天水郡由雍州來屬，太康三年復屬雍州，惠帝元康七年再屬秦州。魏領縣九，其中阿陽縣，據《後魏志》：‘阿陽，前漢屬天水，後漢屬漢陽，晋罷。’則其晋初省。其中隴縣，據《後魏志》：‘隴城，前漢屬天水，後漢屬漢陽，晋罷。’則其晋初省。又勇士縣晋初省。則領縣六。”

[2]上邽：縣名，治所在今甘肅省天水市。孔祥軍《晋書地理

志校注》:“《宋志》:‘上邽令，前漢屬隴西，後漢屬漢陽，《晋太康地志》屬天水。’則太康三年天水郡有上邽縣。”

[3]冀：縣名，治所在今甘肅省甘谷縣東。

[4]始昌：縣名，治所在今甘肅省禮縣東北。孔祥軍《晋書地理志校注》:“魏作‘西’。今檢《水經注》卷二十引《晋書地道記》:‘天水始昌縣。故城西也。’故始昌縣即爲西縣，似於晋時改名。又《宋志》:‘西縣令，前漢屬隴西，後漢屬漢陽，即天水，魏、晋屬天水。’所謂‘魏、晋屬天水’當爲‘魏屬天水，晋改曰始昌，屬天水’。”

[5]新陽：縣名，治所在今甘肅省天水市西北渭河北岸。

[6]顯新：縣名，治所在今甘肅省秦安縣西北。孔祥軍《晋書地理志校注》:“魏作‘顯親’。今檢《宋書》卷九十一《孝義傳》:‘追贈（賈恩）天水郡顯親縣左尉。’《水經注》卷十七:‘瓦亭水又西南徑顯親縣故城東南。’又《後魏志》:‘顯親，後漢屬安陽，晋屬（天水郡）。’則《晋志》作‘顯新’誤。”

[7]成紀：縣名，治所在今甘肅省静寧縣西南治平河西岸。孔祥軍《晋書地理志校注》:“《輿地廣記》卷十五陝西秦鳳路上上成紀縣條:‘漢屬天水郡。’東漢屬漢陽郡。晋屬天水郡。”

略陽郡[1]本名廣魏，泰始中更名焉。統縣四，户九千三百二十。

臨渭[2]　平襄[3]　略陽[4]　清水[5]

[1]略陽郡：治所在臨渭縣（今甘肅省天水市東北渭河北岸）。孔祥軍《晋書地理志校注》:“略陽郡治乏考。魏作廣魏郡，據《宋志》:‘略陽太守，《晋太康地志》屬天水，《何志》故曰漢陽，魏分立曰廣魏。’則泰始中更名略陽郡。泰始五年略陽郡由雍州來屬，太康三年復屬雍州，惠帝元康七年再屬秦州。魏領縣三，晋初增置

清水縣，領縣西。”

［2］臨渭：縣名，治所在今甘肅省天水市東北渭河北岸。孔祥軍《晋書地理志校注》：“《宋志》：‘臨渭令，《晋太康地志》屬略陽。’則太康三年略陽郡有臨渭縣。”

［3］平襄：縣名，治所在今甘肅省通渭縣西。

［4］略陽：縣名，治所在今甘肅省秦安縣隴城鎮。孔祥軍《晋書地理志校注》：“《宋志》：‘略陽令，前漢屬天水，後漢漢陽即天水，《晋太康地志》屬略陽。’則太康三年略陽郡有略陽縣。”

［5］清水：縣名，治所在今甘肅省清水縣西北。清畢沅《晋書地理志新補正》：“沅案《地形志》：後漢罷，晋復屬。又云戎邑縣、隴城、阿陽四縣皆曾置。”孔祥軍《晋書地理志校注》：“魏無此縣，今檢《宋書》：‘清水縣……《晋太康地志》屬略陽。’則太康三年略陽郡有清水縣。又《後魏志》：‘清水，前漢屬天水，後漢省，晋復，屬（略陽郡）。’又《輿地廣記》卷十五陝西秦鳳路上下府秦州中清水縣條：‘漢屬天水郡。東漢省之。晋復置，屬略陽郡。’”

武都郡[1]漢置。統縣五，户三千。

下辯[2]　河池[3]　沮[4]　武都[5]　故道[6]

［1］武都郡：治所在下辯縣（今甘肅省成縣西）。清畢沅《晋書地理志新補正》：“沅案《太平寰宇記》愍帝末，劉曜入長安，氐羌相率降伏。其後有氐豪茂搜勇健，爲群氐所推，王于武都之地。自茂搜之元孫盛立，乃分諸氐羌爲立，轄二十部護軍各鎮戍，不置郡縣。又云晋武帝時氐豪楊定擁衆仇池，稱藩於晋，求割天水之西縣、武都之上禄縣爲仇池郡。沈約《宋志》武都有上禄，漢舊縣，後省。晋武帝太康三年又立。今考《晋書·地理志》不載此縣，蓋武帝後復廢。”

清方愷《新校晋書地理志》：“《州郡志》武都郡上禄令，漢舊縣，後省。晋武帝太康三年又立。又案常璩《華陽國志》武都郡，蜀平，屬雍州。太康六年還梁州。校本《志》前篇，太康三年罷秦州併雍州，故常璩以爲武都郡暫屬秦州，未幾即屬雍，故直言屬雍州。及七年秦州復立，而武都前一年已歸梁，故不言及秦州。本《志》仍隸秦部，未詳。又《華陽國志》武都郡下有泉街、平樂、修武、嘉陵、上禄五縣，今皆不載，未詳。"

孔祥軍《晋書地理志校注》："據《輿地廣記》卷十五陝西秦鳳路上中下成州中同谷縣條：'本漢下辨縣，屬武都郡，東漢及晋皆爲郡治焉。'則武都郡治下辨，在今甘肅成縣西北。泰始五年武都郡由雍州來屬，太康三年復屬雍州，又據《華陽國志》卷二：'武都郡……元康六年（原作太康六年，劉琳校注以爲當作元康六年，是）還梁州。'則武都郡元康六年移屬梁州，元康七年再屬秦州。魏末有羌道縣，晋初似省，領縣五，太康三年增置上禄縣，領縣六。魏、晋《志》無上禄縣。今檢《宋志》：'上禄令，漢舊縣，後省，晋武帝太康三年又立。'又《寰宇記》卷一百五十隴右道成州條：'晋武帝時氐豪楊定擁衆仇池稱藩於晋，求割天水之西縣、武都之上禄縣爲仇池郡。'則西晋太康三年復立上禄縣，且屬武都郡。畢氏《新補正》以爲上禄縣太康三年後廢，是。"

[2]下辯：縣名，治所在今甘肅省成縣西。孔祥軍《晋書地理志校注》："今檢《漢志》《宋志》《後魏志》《水經注》《華陽國志》皆作'下辨'，則《晋志》所謂'下辯'似誤。"

[3]河池：縣名，治所在今甘肅省徽縣銀杏鎮。清畢沅《晋書地理志新補正》："沅案《華陽國志》河池，一名仇池。"孔祥軍《晋書地理志校注》："《輿地廣記》卷十五陝西秦鳳路上下鳳州緊河池縣條：'漢屬武都郡。東漢及晋因之。'"

[4]沮：縣名，治所在今陝西省略陽縣東。

[5]武都：縣名，治所在今甘肅省西和縣南。

[6]故道：縣名，治所在今陝西省寶鷄市大散關東南。清畢沅《晋書地理志新補正》："沅案《太平寰宇記》永嘉之後，郡没氐

羌。”孔祥軍《晋書地理志校注》:“《輿地廣記》卷十五陜西秦鳳路上下鳳州上梁泉縣條:‘本故道……後屬武都郡。東漢及晋因之。’”

陰平郡[1]泰始中置。統縣二，户三千。
陰平[2]　平廣[3]

[1]陰平郡:治所在陰平縣（今甘肅省文縣西白龍江北岸）。清方愷《新校晋書地理志》:“《州郡志》北陰平太守、平武令，蜀立，曰廣武。晋武帝太康元年更名。此作平廣，字之誤也。《華陽國志》亦作平武，有甸氐、剛氐二縣。（庠案甸氐、剛氐，兩漢皆屬廣漢。）”

孔祥軍《晋書地理志校注》:“陰平郡治乏考。魏末省，據《晋志》:‘陰平郡，泰始中置。’則泰始中重置。又據本州考證，泰始五年其由梁州移屬秦州，太康三年併入雍州，則泰始五年前復置陰平郡且屬梁州。又據《華陽國志》卷二:‘元康六年，還屬梁州。’則元康六年其由雍州還屬梁州，元康七年再屬秦州。”

[2]陰平:縣名，治所在今甘肅省文縣西白龍江北岸。清畢沅《晋書地理志新補正》:“沅案《元和郡縣志》永嘉末，地陷李雄，縣遂廢。”孔祥軍《晋書地理志校注》:“《宋志》:‘前漢、後漢屬廣漢屬國，名甸氐。《晋太康地志》陰平郡陰平縣注云:甸氐。’則太康三年陰平郡有陰平縣。”

[3]平廣:中華本校勘記:“《考異》:《宋志》，‘平武，蜀立，本曰廣武，晋武帝太康元年更名’。此志作‘平廣’，誤。按:廣武見《蜀志·廖化傳》;晋改平武，又見《元和郡縣志》。”清畢沅《晋書地理志新補正》:“沅案《元和郡縣志》晋於江油置平武縣，屬陰平。樂史同。”孔祥軍《晋書地理志校注》:“又《元和志》卷三十三劍南道龍州條:‘晋於此置平武縣，屬陰平郡。’則《晋志》

誤，當爲‘平武’。”

惠帝分隴西之狄道、臨洮、河關，[1]又立洮陽、[2]遂平、[3]武街、[4]始興、[5]第五、[6]真仇六縣，[7]合九縣置狄道郡，屬秦州。張駿分屬凉州，又以狄道縣立武始郡。[8]江左分梁爲秦，寄居梁州，[9]又立氐池爲北秦州。[10]

[1]河關：縣名，治所在今甘肅省積石山保安族東鄉族撒拉族自治縣西北長寧驛古城。

[2]洮陽：縣名，治所在今甘肅省臨潭縣。

[3]遂平：縣名，治所在今甘肅省臨洮縣一帶。

[4]武街：縣名，治所在今甘肅省臨洮縣東。

[5]始興：縣名，治所在今甘肅省康樂縣一帶。

[6]第五：縣名，治所在今甘肅省臨洮縣一帶。

[7]真仇：縣名，治所在今甘肅省臨洮縣一帶。

[8]又以狄道縣立武始郡：清畢沅《晉書地理志新補正》：“沅案《十六國春秋》張駿十八年，又分武始、興平、廣武置大夏郡及縣，取縣西大夏水爲名。”

[9]江左分梁爲秦，寄居梁州：清畢沅《晉書地理志新補正》：“沅案何承天《志》晉孝武復立秦州，寄治襄陽。安帝世在漢中南鄭。”

[10]立氐池爲北秦州：孔祥軍《晉書地理志校注》：“據《晉書》卷六《元帝紀》：‘（太興二年夏四月）秦州刺史陳安叛，降於劉曜。’則秦州似太興二年始没。”

梁州。案《禹貢》華陽黑水之地，舜置十二牧，則其一也。梁者，言西方金剛之氣强梁，故因名焉。《周禮·職方氏》以梁并雍。漢不立州名，以其地爲益州。及獻帝初平六年，[1]以臨江縣屬永寧郡。[2]建安六年，劉璋改永寧爲巴東郡，[3]分巴郡墊江置巴西郡。[4]劉備據蜀，又分廣漢之葭萌、[5]涪城、[6]梓潼、[7]白水四縣，[8]改葭萌曰漢壽，[9]又立漢德縣，[10]以爲梓潼郡；割巴郡之宕渠、[11]宣漢、[12]漢昌三縣置宕渠郡，[13]尋省，以縣並屬巴西郡。[14]泰始三年，分益州，立梁州於漢中，[15]改漢壽爲晋壽，又分廣漢置新都郡。[16]梁州統郡八，[17]縣四十四，[18]户七萬六千三百。

[1]獻帝初平六年：中華本校勘記："趙一清《水經注釋》三三：全祖望謂初平只四年，無六年，當作元年。"孔祥軍《晋書地理志校注》："今檢《華陽國志》卷一巴志條：'獻帝初平元年，征東中郎將安漢趙穎，建議分巴爲二郡，（趙）穎欲得巴舊名，故白益州牧劉璋（當作劉焉）以墊江以上爲巴郡，江南龐義爲太守治安漢。以江州至臨江爲永寧郡。'則確作'初平元年'。"

[2]臨江縣：治所在今重慶市忠縣。

[3]劉璋：東漢末江夏竟陵（今湖北省潜江市西北）人，字季玉，益州牧劉焉之子，劉焉死後襲位。建安十六年（211）迎劉備入蜀，幾年後被劉備取代。

[4]巴郡：治所在江州縣（今重慶市）。清洪亮吉《東晋疆域志》："巴郡，秦置。《晋書·地理志》統縣四，東晋同。《沈志》去州内水一千八百，陸五百。外水二千二百。去京都水六千。江州，漢舊縣。郭璞《山海經注》江州屬巴郡。墊江，漢舊縣。《晋書》寧康二年，桓石虔破苻堅將姚萇於墊江。臨江，漢舊縣，有石城。枳，漢舊縣。"　墊江：縣名，治所在今重慶市合川區。

[5]葭萌：縣名，治所在今四川省廣元市西南。

［6］涪城：縣名，治所在今四川省綿陽市東。

［7］梓潼：縣名，治所在今四川省梓潼縣。

［8］白水：縣名，治所在今四川省青川縣白水鎮。

［9］漢壽：縣名，治所在今四川省廣元市西南。

［10］漢德縣：治所在今四川省劍閣縣東北。

［11］宕渠：縣名，治所在今四川省渠縣東北。

［12］宣漢：縣名，治所在四川省達州市。宣，殿本作“安”。下文“宣漢”同。

［13］漢昌：縣名，治所在今四川省巴中市。清畢沅《晋書地理志新補正》：“沅案樂史稱《四夷縣道記》云，李特孫時，有群獠十餘萬從南越入蜀漢間，散居山谷。因斯流布在此地，後遂爲獠所據。歷代羈縻，不置郡縣。”清洪亮吉《東晋疆域志》：“北巴西郡，《沈志》梁州北巴西，是晋末所立。《永初郡國》領閬中、漢昌二縣。東晋領縣當同。《沈志》去州一千四百，去京都水九千九百。閬中，漢舊縣。漢昌，漢舊縣《太平寰宇記》稱《四夷縣道記》至李特孫時，有群獠十餘萬，從南越入蜀漢間，散居山谷，因斯流布在此地，後遂爲獠所據。亂歷代羈縻，不置郡縣。”

［14］“初平六年”至“以縣並屬巴西郡”：孔祥軍《晋書地理志校注》：“此段述及巴蜀政區沿革舛亂殊甚。據《續漢志》巴郡劉昭注引譙周《巴記》：‘初平元年（原作“初平六年”，中華書局本《後漢書》校勘記引惠棟《補注》謂初平無六年當依《華陽國志》作“初平元年”，并改，是），趙穎分巴爲二郡，欲得巴舊名，故郡以墊江爲治，安漢以下爲永寧郡。建安六年，劉璋分巴，以永寧爲巴東郡，以墊江爲巴西郡。’又《華陽國志》卷一巴志條：‘獻帝初平元年，征東中郎將安漢趙穎，建議分巴爲二郡，（趙）穎欲得巴舊名，故白益州牧劉璋（當作劉焉）以墊江以上爲巴郡，江南龐義爲太守治安漢。以江州至臨江爲永寧郡。朐忍至魚復爲固陵郡。巴遂分矣。建安六年，魚復蹇胤白（劉）璋争巴名，（劉）璋乃改永寧爲巴郡。以固陵爲巴東。徙（龐）義爲巴西太守。是爲三

巴。’又《華陽國志》卷一巴東郡條：‘巴東郡，先主入益州改爲江關都尉，建安二十一年，以朐忍、魚復并羊渠及宜都與巫、北井共六縣立爲固陵郡……章武元年，朐忍徐慮、魚復蹇機以失巴名，上表自訟，先主聽復爲巴東。’諸説頗多牴牾、莫衷一是，今檢《蜀志》卷十《劉琰傳》：‘先主定益州，以（劉）琰爲固陵太守。’則建安末仍有固陵郡，故《華陽國志》卷一巴志條所載：‘建安六年……以固陵爲巴東’誤，當據《華陽國志》卷一巴東郡條所載，則上引《華陽國志》卷一巴志條當改訂爲：‘獻帝初平元年，征東中郎將安漢趙穎，建議分巴爲二郡，（趙）穎欲得巴舊名，故白益州牧劉焉以墊江以上爲巴郡，江南龐義爲太守治安漢。以江州至臨江爲永寧郡。朐忍至魚復爲巴東郡。巴遂分矣。建安六年，魚復蹇胤白（劉）璋争巴名，（劉）璋乃改永寧爲巴郡。徙（龐）義爲巴西太守。建安二十一年改巴東郡爲固陵郡，章武元年改固陵郡復爲巴東郡，是爲三巴。’今檢《晋志》巴西、巴東、巴郡所領諸縣與改訂後之《華陽國志》所述情况幾乎完全吻合，則據上引《華陽國志》《續漢志》所載之巴郡當於初平元年，分爲巴、永寧、巴東三郡，建安六年，劉璋改巴郡爲巴西郡、永寧郡爲巴郡，巴東郡仍舊，建安二十一年，劉備改巴東郡爲固陵郡，章武元年固陵郡復爲巴東郡，巴西郡、巴郡仍舊。”

[15]泰始三年，分益州，立梁州於漢中：清畢沅《晋書地理志新校注》：“沅案《通典》晋梁州理南鄭。”孔祥軍《晋書地理志校注》：“今檢《魏志》卷四《三少帝紀》：‘（景元四年十一月）是月，蜀主劉禪詣（鄧）艾降，巴蜀皆平……（十二月）壬子，分益州爲梁州。’《宋志》：‘魏元帝景元四年，平蜀，復立梁州，治漢中南鄭。’則景元四年蜀降魏後，分益州爲梁州。《晋志》所謂‘泰始三年’誤，當作‘景元四年’。”

[16]新都郡：治所在雒縣（今四川省廣漢市北）。

[17]梁州統郡八：孔祥軍《晋書地理志校注》：“魏末領郡七，泰始二年置新都郡，太康六年新都郡見廢。陰平郡泰始五年前屬梁

州，其後移屬秦州，元康六年來屬，七年再屬秦州。武都郡元康六年來屬，七年移屬秦州。惠帝時增置宕渠郡，新城、魏興、上庸三郡來屬，領郡十一。”

[18]縣四十四：原本、宋本作“縣三十八”，殿本作“縣四十四”，據殿本、中華本校勘記改，以與統計實數合。

漢中郡[1]秦置。統縣八，户一萬五千。

南鄭[2]　蒲池[3]　褒中[4]　沔陽[5]　成固[6]　西鄉[7]　黄金[8]　興道[9]

[1]漢中郡：治所在南鄭縣（今陕西省漢中市東）。清洪亮吉《東晉疆域志》：“漢中郡，秦置。《晉書·地理志》統縣八。東晉領縣同。《沈志》稱《晉地記》云孝武太元十五年，梁州刺史周表立。疑是李氏所省，李氏平後復立。南鄭，漢舊縣。《晉書》海西公太和元年，荆州刺史桓豁遣督護桓羆攻南鄭，魏興人畢欽舉兵以應羆。有小城、胡城。蒲池，《晉書·地理志》有。褒中，漢舊縣。《太平寰宇記》東晉義熙末，梁州刺史理此，仍改爲苞中縣。沔陽，漢舊縣。有武興城、瀘口。成固，漢舊縣。《元和郡縣志》晉平譙縱後，梁州刺史嘗理於此。有南城、北城、西樂城、容裘谷。西鄉，《沈志》蜀立，曰南鄉。晉武帝太康二年更名。杜佑云西鄉縣，晉置。黄金，《元和郡縣志》本漢安陽縣地，魏文帝分置黄金縣。興道，《通典》蜀分成固立興勢縣。案今名蓋晉所改。有駱谷路、青谷。”

清畢沅《晉書地理志新補正》：“沅案《沈志》漢獻帝二十年，魏武平張魯，復漢寧郡爲漢中，疑是此前改漢中曰漢寧也。《晉地記》云孝武太元十五年，梁州刺史周表立，又疑是李氏所省，李氏平後復立。樂史稱王隱《晉書》云，魏末克蜀分廣漢、巴、涪陵以北七郡爲梁州，理漢中之沔陽。歷晉太康中，州又移理漢中郡，領縣八。後李特據蜀，漢中又陷。及桓温平蜀，梁州刺史復理漢中郡。譙縱時又失，漢中刺史寄理魏興郡。縱滅，復理漢中之苞中縣，今褒城是也。東晋末又移理城固。”

清方愷《新校晋書地理志》：“案《元和志》黄金縣本漢安陽縣地，後魏文帝於此分置黄金縣。《水經注》但有黄金戍。《元和志》蓋本酈説，據此則縣不當始立於晋。又《地形志》興勢，延昌三年置。《元和志》興道縣下云，後魏宣武帝分置興勢縣，貞觀二十三年改爲興道縣。竊謂黄金、興勢在三國時僅爲屯戍之地，置縣之説惟見於此。本《志》與魏酈不合，未詳何據。至興道實以唐初避世字嫌名而改，不特非晋縣，亦非魏周縣也。又案《華陽國志》漢中但六縣，無黄金、興道，本《志》似誤。（寅案《隋志》，漢川郡有興勢、黄金二縣。《唐志》興勢作興道，是隋末尚未改興道也。又此二縣，據《元和志》皆後魏分置，《志》誤顯然。唐史臣修《晋書》，於地理最不精核，此以後魏爲曹魏，尤屬疏謬。）”

孔祥軍《晋書地理志校注》：“漢中郡治乏考。魏末領縣四，晋初增置成固、蒲池、黄金、興道四縣，領縣八。”

[2]南鄭：縣名，治所在今陝西省漢中市東。清畢沅《晋書地理志新補正》：“沅案《沈志》云《何志》晋穆帝又立南漢縣。”孔祥軍《晋書地理志校注》：“《後魏志》：‘南鄭，二漢、晋屬（漢中）。’”

[3]蒲池：縣名，治所在今陝西省西安市鄠邑區東。孔祥軍《晋書地理志校注》：“魏無此縣，似於晋初增置。”

[4]褒中：縣名，治所在今陝西省褒城縣東。清畢沅《晋書地理志新補正》：“沅案《太平寰宇記》東晋義熙末，梁州刺史理此，仍改爲苞中縣。”孔祥軍《晋書地理志校注》：“《後魏志》：‘褒中，二漢、晋屬漢中。’”

[5]沔陽：縣名，治所在今陝西省勉縣東舊州鋪。孔祥軍《晋書地理志校注》：“《後魏志》：‘沔陽，二漢、晋屬漢中。’”

[6]成固：縣名，治所在今陝西省城固縣東漢江北岸。清畢沅

《晋書地理志新補正》："沅案《元和郡縣志》晋平譙縱後，梁州刺史嘗理於此也。"孔祥軍《晋書地理志校注》："魏末無此縣，據《輿地廣記》卷三十二利州路次府興元府次畿城固縣條：'二漢屬漢中郡，蜀改爲樂城，晋復故。'又《後魏志》：'城固，二漢、晋屬（漢中）。'則晋初復置成固縣。"

[7]西鄉：縣名，治所在今陝西省西鄉縣南。清畢沅《晋書地理志新補正》："沅案《沈志》蜀先主分城固立南鄉縣。晋太康二年更名。"孔祥軍《晋書地理志校注》："魏末作'南鄉'屬，今檢《宋志》：'西鄉令，蜀立曰南鄉，晋武帝太康二年更名。'《元和志》卷二十二山南道洋州條：'本漢中成固縣地，先主分成固立南鄉縣，爲蜀重鎮，晋改爲西鄉縣。'《元和志》卷二十二山南道洋州西鄉縣條：'本漢成固縣地，蜀先主置南鄉，晋武帝改爲西鄉縣。'《寰宇記》卷一百三十八山南西道洋州條：'先主分城固立南鄉……晋改南鄉爲西鄉。'《寰宇記》卷一百三十八山南西道洋州西鄉縣條：'蜀先主分成固之地，立南鄉縣屬漢中郡，至晋太康二年改南鄉爲西鄉。'則南鄉縣晋太康二年更名'西鄉'。"

[8]黄金：縣名，治所在今陝西省洋縣東漢江北岸。孔祥軍《晋書地理志校注》："魏無此縣，似於晋初增置。"

[9]興道：縣名，治所在今陝西省洋縣。清畢沅《晋書地理志新補正》："沅案《通典》蜀分成固立興勢縣。按今名蓋晋所改。"孔祥軍《晋書地理志校注》："魏無此縣，似於晋初增置。"

梓潼郡[1]蜀置。統縣八，户一萬二百。

梓潼　涪城[2]　武連[3]　黄安[4]　漢德　晋壽[5]　劍閣[6]　白水[7]

[1]梓潼郡：治所在梓潼縣（今四川省梓潼縣）。清畢沅《晋書地理志新補正》："沅案《晋太康地志》劉氏分廣漢立永初郡。

《郡國志》梓潼郡又有漢德、新興二縣。徐云新興，義熙九年立。漢德舊縣，《沈志》云，漢德疑是劉氏所立。”

清洪亮吉《東晋疆域志》：“梓潼郡，《沈志》稱《晋太康地志》劉氏分廣漢立。《晋書·地理志》統縣八。東晋分出晋壽郡，領縣五。梓潼，漢舊縣。《太平御覽》稱《晋太康地記》云梓潼縣出傘子鹽。有掌夫山、氐陌山。涪城，漢舊縣。《元和郡縣志》晋孝武徙梓潼於此。《晋書·哀帝紀》興寧三年，梁州刺史司馬勛反，帥衆入劍閣，攻涪。西夷校尉毌丘暐棄城遁。有黄虎。武連，《晋書·地理志》有。萬安，《太平寰宇記》本涪縣地，晋於梓潼水尾萬安故城置萬安縣，晋末亂，移就孱亭。漢德，《沈志》徐云舊縣。案二漢並無漢德縣，《晋太康地志》王隱並有，疑是劉氏所立。”

清方愷《新校晋書地理志》：“後篇言桓温置晋昌郡，又於晋壽置劍閣縣，是劍閣爲東晋所置，不應前後復見。《華陽國志》云有劍閣道三十里，至險有閣尉，據此知西晋爲地名，並未立縣也。又《州郡志》涪令下並無晋改涪城之條，不詳何據。《華陽國志》亦作涪。（寅案《隋志》涪城，西魏所改，晋不當有城字。）又《寰宇記》晋於梓潼水尾萬安故城置萬安縣，晋末亂，移就孱亭，是本《志》黄安即萬安，字相近而誤也。黄安，西魏所置。見《隋志》。不得列爲晋縣。（寅案《隋志》萬安，舊曰孱亭，西魏改名焉。）《寰宇記》云晋置，殆不足據。又《隋志》黄安舊曰華陽，西魏改，今《晋志》有黄安，誤也。又案《州郡志》邵歡令，《永初郡國》、何、徐並有，不注置立。疑自蜀立曰昭歡，晋改也。據沈説，此縣避諱更名必自西晋，本《志》缺載，惟後篇孝武分立晋壽部，統邵歡，不言置自何代，未詳。又《州郡志》萬安令下又言二漢、晋無，《寰宇記》不詳何據。”

孔祥軍《晋書地理志校注》：“梓潼郡治乏考。《續漢志》無此郡，今檢《華陽國志》卷二：‘（建安）二十二年分廣漢置梓潼郡，以（霍）峻爲太守，領縣六（劉琳校注改作“五”而不出考證，誤）。’《晋志》：‘劉備據蜀，又分廣漢之葭萌、涪城、梓潼、白水四縣，改葭萌曰漢壽，又立漢德縣，以爲梓潼郡。’據此，梓潼郡建安二十二年置。魏末領縣六，晋初增置武連、黄安二縣，領縣八。”

[2]涪城：清畢沅《晋書地理志新補正》：“沅案《太平寰宇記》晋孝武帝移梓潼郡置於此。《元和郡縣志》晋孝武於此僑置西充國、益昌二縣。”

[3]武連：縣名，治所在今四川省劍閣縣西南武功橋。孔祥軍《晋書地理志校注》：“魏無此縣，似於晋初增置。”

[4]黄安：縣名，治所在今四川省劍閣縣南。孔祥軍《晋書地理志校注》：“魏無此縣，似於晋初增置。”

[5]晋壽：縣名，治所在今四川省廣元市南。清畢沅《晋書地理志新補正》：“沅案《沈志》云元康元年改。《晋起居注》武帝梓潼之漢壽曰晋壽。”孔祥軍《晋書地理志校注》：“魏作‘漢壽’屬。今檢《宋志》：‘晋壽令，《何志》惠帝立。按《晋起居注》，太康元年，改梓潼之漢壽魏曰晋壽。漢壽之名，疑是蜀立，云惠帝立，非也。’則太康元年改漢壽爲晋壽。又《後魏志》：‘晋壽，晋惠帝置，屬梓潼。’則魏收、何承天均認爲晋壽縣晋惠帝置，當有所據，若是，則晋壽縣太康元年後廢，惠帝時復置仍屬梓潼郡，沈約遽斷《何志》爲非，未審。”

[6]劍閣：縣名，治所在今四川省劍閣縣東北。孔祥軍《晋書地理志校注》：“魏作‘劍門’屬，似於晋初改劍門爲劍閣。”

[7]白水：孔祥軍《晋書地理志校注》：“《宋志》：‘白水令，漢舊縣，屬廣漢，《晋太康地志》屬梓潼。’則太康三年梓潼郡有白水縣。”

廣漢郡[1]漢置。統縣三，户五千一百。

廣漢[2]　德陽[3]　五城[4]

［1］廣漢郡：治所在廣漢縣（今四川省射洪市南）。清洪亮吉《東晉疆域志》："廣漢郡，漢置。《沈志》稱《太康地志》屬梁州，《晉書·地理志》太康六年九月罷新都郡併廣漢郡。東晉分置遂寧郡，領縣七。《沈志》去州陸六百，去京都水九千九百。雒，漢舊縣。什方，漢舊。郪，漢舊縣。新都，漢舊縣，《沈志》晉武帝爲王國，太康六年省爲縣，屬廣漢，有金淵戍。綿竹，漢舊縣，有三造亭。陽泉，《沈志》蜀分綿竹立。五城，《沈志》晉武帝咸寧四年立，太康六年省，七年又立。《何志》劉氏立。《元和郡縣志》云蜀先主立。《晉書》孝武太元八年，輔國將軍楊亮伐蜀，拔五城，擒苻堅將魏光。有五城水口。"

清方愷《新校晉書地理志》："《州郡志》新都令，漢舊縣，晉武帝爲王國，太康六年省爲縣，屬廣漢。"

孔祥軍《晉書地理志校注》："據《輿地廣記》卷三十一梓州路緊梓州中通泉縣條：'廣漢縣，二漢屬廣漢郡，晉爲郡治。'則廣漢郡治廣漢，在今四川射洪縣南。魏末領縣九，其中鄋縣，據《輿地廣記》卷三十一梓州路緊梓州望鄋縣條：'二漢屬廣漢郡，晉省之。'則其晉初省。其中陽泉縣似於晉初省，則領縣七。據《晉志》：'新都郡，泰始二年置。'又《晉志》新都郡領縣四，則此四縣當於泰始二年由廣漢郡割出，則其時廣漢郡領縣三。又《晉志》：'太康六年九月，罷新都郡，並廣漢郡。'則此四縣於太康六年回屬廣漢郡。"

［2］廣漢：縣名，治所在今四川省射洪市南。清畢沅《晉書地理志新補正》："沅案《太平寰宇記》晉孝武於此立晉興縣。"

［3］德陽：縣名，治所在今四川省江油市東北馬角壩。清畢沅《晉書地理志新補正》："沅案《太平寰宇記》穆帝永和十一年，於此置遂寧郡，更立小谿、巴興縣屬焉。"孔祥軍《晉書地理志校注》："《宋志》：'德陽令，前漢無，後漢、《晉太康地志》屬廣漢。'則太康三年廣漢郡有德陽縣。"

［4］五城：縣名，治所在今四川省中江縣東南。

新都郡[1]泰始二年置。統縣四，户二萬四千五百。

雒[2]　什方[3]　綿竹[4]　新都[5]

[1]新都郡：清方愷《新校晋書地理志》："什方當從《郡國志》《州郡志》作什邡。又《州郡志》廣漢太守下有郪縣令，漢舊縣。陽泉令，蜀分綿竹立，皆不言晋省。本《志》缺，未詳。又本書《王長文傳》，長文廣漢郪人，此兩郡俱缺，未詳。又諸王傳有新都王，太康四年薨。則此當作國。（寅案《武帝紀》咸寧三年立皇子該爲新都王。太康四年，新都王該薨。《武十三王傳》亦云太康四年薨，無子，國除。本《志》新都郡，泰始二年置。是始立爲郡，繼爲國，後省爲縣。惟咸寧三年前當稱郡耳。《州郡志》云，太康六年省爲縣，豈國除之後復改爲郡，至六年始省併廣漢耶？或《沈志》誤也。）"

孔祥軍《晋書地理志校注》："新都郡治乏考，據《晋志》：'分廣漢置新都郡。'《晋志》新都郡領縣四：雒、新都、綿竹、什邡，則此四縣當於泰始二年由廣漢郡割出。又《晋志》：'太康六年九月，罷新都郡，並廣漢郡。'則此四縣後屬廣漢郡。又據《晋書》卷三《武帝紀》：'（咸寧三年）八月癸亥徙扶風王（司馬）亮爲汝南王……（司馬）該爲新都王……（太康四年）冬十月戊午，新都王該薨。'則咸寧三年至太康四年新都爲王國。"

[2]雒：縣名，治所在今四川省廣漢市北。

[3]什方：縣名，治所在今四川省什邡市。孔祥軍《晋書地理志校注》："魏末作'什邡'。今檢《宋志》：'什邡令漢舊縣。'又《華陽國志》卷三：'什邡縣出好茶'，則《晋志》作'什方'似誤。"

[4]綿竹：縣名，治所在今四川省德陽市北。

[5]新都：縣名，治所在今四川省成都市新都區西。

涪陵郡[1]蜀置。統縣五，户四千二百。

漢復[2]　涪陵[3]　漢平[4]　漢葭[5]　萬寧[6]

[1]涪陵郡：治所在漢復縣（今重慶市酉陽土家族苗族自治縣）。清畢沅《晋書地理志新補正》："沅案《太平寰宇記》稱《晋太康地記》云晋省丹興縣，移理漢復。《元和郡縣志》晋永嘉後地没於蠻夷。"

清方愷《新校晋書地理志》："劉逵《蜀都賦》注，涪陵、丹興二縣出丹砂。案洪氏亮吉《東晋疆域志》蜀置涪陵郡，本理丹興。《太平寰宇記》稱《晋太康地記》云省丹興縣，郡移理漢復。本志無丹興，蓋從《太康地記》説也。《華陽國志》云丹興蜀時省。又有漢髮縣，屬涪陵郡，疑即漢復也。（寅案本《志》，漢葭即《華陽志》之漢髮，建安中舊縣也。葭與髮形近而訛。又《華陽志》以涪陵爲郡治，與《寰宇記》引《太康志》異。）"

孔祥軍《晋書地理志校注》："蜀漢時涪陵郡治涪陵縣，據《寰宇記》卷一百二十江南西道涪州條引晋《太康地記》：'省丹興縣，郡移理漢復，領漢葭、涪陵、漢平、萬寧等五縣。'則晋時移理漢復。在今重慶市彭水苗族土家族自治縣南。《續漢志》無此郡，今檢《華陽國志》卷一：'（建安六年）涪陵謝本白（劉）璋求以丹興、漢發二縣爲郡，初以爲巴東屬國，後遂爲涪陵郡。'又《宋志》：'（建安六年，劉璋）以涪陵縣分立丹興、漢葭二縣，立巴東屬國都尉，後爲涪陵郡。'又《寰宇記》卷一百二十江南西道涪州條：'獻帝建安中涪陵謝本以涪陵廣大，白州牧劉璋分理（當作置）丹興、漢葭二縣以爲郡，（劉）璋乃分涪陵立永寧兼丹興、漢葭合四縣置屬國都尉，理涪陵，蜀先主改爲涪陵郡，改永寧曰萬寧，又增立漢復縣，後主又立漢平縣，晋《太康地記》："省丹興縣，郡移理漢復，領漢葭、涪陵、漢平、萬寧等五縣"，又言"萬寧在郡南"。'又《輿地廣記》卷三十三夔州路下涪州條：'建安二十一年蜀分立涪陵郡。'《輿地紀勝》卷一百七十四夔州路涪州條：'《晏公類要》《輿地廣記》云建安二十一年蜀分立涪陵。'則涪陵郡當是建安二十一年劉備所置。"

［2］漢復：縣名，治所在今重慶市酉陽土家族苗族自治縣西北龔灘鎮。

［3］涪陵：縣名，治所在今重慶市彭水苗族土家族自治縣。

［4］漢平：縣名，治所在今重慶市涪陵區東南。

［5］漢葭：縣名，治所在今重慶市彭水苗族土家族自治縣東北。

［6］萬寧：縣名，治所在今重慶市忠縣一帶。

巴郡[1]秦置。統縣四，户三千三百。

江州[2]　墊江　臨江　枳[3]

［1］巴郡：清方愷《新校晋書地理志》："《州郡志》南宕渠太守下宕渠令，二漢、《晋太康地志》屬巴郡。（寅案二漢《志》宕渠屬巴郡，本《志》屬巴西郡，畢沅輯《太康地志》有巴西、巴東二郡，無巴郡。疑輯本有脱誤。《州郡志》巴郡下所領四縣，與本《志》同。）"

孔祥軍《晋書地理志校注》："巴郡治乏考。魏末領縣四。今檢《宋書》卷二十八《符瑞中》：'咸寧三年六月戊申甘露降巴郡南充國。'則咸寧時南充國縣移屬巴郡，後又於晋太康初復屬巴西郡。又《宋志》：'宕渠令，二漢、《晋太康地志》屬巴郡。'則太康三年前宕渠縣移屬巴郡，太康四年後屬巴西郡。"

［2］江州：縣名，治所在今重慶市。孔祥軍《晋書地理志校注》："《左傳·桓公九年》杜注有巴郡江州縣，則太康元年巴郡有江州縣。"

［3］枳：縣名，治所在今重慶市涪陵區東北烏江河口東。東晋時曾爲涪郡治所。清洪亮吉《東晋疆域志》："涪郡，蜀置涪陵郡。

《晉書·地理志》統縣五。漢復、涪陵、漢平、漢葭、萬寧。案蜀置郡，本理丹興。《太平寰宇記》稱《晉太康地記》云省丹興縣，郡移理漢復。《元和郡縣志》晉永嘉後地没蠻夷，桓温定蜀，以涪郡理枳縣城。樂史又云東晉桓温定蜀，别立枳縣於今涪陵郡東北一十里鄰溪口。又置故枳城，郡尋廢。今考《沈志》枳縣屬巴郡，則涪陵郡所治之枳。自屬桓温定蜀後别立。樂史之言，蓋有所本。又《元和郡縣志》涪州城本秦枳縣城，樂安、賓化二縣本漢枳縣地，是桓温所立涪郡治枳縣者，係秦枳縣城。巴郡所統者，則漢枳縣也。今從諸説分晰列入。而涪陵郡所統舊縣則已没蠻夷，不更録入。凡領縣一。枳，《太平寰宇記》桓温定蜀立。有秦枳縣城。”清畢沅《晉書地理志新補正》:“沅案《太平寰宇記》桓温定蜀，别立枳縣於涪陵郡東北一十里，鄰漢口又置枳城郡，尋廢。”

巴西郡[1]蜀置。統縣九，户一萬二千。

閬中[2]　西充國[3]　蒼溪[4]　岐愜[5]　南充國[6]　漢昌　宕渠　安漢[7]　平州[8]

[1]巴西郡：治所在閬中縣（今四川省閬中市）。清洪亮吉《東晉疆域志》:“巴西郡，蜀置。東晉分出宕渠、新巴二郡，凡領縣六。《晉書》穆帝永和三年，振威護軍蕭敬文害征虜將軍楊謙，攻涪城，陷之，遂取巴西，通於漢中。八年平西將軍周撫討蕭敬文於涪城，斬之。西充國，漢充國縣。《沈志》稱《晉太康地志》有西南二充國，屬巴西。《太平寰宇記》李雄亂後，其城荒廢。蒼溪，《晉書·地理志》有。岐愜，《晉書·地理志》有。南充國，《沈志》譙周《巴記》初平六年分充國爲南充國。安漢，《沈志》舊縣，屬巴郡。平州，《沈志》晉武帝太康元年以野民歸化立。”

清畢沅《晉書地理志新補正》:“沅案譙周《巴記》建安六年，劉璋分巴郡墊江以上爲巴西郡。據此則巴西郡劉璋時分置。《徐志》

以爲晋武帝時立，非。”

清方愷《新校晋書地理志》：“《州郡志》有宣漢令，不言置立。《水經注·江水》篇云，巴水出晋昌郡，宣漢縣郡隸梁州，晋太康中立。案後篇言晋昌郡爲桓温立，然惠帝時已分巴西置宕渠郡，統宕渠、漢昌、宣漢三縣。是晋昌郡雖未必爲太康時置，而宣漢縣則立於惠帝之前，屬巴西郡無疑矣。前後不符，不詳何解。（寅案《郡國志》宣漢，劉昭注引《巴漢記》曰，和帝分宕渠之東置。又漢昌，永元中置。劉昭注引《巴記》曰，分宕渠之北而置之，是漢昌、宣漢，《續志》同屬巴郡。《州郡志》南宕昌太守下有宣漢令，云前漢無，後漢屬巴郡，《晋太康地志》無。據《水經注》及本《志》後篇，則宣漢縣太康中尚存。惠帝時改屬宕渠也，並未省併。《沈志》云《太康地志》無，非也。本《志》不載，疑有缺誤。此漢舊縣，亦非晋立。又按蒼溪、岐愜二縣，《漢志》無，《沈志》《常志》俱不載，未詳何時置。今考《隋志》云巴西郡蒼溪舊曰漢昌，開皇末改名焉，闌入晋置可云俱絶。又《隋志》亦無岐愜。疑即歧坪縣舊名。《唐書·地理志》，蒼溪歧坪皆屬閬州，不聞晋有岐愜縣也。）”

孔祥軍《晋書地理志校注》：“巴西郡治乏考。蜀置：中華校：‘畢校：譙周巴紀，建安六年劉璋分巴郡墊江以上爲巴西郡。據此，則巴西郡劉璋時分置。’魏末領縣七，其中宣漢縣晋初省。其中南充國、宕渠二縣一度移屬巴郡，後又復屬。晋初又增置蒼溪、岐愜二縣，太康元年增置平州縣，則領縣九。又《方輿勝覽》卷五十九夔州路達州：‘後漢分宕渠置宣漢縣……劉璋分屬巴西郡，晋省宣漢縣。’則其晋初省。又《宋志》：‘宣漢令，前漢無，後漢屬巴郡，《晋太康地志》無。’則太康三年時仍無宣漢縣。又據《晋志》：‘惠帝復分巴西置宕渠郡，統宕渠、漢昌、宣漢三縣。’則太康四年後後置宣漢縣，領縣十，惠帝時宕渠、漢昌、宣漢三縣移屬宕渠郡，領縣七。”

［2］閬中：縣名，治所在今四川省閬中市。清畢沅《晋書地理

志新補正》："沅案《太平寰宇記》晉立巴郡於閬中，更析置晉安縣。"孔祥軍《晉書地理志校注》："《宋書》卷二十八《符瑞中》：'泰始二年七月壬午，黄龍見巴西閬中。'則泰始二年巴西郡有閬中縣。"

［3］西充國：縣名，治所在今四川省西充縣。《太平寰宇記》："李雄亂後，其城荒廢。"

［4］蒼溪：縣名，治所在今四川省蒼溪縣。孔祥軍《晉書地理志校注》："魏末無此縣，似於晉初增置蒼溪縣。"

［5］岐愜：縣名，治所在今四川省閬中市一帶。孔祥軍《晉書地理志校注》："魏末無此縣，似於晉初增置岐愜縣。"

［6］南充國：縣名，治所在今四川省西充縣北。

［7］安漢：縣名，治所在今四川省南充市東北。孔祥軍《晉書地理志校注》："今檢《輿地廣記》卷三十一梓州路中果州望南充縣條：'本二漢安漢縣，屬巴郡。晉屬巴西郡。'"

［8］平州：縣名，治所在今四川省平昌縣。孔祥軍《晉書地理志校注》："今檢《宋志》：'平州令，晉太康元年，以野民歸化立。'則太康元年置平州縣。"

巴東郡[1]漢置。統縣三，户六千五百。

魚復[2]　朐䏰[3]　南浦[4]

［1］巴東郡：治所在魚復縣（今重慶市奉節縣東）。清洪亮吉《東晉疆域志》："巴東郡，漢置。東晉領縣四。《沈志》稱《晉太康地志》巴東屬梁州。惠帝太安二年度益州。穆帝永和初平蜀，度屬荆州。去州水一千三百，去京都水四千六百八十。《晉書·康帝紀》建元二年，巴東太守楊謙擊李勢，勢將申陽走之，獲其將樂高。《安帝紀》義熙六年，蜀賊譙縱陷巴東，守將温祚、時延祖死之。魚復，漢舊縣。《沈志》劉備章武二年改爲永安。晉武帝太康

元年復舊。案縣有湯口，《水經注》稱《晋地道記》云，入湯口四十三里有石，煮以爲鹽。石大者如升，小者如拳，煮之水竭鹽成，蓋蜀火井之倫。水火相得乃佳矣。有白帝城、馬嶺。朐䏰，漢舊縣。南浦，《沈志》劉禪建興八年十月，益州牧閻宇表改羊渠立。漢豐，《太平寰宇記》建安二十一年，蜀漢先主分朐䏰縣西北界立，以漢上豐盛爲名。案《沈志》稱《何志》不注置立。《太康地志》巴東有漢昌縣，疑是。今考漢昌屬巴西郡。《太康地志》所云漢昌當屬漢豐之誤。據此則西晋即有漢豐，晋《地理志》失載也。"

清方愷《新校晋書地理志》："洪氏亮吉《東晋疆域志》巴東郡漢豐縣下云，《太平寰宇記》建安二十一年，蜀漢先主分朐䏰縣西北界立，以漢上豐盛爲名。《沈志》稱《何志》不注置立。《太康地志》巴東有漢昌縣，疑是。今考漢昌屬巴西郡。《太康地志》所云漢昌當屬漢豐之誤。據此則西晋即有漢豐，《晋地理志》失載也。又劉逵《蜀都賦》注，鹽池出巴東北新井縣。互見荆州。又《華陽國志》巴東郡有漢豐縣，建安二十一年置，洪説是也。"

孔祥軍《晋書地理志校注》："巴東郡治乏考。魏末領縣五，羊渠縣太康元年改立爲南浦縣，北井縣泰始五年後移屬荆州建平郡，漢豐縣晋初似省，領縣三。"

[2]魚復：縣名，治所在今重慶市奉節縣東。孔祥軍《晋書地理志校注》："今檢《華陽國志》卷一：'魚復縣，（巴東郡）治，公孫述更名白帝，章武二年改曰"永安"，咸熙初復。'《水經注》卷二十二：'蜀章武二年，劉備爲吴所破，改白帝爲永安，巴東郡治也。'則永安縣本《續漢志》巴郡魚復縣，公孫述改爲白帝，劉備於章武二年又改其作永安。又《左傳·文公十六年》'唯裨、鯈、魚人實逐之'條杜預注曰：'魚，魚復縣，今巴東永安縣。'則太康元年時永安縣仍未復稱魚復縣，而《晋志》巴東郡有魚復縣，則永安縣當在太康元年後太康四年前復爲魚復縣，上引《華陽國志》所謂'咸熙初復'誤。《宋志》：'魚復侯相，漢舊縣屬巴郡，劉備章武二年改爲永安，晋太康元年復舊。'亦微誤，當作'太康元年後

復舊’。”

[3]朐䏰：縣名，治所在今重慶市雲陽縣西。清畢沅《晋書地理志新補正》：“沅案《太平寰宇記》建安二十一年，蜀先主於此置漢豐縣，以漢上豐盛爲名。”孔祥軍《晋書地理志校注》：“劉琳《華陽國志校注》卷一引東漢《曹全碑》《巴郡太守張納碑陰》《西岳華山亭碑》，以爲當作‘朐忍’。”

[4]南浦：縣名，治所在今重慶市萬州區。孔祥軍《晋書地理志校注》：“魏末作‘羊渠’，今檢《華陽國志》卷一：‘迄吴平，巴東後省羊渠置南浦。’則太康元年省‘羊渠’置‘南浦’。《宋志》：‘南浦令，劉禪建興八年十月益州牧閻宇表改羊渠立。’曹學佺《蜀中廣記》卷二十三引《華陽國志》：‘晋武帝平吴之後，巴東省羊渠置南浦。’則《華陽國志》是，《宋志》誤。”

太康六年九月，罷新都郡并廣漢郡。惠帝復分巴西置宕渠郡，統宕渠、漢昌、宣漢三縣，[1]并以新城、魏興、上庸合四郡以屬梁州。尋而梁州郡縣没於李特，[2]永嘉中又分屬楊茂搜，[3]其晋人流寓於梁益者，仍於二州立南北二陰平郡。及桓温平蜀之後，以巴漢流人立晋昌郡，[4]領長樂、[5]安晋、[6]延壽、[7]安樂、[8]宣漢、寧都、[9]新興、[10]吉陽、[11]東關、[12]永安十縣；[13]又置益昌、[14]晋興二縣，[15]屬巴西郡；[16]於德陽界東南置遂寧郡；[17]又於晋壽置劍閣縣，屬梁州。後孝武分梓潼北界立晋壽郡，[18]統晋壽、白水、邵歡、[19]興安四縣；[20]梓潼郡徙居梓潼，罷劍閣縣；又别置南漢中郡，[21]分巴西、梓潼爲金山郡。[22]及安帝時，又立新巴、[23]汶陽二郡，[24]又有北新巴、[25]華陽、[26]南陰平、[27]北陰平四郡，[28]其後又立巴渠、[29]懷安、[30]宋熙、[31]白水、上洛、北上洛、[32]南宕渠、懷漢、[33]新興、安康等十郡。[34]

[1]惠帝復分巴西置宕渠郡，統宕渠、漢昌、宣漢三縣：清洪亮吉《東晉疆域志》："宕渠郡，蜀置，尋省。《晉書·地理志》惠帝復分巴西置宕渠郡，統宕渠、漢昌、宣漢三縣。東晉領縣同。《沈志》稱《永初郡國》有宕渠、漢興、宣漢三縣。《太平寰宇記》又云李壽亂後，地爲諸獠所侵，郡縣悉廢。宕渠，漢舊縣。《沈志》稱《晉太康地志》屬巴郡。漢興，《沈志》二漢、魏無，《晉地志》有。屬興古郡。案此縣當是置郡時移屬。宣漢，漢舊縣。《太平寰宇記》符陽縣本漢縣，屬巴郡。晉宋廢爲宣漢縣地。案《晉書·地理志》有安漢無宣漢，疑即宣漢之誤。然《沈志》二縣並載，今姑從之。又《水經注》巫溪水導源梁州，晉興郡之宣漢縣。據此則晉時梁州有兩宣漢縣，一屬晉昌者已見前，又一屬晉興也。又考屬晉興者，《沈志》云本建平流民，則亦與僑縣等。《水經注》又云東晉時晉興縣亦曾作郡，統宣漢等縣地。地理書皆不載。晉梁州有晉興郡，惟巴西、巴渠兩太守下並有晉興令耳。地志闕略，不敢懸決，姑附記於此。"

清畢沅《晉書地理志新補正》："沅案《水經注》巴水出晉昌郡宣漢縣巴嶺山，郡隸梁州。晉太康中立，治漢中。是晉昌郡太康中置。晉《志》爲建在桓温平蜀後，蓋誤。"

[2]梁州郡縣没於李特：孔祥軍《晉書地理志校注》："吴氏《斠注》據《華陽國志》以爲惠帝益梁州事在元康六年，且除去《志》文中所提到四郡外，另有武都、陰平二郡。據《晉書》卷五《孝愍帝紀》：'（建興元年）十一月，流人楊武攻陷梁州。'則建興元年，梁州淪没。"　李特：字玄休，本書卷一二〇有載記。

[3]楊茂搜：西晉略陽清水（今甘肅省清水縣西北）人，氐族，前仇池國君。原姓令狐，百頃氐王楊飛龍外甥，因楊飛龍無子，乃從楊姓。

［4］以巴漢流人立晋昌郡：清洪亮吉《東晋疆域志》："晋昌郡，《晋書·地理志》桓温平蜀後以巴漢流人立晋昌郡，領長樂、安晋、延壽、安樂、宣漢、寧都、新興、吉陽、東關、永安十縣。今考《水經注》晋昌郡隸梁州，晋太康中立。《沈志》稱《何承天志》又云晋元帝立。案當以《晋書·地理志》爲是。《太平寰宇記》郡本漢西城縣地。長樂，《沈志》、《永初郡國》、何、徐並屬晋昌。安晋，《沈志》、《永初郡國》、何、徐屬晋昌。延壽，《沈志》、《永初郡國》、何、徐屬晋昌。安樂，《晋書·地理志》有。宣漢，《沈志》、《永初郡國》、何、徐屬晋昌。《水經注》巴水出晋昌郡宣漢縣巴嶺山。郡隸梁州。晋太康中立，治漢中縣。南去郡八百餘里，故屬巴渠。寧都，《晋書·地理志》有。《水經注》漢水又逕晋昌郡之寧都縣南。縣治松溪口。新興，《晋書·地理志》有。吉陽，《晋書·地理志》有。東關，《晋書·地理志》有。永安，《晋書·地理志》有。"

孔祥軍《晋書地理志校注》："吴氏《斠注》據《寰宇記》引臧榮緒《晋書》以爲東晋置晋昌郡在永和八年。"

［5］長樂：縣名，治所在今四川省巴中市一帶。

［6］安晋：縣名，治所在今四川省閬中市一帶。

［7］延壽：縣名，治所在今陝西省渭南市一帶。

［8］安樂：縣名，治所在今四川省眉山市彭山區一帶。

［9］寧都：縣名，治所在今陝西省漢中市一帶。

［10］新興：縣名，治所在今重慶市合川區一帶。

［11］吉陽：縣名，治所在今陝西省安康市一帶。

［12］東關：縣名，治所在今四川省宣漢縣東北。

［13］永安：縣名，治所在今重慶市武隆區一帶。

［14］益昌：縣名，治所在今四川省綿陽市安州區東南。

［15］晋興：縣名，治所在今四川省綿陽市安州區東北。

［16］屬巴西郡：宋本無"屬"字。

［17］於德陽界東南置遂寧郡：清洪亮吉《東晋疆域志》："遂寧

郡，《晋書·地理志》桓温平蜀後於德陽界東南置遂寧郡。《元和郡縣志》東晋分置遂寧郡於廣漢縣地。《太平寰宇記》晋分德陽置遂寧郡，屬益州。蓋德陽之舊壘也，西北接涪縣東鄉之横山，東極青石，與巴郡爲界。譙縱亂後移於石岼。凡領縣五。巴興，《沈志》稱《徐志》不注置立，疑是李氏所立。《太平寰宇記》巴興縣，穆帝永和十一年置，屬遂寧郡。德陽，漢舊縣，《沈志》稱《晋太康地志》屬廣漢。廣漢，漢舊縣。晋興，《沈志》稱《徐志》不注置立。《太平寰宇記》東晋孝武帝於廣漢置晋興縣。《元和郡縣志》晋興縣本屬巴郡，既置遂寧，乃割屬焉。小谿，《元和郡縣志》穆帝永和十一年置小谿縣，屬遂寧郡。”

清畢沅《晋書地理志新補正》：“沅案遂寧郡有小谿、巴興等縣，皆穆帝永和十一年立。”

[18]後孝武分梓潼北界立晋壽郡：清洪亮吉《東晋疆域志》：“晋壽郡，《晋書·地理志》孝武分梓潼北界立晋壽郡，統晋壽、白水、邵歡、興安四縣。《沈志》稱《晋地記》云孝武太元十五年，梁州刺史周馥表立。去州陸一千二百，去京都水一萬。晋壽，《元和郡縣志》漢葭萌縣，蜀先主改爲漢壽縣，晋又改今名。《沈志》稱《晋起居注》武帝太康元年改梓潼之漢壽曰晋壽，漢壽之名疑是蜀立。《何志》云晋惠帝立，非也。又《晋書·地理志》桓温平蜀後又於晋壽置劍閣縣，孝武時罷劍閣縣。案縣當仍併入晋壽。有劍閣。白水，漢舊縣。郭璞《山海經注》白水色微白濁，今在梓潼白水縣。《沈志》稱《晋太康地志》屬梓潼。邵歡，《沈志》、《永初郡國》、何、徐並有。不注置立，疑自蜀立。曰昭歡，晋改也。興安，《元和郡縣志》東晋孝武太元十五年分晋壽縣置。案吉甫於金牛縣下又云：晋孝武置綿谷縣，誤。蓋興安縣至隋開皇中始改爲綿谷也。”

清畢沅《晋書地理志新補正》：“沅案《沈志》《晋地記》孝武太元十五年，梁州刺史周馥表立。”

孔祥軍《晋書地理志校注》：“據《宋志》：‘《晋地記》云孝武

太元十五年，梁州刺史周瓊表立。’則晋壽郡似於太元十五年置。”

[19]邵歡：縣名，治所在今四川省廣元市一帶。

[20]興安：縣名，治所在今四川省廣元市一帶。

[21]又别置南漢中郡：孔祥軍《晋書地理志校注》：“據《宋志》：‘南漢中太守，《晋地記》：孝武太元十五年，梁州刺史周瓊表立。’則南漢中郡似於太元十五年置。”

[22]金山郡：治所在巴西縣（今四川省綿陽市東）。

[23]新巴：郡名，治所在新巴縣（今四川省青川縣西南）。宋本於“新”字下有小字“一作清”三字。

[24]汶陽：郡名，治所在今四川省廣元市一帶。

[25]北新巴：郡名，治所在今四川省青川縣一帶。

[26]華陽：郡名，治所在今四川省廣元市一帶。孔祥軍《晋書地理志校注》：“錢氏《考異》卷十九據《宋志》以爲華陽郡非晋所立。”

[27]南陰平：郡名，治所在今四川省江油市一帶。

[28]北陰平：郡名，治所在今四川省江油市一帶。

[29]巴渠：郡名，治所在今四川省達州市一帶。

[30]懷安：郡名，治所在今四川省廣漢市一帶。

[31]宋熙：郡名，治所在興樂縣（今四川省旺蒼縣嘉川鎮）。

[32]北上洛：郡名，治所在今陝西省商洛市商州區北。

[33]懷漢：郡名，治所在今陝西省商洛市商州區一帶。

[34]安康：郡名，治所在今陝西省石泉縣東南池河西北漢江東岸。以上十郡，孔祥軍《晋書地理志校注》：“錢氏《考異》卷十九以爲十郡見《宋志》，均非晋所置。”

益州。案《禹貢》及舜十二牧俱爲梁州之域，周合梁於雍，則又爲雍州之地。《春秋元命包》云：“參伐流爲益州，[1]益之爲言阨也。”言其所在之地險阨也，亦曰疆壤益大，故以名焉。始秦惠王滅蜀，[2]置郡，以張若爲蜀守。[3]及始皇置三十六郡，蜀郡之名不改。漢初有漢中、巴、蜀。高祖六年，分蜀置廣漢，凡爲四郡。武帝開西南夷，更置犍爲、牂柯、越嶲、益州四郡，凡八郡，遂置益州統焉，益州蓋始此也。及後漢，明帝以新附置永昌郡，[4]安帝又以諸道置蜀、廣漢、犍爲三郡屬國都尉，[5]及靈帝又以汶江、[6]蠶陵、[7]廣柔三縣立汶山郡。[8]獻帝初平元年，劉璋分巴郡立永寧郡。[9]建安六年，改永寧爲巴東，以巴郡爲巴西，又立涪陵郡。二十一年，劉備分巴郡立固陵郡。蜀章武元年又改固陵爲巴東郡，巴西郡爲巴郡，又分廣漢立梓潼郡，分犍爲立江陽郡，以蜀郡屬國爲漢嘉郡，以犍爲屬國爲朱提郡。劉禪建興二年，改益州郡爲建寧郡，廣漢屬國爲陰平郡，分建寧永昌立雲南郡，分建寧、牂柯立興古郡，分廣漢立東廣漢郡。[10]魏景元中，蜀平，省東廣漢郡。及武帝泰始二年，分益州置梁州，[11]以漢中屬焉。七年，又分益州置寧州。[12]益州統郡八，[13]縣四十四，户十四萬九千三百。

[1]參伐：參、伐皆星名。伐星屬於參宿。古人謂主戰伐之事。

[2]秦惠王：即秦惠文王。嬴姓，名駟，秦孝公之子。

[3]張若：戰國時秦人，秦惠文王時任蜀國守，助白起攻楚，取筰（今四川省漢源縣東南）及金沙江以南地區。

[4]明帝：東漢皇帝劉莊，原名劉陽，字子麗。光武帝劉秀第四子。中元二年（57）即位。在位期間尊儒倡學，求佛法，輕徭薄賦，社會安定，經濟發展，有“明章之治”美譽。

[5]屬國都尉：官名，管理屬國事務的長官。五品。

[6]汶江：縣名，治所在今四川省茂縣北。

[7]蠶陵：縣名，治所在今四川省茂縣北疊溪北。孔祥軍《晋書地理志校注》："魏末屬蜀郡，今檢《輿地廣記》卷三十成都府路外化州下翼州條：'本漢蠶陵縣地，屬汶山郡，郡廢，屬蜀郡，晋復屬汶山郡。'則蠶陵縣晋初來屬。"

[8]廣柔：縣名，治所在今四川省理縣東北。孔祥軍《晋書地理志校注》："《輿地廣記》卷三十成都府路下亨州條：'漢爲廣柔縣地，屬蜀郡。晋屬汶山郡。'"

[9]初平元年，劉璋分巴郡立永寧郡：中華本校勘記："《考異》：劉焉以興平元年卒，子璋始爲益州牧，則初平元年璋尚未牧益州，'初平'當爲'興平'之訛。"

[10]東廣漢郡：宋本無"廣"字。

[11]分益州：宋本作"分蜀益州"。

[12]分益州置寧州：清洪亮吉《東晋疆域志》："寧州，《晋書·地理志》泰始七年，武帝以益州地廣，分益州之建寧、興古、雲南，交州之永昌合四郡爲寧州。統縣四十五。《藝文類聚》稱《晋咸和起居注》曰，六年，寧州上言甘露降城北園李桃樹等。《沈志》太康三年省，立南夷校尉。惠帝太安二年，復增牂柯、越嶲、朱提三郡。成帝咸康四年分牂柯、夜郎、朱提、越嶲四郡爲安州，尋越嶲復還益州。《晋書·地理志》同，又云咸康八年罷併安州入寧州。又省永昌郡。案《晋書·武帝紀》止云太康三年八月罷平州，寧州刺史三年一入奏事，而不云廢寧州。疑《沈志》有誤，《晋志》則又承其誤也。《成帝紀》咸和二年，寧州刺史尹奉遣姚岳等援龐遺。八年李壽陷寧州，刺史尹奉及建寧太守霍彪並降之。今考東晋凡領舊郡六、增置郡十，縣七十九。《沈志》去京都一萬三千三百。州治《通典》晋寧州理雲南。"清畢沅《晋書地理志新補正》："沅案《通典》晋益州理成都。"

[13]益州統郡八：孔祥軍《晋書地理志校注》："泰始七年雲

南、興古、建寧、永昌四郡移屬寧州，太康五年寧州見廢，四郡又復屬益州。”

蜀郡[1]秦置。統縣六，户五萬。

成都[2]　廣都[3]　繁[4]　江原[5]　臨邛[6]　郫[7]

[1]蜀郡：治所在成都縣（今四川省成都市）。清洪亮吉《東晋疆域志》：“蜀郡，秦置。《水經注》晋太康中蜀郡爲王國，更爲成都内史，益州刺史治。《元和郡縣志》武帝改蜀郡爲成都國，以皇子穎爲王。惠帝時李雄竊據，桓温討平之。簡文帝時苻堅遣將鄧羌、楊安伐蜀，益州並没於秦。孝武太元八年平蜀。安帝時譙縱又據益州叛，朱齡石討平之。今考東晋蜀郡，又分置晋原、寧蜀二郡，凡領縣四。成都，漢舊縣。《晋書·哀帝紀》興寧三年，司馬勛圍益州刺史周楚於成都。桓温遣江夏相朱序救之。太和元年，序攻司馬勛於成都，衆潰，執勛斬之。有小城、文翁石室。郫，漢舊縣。《元和郡縣志》晋惠帝太安二年，李雄殺汶山太守陳君，竊據郫縣城，自稱大都督、益州牧。刺史羅尚數攻之，後尚爲雄所敗，委城夜遁，遂克成都，自郫遷據焉。有觀坂。繁，漢舊縣。《水經注》稱《晋太康地記》，江沱在繁縣。牛鞞，漢舊縣。《沈志》止作鞞云，二漢、《晋太康地志》並曰牛鞞，屬犍爲。《何志》晋穆帝度此。有牛鞞水。”

清畢沅《晋書地理志新補正》：“沅案《沈志》晋武帝太康中改曰成都國，後復舊。”

清方愷《新校晋書地理志》：“《水經注·江水》篇，晋太康中以蜀郡爲王國，更名成都内史。（庠案成都王穎受封在太康十年，見《武帝紀》。《穎傳》亦言太康末受封，以前似未聞有封於蜀者。酈注太康中當作太康末。翊寅謹案《州郡志》亦言晋武帝太康中改曰成都國，後復舊。本《志》曰蜀郡，是據太康初年未改以前也。）”

孔祥軍《晋書地理志校注》：“據《宋志》：‘蜀郡太守，秦立。晋武帝太康中，改曰成都國。’又《晋書》卷三《武帝紀》：‘（太康十年）立皇子（司馬）乂爲長沙王，（司馬）穎爲成都王。’則太康十年改蜀郡爲成都國。魏末領縣九，其中汶江、蠶陵、升遷三縣晋初移屬汶山郡，領縣六。”

[2]成都：縣名，治所在今四川省成都市。孔祥軍《晋書地理志校注》：“《宋書》卷二十九《符瑞下》：‘太康四年正月，木連理生馮翊臨晋，蜀郡成都。’則太康四年蜀郡有成都縣。”

[3]廣都：縣名，治所在今四川省成都市東南。

[4]繁：縣名，治所在今四川省彭州市西北。清畢沅《晋書地理志新補正》：“沅案《晋太康地記》曰：繁縣有江沱。”孔祥軍《晋書地理志校注》：“《輿地廣記》卷二十九成都府路上次府成都府次畿新繁縣條：‘漢曰繁縣，屬蜀郡。晋因之。’”

[5]江原：縣名，治所在今四川省崇州市江源街道東。

[6]臨邛：縣名，治所在今四川省邛崍市。清畢沅《晋書地理志新補正》：“沅案《太平寰宇記》：魏廢，晋穆帝平李子仁，於益州唐隆縣地又置臨邛縣。”孔祥軍《晋書地理志校注》：“《宋書》卷二十九《符瑞下》：‘晋惠帝元康元年五月，木連理三成都臨邛。’則元康元年時成都國有臨邛縣。”

[7]郫：縣名，治所在今四川省成都市郫都區。孔祥軍《晋書地理志校注》：“《輿地廣記》卷二十九成都府路上次府成都府次畿郫縣條：‘漢舊縣也，故城在今縣北，屬蜀郡。晋、宋、齊、梁、周、隋皆因之。’”

犍爲郡[1]漢置。統縣五，户一萬。

武陽[2]　南安[3]　僰道[4]　資中[5]　牛鞞[6]

[1]犍爲郡：治所在武陽縣（今四川省眉山市彭山區東）。清洪亮吉《東晋疆域志》："犍爲郡，漢置。《晋書·地理志》統縣五。東晋無牛鞞縣，增冶官縣。領縣同。《沈志》去州陸九十，去京都水一萬。武陽，漢舊縣。《太平寰宇記》晋永和中置西江陽郡於此。有天柱山、鼎鼻山、鹽井、戍平模、合水。南安，漢舊縣。僰道，漢舊縣。《毛璩傳》僰道令何林。資中，漢舊縣。冶官，《沈志》晋安帝義熙十年立。《元和郡縣志》漢南安縣地。晋義熙十年分置冶官縣，屬犍爲。樂史作資官。《元和郡縣志》隋後始誤以冶爲資。"

清畢沅《晋書地理志新補正》："沅案《沈志》：晋安帝義熙十年立冶官縣。"

孔祥軍《晋書地理志校注》："據《輿地廣記》卷二十九成都府路上上眉州望彭山縣條：'本漢武陽縣，屬犍爲郡，東漢爲郡治焉，晋因之。'則犍爲郡治武陽，在今四川彭山市。"

[2]武陽：縣名，治所在今四川省眉山市彭山區東。清畢沅《晋書地理志新補正》："沅案《太平寰宇記》晋永和中置西江陽郡。周《地圖》云晋孝武帝太元中，益州刺史毛璩置西城戍，以爲捍防。《元和郡縣志》魏後定蜀，於此置晋寧縣。"

[3]南安：縣名，治所在今四川省樂山市。清畢沅《晋書地理志新補正》："沅案《太平寰宇記》晋安帝義熙中分置資官縣，《沈志》作冶官。"孔祥軍《晋書地理志校注》："《輿地廣記》卷二十九成都府路上嘉州上龍游縣條：'本漢南安縣……武帝平夜郎，置犍爲郡。乃以南安爲之屬縣焉，東漢以後皆因之。'"

[4]僰道：縣名，治所在今四川省宜賓市安邊鎮。清畢沅《晋書地理志新補正》："沅案《元和郡縣志》李雄竊據，此地空廢。南安、牛鞞二縣亦同。"孔祥軍《晋書地理志校注》："《寰宇記》卷七十九劍南西道戎州條：'（漢武）破牂柯、夜郎立犍爲郡……因置僰道縣以屬焉，歷後漢、晋、宋、齊皆因之。'"

[5]資中：縣名，治所在今四川省資陽市。孔祥軍《晋書地理

志校注》："《輿地廣記》卷三十一梓州路上資州緊磐石縣條：'本二漢資中縣，屬犍爲郡。……武帝平夜郎，置犍爲郡。晋、宋、齊因之。'"

[6]牛鞞：縣名，治所在今四川省簡陽市西。孔祥軍《晋書地理志校注》："《宋志》：'鞞縣，二漢、《晋太康地志》並曰牛鞞，屬犍爲。'則太康三年犍爲郡有牛鞞縣。又《輿地廣記》卷三十成都府路下下簡州上陽安縣條：'本漢牛鞞縣，屬犍爲郡。東漢及晋皆因之。'"

汶山郡[1]漢置。統縣八，户一萬六千。

汶山[2]　升遷[3]　都安[4]　廣陽[5]　興樂[6]　平康[7]　蠶陵　廣柔

[1]汶山郡：治所在汶山縣（今四川省茂縣北）。清洪亮吉《東晋疆域志》："汶山郡，《沈志》稱《晋太康地志》漢武帝立，孝宣地節三年合蜀郡。劉氏又立。東晋領縣六。《沈志》去州陸一百，去京都水一萬。汶山，漢汶江縣。都安，《沈志》蜀立。《太平寰宇記》稱《晋太康地志》都安屬汶山郡。興樂，《沈志》二漢、魏無。《太康地志》興樂縣本名白馬，屬汶山，太康元年更名。《華陽國志》元康八年汶山興樂縣黄石等與廣柔平康羌有仇，遂叛。平康，《晋書·地理志》有。蠶陵，漢舊縣。廣柔，漢舊縣。案《晋書·地理志》又有廣陽縣。《元和郡縣志》本漢汶山縣地，晋改爲廣陽縣。《太平寰宇記》晋末廢，故不録。"

清畢沅《晋書地理志新補正》："沅案《晋太康地志》漢武帝立，孝宣地節三年合蜀郡，劉氏又立。案後漢《冉駹夷傳》靈帝時復分蜀郡北部爲汶山郡。則汶山郡靈帝時置。《太康地志》以爲蜀漢復立，恐非。"

孔祥軍《晋書地理志校注》："汶山郡治乏考。魏末領縣五，晋初廣陽、升遷、蠶陵三縣來屬，領縣八。”

［2］汶山：縣名，治所在今四川省茂縣北。孔祥軍《晋書地理志校注》：“魏末作‘綿虒’屬，似於晋初更名。今檢《寰宇記》卷一百七十六茂州汶川縣條：‘本漢綿虒縣地，晋置汶川州於此。’此所謂‘汶川州’當爲‘汶山縣’之訛。”

［3］升遷：縣名，治所在今四川省松潘縣西北。孔祥軍《晋書地理志校注》：“魏末屬蜀郡，今檢《宋志》：‘升遷令，《晋太康地志》屬汶山。’則太康三年前其移屬汶山郡。”

［4］都安：縣名，治所在今四川省都江堰市東。

［5］廣陽：縣名，治所在今四川省茂縣北。清畢沅《晋書地理志新補正》：“沅案漢汶江縣，晋改爲廣陽。《太平寰宇記》縣，晋置晋末縣廢。”孔祥軍《晋書地理志校注》：“魏末作‘汶江’屬蜀郡，今檢《元和志》卷三十二劍南道茂州汶山縣條：‘本漢汶江縣地，晋改爲廣陽縣，屬汶山郡。’則晋初改汶江縣爲廣陽縣來屬。”

［6］興樂：縣名，治所在今四川省松潘縣北岷江附近。清畢沅《晋書地理志新補正》：“沅案《沈志》晋《太康地記》云元年更名，本曰白馬，屬汶山。《何志》漢舊縣。檢二漢益部，無白馬縣。”孔祥軍《晋書地理志校注》：“蜀漢作‘白馬’，今檢《宋志》：‘興樂令，二漢、魏無。《晋太康地記》云元年更名，本名白馬屬汶山。’魏時兖州東郡有白馬縣，蜀漢降魏後，一國則有兩白馬縣，則白馬更名爲興樂當在魏咸熙元年，《宋志》所引《太康地記》所謂‘元年更名’當指‘咸熙元年更名’。”

［7］平康：縣名，治所在今四川省黑水縣東北。

漢嘉郡[1]蜀置。統縣四，户一萬三千。

漢嘉[2]　徙陽[3]　嚴道[4]　旄牛[5]

［1］漢嘉郡：治所在漢嘉縣（今四川省雅安市名山區北）。清

畢沅《晋書地理志新補正》："沅案《沈志》晋江左省漢嘉郡爲縣。"

清方愷《新校晋書地理志》："《水經注·沫水》篇，青衣水又東逕開邦縣，故平鄉也，晋初置。（寅按開邦，常璩《華陽國志》作開刊。）"

孔祥軍《晋書地理志校注》："漢嘉郡治乏考。據《晋志》：'（章武元年）以蜀郡屬國爲漢嘉郡。'則章武元年改蜀郡屬國爲漢嘉郡。"

［2］漢嘉：縣名，治所在今四川省雅安市名山區北。孔祥軍《晋書地理志校注》："《續漢志》蜀郡屬國漢嘉縣條：'故青衣，陽嘉二年改。'今檢《史記》卷九十《彭越傳》'上赦以爲庶人，傳（彭越）處蜀青衣'條裴駰《集解》引文穎曰：'青衣，縣名，在蜀。'又據顔師古《漢書叙例》：'文穎，字叔良，南陽人，後漢末荆州從事，魏建安中爲甘陵府丞。'則文穎爲建安時人，其所云當爲建安時事，故其時當作'漢嘉'似又改爲'青衣'。又據《蜀志》卷二《先主傳》：'（建安二十五年）青衣侯向舉……等上言。'《華陽國志》卷六：'（建安二十五年）青衣侯向舉……等上河洛符驗。'則建安末有青衣縣，又《水經注》卷三十六經文：'青衣水出青衣縣西蒙山。'據《四庫全書總目》卷六十九地理類二《水經注》條提要：'又《水經》作者，唐書題曰桑欽，然班固嘗引（桑）欽説，與此經文异，（酈）道元注亦引（桑）欽所作《地理志》，不曰《水經》。觀其涪水條中稱廣漢已爲廣魏，則决非漢時，鍾水條中稱晋寧仍曰魏寧，則未及晋代。推尋文句，大抵三國時人。'胡渭《禹貢錐指略例》以爲桑欽所撰當是《地理志》而非《水經》，今檢《説文解字》卷十一上引桑欽《水經》凡兩處'桑欽云（濕水）出平原高唐''桑欽説汶水出泰山萊蕪西南入泲'，今本《水經注》經文皆無，故《水經注》經文非桑欽《水經》可知，則《水經注》經文作者當是三國時人，陳橋驛《酈學新論》（《文史哲》1987年第五期）是之。《水經注》經文爲三國時人所

撰，則蜀時確有青衣縣，又《水經注》卷三十六經文‘東北與青衣水合’注引《華陽國志》曰：‘二水於漢嘉青衣縣東，合爲一川，自下亦謂之爲青衣水。’此段引文今本《華陽國志》闕載，則至晉時漢嘉郡仍有青衣縣，《晉志》‘漢嘉’誤，當作‘青衣’。”

[3]徙陽：縣名，治所在今四川省天全縣東。孔祥軍《晉書地理志校注》：“《宋志》：‘《晉太康地志》有徙陽縣，屬漢嘉。’則太康三年漢嘉郡有徙陽縣。”

[4]嚴道：縣名，治所在今四川省滎經縣。清畢沅《晉書地理志新補正》：“沅案樂史稱李膺記，晉永嘉分崩，李雄竊據，此地蕪廢。”孔祥軍《晉書地理志校注》：“魏末作‘新道’，今檢《水經注》卷三十三：‘崍山，邛崍山也，在漢嘉嚴道縣，一曰新道。’則‘新道縣’即爲‘嚴道縣’。又《續漢志》嚴道縣屬蜀郡屬國，《晉志》嚴道縣屬漢嘉郡，則疑蜀郡屬國蜀漢章武元年改爲漢嘉時，‘嚴道縣’亦改爲‘新道縣’，至晉方回改爲‘嚴道縣’屬焉。”

[5]旄牛：縣名，治所在今四川省漢源縣南大渡河南岸。孔祥軍《晉書地理志校注》：“《宋志》：‘旄牛令，前漢屬蜀郡，後漢屬蜀郡屬國都尉，《晉太康地志》屬漢嘉。’則太康三年漢嘉郡有旄牛縣。”

江陽郡[1]蜀置。統縣三，户三千一百。

江陽[2]　符[3]　漢安[4]

[1]江陽郡：治所在江陽縣（今四川省瀘州市）。清洪亮吉《東晉疆域志》：“江陽郡，蜀置。《沈志》中失本土，寄治武陽。案江陽、符皆西晋江陽郡舊縣，東晋分立之，常安、安樂亦皆實土，故仍列入實郡，而郡之建置則於僑郡詳焉。江陽，漢舊縣。《元和郡縣志》晋穆帝遣安西將軍桓温將萬人伐李子仁，軍次江陽，即此地。後爲獠所没。符，漢舊縣。常安，《沈志》晋孝武立。安樂，

《元和郡縣志》晋穆帝分符縣地置安樂縣。"

清畢沅《晋書地理志新補正》:"沅案《沈志》晋孝武於江陽郡立常安縣。"

孔祥軍《晋書地理志校注》:"據《輿地廣記》卷三十一梓州路上瀘州中瀘川縣條:'本江陽縣,二漢屬犍爲郡,蜀屬江陽郡,晋爲江陽郡治焉。'則江陽郡治江陽,在今四川瀘州市。《晋志》云:'(章武元年)分犍爲立江陽郡。'今檢《華陽國志》卷三:'江陽郡……本犍爲枝江都尉,建安十八年置郡。'又《宋志》:'江陽太守,劉璋分犍爲立。'又《水經注》卷三十三:'江陽縣枕帶雙流,據江、洛會也。漢景帝六年,封趙相蘇嘉爲侯國,江陽郡治也,故犍爲枝江都尉,建安十八年,劉璋立。'又《輿地紀勝》卷一百五十三潼川府路瀘州條:'東漢末劉璋立江陽爲郡。'則江陽郡乃劉璋於建安十八年所置,《晋志》顯誤。"

[2]江陽:縣名,治所在今四川省瀘州市。清畢沅《晋書地理志新補正》:"沅案《元和郡縣志》晋於此置錦水縣。"

[3]符:縣名,治所在今四川省合江市。清畢沅《晋書地理志新補正》:"沅案《元和郡縣志》晋穆帝於此置安樂縣。"孔祥軍《晋書地理志校注》:"魏末作'符節',今檢《輿地廣記》卷三十一梓州路上瀘州中合江縣條:'本漢符縣地,屬犍爲郡……東漢曰符節,晋復曰符,屬江陽郡。'則'符節縣'至晋初改爲'符縣'。"

[4]漢安:縣名,治所在今四川省内江市西。曾爲東晋東江陽郡屬縣。清洪亮吉《東晋疆域志》:"東江陽郡,《沈志》稱《何志》晋安帝初,流寓入蜀。今新復舊土爲郡,領縣一。去州一千五百八十,去京都水八千九十。《和郡縣志》晋穆帝於江陽縣置東江陽郡,領江陽縣。漢安,漢舊縣。《沈志》稱《晋太康地志》屬江陽。《元和郡縣志》晋穆帝於江陽縣地置漢安縣,十八年改爲江安縣。今考漢安,漢舊縣,非晋始置,豈李雄亂後縣没,穆帝又重立,非漢縣舊地邪?俟考。"孔祥軍《晋書地理志校注》:"今檢

《宋志》：‘漢安令，前漢無，後漢屬犍爲，《晋太康地志》屬江陽。’則太康三年江陽郡有漢安縣。”

朱提郡[1]蜀置。統縣五，户二千六百。

朱提[2]　南廣[3]　漢陽[4]　南秦[5]　堂狼[6]

[1]朱提郡：治所在朱提縣（今雲南省昭通市）。清洪亮吉《東晋疆域志》："朱提郡，蜀置。《晋書·地理志》統縣五，後分出南廣郡。東晋凡領縣五。《沈志》去州七百二十，去京都亂水一萬四千六百。朱提，漢舊縣，有大瀘山。堂狼，漢舊縣。《沈志》稱《晋太康地志》屬朱提，有瀘水。臨利，《沈志》江左立。漢陽，漢舊縣。郭璞《山海經注》漢陽縣屬朱提。《沈志》稱《晋太康地志》屬朱提。南秦，《沈志》本名南昌，晋武帝太康元年更名。"

清方愷《新校晋書地理志》："《華陽國志》南廣郡，蜀延熙中置。建武九年省。建武爲惠帝年號，是終武帝之世，南廣置郡如故。本《志》不載，未詳。又案《常志》南廣郡屬縣四，南廣、臨利、常遷、新興，《志》缺其三，亦不可解。《州郡志》南廣太守，晋武帝分朱提立。本書《王遜傳》遜於惠帝時分立南廣郡，未詳孰是。總之《晋志》不當全删也。（庠案惠帝無建武年號，元帝初元稱建武，次年即改大興。《華陽國志》建武九年當是元年之誤。又南廣疑武帝時省併，王遜於惠帝時復立，至建武又省也。然無明證。翊寅案《州郡志》南廣令，《晋太康地志》屬朱提，是武帝太康中無南廣郡之證。《州郡志》又言晋武帝分朱提立，疑武帝乃惠帝之訛。）"

孔祥軍《晋書地理志校注》："朱提郡治乏考。《續漢志》無此郡，今檢《蜀志》卷十五《輔臣贊》陳壽自注：‘（鄧）孔山，名方，南郡人也，以荆州從事隨先主入蜀，蜀既定，爲犍爲屬國都尉，因易郡名，爲朱提太守，遷爲安遠將軍、庲降都督，住南昌縣。’又《華陽國志》卷四：‘建安十九年，劉先主定蜀，遣安遠將軍南郡鄧方以朱提太守、庲降都督，治南昌縣。’建安十九年劉備定蜀後，改犍爲屬國都尉爲朱提郡，並設庲降都督，治南昌。《華陽國志》卷四：‘朱提郡，本犍爲南部，孝武帝元封二年置，屬縣四，建武後爲犍爲屬國，至建安二十年，鄧方爲都尉，先主因易名太守。’《水經注》卷三十六：‘建安二十年，立朱提郡，郡治故城。’此兩處‘建安二十年’，劉琳《華陽國志校注》以爲此蓋年頭尾之故，非誤也，是，然仍當作‘建安十九年’。《寰宇記》卷七十二劍南西道益州條：‘章武元年……以犍爲屬國爲朱提郡。’其所謂‘章武元年’當爲‘建安十九年’之訛。統縣五：魏末領縣四，晋初增置堂狼縣，領縣五。惠帝太安二年其移屬寧州。”

[2]朱提：縣名，治所在今雲南省昭通市。

[3]南廣：縣名，治所在今四川省筠連縣西南。東晋時曾設南廣郡。清洪亮吉《東晋疆域志》：“南廣郡，《沈志》晋懷帝分朱提立。領縣四。去州水二千三百，去京都水一萬四百。今考新興縣，《沈志》云何承天《志》不注置立，疑屬宋初所置，不敢録入。東晋當領縣三也。南廣，漢舊縣，屬犍爲。《沈志》稱《晋太康地志》屬朱提。晋昌，《沈志》江左立。常遷，《沈志》江左立。”清畢沅《晋書地理志新補正》：“沅案《水經注》劉禪延康中即縣立南廣郡。今考南廣郡廢置蓋屢，《宋志》言晋武帝分朱提置南廣，蓋魏平蜀後郡廢，至是又置也。至惠帝末，益州經李特之亂，郡蓋又廢。故《王遜傳》元帝時遜爲寧州刺史，以地勢形便，上分牂柯爲平夷郡，分朱提爲南廣郡，分建寧爲夜郎郡，分永昌爲梁水郡。又改益州郡爲晋寧郡。則南廣郡屢廢而屢置可知。”孔祥軍《晋書地理志校注》：“《宋志》：‘南廣令，漢舊縣，屬犍爲，《晋太康地志》屬朱提。’則太康三年朱提郡有南廣縣。”

[4]漢陽：縣名，治所在今貴州省威寧彝族回族苗族自治縣。孔祥軍《晋書地理志校注》：“《宋志》：‘漢陽長……《晋太康地志》屬朱提。’則太康三年朱提郡有漢陽縣。”

[5]南秦：縣名，治所在今雲南省鎮雄縣境。清畢沅《晉書地理志新補正》："沅案《沈志》本名南昌，晉武帝太康元年更名。"孔祥軍《晉書地理志校注》："魏末作'南昌'屬，今檢《宋志》：'南秦長，本名南昌，晉太康元年更名。'則太康元年南昌縣更名南秦縣。"

[6]堂狼：縣名，治所在今雲南省巧家縣。孔祥軍《晉書地理志校注》："魏末無此縣，今檢《宋志》：'堂狼令……《晉太康地志》屬朱提。'則太康三年朱提郡有堂狼縣，其似於晉初復置。"

越嶲郡[1]漢置。統縣五，户五萬三千四百。

會無[2]　邛都[3]　卑水[4]　定莋[5]　臺登[6]

[1]越嶲（guī）郡：治所在會無縣（今四川省會理縣西）。清洪亮吉《東晉疆域志》："越嶲郡，漢置。東晉領縣八。《晉書》太寧元年，越嶲太守李釗以郡叛降李驤。會無，漢舊縣。郭璞《山海經注》越嶲郡會無縣。邛都，漢舊縣，有温水。卑水，漢舊縣。定莋，漢舊縣。臺登，漢舊縣。《太平寰宇記》漢旄縣地。護龍，《水經注》：靈道縣一名靈關道，晉太始九年黄龍二見於利慈池。縣令董元之率吏民觀之，以白刺史王濬，濬表上之。晉朝改護龍縣也。案此則西晉應即有此縣。今《晉書・地理志》無之，故補録於此。有利慈渚。蘇祁，《沈志》漢曰蘇示，曰蘇利。案《晉書・地理志》亦不載此縣，今從《沈志》録入。晉興，《沈志》稱《永初郡國》有。案縣曰晉興，當亦晉所立。《沈志》又有新興縣，亦云《永初郡國》有。宋初所立，姑缺之。"

清方愷《新校晉書地理志》："《水經注・沫水》篇靈道縣一名靈關道，晉太始九年，黄龍二見於慈池縣，令董元之率吏民觀之，以白刺史王濬。濬表上之，晉朝改護龍縣也，本《志》缺載。又《州郡志》蘇利，漢曰蘇示，曰蘇利。本《志》既無蘇利又缺蘇示應補。(庠案《漢書·地理志》越嶲郡有蘇祁，疑即蘇示之訛。寅案《郡國志》作蘇示，古祁示字同聲相借。據《州郡志》疑後漢稱蘇示，晋始改蘇利也。)”

孔祥軍《晋書地理志校注》:“越嶲郡治乏考。魏末領縣十一，其中蘇祁、闌、安上、潛街、馬湖五縣晋初省，比蘇縣移屬永昌郡，則領縣五。惠帝太安二年其移屬寧州。”

[2]會無：縣名，治所在今四川省會理縣西。

[3]邛都：縣名，治所在今四川省西昌市東南。

[4]卑水：縣名，治所在今四川省昭覺縣。

[5]定莋：縣名，治所在今四川省鹽源縣衛城鎮。

[6]臺登：縣名，治所在今四川省冕寧縣瀘沽鎮。

牂柯郡[1]漢置。統縣八，户一千二百。

萬壽[2]　且蘭[3]　談指[4]　夜郎[5]　毋斂[6]　并渠[7]　鼈[8]　平夷[9]

[1]牂柯郡：治所在萬壽縣（今貴州省甕安縣東北)。原本、宋本無“郡”字，殿本有，據殿本補。清洪亮吉《東晋疆域志》:“牂柯郡，漢置。《晋書·地理志》統縣八。後分出平夷、夜郎二郡。東晋凡領縣五。《沈志》去州一千五百，去京都水一萬二千。萬壽，《沈志》晋武帝立。且蘭，漢曰故且蘭。《沈志》稱《晋太康地志》無。《郡國志》注稱《地道記》，縣有沅水。毋斂，漢舊縣。案《晋書·地理志》作毋劍，當誤。今從《漢書·地理志》。《沈志》又作故毋斂。晋樂，《沈志》江左立。丹南，《沈志》江左立。案《沈志》又有新寧縣，云何、徐不注置立。容宋初所立，今寧闕焉。”

清方愷《新校晋書地理志》:“《州郡志》且蘭令，漢舊縣，《晋太康地志》無。劉昭注《郡國志》故且蘭縣下引《地道記》

曰，有沈水。本《志》蓋從《地道記》也。又《州郡志》廣談長，《晋太康地志》屬牂柯。毋劍當作毋斂，指談當作談指。（寅案《郡國志》作毋斂，《州郡志》有故毋斂令云，漢舊縣。此作劍誤。又《郡國志》談指出丹，《州郡志》夜郎有談柏令，云漢舊縣，屬牂柯，蓋即談指之訛。）”

孔祥軍《晋書地理志校注》：“牂柯郡治乏考。魏末領縣七，晋初增置萬壽、并渠二縣，據《宋志》：‘同并長，漢舊縣，前漢作同并，屬牂柯，晋武帝咸寧五年省，哀帝復立。’則同并縣至咸寧五年省。領縣八。惠帝太安二年其移屬寧州。”

［2］萬壽：縣名，治所在今貴州省甕安縣東北。清畢沅《晋書地理志新補正》：“沅案《沈志》晋武帝立。”孔祥軍《晋書地理志校注》：“魏末無此縣，今檢《宋志》：‘萬壽令，晋武帝立。’則武帝時置萬壽縣，當屬牂柯郡。”

［3］且蘭：縣名，治所在今貴州省黄平縣西南。清畢沅《晋書地理志新補正》：“沅案《太康地志》無此縣。”孔祥軍《晋書地理志校注》：“檢《宋志》：‘故且蘭令……《晋太康地志》無。’則太康三年前且蘭省，太康四年復置。”

［4］談指：縣名，治所在今貴州省貞豐縣。“談指”二字，原本不清，宋本、殿本作“指談”，中華本校勘記：“原作‘指談’。《斠注》：兩《漢志》、《華陽國志》四並做‘談指’。按：《漢書·昭帝紀》、《前漢紀》十六亦作‘談指’。今據乙正。”

［5］夜郎：縣名，治所在今貴州省關嶺布依族苗族自治縣南。孔祥軍《晋書地理志校注》：“《輿地廣記》卷三十二夔州路化外州下西高州中下夜郎縣條：‘本漢夜郎國……（西漢）以其地置縣，屬牂柯郡。後漢以後因之。’”

［6］毋斂：縣名，治所在今貴州省獨山縣附近。

［7］并渠：縣名，治所在今貴州省安順市附近。

［8］鳖：縣名，治所在今貴州省遵義市西。鳖，原本、宋本作“敝邑”二字，殿本作“鳖”，據殿本改。

[9]平夷：縣名，治所在今貴州省畢節市。東晉時曾爲平蠻郡。清洪亮吉《東晉疆域志》："平蠻郡，《沈志》晉永嘉五年，寧州刺史王遜分牂柯、朱提、建寧立平夷郡，後避桓温諱改。領縣二，去京都水一萬三千。東晉領縣當同。平蠻，漢平夷縣，屬牂柯郡，案名蓋與郡同改。鷩，漢舊縣，屬牂柯郡。案《水經注》又云鷩縣，故犍爲郡治也。縣有犍山。建興元年置平夷郡。劉昭《郡國志》注稱《地道記》鷩縣不狼山，鷩水所出。"

惠帝之後，李特僭號於蜀，稱漢，益州郡縣皆没於特。[1]李雄又分漢嘉、蜀二郡立沉黎、[2]漢原二郡。[3]是時益州郡縣雖没李氏，江左並遥置之。桓温滅蜀，其地復爲晉有，省漢原、沉黎而立南陰平、[4]晉原、[5]寧蜀、[6]始寧四郡焉。[7]咸安二年，益州復没於苻氏。太元八年，[8]復爲晉有。隆安二年，又立晉熙、遂寧、晉寧三郡云。[9]

[1]益州郡縣皆没於特：孔祥軍《晉書地理志校注》："《晉書》卷四《惠帝紀》：'（太安二年）三月，李特攻陷益州。荆州刺史宋岱擊特，斬之，傳首京師。夏四月，特子雄復據益州……（十一月）李雄自郫城攻益州刺史羅尚，尚委城而遁，雄盡有成都之地。'則至惠帝太安二年益州淪没。"

[2]沉黎：治所在今四川省漢源縣北。

[3]漢原：治所在今四川省漢源縣。

[4]南陰平：治所在今四川省德陽市西北。

[5]晉原：治所在今四川省漢源縣一帶。清洪亮吉《東晉疆域志》："晉原郡，《沈志》李雄分蜀郡爲漢原，晉穆帝更名。領縣五。去州陸一百二十，去京都水一萬。今考東晉領縣當同宋。江原，漢舊縣。《沈志》屬蜀郡。《元和郡縣志》李雄於此立漢原郡。晉穆

帝改爲晋原。《圖經》尋復舊。臨邛，漢舊縣。《沈志》屬蜀郡。《元和郡縣志》晋末李雄亂後爲獠所侵。《太平寰宇記》稱李膺《益州記》蓋李雄據蜀，李壽從牂柯引獠入蜀境，自象山以北盡爲獠居，臨邛舊縣因兹廢。樂史又云，晋穆帝平李勢於益州唐降縣地，又置臨邛縣。徙陽，漢徙縣。《沈志》稱《晋太康地志》有徙陽縣，屬漢嘉。漢嘉，漢舊縣。《沈志》劉氏立爲漢嘉郡，晋江右猶爲郡，江左省爲縣。今考《晋書·地理志》漢嘉郡又有嚴道、旄牛二縣。郭璞《山海經注》邛東山今在漢嘉嚴道縣南，江水所自出也。《沈志》稱旄牛，《晋太康地志》屬漢嘉。《元和郡縣志》稱李膺《益州記》，自晋永嘉崩離，李雄竊據，此地蕪廢將二十紀，夷獠居之，旄牛當亦然。是東晋無漢嘉郡之證也。故不録，有青衣江、靈關。晋樂，《沈志》稱《何志》故屬沈黎。《晋太康地志》無沈黎郡及晋樂縣。今考縣名，晋樂當是晋立。”

[6]寧蜀：郡名，治所在廣都縣（今四川省成都市雙流區）。清洪亮吉《東晋疆域志》：“寧蜀郡，《太平寰宇記》稱臧榮緒《晋書·穆帝紀》永和八年，平西將軍周撫攻涪，八月戊午克之，斬蕭敬文，益州平。以蜀流人立寧蜀、晋昌二郡。凡領縣三。廣漢，《沈志》遂寧郡復有此縣。案疑廣漢縣大，桓温平蜀後立遂寧、寧亂二郡，皆得廣漢縣地。寧蜀又寄治廣漢也。姑從《沈志》兩列之。廣都，漢舊縣。《晋書·地理志》屬蜀郡。有龍格。升遷，《沈志》《晋太康地志》屬汶山。郭璞《山海經注》今江出汶山郡升遷縣。案《沈志》漢中、寧蜀二郡皆有西鄉縣，並云蜀南鄉。晋太康二年更名。今止列於漢中郡下，此不更録。又案寧蜀郡之廣漢西鄉、晋昌郡之宣漢等縣，或即以其縣流人僑置，故皆仍舊名。然諸地志不言，難以臆斷。今姑從《沈志》兩列而附記於此，俟再考。”

[7]始寧：治所在今四川省漢源縣一帶。

[8]太元：原本、宋本、殿本作“太和”，據中華本改。

[9]晋熙：郡名，治所在晋熙縣（今四川省綿竹市）。　晋寧：

郡名，治所在建伶縣（今雲南省晋寧縣治昆陽鎮）。關於以上三郡，清畢沅《晋書地理志新補正》："沅案《沈志》晋安帝立始康、晋熙二郡。始康郡領始康、新城、談、晋豐四縣。晋熙郡領晋熙、萇陽二縣。"孔祥軍《晋書地理志校注》："錢氏《考異》卷十九以爲安帝時又立始康郡，《晋志》闕載此郡。"

寧州。於漢魏爲益州之域。泰始七年，武帝以益州地廣，分益州建寧、興古、雲南、交州之永昌，[1]合四郡爲寧州，[2]統縣四十五，户八萬三千。[3]

[1]分益州建寧：殿本"益州"下有"之"字。

[2]合四郡爲寧州：清畢沅《晋書地理志新補正》："沅案《通典》晋寧州理雲南。"清方愷《新校晋書地理志》："庠案南監本《晋地理志》於益州後段直接寧州，不提行，非是。"孔祥軍《晋書地理志校注》："據《宋志》：'寧州刺史，晋武帝泰始七年分益州南中之建寧、興古、雲南、永昌四郡立。'則泰始七年分益州四郡置寧州，其時西晋無交州，《晋志》所謂'交州之永昌'顯誤。據《宋志》：'太康三年省（寧州），立南夷校尉。惠帝太安二年復立，牂柯、越嶲、朱提三郡。'《晋志》：'太康三年，武帝又廢寧州入益州……太安二年，惠帝復置寧州，又分建寧以西七縣别立爲益州郡。'則似太康三年寧州廢入益州，然檢《華陽國志》卷八：'（太康）五年罷寧州諸郡還益州，置南夷校尉。'《通鑑》卷八十一同之，《考異》曰：'《地理志》太康三年廢寧州置南夷校尉，今從《華陽國志》。'則北宋本《華陽國志》確作'太康五年'，又《晋志》政區斷代在太康四年，則寧州當廢於太康五年，《宋志》《晋志》皆誤。後惠帝太安二年復置寧州，領郡建寧、興古、雲南、永昌、柯、越嶲、朱提七郡，又立益州而領縣乏考。"

[3]户八萬三千：三，殿本作"四"。

雲南郡[1]蜀置。統縣九，户九千二百。

雲平[2]　雲南[3]　梇棟[4]　青蛉[5]　姑復[6]　邪龍[7]　楪榆[8]　遂久[9]　永寧[10]

[1]雲南郡：治所在雲平縣（今雲南省賓川縣）。清洪亮吉《東晋疆域志》："雲南郡，《沈志》稱《晋太康地志》故屬永昌。《晋書·地理志》統縣九，後又分出東河陽、興寧二郡。東晋凡領縣三。其西古復縣，《沈志》稱何不注置立，今亦不録。《沈志》去州一千五百，去京都水一萬四千五百。雲南，漢舊縣，屬永昌。《沈志》稱《晋太康地志》屬雲南。雲平，《沈志》晋武帝咸寧五年立。姑復，漢舊縣，屬越巂。《沈志》稱《晋太康地志》屬雲南，並云姑復。《永初郡國》、何並云東姑復。"

清畢沅《晋書地理志新補正》："沅案《沈志》晋成帝復分置興寧郡。"

孔祥軍《晋書地理志校注》："雲南郡治乏考。《續漢志》無此郡，今檢《蜀志》卷三《後主傳》：'（建興）三年春三月，丞相（諸葛）亮南征四郡，四郡皆平，改益州郡爲建寧郡，分建寧、永昌郡爲雲南郡。'又《華陽國志》卷三：'（建興三年）分建寧、越巂置雲南郡，以吕凱爲太守。'則雲南郡乃劉禪建興三年分建寧、永昌、越巂三郡而置。泰始七年移屬寧州，太康五年復屬益州，惠帝太安二年又來屬。魏末領縣七，晋初增置雲平、永寧二縣，則領縣九。"

[2]雲平：縣名，治所在今雲南省賓川縣。清畢沅《晋書地理志新補正》："沅案《沈志》晋武帝咸寧五年立。"孔祥軍《晋書地理志校注》："魏末無此縣，《晋志》屬。今檢《宋志》：'雲平長，晋武帝咸寧五年立。'則武帝咸寧五年立雲平縣。"

[3]雲南：縣名，治所在今雲南省祥雲縣雲南驛鎮。孔祥軍《晋書地理志校注》："《宋志》：'雲南令……《晋太康地志》屬雲

南。’則太康三年雲南郡有雲南縣。”

[4]梇棟：孔祥軍《晉書地理志校注》：“縣名，治所在今雲南省姚安縣北。《宋志》：‘梇棟令，漢舊縣，屬益州，《晉太康地志》屬雲南。’則太康三年雲南郡有梇棟縣。”曾爲東晋興寧郡屬縣。清洪亮吉《東晋疆域志》：“興寧郡，《沈志》及《晋書・地理志》晋成帝分雲南立。領縣二。去州一千五百，去京都水一萬四千五百。東晋領縣當同。梇棟，漢舊縣，屬益州。《沈志》稱《晋太康地志》屬雲南。青蛉，漢舊縣，屬越嶲。《沈志》稱《晋太康地志》屬雲南。《太平御覽》又稱《太康地志》曰，雲南青蛉縣出碧。”

[5]青蛉：縣名，治所在今雲南省大姚縣。孔祥軍《晉書地理志校注》：“《宋志》：‘青蛉令……《晉太康地志》屬雲南。’則太康三年雲南郡有青蛉縣。”

[6]姑復：縣名，治所在今雲南省永勝縣。孔祥軍《晉書地理志校注》：“《宋志》：‘東姑復長，漢屬越嶲，《晉太康地志》屬雲南，並云姑復。’則太康三年雲南郡有姑復縣。”

[7]邪龍：縣名，治所在今雲南省巍山彝族回族自治縣。

[8]楪榆：縣名，治所在今雲南省大理市喜洲鎮。孔祥軍《晉書地理志校注》：“《宋志》：‘楪榆長……《晉太康地志》屬雲南。’則太康三年雲南郡有楪榆縣。”東晋時曾爲東河陽郡屬縣。清洪亮吉《東晋疆域志》：“東河陽郡，《沈志》晋懷帝永嘉五年，寧州刺史王遜分永昌、雲南立。領縣二。去州二千，去京都水一萬五千。東晋領縣當同。東河陽，《沈志》稱何不注置立，疑與郡俱立。《水經注》河水與邪龍分浦，後立河陽郡，治河陽縣。楪榆，漢舊縣，屬永昌。《沈志》稱《晋太康地志》屬雲南。《漢書・地理志》‘楪’作‘葉’。”

[9]遂久：縣名，治所在今雲南省納西族自治縣。

[10]永寧：縣名，治所在今雲南省寧蒗彝族自治縣永寧鎮。孔祥軍《晉書地理志校注》：“魏無此縣，似於晉初增置。”

興古郡[1]蜀置。統縣十一，户六千二百。[2]

律高[3]　句町[4]　宛温[5]　漏卧[6]　毋掇[7]　賁古[8]　滕休[9]　鐔封[10]　漢興[11]　進乘[12]　都篖[13]

[1]興古郡：晉武帝時先治勝休縣（今雲南省玉溪市江川區），後治律高縣（今雲南省彌勒市竹園鎮），東晉復治宛温縣（今雲南省硯山縣維摩彝族鄉附近）。清畢沅《晉書地理志新補正》："《沈志》晉懷帝永嘉五年，寧州刺史王遜分興古之東立西平郡。何承天《志》所領西平、温江、都陽、晉綏、義成五縣，俱晉成帝立。沈約云此五縣應與郡俱立。"

清洪亮吉《東晉疆域志》："興古郡，蜀置。《沈志》稱《晉太康地志》故牂柯。《晉書·地理志》統縣十一。後分出西平、梁水二郡。東晉凡領縣六。《沈志》去州二千三百，去京都水一萬六千。《晉書》太寧二年，梁水太守爨亮、益州太守李逷以興古叛降李雄。咸康二年廣州刺史鄧嶽遣督護王隨擊夜郎，新昌太守陶協擊興古，並克之。漏卧，漢舊縣，屬牂柯。宛陵，漢舊縣，屬牂柯。《沈志》本名宛温，爲桓温改。律高，漢舊縣，屬益州郡。《沈志》武帝咸寧元年，分建寧郡修雲、俞元二縣間流民復立。《水經注》劉禪建興三年，分牂柯置興古郡，治温。《晉書地道記》治律高。有温水。賁古，漢舊縣。漢興，《沈志》疑蜀漢所立。進桑，漢舊縣。《郡國志》《晉書·地理志》皆誤作乘。今從《前漢志》及《水經》改正。西安，《沈志》江左立。句町，漢舊縣，屬牂柯。南興，《沈志》江左立。"

清方愷《新校晉書地理志》："《州郡志》西隋令，漢舊縣，屬牂柯。《晉太康地志》屬興古，並作隨。《華陽國志》西隨縣屬梁水郡，蓋梁水郡爲刺史王遜分置，以縣割屬，初隸興古也。劉昭注《郡國志》引《地道記》，西隨縣有麋水。（寅案本《志》無西隨，當據補。）《州郡志》都篖作都唐。（寅案《州郡志》西平太守都陽令，《何志》晋成帝立。沈約案《晋起居注》，太康二年置興古之都唐縣，疑是據此。則《沈志》作都陽，《晋起居注》作都唐也。）”

孔祥軍《晋書地理志校注》：“據《宋志》：‘騰休長，漢舊縣，《晋太康地志》屬興古，《何志》：故屬建寧，晋武帝徙興古治之，遂以屬焉。’則興古郡治勝休，在今雲南江川縣北。《續漢志》無此郡，據《蜀志》卷三《後主傳》：‘（建興）三年春三月，丞相（諸葛）亮南征四郡，四郡皆平，改益州郡爲建寧郡……又分建寧、牁爲興古郡。’則興古郡建興三年分建寧、牁二郡置。西晋泰始七年興古郡移屬寧州，太康五年復屬益州，惠帝太安二年又來屬。魏末領縣七，晋咸寧元年增置律高縣，太康二年增置都唐縣，晋初又增置漢興縣，勝休縣來屬，領縣十一。”

[2]户六千二百：二，原本、宋本作“八”，殿本作“二”，據殿本改。

[3]律高：縣名，治所在今雲南省彌勒市竹園鎮。孔祥軍《晋書地理志校注》：“魏無此縣，今檢《宋志》：‘晋武帝咸寧元年，分建寧郡脩雲、俞元二縣間流民復立律高縣。’則咸寧元年增置律高縣。”

[4]句町：縣名，治所在今雲南省廣南縣。

[5]宛温：縣名，治所在今雲南省硯山縣維摩鄉附近。

[6]漏卧：縣名，治所在今雲南省羅平縣。

[7]毋掇：縣名，治所在今雲南省華寧縣。東晋時曾爲梁水郡屬縣。清洪亮吉《東晋疆域志》：“梁水郡，《沈志》晋成帝分興古立，領縣七。去州水三千，去京都水一萬六千。案《水經注》劉禪分興古之盤南置郡於梁水縣。據此則蜀時已有此郡，東晋時復立耳。《王遜傳》又云，永嘉五年分永昌爲梁水郡。今考《明帝紀》太寧二年已有梁水太守爨亮，則郡當自永嘉中立也。又考新豐建安二縣，《何志》不注置立，不敢録入。東晋當領縣五。梁水，《沈志》與郡俱立。騰休，漢舊縣，屬益州郡。《沈志》稱《晋太康地

志》屬興故。《何志》故屬建寧。晉武帝從興古治之，遂以屬焉。《水經注》温水下作勝休。西隨，《沈志》漢舊縣，屬牂柯。《晉太康地志》屬興故。毋掇，漢舊縣，屬益州郡。《沈志》稱《晉太康地志》屬興古，劉氏改曰西豐。晉武帝太始五年復爲毋掇。鐔封，漢舊縣，屬牂柯郡。《沈志》稱《晉太康地志》屬興古。”清畢沅《晉書地理志新補正》：“沅案《沈志》漢舊縣，劉氏改曰西豐。晉武帝泰始五年復爲毋掇。”中華本校勘記：“毋掇：《漢志》上‘掇’作‘棳’，師古曰其字從木。《水經·温水》注亦作‘毋棳’。”孔祥軍《晉書地理志校注》：“魏末作‘西豐’，今檢《宋志》：‘毋掇令，漢舊縣，屬益州郡，《晉太康地志》屬興古，劉氏改曰西豐，晉武帝太始五年復爲毋掇。’則泰始五年改西豐縣爲毋掇縣。”

［8］賁古：縣名，治所在今雲南省蒙自市新安所鎮。

［9］滕休：《漢書》卷二八《地理志上》、《後漢書》卷三三《郡國志五》、《南齊書》卷一五《州郡志下》均做“勝休”。勝休，縣名，治所在今雲南省玉溪市江川區江城鎮龍街村附近。孔祥軍《晉書地理志校注》：“魏末屬建寧，今檢《漢志》、《華陽國志》卷四、《南齊志》、《水經注》卷三十六均作‘勝休’，則當作‘勝休’。又據《宋志》：‘騰休長，漢舊縣，《晉太康地志》屬興古，《何志》故屬建寧，晉武帝徙興古治之，遂以屬焉。’則武帝時勝休縣移屬興古郡且爲郡治，其移屬時間似爲泰始元年。”

［10］鐔封：縣名，治所在今雲南省文山市西北。孔祥軍《晉書地理志校注》：“《宋志》鐔封長……《晉太康地志》屬興古。’則太康三年興古郡有鐔封縣。”

［11］漢興：吴士鑑《晉書斠注》：“《宋志》曰，疑蜀漢所立。《東晉疆域志》曰，漢興屬宕渠，此縣當是置郡時移屬。”孔祥軍《晉書地理志校注》：“魏無此縣，今檢《宋志》：‘漢興令，二漢、魏無，《晉地志》有，屬興古郡。’則晉初增置漢興縣。”

［12］進乘：縣名，治所在今雲南省屏邊苗族自治縣。

[13]都簷：縣名，治所在今雲南省文山市。清畢沅《晋書地理志新補正》："沅案《沈志》《晋起居注》太康二年，置興古之都唐縣，疑是。"孔祥軍《晋書地理志校注》："縣治乏考。魏無此縣，今檢《宋志》引《晋起居注》：'晋太康二年置興古之都唐縣，則都唐縣武帝太康二年置，且屬興古郡，"都蘑"當作"都唐"。'"

建寧郡[1]蜀置。統縣十七，户二萬九千。

味[2]　昆澤[3]　存䣕[4]　新定[5]　談稾[6]　毋單[7]　同瀨[8]　漏江[9]　牧麻[10]　轂昌[11]　連然[12]　秦臧[13]　雙柏[14]　俞元[15]　脩雲[16]　泠丘[17]　滇池[18]

[1]建寧郡：治所在味縣（今雲南省曲靖市西）。清洪亮吉《東晋疆域志》："建寧郡，蜀置。《晋書・地理志》統縣十七。後又分出益州、平樂等郡。東晋凡領縣十一，有丹川。味，漢舊縣。同樂，《沈志》晋武帝立。案縣次序從《宋書・州郡志》，以惠帝分立益州郡，容縣道亦有更定也。他均仿此。《宋書・五行志》晋太元十四年，建寧、銅樂縣枯木自立。談稾，《沈志》漢舊縣，屬牂柯，晋武帝立。案此則漢末三國時縣蓋暫廢，武帝復立也。牧麻，《沈志》漢舊縣，作牧靡。漏江，《沈志》漢舊縣，屬牂柯，晋武帝立。案例當與談稾同。同瀨，《沈志》漢舊縣，同作銅。昆澤，漢舊縣。存䣕，漢舊縣。《沈志》稱《晋太康地志》有。同竝，漢舊縣，屬牂柯，《沈志》晋武帝咸寧五年省，哀帝復立。萬安，《沈志》江左立。毋單，漢舊縣，屬牂柯。《沈志》稱《晋太康地志》屬建寧。"

清畢沅《晋書地理志新補正》："沅案《沈志》晋武帝復立同樂縣，屬建寧。又同並漢舊縣。晋武帝咸寧五年省。哀帝復立。又江左復立萬安、新興二縣。"

清方愷《新校晋書地理志》:“《州郡志》建寧太守下有同樂令，晋武帝立。本書《五行志》孝武太元十四年，建寧郡銅樂縣枯樹斷折，忽然自立相屬。案《華陽國志》晋寧郡本益州也，漢開爲郡，治滇池。蜀建興三年，丞相亮南征，以郡民李恢爲太守，改曰建寧，治味縣。後太守李遏，恢孫也，與前太守董懂、建寧爨量共叛。寧州刺史王遜表改爲晋寧郡，屬縣七：滇池、同勞、同安、連然、建伶、毋單、秦臧。建寧郡屬縣十三，味牧、麻同、樂穀、昌同、瀨、雙柏、存駹、昆澤、漏江、談稾、泠邱、修雲、新定。太安二年分爲益州、平樂二郡，合縣十三云云。據此則《常志》所云晋寧、建寧二郡建置，與本《志》不同。太安二年所分之益州郡，乃在建寧十三縣之内，於晋寧七縣無涉。”

孔祥軍《晋書地理志校注》:“建寧郡治乏考。《續漢志》無此郡，有益州郡，據《蜀志》卷三《後主傳》:‘先是益州郡有大姓雍闓反，流太守張裔於吴，據郡不賓。越巂夷王高定，亦背叛……(建興)三年春三月，丞相(諸葛)亮南征四郡，四郡皆平，改益州郡爲建寧郡。’又《華陽國志》卷四:‘(建興三年)秋，遂平四郡，改益州爲建寧。’則益州郡改爲建寧郡當在建興三年，而今檢《蜀志》卷十三《李恢傳》:‘先主薨，高定恣睢於越雋，雍闓跋扈於建寧，朱褒反叛於牂牁，丞相(諸葛)亮南征先由越巂，而(李)恢案道向建寧。’又《蜀志》卷十三《馬忠傳》:‘初建寧郡殺太守正昂，縛太守張裔於吴。’則益州改建寧似在諸葛亮建興三年平定南中四郡之前，其時郡亂頻仍、據土不賓，至建寧三年後始漸歸化，蜀政權遂重整新土，故有建興三年改益州郡爲建寧郡之載，至此建寧郡方爲化内之實土也，盧氏《集解》引潘眉説以爲《李恢傳》所載‘建寧’爲誤，錢氏《考异》卷十六以爲《馬忠傳》所載不當爲‘建寧’，均似武斷。泰始七年建寧郡移屬寧州，太康五年復屬益州，惠帝太安二年其移屬寧州。魏末領縣十三，晋初增，置新定、談稾、漏江、脩雲、泠丘五縣，領縣十八。據《宋志》:‘建伶令……《晋太康地志》屬建寧。’則太康三年建寧郡有建伶縣，後廢，領縣十七。”

[2]味：縣名，治所在今雲南省曲靖市西。

[3]昆澤：縣名，治所在今雲南省宜良縣東北南盤江北岸。

[4]存䮙：吴士鑑《晋書斠注》：“《漢志》作鄢，屬犍爲郡。《水經·存水》篇曰出犍爲郁鄢縣。《水經作釋》三十六曰：全氏曰，按《水經》皆用東漢郡縣名，獨郁鄢不見於《續志》，或者和帝以後所併，作《經》時其縣尚在。《讀書雜志》曰，郁本作存，因阝字而誤加鄢也。”存鄢，縣名，治所在今雲南省宣威市。

[5]新定：《宋書》卷三八《州郡志四》：“新定長，《晋太康地志》有。”屬寧州建寧郡，確址待考。孔祥軍《晋書地理志校注》：“魏無此縣，似於晋初增置。”曾爲東晋平樂郡屬縣。清洪亮吉《東晋疆域志》：“平樂郡，常璩《南中志》元帝建興元年，刺史割建寧新定、興遷二縣，新立平樂、三沮二縣合四縣爲郡。新定，《沈志》《晋太康地志》有。新興，《沈志》江左立。平樂。三沮。”

[6]談稾：縣名，治所在今貴州省盤縣。清畢沅《晋書地理志新補正》：“沅案《沈志》漢舊縣，屬牂柯。晋武帝立漏江，亦同。”孔祥軍《晋書地理志校注》：“魏無此縣，今檢《宋志》：‘談稾令，漢舊縣，屬柯，晋武帝立。’則武帝時復置談稾縣。”

[7]毋單：縣名，治所在今雲南省宜良縣南。

[8]同瀨：縣名，治所在今雲南省馬龍縣。

[9]漏江：縣名，治所在今雲南省瀘西縣。孔祥軍《晋書地理志校注》：“魏無此縣，今檢《宋志》：‘漏江令，漢舊縣，晋武帝立。’則武帝時復置漏江縣。”

[10]牧麻：縣名，治所在今雲南省尋甸回族彝族自治縣。孔祥軍《晋書地理志校注》：“魏作‘牧靡’，似於晋初改牧靡爲牧麻。”

[11]穀昌：縣名，治所在今雲南省昆明市東。孔祥軍《晋書地理志校注》：“《宋志》：‘穀昌長……《晋太康地志》屬建寧。’則太康三年建寧郡有穀昌縣。”

[12]連然：縣名，治所在今雲南省安寧市。孔祥軍《晋書地

理志校注》："《宋志》：'連然令……《晋太康地志》屬建寧。'則太康三年建寧郡有連然縣。"

［13］秦臧：縣名，治所在今雲南省禄豐縣。孔祥軍《晋書地理志校注》："《宋志》：'秦臧長……《晋太康地志》屬建寧。'則太康三年建寧郡有秦臧縣。"

［14］雙柏：縣名，治所在今雲南省雙柏縣。孔祥軍《晋書地理志校注》："《宋志》：'雙柏長……《晋太康地志》屬建寧。'則太康三年建寧郡有雙柏縣。"

［15］俞元：縣名，治所在今雲南省澄江縣。清畢沅《晋書地理志新補正》："沅案《沈志》晋武帝咸寧元年，分俞元、修雲二縣間流民，復立律高縣，屬興古郡。"孔祥軍《晋書地理志校注》："《宋志》：'晋武帝咸寧元年，分建寧郡修雲、俞元二縣間流民復立律高縣。'則咸寧元年建寧郡有俞元縣。"

［16］脩雲：縣名，治所在今雲南省彌勒市。孔祥軍《晋書地理志校注》："魏無此縣，今檢《宋志》：'晋武帝咸寧元年，分建寧郡脩雲、俞元二縣間流民復立律高縣。'則咸寧元年前增置脩雲縣，且屬建寧郡。"

［17］泠丘：吴士鑑《晋書斠注》："《華陽國志四》作伶丘。《東晋疆域志》據《宋志》引《太康地志》謂泠丘即建伶。"建伶，縣名，治所在今雲南省昆明市晋寧區。孔祥軍《晋書地理志校注》："魏無此縣，似於晋初增置。"

［18］滇池：縣名，治所在今雲南省昆明市晋寧區晋城鎮。孔祥軍《晋書地理志校注》："《宋志》：'滇池令……《晋太康地志》屬建寧。'則太康三年建寧郡有滇池縣。"

永昌郡[1]漢置。統縣八，户三萬八千。

不韋[2]　永壽[3]　比蘇[4]　雍鄉[5]　南涪[6]　嶲唐[7]　哀牢[8]　博南[9]

[1]永昌郡：治所在不韋縣（今雲南省保山市金雞烏村）。清洪亮吉《東晋疆域志》："永昌郡，漢置。東晋分出東河陽、西河陽等郡。凡領縣七。《晋志》又云成帝咸康八年省永昌郡。不韋，漢舊縣。有瀘峰。永壽，《晋書·地理志》有。雍鄉，《晋書·地理志》有。南涪，《晋書·地理志》有。嶲唐，漢舊縣。哀牢，漢舊縣。博南，漢舊縣。"

清畢沅《晋書地理志新補正》："沅案《沈志》晋懷帝永嘉五年，寧州刺史王遜分永昌、雲南立東河陽郡。東河陽縣疑與郡俱立。晋成帝復分河陽立西河郡，並立成昌、建安二縣。"

孔祥軍《晋書地理志校注》："永昌郡治乏考。泰始七年永昌郡移屬寧州，太康五年復屬益州，惠帝太安二年又來屬。魏末領縣四，晋初增置雍鄉、南涪、永壽三縣，比蘇縣來屬，則領縣八。"

[2]不韋：縣名，治所在今雲南省保山市金鷄村。

[3]永壽：縣名，治所在今雲南省耿馬傣族佤族自治縣。孔祥軍《晋書地理志校注》："魏無此縣，似於太康四年前增置。"

[4]比蘇：縣名，治所在今雲南省龍縣。孔祥軍《晋書地理志校注》："魏末屬越嶲郡，檢《宋志》：'芘蘇令，前漢屬益州郡，後漢、《晋太康地志》屬永昌。'則太康三年永昌郡有比蘇縣。"

[5]雍鄉：縣名，治所在今雲南省瀾滄拉祜族自治縣上允鎮。孔祥軍《晋書地理志校注》："魏無此縣，似於太康四年前增置。"

[6]南涪：縣名，治所在今雲南省景洪市。孔祥軍《晋書地理志校注》："魏無此縣，似於太康四年前增置。"

[7]嶲唐：縣名，治所在今雲南省雲龍縣西南。

[8]哀牢：縣名，治所在今雲南省盈江縣。

[9]博南：縣名，治所在今雲南省永平縣博南鎮花橋村。

太康三年，武帝又廢寧州入益州，立南夷校尉以護之。[1]太安二年，惠帝復置寧州，又分建寧以西七縣別立爲益州郡。[2]永嘉二年，改益州郡曰晋寧，[3]分牂柯立平夷、夜郎二郡。[4]然是時其地再爲李特所有。其後李壽分寧州興古、永昌、雲南、朱提、越嶲、河陽六郡爲漢州。[5]咸康四年，分牂柯、夜郎、朱提、越嶲四郡置安州。[6]八年，又罷并寧州，以越嶲還屬益州，省永昌郡焉。

[1]南夷校尉：官名，東晋改作鎮蠻校尉，負責南中地區事務，考核當地大姓子弟入仕資格，權力甚重。四品。

[2]又分建寧以西七縣別立爲益州郡：清畢沅《晋書地理志新補正》："沅案《沈志》晋成帝復分建寧立建都郡，領新安、經雲、永豐、臨江、麻應、遂安六縣。"

清洪亮吉《東晋疆域志》："建都郡，《沈志》晋成帝分建寧立。領縣六，去州二千，去京都水一萬五千。東晋領縣同。新安，《沈志》晋成帝立。經雲，《沈志》晋成帝立。永豐，《沈志》晋成帝立。臨江，《沈志》晋成帝立。麻應，《沈志》晋成帝立。遂安，《沈志》晋成帝立。"

孔祥軍《晋書地理志校注》："錢氏《考異》卷十九據《宋志》以爲太安二年復寧州時增置柯、越嶲、朱提三郡，《晋志》闕載。"

[3]晋寧：清洪亮吉《東晋疆域志》："晋寧郡，《沈志》惠帝永安二年分建寧西七縣爲益州郡。晋懷帝更名。領縣七。去州七百三十，去京都水一萬三千七百。東晋領縣當同。案《沈志》及《晋書·地理志》皆云惠帝分建寧以西七縣別立爲益州郡，而此屬晋寧郡，止六縣，未知何據。今考建寧郡所屬又有修雲、俞元二縣。《沈志》武帝咸寧元年，分建寧郡修雲、俞元二縣間流民復立律高縣，而二縣則《沈志》已無之。疑東晋亦同。且核其地理亦不在建寧以西，疑益州郡七縣中必無修雲、俞元也。餘又無縣足以當之，姑從《沈志》共闕疑焉。建伶，漢舊縣，屬益州。《沈志》稱

《太康地志》屬建寧。案《晋書·地理志》象有泠丘，無建伶，當即是。連然，漢舊縣，屬益州。《沈志》稱《晋太康地志》屬建寧。滇池，漢舊縣，屬益州。《沈志》稱《晋太康地志》屬建寧。有滇池澤。穀昌，漢舊縣，屬益州。《沈志》稱《晋太康地志》屬建寧。秦臧，漢舊縣，屬益州。《沈志》稱《晋太康地志》屬建寧。案《沈志》於此下闕一縣。雙柏，漢舊縣，屬益州。《沈志》稱《晋太康地志》屬建寧。”

［4］“永嘉二年”至“夜郎二郡”：中華本校勘記：“《王遜傳》：‘元帝加遜安南將軍，刺史如故。遜表請改分牂柯爲平夷郡，分建寧爲夜郎郡，改益州爲晋寧郡，事皆施行。’與此《志》不同。”清洪亮吉《東晋疆域志》：“夜郎郡，《沈志》晋懷帝永嘉五年，寧州刺史王遜分牂柯、朱提、建寧立，領縣四。去州一千，去京都水一萬四千。東晋領縣當同。夜郎，漢舊縣，屬牂柯郡。廣談，《沈志》稱《晋太康地志》屬牂柯。談樂，《沈志》江左立。談指，漢舊縣，屬牂柯郡。案《晋書·地理志》作指談，《沈志》又作談柏，當屬字誤。”

清畢沅《晋書地理志新補正》：“沅案《沈志》晋懷帝永嘉五年，寧州刺史王遜分牂柯、朱提、建寧立平夷、夜郎二郡。平夷後避桓温諱改平蠻。《十三州志》分牂柯置夜郎郡，兼置兖州。”

孔祥軍《晋書地理志校注》：“錢氏《考異》卷十九據《晋書·王遜傳》以爲其時增置者又有南廣郡、梁水郡，《晋志》闕載，且非永嘉二年，當作永嘉五年。”

［5］漢州：治所在宛温縣（今雲南省硯山縣維摩鄉附近）。清洪亮吉《十六國疆域志》考成漢漢州：“漢州，《蜀録》漢興六年，分寧州興古、永昌、雲南、朱提、越巂、河陽六郡爲漢州。《晋書·地理志》同。今考朱提、越巂後又屬安州。凡統舊郡三、增置郡一、縣十八。

“興古郡，《晋書明帝紀》太寧二年，梁水太守爨亮、益州刺史李遏以興古叛降於李雄。領縣六。漏卧。宛暖。律高。西安。句町。南興。

“永昌郡，蜀領縣七。不韋。永壽。雍鄉。南涪。嶲唐。哀牢。博南。

“雲南郡，蜀領縣三。雲南。雲平。姑復。

“河陽郡，《沈志》晋懷帝永嘉五年立。案《沈志》有東、西河陽郡，今從晋地志，止稱河陽。河陽。楪榆。”

［6］安州：治所在故且蘭縣（今貴州省黄平縣西南）。清周家禄《晋書校勘記》：“案罷安州《成帝紀》在咸康七年。”

清洪亮吉《十六國疆域志》考成漢安州：“安州，《晋書・地理志》咸康四年，分牂柯、夜郎、朱提、越嶲四郡置安州。八年，又罷併寧州，以越嶲還屬益州，省永昌郡焉。案《蜀録》漢興六年，分寧州興古等六郡爲漢州，今考李壽漢興六年爲晋康帝建元元年，安州係分寧、漢二州所置，不應漢州未立一年以前安州已省，疑《蜀録》及《晋地志》年月有一誤也。又考《通鑑》咸和九年，李雄分寧州置交州，以爨深爲交州刺史。胡三省注：雄分寧州之興古、永昌、牂柯、越嶲、夜郎等郡爲交州。案永昌、興古，《晋地志》屬漢州，牂柯、越嶲、夜郎又並屬安州，則交州蓋立後旋省，今故不録。安州凡統舊郡三、增置郡二、縣二十四。

“牂柯郡，《晋書載記》壽遣鎮東大將軍李奕征牂柯，太守謝恕保城距守，積日不拔。會奕糧盡引還。領縣四。萬壽。且蘭。毋斂。并渠。

“夜郎郡，《太平寰宇記》稱《十三州志》分牂柯置夜郎郡，兼置交州。案此交州置當在懷帝永嘉五年，又非李氏所置之交州也。領縣四。夜郎。廣談。談樂。談指。

“朱提郡，《晋書載記》朱提大姓李猛逐太守雍約，以兵應特。雄遣李壽攻朱提，以費黑、卬攀爲前鋒，又遣鎮南任回征木落，分寧州之援。寧州刺史尹奉降。遂有南中之地。領縣四。朱提。堂狼，《晋書・明帝紀》太寧元年，李驤寇寧州，刺史王遜遣將姚岳距戰於堂狼，大破之。有瀘水。漢陽。南秦。

“越巂郡，《晋書·明帝紀》太寧元年，李雄使其將李驤、任回寇臺登，將軍司馬玖死之。越巂太守李釗、漢嘉太守王載以郡叛降於驤。《通鑑》成帝咸和元年，成人討越巂斯叟，破之。李壽寇寧州，遣鎮南將軍任回出越巂。領縣八。會無，有小會。邛都，《蜀録》壽廢期爲邛都縣公。卑水。定莋。臺登，《後蜀録》玉衡十三年，雄遣李驤等寇臺登。《通鑑》雄將羅恒與晋朱提太守楊術戰於臺登，術兵敗死。護龍。蘇利。晋興。

“平樂郡，《後蜀録》晋平樂太守董霸降於成。胡三省云，以《隋志》證之，蓋置於越巂郡之邛都。領縣可致者四。新定。新興。平樂。三沮。”

同書考前凉安州：“安州，《晋志》張茂分武鄉、金城、西平、安故爲定州。案金城、西平二郡，張駿時又分屬凉州。凡統新置郡二、縣可致者一。

“武鄉郡，縣無考。

“安故郡，《圖經》稱《十六國春秋》，永昌元年，張茂分安故郡屬定州。胡三省《通鑑注》蓋張氏分西平、金城二郡置。《前凉録》安故太守賈騫。領縣一。安故，漢舊縣，屬隴西。”